KB076508

노동법비판

Critique du droit du travail

알랭 쉬피오(Alain Supiot)

박제성 역

도서출판 오 래

역자 서문

노동은 인격인가, 사물인가? 자유로운 노동자가 어떻게 종속
될 수 있는가? 노동법은 이 두 가지 질문을 탐색하는 학문이다. 프
랑스뿐만 아니라 전세계적으로 인정받는 저명한 노동법 학자인 알
랭 쉬피오는 법학, 사회학, 경제학, 철학, 역사학 등 폭넓은 학문 분
야를 넘나들면서 이 질문들을 검토한다. 쉬피오에 의하면, 근대 자
본주의 이후 노동은 법의 객체인 사물로 의제되었지만, 노동법은
노동자를 법의 주체로 등장시키면서 노동의 인격성을 보호하고자
한다. 그리고 개별적 차원에서 종속된 노동자들이 집단적 차원에
서 자유를 행사할 수 있도록 함으로써 구체적 평등을 추구하는 것
이 노동법의 기본 원리이다. 이와 같은 법원리는 사용자의 관할권
아래 놓여 있는 사업을 법의 관할 아래로 재정립한다. 그렇게 해서
사업은 사용자의 일방적 지배가 관철되는 공간이 아니라, 사용자
의 사업관할권과 노동자의 노동관할권이 공존하면서 긴장관계를
형성하는 민주적 장소가 된다. 그런데 오늘날에는 이러한 법원리
와 그것에 근거하고 있는 노동법이 기업의 경쟁력을 훼손하고 시
장의 질서를 침해한다는 비난을 받고 있다. 노동법은 그 정당성을
어디에서 도출하는가? 이 질문은 과학과 기술의 발전에 따라 기술
규범, 경영규범 등 새로운 규범 형식들이 대두함에 따라 더욱 첨예
한 질문이 되고 있다.

iv

　　쉬피오의 『노동법비판』은 1994년 프랑스에서 출판된 책이지만, 이 책이 탐구하고 있는 질문들과 이 책이 해명하고 있는 노동법의 기본 원리들은 오늘날 한국에서도 여전히 유의미한 것이라고 하지 않을 수 없다. 이 책은 노동법에 관한 책이지만 노동법 전공자들만을 위한 책은 아니다. 노동 문제를 어떻게 해결할 것인가? 이 질문에 대한 대답은 어떤 노동을 원하는가, 그 상상력에 달려 있다. 그리고 그 새로운 상상력을 잉태하고 탄생시키고자 하는 모든 사람들에게 이 책이 작은 도움이 될 수 있기를 희망한다.

　　역자는 번역을 하면서 두 가지 선택을 하였다. 첫째, 본문에서는 가급적 원어를 병기하지 않으려 하였다. 비전공자들도 좀더 쉽게 읽을 수 있도록 하기 위해서이다. 둘째, 반대로 각주의 참고문헌은 가능한 한 원어 그대로 표기하고자 하였다. 이것은 전공자들이 참고문헌을 직접 찾아보고자 할 때 길잡이가 될 수 있도록 하기 위해서이다. 그럼에도 불구하고 본문은 읽기 어려울 수 있고, 각주는 친절하지 않을 수 있다. 그것은 역자의 한계로 남겨두고자 한다.

　　노동법에 관한 책을, 더군다나 프랑스 책을 번역해서 출간한다는 것은 한국의 현실에서는 여간한 결심이 아니고서는 쉽게 실행할 수 있는 일이 아니다. 이 책은 그러한 결심의 가능성을 입증해 주신 도서출판 오래의 황인욱 사장님과 직원 여러분들 덕분에 하나의 작품으로서 (즉 노동의 결실로서) 세상에 나올 수 있었다. 다시 한 번 감사의 말씀을 드린다.

2017년 2월

박제성

차　례

제2부 종속과 자유

제3부 법률과 규범

서론

노동의 문제

프랑스어에서 '노동(travail)'이라는 단어에 결부되어 있는 첫 번째 의미는 분만중인 여자가 감내하는 것을 의미한다.[1] 이것은 고통과 창조가 더할 나위 없이 멋지게 융합되는 행위, 다른 모든 노동과 마찬가지로 인간의 조건이 갖고 있는 신비가 매번 재연되는 행위이다. 왜냐하면 모든 노동은 인간이 자기 속에 담고 있는 힘과 작품을 떼어놓는 아픔의 장소이기 때문이다. 그리고 그렇게 아이와 작품을 세상에 내어놓는 과정에서 인간은 자신의 운명을 성취한다. 오늘날 계속해서 그 수가 증가하고 있는 실업자, 즉 '노동 없는 자'에게는 이러한 인간성의 요소, 고난을 향한 권리, 존재 증명의 권리 그리고 사회에서 정당한 자리를 인정받을 권리가 거부된다. 노동의 이러한 극단적 이중성은 그 말

---

[1] 16세기까지는 이 출산의 의미만 있었다. Bloch et von Wartburg, *Dictionnaire étymologique de la langue française*, PUF, 1975, "travailler" 편 참조.

의 다의성[2] 이상으로 주의를 기울여야 한다. 노동은 강제와 자유를 동시에 상기시킨다. 강제는 신체의 활동에서 비롯되는 고통이다. 이 고통은 그 자체로는 노동의 고유한 목적이 아니다. 자유는 창조적 행위이다. 인간은 창조적 행위를 성취함으로써 스스로를 성취한다. 노동은 인간이 사물에 예속되는 것이기도 하고, 사물을 인간에 예속시키는 것이기도 하다. 노동은 노예를 만들기도 하고, 창조주를 만들기도 한다. 이러한 노동의 이중성은 성서의 첫 구절에 이미 나온다. 특히 다음과 같은 신의 저주이다. "너는 평생토록 수고하여야 땅에서 나는 것을 먹을 수 있게 될 것이다. (...) 너는 먹기 위하여 얼굴에 땀을 흘리고, 열심히 일하다가 마침내 흙으로 돌아갈 것이다. 이는 네가 흙으로 지어졌기 때문이다. 너는 흙이니, 흙으로 돌아갈 것이다."[3] 그러나 성서에서 노동은 또한, 그리고 무엇보다도 우선 창조 행위로 나타난다. 그 창조 행위의 고단함은 일곱째 날에, 휴식에 대한 최초의 권리 선언에 의하여 밝혀진다. "신은 일곱째 되는 날을 축복하시고, 그날을 거룩하게 만드셨다. 왜냐하면 그날 신께서는 모든 일을 마치고 쉬셨기 때문이다."[4] 신의 형상으로 창조된 인간은 이어 창조자의 사명을 부여받는다.[5] 따라서 인간의 실총(失寵)에

---

2) 노동법에서 사용되는 많은 용어들과 마찬가지로 "노동"이라는 용어도 법률언어가 아니라 시중언어에서 나온 것이다. 시중언어에서 노동이라는 말은 다양한 의미를 포괄한다. 즉, 노동은 상품영역과 비상품영역에서 행해지는 생산활동 그 자체는 물론이고, 그 생산활동의 결과물도 의미한다. '얻다' 또는 '잃다'라는 동사와 결합할 때 노동은 고용과 동의어가 된다. 대문자로 쓰는 노동(Travail)은 대문자로 쓰는 자본(Capital)과 대비해서 임금노동자 집단 전체를 가리킨다.
3) 창세기 3:18-19.
4) 창세기 2:3.
5) 창세기 1:27-28.

대한 성서적 기호인 노동은 또한, 특히 개신교 윤리에서는 구원의 길이며 지상에서 인간의 성취 모델이 된다.[6] 이처럼 창세기의 이야기는 율법의 협찬으로 노동과 사랑을 무대에 올린다. 프로이트는 이 노동과 사랑을 문명의 기본 요소로 보았다.[7]

　노동이라는 단어와 그 어원에 너무 오래 매달리는 것은 바람직하지 않을 것 같다. 왜냐하면 다른 유럽어들은 같은 개념을 표현하는 다른 단어들을 다른 역사와 함께 갖고 있기 때문이다.[8] 그러나 노동의 개념 자체도 현재의 정의 속에 내재하거나 영원한 것은 아니다. 예를 들어 고대 그리스는 그러한 개념을 몰

---

6) M. Weber, *Die protestantische Ethik und der Geist der Kapitalismus*, 1905, 프랑스어판, *L'éthique protestante et l'esprit du capitalisme*, Paris, Plon, 1964 참조. 특히, 신에 의하여 부과된 과업이라는 의미에서 소명을 뜻하는 독일어 Beruf에 대한 베버의 분석과 다른 인도-유럽어에서 그러한 의미를 갖는 단어가 존재하는지 여부에 대한 베버의 설명 참조(p. 83 이하). 카톨릭의 교리에서 노동이 차지하는 위치에 대해서는 D. Maugenest, *Le discours social de l'Église catholique de Léon XIII à Jean-Paul II*, Paris, Le Centurion, 1985에 수록된 교황청 문서 참조. 특히 p.19 이하 *Rerum novarum* (1891) 및 p.652 이하 *Laborem exercens* (1981) 참조.

7) 프로이트는 다음과 같이 쓰고 있다. "터부의 규칙은 최초의 법전을 구성하였다. 인간의 공동생활은 다음과 같은 두 가지 토대 위에 세워졌다. 첫째는 외부의 필요에 따른 노동의 강제였고, 둘째는 사랑의 강력한 힘이었다. 사랑은 남자가 여자로부터 떨어지지 말 것을, 그리고 여자가 자기자신으로부터 떨어져 나간 이 일부(아기)로부터 떨어지지 말 것을 요구한다. 에로스와 아난케는 이렇게 해서 인간 문명의 부모가 된다."(Freud, *Malaise dans la civilisation*, 1923, 프랑스어판, Paris, PUF, 1971, p.51). 이러한 분석을 넘어서고자 한 시도로서는 H. Marcuse, *Eros et civilisation. Contribution à Freud*, Boston, 1955, 프랑스어판, Paris, Ed. de Minuit, 1963 참조.

8) 이탈리아어의 lavoro, 영어의 labour(사회적 범주로서의 의미) 또는 work(행위라는 의미에서), 독일어의 Arbeit(행위라는 의미에서) 또는 Werk(작품이라는 의미에서). 스페인어의 trabajo만이 프랑스어와 함께 trepalium(다리가 셋 달린 기구라는 의미로서 동물을 잡아 메는 데 쓰였고, 나중에 고문기구라는 의미로 확장되었다. Bloch et Wartburg, *op. cit.*, "Travail" 편 참조)이라는 라틴어 어원을 공유한다.

랐던 것으로 보인다.9) 그리스인들은 노동관계를 노동을 하는 자
와 그 노동을 이용하는 자를 직접 연결하는 인격적 의존관계, 예
속관계로 생각했다. 그러므로 노동은 만들어진 대상 또는 제공
된 서비스에 결합된 구체적 측면으로만 사고되었을 뿐이다. 이
것이 바로 고대 그리스에서 생산하는 일이 자유의 이상과 양립
할 수 없는 것으로 여겨진 까닭이다. 즉, 자유로운 인간이란 타
인의 필요를 만족시키기 위하여 행위하는 자가 아니라, 자신의
고유한 계산을 위해서 행위하는 자이다.10) 이러한 사고방식은 프
랑스어에서 노동이라는 단어가 알고 있는 역사 속에서도 나타난
다. 출산의 고통을 표현하는 이 말은 18세기까지는 농노와 날품
팔이 농민 같은 '일꾼'의 일, 즉 어떠한 영구적 생산물도 만들어
내지 못하고 영원히 되풀이되는 운명에 처한 가장 비천한 활동
만을 포섭하였을 뿐이다. 이 두 의미는 노동을 원죄에 대한 처벌
이라고 여기는 기독교적 착상에 부합하며, 이러한 착상은 남자
와 여자에게 다르지만 동일하게 적용된다. 반대로 '직인'은 노동
하지 않는다. 직인은 '작업한다(œuvrer)'. 왜냐하면 직인의 일은
특정한 기예의 행사로 간주되기 때문이다. 이 일은 육체적 수고
뿐만 아니라 지적 능력의 활용을 요구하며, 직인을 미술가나 조
각가와 동일한 창작자의 반열에 놓는다. 요컨대 오늘날 우리가
"노동"이라고 부르는 것은, 고대 그리스의 어휘와 마찬가지로 앙
시엥 레짐의 어휘에서는, 다양하게 정의되고 다양하게 규율되는

---

9) J.-P. Vernant, *Mythe et pensée chez les Grecs*, Paris, Maspero, 1965
(초판), 1971(재판), 제2권 제4장 "Le travail et la pensée technique" 참조, 특
히 p.16 이하 참조.
10) *Ibid.*, p. 41-43.

구체적 과업들의 다양한 형태를 가리킨다.[11] 그리고 노동이라는
말 자체는 노예의 일에 한정된다. 이 말은 아직 작업이라는 관
념, 인격의 성취라는 관념을 가리키지 않는다. 노동은 고통받는
사람을 상기시킬 뿐이며, 아직은 창작하는 사람을 상기시키지
않는다.

노동이라는 말이 오늘날의 의미를 획득하고, 동시에 창조성
이라는 강한 내포적 의미를 갖게 되는 것은 19세기부터이다.[12]
오직 상품의 논리 안에서만 인간 노동의 다양함이 사라진다. 노
동관계가 더 이상 노동을 이용하는 자와 노동을 제공하는 자 사
이의 인적 관계로 드러나지 않는 한에서 인간 노동의 다양함은
하나의 동일한 추상적 범주 안에 자리잡을 수 있게 되는 것이
다.[13] 용도가 다른 노동 생산물들이 교환가치의 관점에서 모두
비교될 수 있는 상품이 되는 것과 마찬가지로. 이러한 상품으로
서의 노동 개념에 대한 반발로서 노동운동은 노동의 인간적 가
치를 주장하고 노동자를 새로운 세계의 창조자로 바라보게 된
다.[14] 요컨대, 경제 사상에 의하여 노동이 하나의 상품으로 취급

---

11) 동업조합에 대해서는 Fr. Olivier-Martin, *L'organisation corporative de la France d'Ancien Régime*, Paris, Sirey, 1938, pp.81-299 참조. 중세에 대해서는 J. Le Goff, *Pour un autre Moyen Age. Temps, travail et culture en Occident*, Paris, Gallimard, 1977, pp.91-107 참조.

12) W. H. Sewell, *Work and Revolution in France. The language of labour from the Old Regime to 1848*, Cambridge University Press, 1980, 프랑스어판, *Gens de métier et révolutions. Le langage du travail de l'Ancien Régime à 1848*, Paris, Aubier-Montaigne, 1983, pp.42-43 참조.

13) J.-P. Vernant, *op. cit.*, 제2권, p.38 참조. 나중에 마르크스는 이 추상적 노동을 이론화한다. K. Marx, *Introduction générale à la critique de l'économie politique*, 1857, 프랑스어판, in *Œuvres, Économie*, Paris, Gallimard, La Pléiade, t. 1, p.258 이하 참조.

14) 이러한 가치없는 노동의 가치화에 대한 폴 라파르그의 비판에 대해서는

될 때 비로소 근대적 노동 개념이 나타난다.[15] 그리고 그런 점에
서 노동은 발명되었다고 말할 수 있으며,[16] 노동의 발명은 나중
에 실업의 발명으로 이어지게 된다.[17] 그러한 발명의 토대는 자
본주의의 모든 발명품들과 마찬가지로, 사물들과 사람들의 다양
성을 언제나 숫자로 환산하기를 강요하는 합리화, 계산에 기초
한 합리화이다.[18] 노동과 도량형에 동일한 사건이 동시에 일어난
다. 18세기까지 측량 단위는 구체적 대상과 관련해서만 의미를
지닌다. 천은 자로 재고, 길은 리로 재고, 시간은 선으로 잰다.[19]
모든 사물에 보편적으로 적용되는 추상적 측량 단위라는 '미터'
의 개념은 마찬가지로 노동과 자본이라는 추상적인 개념을 탄생
시키는 합리주의적 사고방식을 대표하는 핵심 개념이다. 그런
식으로 노동자의 개념이 형성된다. 정치 영역에서 유권자 개념
또는 군사 영역에서 징집대상자 개념이 형성되는 것과 마찬가지
이다. 노동자는 자신의 노동을 타인에게 임대하는 자이며, 노동
은 임대차 거래의 대상이며, 노동시장은 그러한 협상이 이루어

Paul Lafargue, *Le droit à la paresse*, 1880, Paris, Maspero, 1973 참조. 라파
르그의 비판은 고립되고 몰이해될 수밖에 없었다.

15) K. Polanyi, *The great transformation*, 1944, 프랑스어판, *La grande
transformation. Aux origines politiques et économiques de notre temps*,
Paris, Gallimard, 1983, p.106 이하 참조.

16) A. Gorz, *Métamorphoses du travail, Quête du sens. Critique de la rai-
son économique*, Paris, Galilée, 1988, p.25 이하 참조.

17) N. Salais, N. Baverez, B. Reynaud, *L'invention du chômage. Histoire
et transformation d'une notion catégorie en France des années 1890 aux
années 1980*, Paris, PUF, 1986 참조.

18) M. Weber, *L'éthique protestante et l'esprit du capitalisme*, 프랑스
어판, *op. cit.*, p.16 이하 및 p.80 참조.

19) B. Garnier et J.-C. Hocquet (éd.), *Genèse et diffusion du système
métrique*, Caen, Éd. du Lys, 1990 참조.

지는 곳이다. 이러한 추상화에 힘입어 거시경제학에서 노동은
공식화하고 계량하고 예상할 수 있는 생산요소, 즉 노동요소 또
는 L 요소로 환원된다. 그리고 테일러 모델 같은 미시경제학에서
노동은 동일한 시간 단위로 환원될 수 있는 기본 동작이라는 일
종의 전문 용어로 취급된다. 이는 원가와 생산량 및 이익에 대한
계산을 가능하게 한다.[20] 이러한 모델은 오늘날 불충분한 것으
로 드러나고 있는데, 그렇다고 해서 이 모델을 포기하는 것이 아
니라, 경제적 합리성 속에서 노동을 더욱 더 예리하게 정식화하
려는 시도로 나아간다.[21]

　　이 추상적 노동 개념이 법으로 들어오면서 노동법이 탄생한
다. 노동법에서 노동이라는 단어는 모든 형태의 노동을 가리키는
넓은 의미도 아니고(예를 들어 집안일을 의미하는 것이 아니다),
그렇다고 모든 형태의 직업 활동을 가리키는 것도 아니다. 직업
활동의 상당수는 자유업, 수공업, 농업 또는 공무 등과 같이 특수
한 법질서에 따른다. 이 직업들은 모두 인간 노동의 다양한 표상
들의 유산이다. 이 유산은 판사와 변호사, 의사와 구두 수선공,
농부와 교사를 같은 가방 안에 넣는 것을 허용하지 않는다. 여기
에서 추상적 노동 또는 추상적 노동자 개념은 무용하며 법률 용
어로 적용되지도 않는다. 반대로 노동이 상품으로 취급되는 경

20) W. F. Taylor, *The Principles of Scientific Management*, New York, 1911, 프랑스어판, *La direction scientifique des entreprises*, Paris, Dunod, 1957, 1971(신판) 참조. 테일러리즘의 영향력에 대해서는 L. Murard et P. Zylberman (dir.), "Le soldat du travail. Guerre, fascisme et taylorisme", *Recherches*, n° 32/33, 1978. 9. 참조.
21) R. Salais, "L'analyse économique des conventions du travail", *Revue économique*, 1989, pp.199-240, 특히 p.218 참조.

우, 즉 노동이 거래의 대상 자체를 구성하는 경우에는 언제나 적
용되는 노동법에서는 이 추상적 노동 개념이 원칙이 된다. 하지
만 노동은 상품이 아니라는 사실에서 곧바로 법률적 어려움이 비
롯된다. 노동은 노동자의 인격에서 분리할 수 없는 것이기 때문
이다. 그러므로 추상적 노동 개념은 노동시장의 출현을 위해서
필요한 일종의 경제학적 의제인데,[22] 이 의제는 법에게는 난감한
수수께끼가 된다. 스핑크스의 수수께끼[23]처럼 이 수수께끼는 인
간의 존재 조건에 대한 정의와 관련이 있다. 이 질문은 다양한 형
태를 취할 수 있는데, 여기에서는 두 가지 질문을 던지고자 한다.

첫 번째 질문. "인격을 사물과 관계맺도록 만드는 노동은 인
격인가, 사물인가?"

서양법은 이 질문을 피해갈 수 없다. 왜냐하면 서양법은 전
적으로 사물과 인격의 이분법에 근거하고 있기 때문이다. 이 이
분법은 유스티니아누스의 『법학제요』를 구성하는 세 개의 요소
(인격, 사물, 행위) 가운데 두 개를 차지할 정도로 근본적인 것이
며,[24] 프랑스 민법전의 구성 원리에서도 이를 찾아볼 수 있다(제
1권 인격, 제2권 사물).[25] 이 이분법과 그 용어들의 복잡한 역사
를 다시 추적할 필요없이,[26] 약 1세기 전 노동법이 탄생하던 때

22) K. Polanyi, *op. cit.*, p.107 이하 참조.
23) 스핑크스의 수수께끼에 대해서는 P. Legendre, *Le désir politique de Dieu. Étude sur les montages de l'État et du Droit*, Paris, Fayard, 1988, p.170 이하 참조.
24) 이렇게 법을 삼분하는 것은 가이우스에게서 비롯된다. M. Villey, *Philosophie du droit*, Paris, Dalloz, t. 1, 1982, n° 129, p.211 이하 참조.
25) 프랑스법의 기본적인 분류법의 계보에 대해서는 Ph. Malaurie, *Introduction générale au droit civil*, Paris, Cujas, 1991, p.45 이하 참조.
26) Decocq, *Essai d'une théorie générale sur la personne*, Paris, LGDJ, 1960 참조. 인격과 사물의 분리에 대한 비판으로는 M. Miaille, *Une in-*

에 이 이분법은 핵심적인 것으로 취급되었다는 점을 살펴보는 것으로 충분하다. 이 두 극단을 둘러싸고 법현상학이 조직되며, 또 계속해서 조직되어 간다. 법의 주체인 자연인 또는 법인의 인격이 그 한 극단이고, 법의 객체일 수 있는 사물이 또 다른 극단이다.

두 번째 질문. "자유로운 인간이 그와 동일한 인간의 권력 아래 종속될 수 있는가?"

노동은 인격과 사물이 만나는 지점에만 존재하는 것은 아니다. 노예와 농노가 사라진 후에는 예속과 자유가 만나는 지점에서도 노동은 존재한다. 왜냐하면 노동은 자유롭고 평등한 인간들 사이에서도 위계 질서가 형성될 수 있음을, 한쪽의 권력에 다른쪽이 종속될 수 있음을 함축하기 때문이다. 하지만 평등한 인간들 사이의 위계적 관계를 어떻게 착상할 것인가? 스핑크스는 오이디푸스에게 이런 수수께끼는 낼 수 없었다. 왜냐하면 고대 그리스 사회는 '노동'을 알지 못했기 때문이다. 고통을 의미하는 그리스어 포노스(πόνος)는 라틴어 라보르(labor)와 마찬가지로 고통스러운 행위가 요구하는 일체의 노력을 의미한다. 반면, 에르곤(εργον)[27]은 각각의 사물 또는 각각의 존재에 있어서 그 고유한 덕성의 산물, 즉 현대 프랑스어에서 '작품(œuvre)'을 의미한다. 그러한 사고 속에서는 우리가 노동이라고 부르는 것은 오

---

troduction critique au droit, Paris, Maspero, 1976, p.83 이하 참조. 인격의 정의에 관한 현대의 문제에 대해서는 A. David, *Structure de la personne humaine*, Paris, PUF, 1955 참조. 이 에세이는 좀 오래된 것이긴 하지만 여러 측면에서 선구자적이다.

27) 여기에서 독일어 Werk, 영어의 work 그리고 프랑스어의 어간 ergo-(ergonome, ergonomie, ergothérapie 등)가 나온다.

늘날과 같이 예속과 자유의 두 측면에 걸쳐 있는 것이 아니라,
창조적 자유에 속하거나 아니면 예속에 속한다. 그러한 관점에
서는 위에서 제기된 문제는 성립하지 않는다. 그러나 이 문제는
아리스토텔레스가 자유로운 노동자의 조건을 정의한 당혹스러운
문장 속에서 첨예하게 드러난다. 아리스토텔레스에 의하면, "수
공업에 종사하는 노동자는 일종의 노예이다."[28] 이러한 당혹은
로마법에서도 나타난다. 자유인이 계약에 의해서 타인에게 예속
되기로 하는 경우, 로마법은 노예임대 제도를 자유인에게 적용
하여 마치 그 자유인이 스스로의 노예인 것처럼 처리한다.[29]

이러한 노동의 수수께끼는 법과 제도를 시련에 빠뜨린다.
사적인 것과 공적인 것, 개인적인 것과 집단적인 것, 사물의 법
과 인격의 법, 평등과 위계 등, 모든 반대되는 것들의 합금처럼,
이러한 시련 속에서 노동법은 형성되었다. 특별한 합금인 노동
법은 이제 그 자신이 법학자에게 있어 하나의 수수께끼가 된다.
그러나 훨씬 더 사랑스러운 종류의 수수께끼이며, 토마스 쿤이
"정상과학"의 목적으로 간주했던 퍼즐들 중의 하나이다.[30] 법학
자들의 정상과학은 그들이 연구하는 법의 조각들에 대하여 법이

---

28) Aristote, *La politique*, éd. Tricot, livre I, 13, Paris, Vrin, 1982, pp.79-80.

29) A. Descamps, "Sur l'expression 'locare operas' et le travail comme objet de droit", *Mélanges Gerardin*, Paris, Sirey, 1907, pp.157-180 참조. Carnellutti, "Studi sulle energie come oggetto di rapporti giuridici II (Natura del contratto di lavoro)", *Rivista diritti comparati*, 1913, I, pp.384-385 및 F.-M. de Robertis, *Lavoro e lavoratori nel mondo romano*, Bari, 1963 또한 참조.

30) T. S. Kuhn, *The structure of scientific revolutions*, Chicago, 1962, 프랑스어판, *La structure des révolutions scientifiques*, Paris, Flammarion, 1983, 제3장 "La science normale, résolution des énigmes", p.60 이하 참조.

일생동안 끊임없이 부인하고자 하는 구조적 질서를 끊임없이 재
부여하면서 이러한 퍼즐들을 탐구하는 것이다. 오늘날 노동법은
그러한 이론적 종합들, 노동법의 비밀을 파헤치고자 하는 자에
게는 일차적이고 필수적인 도구로 넘쳐 난다. 이 책의 목적은 다
른 것이다.[31] 이 책의 목적은 노동법을 긴밀한 일체로서 질서지
우려는 것이 아니며, 노동법의 톱니바퀴들을 조립하려는 것도
아니다. 반대로 노동법의 원동력들을 밝혀내고 그 규율 원칙을
파악하는 것이다.

노동법의 규율 원칙은 어려운 질문을 제기한다. 그것은 규
율을 실행하기 위하여 사용하는 척도에 관한 질문이다. 어떤 척
도로 규율할 것인가? 법에서 이러한 질문은 준거에 관한 질문이
된다. 규칙의 준거는 무엇인가? 다시 말하면, 법은 그 정당성을
어디에서 도출하는가? 이러한 질문은 일반적으로 좁은 의미의
법이론 또는 법철학의 영역에 속하는 것인데,[32] 노동법에서는

31) 프랑스 실정노동법에 대해서는 G. H. Camerlynck (dir.), *Traité du droit du travail*, 2e éd., Paris, Dalloz, 1980-1988, 9 tomes; G. Couturier, *Droit du travail*, Paris, PUF, 2 tomes, 2e éd., 1993; B. Teyssié, *Droit du travail*, Paris, Litec, 2e éd., 1993; G. Lyon-Caen et J. Pélissier, *Droit du travail*, Paris, Dalloz, 16e éd., 1992; J. Rivero et J. Savatier, *Droit du travail*, Paris, PUF, 12e éd., 1991 등 참조. 비교노동법에 대해서는 다음 두 가지 전문사전을 참조할 것. *Droit du travail*, Paris, Éd. Techniques, collection Jura-Europe (프랑스어/독일어) 및 *International Encyclopædia of labour law*, R. Blanpain (dir.), Kluwer, Deventer (영어).
32) 여기에서 한스 켈젠의 이론은 의심할 바 없이 첫 번째 준거이다. H. Kelsen, *Reine Rechtslehre*, Vienne, F. Deuticke, 1934. 프랑스어판, *Théorie pure du droit*, Paris, Dalloz, 2e éd., 1962 참조. 독일에서 준거의 이론은 루만과 토이브너에 의하여 재검토되었다. G. Teubner, *Recht als autopoietisches System*, Frankfurt am Main, Suhrkamp, 1989, 프랑스어판, *Le droit, un système autopoiétique*, Paris, PUF, 1993 및 이 책에서 인용하고 있는 루만의 책들을 참조. 프랑스에서 준거의 이론은 르장드르의 작업에 의하여 주도되었다. 파야르(Fayard) 출판사에서 1983년 이후 출판하고 있는 르장드르(P. Legendre)의

1980년대의 탈규제화를 둘러싸고 벌어졌던 논쟁들을 통해서 공
론장에 던져졌다. 이는 다른 법 분야에서는 이 문제를 회피하는
것이 아직 가능할지 몰라도, 화형식의 제물로 지목된 노동법에
서는 결코 그렇지 않다는 것을 말하는 것이다.[33] 따라서 여기에
서 현실은 이 본질적 질문에 접근하기 위한 핑계거리 이상을 제
공한다. 과학과 기술의 권위에 근거하는 노동 조직 규범과 법률
의 권위에 근거하는 법규칙을 각각 어떻게 자리매김할 것인가를
이해하는 것이 중요하다. 과학과 기술의 눈부신 발전은 규범과
규범성의 새로운 양상을 빚어내고, 법학자는 자신의 시야에서
가장 멀리 벗어나 있는 것, 즉 법의 근거 그리고 법이 규범의 새
로운 양상들과 함께 맺는 관계들에 관심을 가질 수밖에 없다. 이
질문은 이 책의 제3부에서 다룬다.

　　노동법의 원동력, 그것은 앞에서 수수께끼의 형태로 제시된
두 가지 질문이다. 첫째, 노동을 인격과 사물 사이의 어디에 자
리매김할 것인가? 둘째, 자유로운 노동자를 어떻게 구속할 것인
가? 이 책의 제1부와 제2부는 끊임없이 노동법을 추동하는 이
두 질문의 동학을 보여 줄 것이다. 그러나 한 세기 전부터 시장
경제를 채택한 산업국가들에서 이 문제들을 탐구한 방식을 알지
못하고서는 그 의미를 제대로 측정할 수 없을 것이다. 그러므로
유럽에서 노동관계가 개념화되었던 방식을 잠깐 살펴보는 것으
로 이 서론을 보충하는 것이 유용해 보인다.

『강의(Leçon)』 시리즈를 참조할 것.
　　33) B. Teyssié (dir.), *Faut-il brûler le code du travail?*, *Droit social*, 특
별호, 1986. 7-8, pp.559-604 참조.

서장

계약과 신분 사이 : 유럽의 노동관계에 대한 일고찰

유럽의 모든 법제에서 추상적 노동의 허구는 노동관계에 대한 산업사회 이전의 법학을 완전히 일신하게 만들었다. 법학자들은 노동과 작품에 구체적으로 접근하는 방식과 단절하면서 노동관계를 새로운 언어로 개념화하였다. 이는 나라마다 각기 다른 형태와 리듬으로 이루어졌지만, 모든 나라에서 신분과 계약을 독특한 방식으로 결합하는 개념, 즉 노동계약 개념의 발명으로 나아갔다. 법주체들을 결합하는 관계를 정의함에 있어서 신분 개념은 법주체들의 의사를 배제하는 반면, 계약 개념은 이 의사를 전제한다. 어떻게 보면 이 범주들은 노동관계에 의해서 제기되는 질문들에 대답하기 위하여 재가공되었다고 말할 수 있으며, 사법의 좁은 영역에서 벗어남으로써만 파악될 수 있는 다양성의 구조 속에서 서로 조응하였다.

제1절 두 가지 법문화

유럽에서 노동관계의 법적 개념화는 로마법 전통과 게르만법 전통이라는 서로 다른 문화적 전통으로부터 자양분을 얻었다. 노동관계의 법적 개념화는 이 두 전통을 어떤 식으로든 종합하는 방식으로 이루어졌다.

로마법은 사물임대차의 일종으로 주인이 보수를 대가로 노예의 향유권을 일시적으로 타인에게 양도하는 노예임대차를 알고 있었다. 자유인이 스스로 타인에게 예속되는 계약인 노무임대차는 예외적이었으며 불명예스러운 것으로 여겨졌다. 로마의 법학자들은 노무임대차를 노예임대차의 모델 위에 착상하였다. 여기에서 자유인은, 마치 주인이 자기의 노예를 임대하듯이, 스스로를 임대한다.[1] 이러한 착상은 앙시엥 레짐의 프랑스 법학자들에게서 유사한 형식으로 재발견되는데, 예를 들어 포티에는 노무임대차를 사물임대차의 다양한 종류들 가운데 하나로 분류하였다.[2] 그러나 이러한 분석은 대부분의 노동관계가 동업조합

1) A. Descamps, "Sur l'expression 'locare operas' et le travail comme objet de droit", *Mélanges Gerardin*, Paris, Sirey, 1907, pp.157-180; Carnellutti, "Studi sulle energie come oggetto di rapporti giuridici II (Natura del contratto di lavoro)", *Rivista diritti comparati*, 1913, I, pp.384-385; F.-M. de Robertis, *Lavoro e lavoratori nel mondo romano*, Bari, 1963 참조.
2) Pothier, *Traité du contrat de louage*, 1764. 이에 관해서는 G.-H. Camerlynck, *Le contrat de travail*, in *Traité de droit du travail, op. cit.*, t. 1, 2e éd., 1982, p.3 이하 참조. 포티에가 민법전의 편찬에 끼친 영향에 대해서는 A. F. Fenet, *Pothier analysé dans ses rapports avec le code civil*, Paris, 1829; A.-J. Arnaud, *Les origines doctrinales du code civil français*, Paris, LGDJ, 1969, p.206 이하 참조.

의 법률적, 제도적 범위 안에서 형성되는 시대에서는 단지 이론적 흥미만을 가질 뿐이었다.

1789년의 혁명적 이데올로기로부터 영감을 얻은 법전들은 노동관계를 법적으로 개념화함에 있어서 반대로 이러한 계약적 분석에 결정적인 지위를 부여하였다. 이는 사실 앙시엥 레짐의 동업조합적 노동조직을 파괴하려는 것이었다. 동업조합을 특징 짓는 인격적이고 위계적인 종속성에 대하여, 계약적 분석은 노동자를 각자의 고유한 노동력을 거래하는 상인으로 간주함으로써 노동자의 개인적 자유를 선언할 수 있는 근거를 마련한다. 그런 식으로, 프랑스뿐만 아니라, 벨기에, 룩셈부르크, 독일 일부에서도 적용된 나폴레옹 법전, 그리고 1838년 네덜란드 민법전, 1865년 이탈리아 민법전 및 1896년 독일 민법전은 법학자들이 전통을 보존하고 있었던 로마법의 노무임대차 개념을 각자의 방식으로 새롭게 받아들였다.[3] 노무임대차 계약이 노동자들의 개인적 자유에 공헌할 수 있도록 하기 위해서는, 그것을 사물임대차의 범주에서 끄집어내어(포티에는 여전히 노무임대차를 사물임대차의 범주에 위치시켰다), 나폴레옹 법전의 분류에서 보는 것처럼 임대차의 독립된 유형의 하나로 취급하는 것으로 충분하였다.[4] 그러나 서양의 법문화에서 인격과 사물의 관계는 동업조

---

3) G.-H. Camerlynck, *Le contrat de travail dans le droit des pays membres de la CECA*, CECA, Luxembourg, 1965, No. 5, p.15 참조. 이 로마법적 전통은 역사적으로 실재했던 로마법과 혼동해서는 안 된다. 역사적으로 실재했던 로마법과 19세기에 이루어진 로마법의 계수 사이에는 격차가 존재한다는 사실이 오늘날 법사학자들에 의하여 밝혀져 있다. C. Möller, *Freiheit und Schutz im Arbeitsrecht. Das Fortwirken des römischen Rechts in der Rechtsprechung des Reichsgerichts*, Göttingen, Muster- Schmidt, 1990 참조.

4) 한편, 이 분류법은 민법전의 편찬자들에게는 제한된 영향력을 미쳤을 뿐

합적 문화를 특징짓는 인격들 사이의 관계보다 앞선다는 사실을
이 새로운 분류법으로 인해 망각해서는 안 된다. 특히, 노동관계
의 계약적 구성이 가능할 수 있도록 하기 위해서, 즉 노동력을
목적으로 하는 교환을 법적으로 조직하는 것이 가능하도록 하기
위해서, 노동자는 그 인격과 개념적으로 구별되는 노동력으로,
거래 가능한 재화로 객체화된다는 점을 인정해야 한다.

　　로마법 전통은, 비록 매우 다른 방식이긴 하지만, 개별적 노
동관계에 대한 영국법의 개념 또한 지배하였다. 알다시피 '보통
법(Common law)'은 체계화를 지향하는 대륙법의 전통과 달리,
중세 시대 때 독자적으로 구성된 로마법 전통의 또 다른 한 갈래
를 대표한다. 보통법은 로마법으로부터 절차법의 측면을 보존하
고 있는데, 이것은 개별적 권리의 인정을 청구권의 인정에 종속
시키는 것이다. 계약의 일반 이론으로부터 노동계약이라는 특수
한 개념을 창안하였던 대륙법제와 달리, 영국은 산업혁명 이전
의 노무(service) 개념에 근거하여 '노무고용계약(contract of service)'
과 '노무도급계약(contract for service)'을 구별하였다. 그래서
영국에서 노동계약의 개념을 착상하는 것은 대륙법보다 훨씬 더
긴 과정이었으며, 사안별로 이루어진 과정이었다. 또한 그것은
노무의 성질을 고려하여 노동관계를 구체적으로 정의하는 방식

이다. 민법전 제정심의위원회 위원이었던 무리코(Mouricault)는 위원회에서 다
음과 같이 주장했다. "이 임대차[노무임대차] 유형에 대해서는 이 조문들[장차
1781조와 1782조]로 그치며, 그것으로 충분하다. 나머지 부분에 대해서는 앞의
절[사물임대차에 관한 절]에 열거된 일반 규정들을 적용하여 보완할 수 있다. 그
규정들은 노무임대차계약에 대해서도 동일하게 적용할 수 있는 성질의 것이
다."(A. Fenet, *Travaux préparatoires du code civil*, Paris, 1827, t. XIV,
p.339 참조).

을 포기하지 않으려는 특징을 지닌 것이었다. 노무고용계약과 노무도급계약의 구별은 주로 노무고용계약에 적용되는 제정법의 발전에 따라 한층 더 중요해졌다.

요컨대 19세기의 유럽법에서 나타나는 로마법의 전통은 노동관계를 형식상 평등한 주체들 사이의 거래행위로 파악한다. 즉, 노동관계를 채권법의 궤도 위에 자리매김한다. 이러한 착상은 형식적으로 평등한 개인들 사이의 자유로운 거래라는 원리 위에 시장 개념을 구축한 18세기 자유주의 경제 사상에 정확하게 대응하는 것이었다.[5]

고대 게르만법은 또 다른 전통의 원천이다. 고대 게르만법에는 농노의 노동관계 외에도 봉신계약이 있었는데, 이것은 어떤 자유인이 다른 자유인을 받들기로 하고, 대신 후자는 전자에게 보호와 원조 및 대표를 승인하는 계약이다.[6] 이 봉신계약은 가족관계와 유사하게 상호 신의로 맺어지는 인적 관계를 형성하며, 봉신계약으로 결합된 사람들은 하나의 권리의무 공동체에 속하게 된다. 중세 시대에 구축되고 산업혁명 때까지 존속하는 동업조합에서 이러한 인격적 관계 및 충실의무 개념을 재발견하는 것은 자연스러운 일이다.[7]

---

5) 자유주의 경제 사상의 철학적 뿌리에 대해서는 루이 뒤몽(Louis Dumont)의 핵심 저작, *Homo aequqlis I. Genèse et épanouissement de l'idéologie économique*, Paris, Gallimard, 1977 참조.

6) 이 봉신계약 개념은 현대 사회를 분석하는 데에도 여전히 유효하다. 이에 대해서는 A. Esmein, *Histoire du droit français*, Paris, Larose, 1898; Fr. Olivier-Martin, *Histoire du droit français des origines à la Révolution*, Paris, Domat-Montchrestien, 1948, reprint édition du CNRS, 1988 참조.

7) G. Boldt, "Le contrat de travail dans le droit de la république fédérale d'Allemagne", in *Le contrat de travail dans le droit des pays mem-*

　　이 게르만법 전통은 나폴레옹 법전에 의하여 재발견된 로마
법식 접근법이 전유럽 대륙으로 확산됨에 따라 한동안 억압당하
였다. 이러한 상황은 19세기 말에도 여전하였으며, 심지어 독일
에서도 그러하였다. 첫 번째 독일 민법전 프로젝트는 나폴레옹
법전을 본따, 노무임대차계약을 몇 개의 조문으로 편찬하여 매
매와 토지임대차 및 건물임대차 옆에 "다양한 채무관계"라는 장
으로 자리매김하였다. 그러나 그럼에도 불구하고 독일에서는 로
마법에서 전래한 개별적 계약 개념에 대한 비판이 나타났다. 위
대한 독일의 법학자 오토 폰 기에르크는 프랑스에서 건너온 추
상적 개인주의와 헤겔에서 유래하는 법률적 국가주의에 동시에
맞서면서, 순수하게 게르만적인 법문화의 원천들을 부활시켰다.
기에르크에 따르면, 개인이 속해 있는 공동체를 무시하고서는
법적으로 개인을 생각할 수 없으며,8) 법의 핵심은 따라서 개별
적 의사든 국가의 의사든 의사 속에서 추구될 수는 없다. 왜냐하
면 "모든 법에 있어서 최후의 원천은 언제나 공동체의 양심"9)이
기 때문이다.
　　로마법 전통에 대한 비판10)과 법의 살아 있는 원천으로서

bres de la CECA, CECA, No. 5, Luxembourg, 1965, p.231 이하 참조.
　　8) "인간의 본질 자체를 부정하지 않고서는 개인의 특수성을 제거할 수 없듯
이 개인이 어떤 전체에 속한다는 성질 또한 제거할 수 없다."(Otto von Gierke, Die
Grundbegriffe des Staatsrechts und die neuesten Staatsrechtstheorien, 1874,
2e éd., 1915, p.93, G. Gurvitch, L'idée de droit social, Paris, 1932, p.537에
서 재인용). 귀르비치는 기에르크의 개념들이 피히테의 철학 흐름 속에 얼마나
깊이 자리잡고 있는지를 강조한다.
　　9) Gierke, Privatrecht, vol. 1, 1895, pp.116-117.
　　10) 기에르크는 다음과 같이 쓰고 있다. "로마법주의자들이 영원한 법적 진
리를 표현하고 있다고 믿는 곳에서 게르만법주의자들은 단지 개인주의적이고 자
본주의적인 편견만을 발견할 뿐이다."(Gierke, Privatrecht, op. cit., p.25, Gurvitch,

공동체에 대한 재평가는 독일에서 노동관계를 법적으로 개념화
하는 작업에서 근본적인 역할을 담당하였다. 기에르크의 사상은
학설상의 논쟁을 지배하였으며, 특히 20세기 초의 로트마르 같
은 몇몇 학자들은 로마법적 전통을 옹호한 반면, 20세기 초의 포
토프와 진츠하이머, 1920-40년대의 사이버트와 니키쉬 같은 다
수는 노동관계를 법적으로 분석하기 위하여 게르만법에서 유래
하는 개념들, 특히 '편입'이나 '노동공동체로의 인격적 소속이라
는 법률관계' 같은 개념들을 발전시키고자 하였다.

　　이러한 착상의 가장 급진적인 관점에서는 노동관계의 법적
분석에서 계약에 대한 준거를 거부하고자 한다. 그 결과 노동관
계는 순전히 공동체적 관계로 착상된다. 이 공동체적 관계는 노
동자가 노동공동체에 편입되어 있다는 사실만으로 탄생하는 관
계이다. 사업에 사실상 소속되어 있다는 점이야말로 노동관계의
진정한 법원이며, 노동공동체의 구성원으로서의 신분을 노동자
에게 부여한다. 그러므로 임금노동자는 계약적 지위가 아니라
신분적 지위를 갖는다. 이 신분은 권리와 의무의 총체를 부여하
며, 그 범위와 정도는 노동자가 노동공동체 내에서 차지하는 역
할에 따라 다르다. 이처럼 급진적 수준의 제도주의적, 공동체주
의적 관점은 예를 들어 니키쉬[11]에 의하여 지지되기는 했지만,
독일의 노동법학자들이 모두 동조한 것은 아니다. 하지만 공동
체주의적 관점 속에 어떻게 그리고 어느 수준으로 계약 개념을

---

op. cit., p.537에서 재인용). 그러므로 영국의 공리주의도 기에르크의 비판을 면
하지 못했다. "법을 권력과 효용으로 대체하려는 흐름에 맞서는 투쟁에서 정의의
깃발을 올려야 한다."(Gierke, *Naturrecht und deutsches Recht*, p.32).
　11) Nikisch, *Arbeitsrecht*, 2e éd., Tübingen, 1955 참조.

재도입할 것인가 하는 식으로 질문이 제기됨으로써, 노동관계에 관한 논쟁이 공동체주의적 방법론을 둘러싸고 전개되었다는 점에서 이 관점은 독일 노동법학에 깊은 영향을 미쳤다.

요컨대 게르만법 문화는 노동관계를 공동체로의 인격적 소속으로 파악하고, 이를 인격적 신분의 궤도 위에 자리매김한다. 계약론이 객체화된 노동과 임금의 교환을 가능하도록 하기 위해 사람과 사물의 관계를 우선시한다면, 게르만법의 전통은 산업혁명 이전 시대에 노동관계의 법적 분석에서 그랬던 것처럼 사람들 사이의 관계를 우선시한다.

이 두 가지 법문화의 영향력은 많은 유럽 나라들[12]의 국내법뿐만 아니라 유럽공동체법에서도 발견된다.

이 두 가지 법전통, 로마법의 전통과 게르만법의 전통으로부터, 저마다 정도는 다르지만, 노동관계의 착상을 영향받지 아니한 유럽 국가는 없다. 19세기 내내 유럽 대륙 전체에 나폴레옹 법전이 끼친 영향력에 대해서는 이미 앞에서 언급했거니와 여기서 다시 반복할 필요는 없다. 독일의 노동법학도 19세기 말부터 이차세계대전 때까지 유럽의 다른 많은 나라들에 상당한 영향을

---

12) 이 자리에서 나의 동료들인 알리프란티스(Aliprantis, 그리스 트라키아 민주대학교 교수), 발레스트레로(Ballestrero, 이탈리아 제노바대학교 교수), 베르커손(Bercusson, 유럽대학연구원 교수였으며, 2000년부터 런던킹스칼리지 교수를 역임, 2008년 사망), 디킨(Deakin, 영국 캠브리지대학교 교수), 제이콥(Jacobs, 브라반트카톨릭대학교 교수), 리더(Leader, 영국 에식스대학교 교수), 몬테이로(Monteiro, 포르투갈 리스본대학교 교수), 뮈켄버거(Mückenberger, 독일 함부르크대학교 교수), 베네찌아니(Veneziani, 이탈리아 바리대학교 교수)에게 감사를 표한다. 이 분들은 여기에서 다루는 문제들에 관하여 풍부한 정보와 토론의 기회를 주었다. 다른 유럽 나라들에서 노동법의 발전에 관한 비교법적 고찰에 대해서는 B. Hepple (dir.), *The Making of Labour Law in Europe*, Londres et New York, Mansell Publishing Ltd. 참조.

미쳤다. 대부분의 유럽 국가들에서 양자의 상호 영향을 확인하
는 것은 어렵지 않다.

　1942년 이탈리아 민법전은 노동관계의 분석을 계약에서 신
분으로 이동시키려는 시도를 보여준다. 이탈리아 민법전에서 정
의되는 것은 노동계약이 아니라 노동자이다. 이탈리아 민법전
제2094조는 다음과 같이 규정하고 있다. "종속노동자란 사업주
를 위하여 사업주의 지시 아래 정신노동 또는 육체노동을 제공
함으로써 사업 내에서 급여를 대가로 협력할 의무가 있는 자를
말한다." 좀더 일반적으로, 이탈리아 민법은 ("노동"이라는 제목
으로) 노동관계에 별도의 장을 부여함으로써 ("채무"의 장에서
취급되는) 채권법의 영역에서 떼어 내고자 하였다. 그렇게 해서
이 1942년 이탈리아 민법전은 게르만법의 영향력을 보여주는 많
은 사례들을 품게 되었다. 예를 들면, 노동자는 "사업의 이익"에
의해 요구되는 근면함을 입증해야 한다고 규정한 제2104조나 사
용자를 "장(長)"으로 정의하고 "사업의 이익"을 해석할 권리를
이 사업주에게 부여하는 제2085조가 그렇다.

　오늘날의 이탈리아 노동법학은 이처럼 노동관계의 인격적
측면을 재산적 측면보다 우선시하는 것은 파시스트 입법자가 사
업공동체라는 게르만법의 개념에 보내는 오마주에 불과하며, 노
동관계의 법제 전반에 미치는 영향력은 그다지 크지 않고, 노동
관계의 본질은 여전히 계약적이라는 점에 동의하고 있다.[13] 요컨
대 이탈리아 노동법의 기초는 노동계약이라는 것이다. 하지만

---

13) L. Mengoni, "Le contrat de travail en droit italien", in *Le contrat de travail dans les pays membres de la CECA*, *op. cit.*, p.514 이하 참조.

멘고니 스스로가 말하듯이 "노동관계는 계약적 원천에서 멀어지려는 경향이 있다. 노동관계의 규제는 더 이상 교환의 논리에 따르지 않으며, 사용자에 의하여 지배되는 노동조직에 노동자가 참여하고 있다는 사실에서 비롯되는 일련의 법적 상황들에 의하여 보충되고 있다."[14]

그러므로 게르만법 문화가 이탈리아 민법전에 미친 영향을 파시즘 시대의 일시적인 정치적 측면으로 제한하는 것은 지나치게 그 영향력을 축소하는 것일 수 있다. 이탈리아 법학자들은 프랑스나 독일의 법학자들과 달리 특정한 사고에 헤게모니를 부여하지는 않았다. 그럼에도 불구하고 이탈리아 법학자들은 이미 20세기 초에 프랑스나 독일에서 지배적인 위치를 점하고 있는 착상들에 개방된 태도를 취하고 있었다. 이러한 개방적 태도 덕분에 이탈리아의 법학은 노동관계를 재산법과 인격법이 합류하는 지점에 자리매김할 수 있었으며, 그럼으로써 이탈리아 법학은 노동관계의 법개념이 갖는 복잡함을 아마도 유럽 어느 나라보다도 가장 명철하고 예리하게 간파한 법학이 될 수 있었다.[15] 그리고 이탈리아 법학의 수준은 이탈리아 법학이 매우 일찍 로마법 문화와 게르만법 문화를 아우르는 대화를 시작했다는 사실에 있음이 분명하다. 이탈리아 법학은 이 두 법문화를 매우 독창적으로 종합하였다. 이 이탈리아 모델을 통해서 인격적 공동체적 착상은 포르투갈이나 스페인 같이 다른 라틴계 나라들에도 영향력을 행사하였다. 예를 들어 포르투갈 법은 비록 이탈리아

---

14) L. Mengoni, *op. cit.*, p.434.
15) 예를 들어 G. Ghezzi et U. Romagnoli, *Il rapporto di lavoro*, Bologne, Zanichelli, 2e éd., 1987, p.6 이하의 뛰어난 논의들을 보라.

민법전의 노동자 정의 규정을 가져오지는 않았고 여전히 계약론적인 정의 규정을 간직하고 있었기는 하지만, 조합주의 체제가 무너지기 전까지 무솔리니 민법전의 자국이 강하게 남아 있었다.

네덜란드도 게르만법 전통과 로마법 전통의 상호 영향을 보여주는 사례이다. 네덜란드는 처음에는 강압에 의해서, 그리고 나중에는 자발적으로 1838년까지 나폴레옹 법전을 따랐는데, 1838년도 민법전은 순수하게 계약적 관점의 노무임대차 규정을 유지하고 있었다. 이 간략한 법규정이 불충분하다는 점이 드러났을 때, 오랜 시간에 걸쳐 밀도 높은 비교법적 검토를 거쳐 "노동계약법"이 채택되었다. 이 1907년 7월 13일 노동계약법은 아직도 네덜란드 노동법의 기초를 구성하고 있다. 핵심적인 규정들은 여전히 민법전 채무편에 모여 있지만, 이 규정들은 노동 그 자체가 아니라 노동자의 인격과 그 이해관계에 대한 고려를 주된 목적으로 한다. 그러므로 네덜란드 1907년 노동계약법은 외국의 경험을 반영하고, 일체의 체계화 사고방식에서는 거리를 유지한 채, 노동관계의 인격적 요소를 고려하면서 계약론의 중용을 시도하였다. 이 점은 예를 들어 민법전 제1639-d조와 제1638-z조에서도 재확인할 수 있다. 이 조항들은 "선량한 노동자" 또는 "선량한 사용자"로서 행동할 의무를 규정하고 있다. 이러한 개념들은 노동관계의 비재산적 가치를 존중하게끔 하기 위하여 독일식의 편입 이론을 원용할 필요가 없게 만들었다.[16] 노

---

16) M. G. Levenbach, "Le contrat de travail en droit néerlandais", in *Le contrat de travail dans les pays membres de la CECA, op. cit.*, p.717 참조.

동관계는 교환계약으로 환원되지 않는다는 관념, 노동관계는 협력관계이기도 하다는 관념이 네덜란드의 법문화에 존재한다.

프랑스에서도 독일 학설은 특히 폴 뒤랑의 제도주의적 이론을 통해서 광범위하게 받아들여졌다. 뒤랑은 프랑스에서 최초로 노동법 총서를 쓴 저자이다. 뒤랑은 매우 명시적으로 독일 이론을 표방하면서 "노동관계론이 근거하고 있는 원칙들을 프랑스법으로 치환하는 것"[17]에 몰두하였다. 뒤랑은 이 치환 작업을 위해서 프랑스법에 익숙한 개념인 '제도' 개념을 원용하면서 "계약과 제도의 결합"[18]을 지향하였다. 뒤랑이 보기에 노동관계를 하나의 단일한 법개념에 가두는 것은 불가능하며, 노동관계의 정의는 계약과 제도, 즉 로마법 문화와 게르만법 문화를 동시에 원용해야 하는 것이었다. 뒤랑의 학설은 그보다 20년 전에 조르주 셀[19]이 제시한 계약적 방법론을 원칙적으로 비판하는 것으로서, 첨예한 학설상의 논쟁을 촉발하였다.[20] 뒤랑의 학설은 입법(예를 들어 노동자의 경영참가에 관한 법률)과 판례에 부인할 수 없는 반향을 일으켰다. 특히 판례는 "사업의 이익"[21]이나 "사업주의

---

17) P. Durand et A. Vitu, *Traité de droit du travail*, Paris, Dalloz, t. II, 1950, p.209. 또한 P. Durand, "Aux frontières du contrat et de l'institution: la relation de travail", *JCP*, 1944, I, 387 참조.

18) P. Durand, *Traité de droit du travail, op. cit.*, p.212.

19) 조르주 셀은 뒤기의 이론 및 뒤기를 통해 뒤르켐의 이론을 적용하여 사용자와 노동자의 '이중신분'에 관한 이론을 발전시켰다. 셀에 의하면, 이 이중신분은 단체협약 또는 취업규칙에 관한 법으로부터 비롯되는데, 채용이라고 하는 '조건행위'에 의하여 촉발된다. 셀은 다음과 같이 결론짓는다. "채용은 유사노동계약의 핵심적인 동력이다."(Georges Scelle, *Précis élémentaire de législation industrielle*, Paris, Sirey, 1927, p.173).

20) 이에 대해서는 G. H. Camerlynck, "Le contrat de travail en droit français", Luxembourg, CECA, *op. cit.*, p.402 이하 참조.

21) 이 개념에 대해서는 G. Couturier, "L'intérêt de l'entreprise", in *Les*

지위에 내재하는 권한" 같은 개념을 발전시켰다. 이 개념들은 파업, 징계, 해고 등 다양한 분야에서 활용된다. 이 이론은 벨기에 법에도 영향을 미쳤다. 벨기에에서도 신분적 개념 또는 제도적 개념들이 노동법에서 학설과 판례의 논쟁을 촉발시켰다. 하지만 노동관계에서 계약론을 제거하는 데까지 이르지는 않았다.[22]

이처럼 유럽의 많은 나라들에서 노동계약 또는 노동관계 개념은 로마법 전통과 게르만법 전통이 결합된 산물이다. 또는 좀 더 간단히 말하면, 교환 개념과 인적 관계 개념이 결합된 산물이다. 이 결합은 다양한 방식과 다양한 비율로 이루어졌다. 유럽 여러 나라들의 노동법이 차이가 생긴 것도 부분적으로는 그 때문이다.

유럽법[23]의 상황은 사뭇 다르다. 유럽법은 그렇게 긴 역사의 산물이 아니며, 특정한 국가적 문화에 뿌리를 내리는 대신 여러 문화들의 다양성을 극복하는 것을 지향한다. 이 통합주의는 로마조약과 그것으로부터 파생된 법이 임금노동자, 노동계약 또는 노동관계 따위의 개념을 사용하면서도 결코 그것을 정의하지 않는 이유를 잘 설명해준다.

로마조약은 유럽사회기금의 목적(제3조), 자유로운 이동,[24]

---

orientations sociales du droit contemporain, *Mélanges J. Savatier*, Paris, PUF, 1992, p.143 이하 참조.

22) M. Jamoulle, *Le contrat de travail*, Publication de la Faculté de droit de Liège, Liège, 1982, 특히 이 책의 제1부 "Les options du droit belge" 참조.

23) 유럽법에서 임금노동자의 정의에 관한 문제에 대해서는 G. Lyon-Caen et A. Lyon-Caen, *Droit social international et européen*, Paris, Dalloz, 7e éd., 1991, p.215 이하 참조. R. Blanpain et J.-C. Javillier, *Droit du travail communautaire*, Paris, LGDJ, 1991, p.92 이하도 역시 참조.

24) 로마조약 제2편 제3장 제1절의 제목. 제48조, 제49조 및 제50조 관련.

이민노동자의 사회보장(제58조), 위생과 노동안전(제118A조), 남녀임금평등(제119조) 등에서는 "노동자"라고 하고, 만장일치 제도(제100A조)와 관련해서는 "임금노동자"라고 하고, 사회정책의 목적(제117조)과 관련해서는 "노동력"이라고 하며, 정착권(제52조)과 관련해서는 "비임금활동"이라고 하며, 비임금활동의 자유로운 이동과 관련해서는 "서비스"[25]라는 표현을 사용한다. 로마조약 파생법에서도 동일한 표현들이 발견된다. 이 파생법은 임금활동,[26] 직업활동,[27] 사용자에 의하여 고용된 자,[28] 노동계약 또는 노동관계[29] 따위의 개념들을 사용한다. 사회적 기본권 헌장은 여기에다 직업, 직종,[30] 경제활동생활,[31] 직업생활[32] 등의 개념들을 더한다.

이 용어법이 노동관계보다는 노동자의 인격을 강조한다는 점은 주목할 만하다. 유럽법에서 임금노동자는 무엇보다 노동시

---

25) "서비스"는 로마조약 제60조에서 다음과 같이 정의된다. "통상적으로 보수를 대가로 제공되는 노무. 다만, 상품과 자본 및 사람의 자유로운 이동에 관한 규정들이 적용되는 경우는 제외한다."

26) 노동자의 자유로운 이동에 관한 1968년 10월 15일 제1612/68호 규칙, 제1조.

27) 채용에 있어서 남녀의 평등대우 원칙의 적용에 관한 1976년 2월 9일 제76/207호 지침, 제2조.

28) 노동자의 작업장 내 안전과 보건의 개선을 위한 조치들의 적용에 관한 1989년 6월 12일 기본지침.

29) 1977년 2월 14일 제77-187호 사업이전 지침 제3조; 1991년 6월 25일 제91/383호 기간제 및 파견노동자의 안전보건 지침 제1조; 노동계약 또는 노동관계에 적용되는 노동조건을 노동자에게 명시해야 하는 사용자의 의무에 관한 1991년 10월 14일 제91/533호 지침 제1조.

30) 로마조약 제2조: 모든 노동자는 "유럽공동체 내에서 모든 직업 또는 모든 직종을 수행할" 권리가 있다.

31) 로마조약 제15조: "경제활동생활 전체"에 걸쳐 직업훈련을 향유할 권리.

32) 로마조약 제23조: 최초의 직업훈련을 향유할 수 있는 청년노동자의 권리.

장의 단일화 논리를 통해서 파악되었다. 즉 노동시장의 경제 주
체로서 파악되었던 것이다. 핵심적으로 추구되었던 목적은 거대
노동시장의 조직이었고, 지금도 그렇다. 로마조약의 기초인 이
경제적 이데올로기는 유럽사회법에서 특히 평등(국적평등 및 남
녀평등)의 원칙이 중요한 위치를 차지하는 이유를 설명해준다.
이것은 주로 유럽노동시장에서 노동력의 자유로운 이동을 방해
하는 법규제를 철폐하는 것에 관한 문제이다. 그러므로 유럽법
이 노동계약보다는 노동자라는 용어를 선호한다는 사실을 노동
관계에 대한 신분적 분석을 우선시하는 것으로 해석하면 안 된
다. 그런 것이 아니라 정반대로 임금노동자를 유럽노동시장에서
서비스를 제공하는 자라는 지위로 축소시키는 것으로 해석해야
한다.

유럽사법재판소의 판례를 검토하면 이러한 분석이 맞다는
점을 확인할 수 있다. 유럽사법재판소는 자유로운 이동의 원칙
은 "경제활동을 하거나 하고자 하는 자들"[33]만을 보장한다는 점
을 강조한다. 유럽사법재판소는 이러한 인식에 근거하여 로마조
약 제48조의 노동자 개념에 관한 확고한 판례를 형성하였다. "이
노동자 개념은 관련된 자들의 권리와 의무를 고려하여 노동관계
를 특징짓는 객관적 기준들에 따라 정의되어야 하며, 노동관계
의 본질적인 특징은 어느 일방이 일정한 시간 동안 타방을 위하
여 그리고 타방의 지시 아래 보수를 대가로 노동을 제공한다는
사정에 있다."[34] 경제적 교환(보수를 대가로 하는 노동의 제공)

---

33) CJCE, 1982.3.23. Levin 사건; 1989.5.31. Bettray 사건.
34) 위의 판결. 같은 의미로 CJCE, 1986.7.3. Lawrie Blum 사건; 1988.6.21.
Brown 사건; 1991.11.21. SARL Le Manoir 사건, C-27/91.

개념이 우선이며, 노동자 개념은 이 경제적 교환 개념에 종속된다.

그러나 또한 신분적 관점이 유럽법에 없는 것은 아니다. 사업이전지침[35]이나 정리해고지침[36] 또는 사용자파산지침[37] 등에서 신분적 관점을 쉽게 확인할 수 있다. 하지만 자유로운 이동의 영역에서, 다시 말하면 시장 논리의 한가운데에서 신분적 관점의 영향력을 발견할 수 있다는 점은 더욱 의미심장하다. 시장 논리에 내재하는 노동력의 이동성 개념은 임금 활동의 수행에서 유럽공동체 거주민들 사이의 평등을 보장하는 것뿐만 아니라 임금 활동 접근에서도 평등을 보장하는 것이 중요하다는 점을 함축한다. 로마조약 제48조가 "실제로 제공된 일자리에 응답할 권리"와 "그것을 위하여 자유롭게 이동할 수 있는 권리" 그리고 "일자리를 취득한 후 회원국 영토에 머무를 권리"를 보장하는 의미와 제51조가 이민노동자들에게 사회보장수급권의 유지를 보장하는 의미가 그것이다.

노동시장 논리를 국적에 관한 규정들보다 우선시해야 할 필요성은 유럽사법재판소로 하여금 노동자에 대한 광의의 정의를 채택하도록 만들었다. 그것은 실제 노동 기간을 넘어 직업훈련 기간이나 구직 기간까지 포괄하는 방식이다. 유명한 1964년 3월 19일의 웅거 판결이 의미하는 바가 바로 이것이다. 이 판결은 자유로운 이동과 관련하여, "로마조약은 현재 취업중인 노동자만을 제한적으로 보호하려는 것이 아니라, 현재는 취업하고 있지 않지만 다른 일자리에 취업할 수 있는 자도 보호하려는 취지로

---

35) 1977년 2월 14일 제77/187호 지침.
36) 1975년 2월 17일 제75/129호 지침.
37) 1980년 10월 20일 제80/987호 지침.

해석하는 것이 논리적이다"[38]라고 판시하였다. 이 판결은 또한 "한편으로는 과거에 '노동자'의 자격을 보유하고 있었다는 이유로, 다른 한편으로는 다시 '노동자'의 자격을 획득할 수 있다는 이유로" 임금노동자의 사회보장제도에 가입할 수 있는 자격을 국내법이 부여하고 있는 자들은 노동자로 간주되어야 한다고 인정하였다. 제라르 리옹-캥이 분석한 바와 같이, "유럽사법재판소는 임금노동자 여부를 계약이 아니라 직업으로 판단하며, 종속활동만이 아니라 사회보장으로도 판단한다."[39] 이후의 판례에서 유럽사법재판소는 임금노동자와 비임금노동자 사이의 구분을 완화시킴으로써 그러한 지향을 확인하였다. 이것은 한편으로는 직업적 기준에 근거하는 대부분의 회원국 사회보장법제가 비임금노동자를 임금노동자로 간주하는 법기술을 발전시켜 온 것을 유럽 차원으로 이식한 결과이며,[40] 다른 한편으로는 임금고용과 비임금고용을 연달아 수행한 자들에게 노동자의 개념을 확장한 결과이기도 하다.[41] 이것은 유럽공동체 차원에서 사회보장제도

---

38) CJCE, 1964.3.19. Unger 사건.

39) G. Lyon-Caen, *Le droit du travail non salarié*, Paris, Sirey, 1990, p.80. 사회보험에 가입한다는 것은 임금노동자인지 비임금노동자인지 여부를 떠나서 노동자로서의 자격을 인정하는 결정적인 요소가 되었다. 제1408/71호 규칙 제1조 참조.

40) 유럽사법재판소는 제3호 규칙 제4조를 "사회적 위험과 임금노동자성의 변화를 고려하여 새로운 범주의 사람들에게 사회보장의 혜택을 확대하려고 하는 회원국들의 사회법이 보여주는 일반적인 경향을 받아들인 것"이라고 해석하면서, "수공업자들은 국내법의 규정에 따라 전체 노동자의 보호를 위하여 사회보장제도를 확대한 결과 일부 사회적 위험으로부터 보호받고 있는 한, 임금노동자와 유사한 자로 간주되어야 한다"고 판결하였다(CJCE, 1968.12.19. De Cicco 사건).

41) 이러한 개념의 확장은 보편주의적 사회보장 시스템을 가지고 있는 세 나라가 유럽공동체에 가입한 후에 이어진 유럽사법재판소 판례 차원에서 실현되었다(CJCE, 1976.9.29. Brack 사건, C-17/76 참조). 임금노동자로 사회보험료를 한 번도 납부한 경험이 없는 자만 노동자의 범주에서 제외된다(CJCE, 1978.1.19.

를 조정해 가는 규정들이 의미하는 바의 노동자의 자격은 자신의 노동으로 살아가고 그런 이유로 국내법에 의하여 보호받는 자의 인격에 내재하는 자격이라는 것을 의미한다. 그러므로 이 노동자의 자격은 일시적으로 일을 중단했다고 해서 상실되는 것도 아니며, 국내법에 의하여 비임금노동이 임금노동으로 간주되는 한, 그 일의 성격이 종속에서 독립으로 변했다고 해서 상실되는 것도 아니다. 노동자가 노무 제공을 약정한 계약들의 정확한 성격과 중단 여부에 상관없이 인정되는 노동자 자격의 계속성은 유럽의 모든 법제를 특징짓는 사회적 보호의 계속성과 일반성 개념의 필연적인 연관 개념이다.

　이 직업적 노동자 개념은 좀더 일반적인 경향을 띠는 의미심장한 개념이다. 이것은 사회적 기본권 헌장의 용어법에서도 확인할 수 있다. 이 헌장에서는 직종, 경제활동생활, 직업생활 등의 개념들이 등장하는데, 이것들은 모두 경제적 교환보다는 직업적 정체성에 의거하는 개념들이다. 마찬가지로 남녀평등 원칙의 실현은 고용접근, 승진, 직업훈련[42]과 관련되며, 이를 통해서 노동계약보다는 인격과 직업적 삶의 이력을 겨냥한다. 요컨대 유럽법에서도 신분적 노동자 개념은 계약적 노동자 개념과 나란히 존재한다.

C-84/77 참조).
　42) 1976.2.9. 제76/207호 지침.

제2절 신분이 계약으로 편입되다

　학설의 관점에서 보면, 로마법 문화와 게르만법 문화 사이
의 대립은 사소한 것처럼 보이며, 양자는 모두 계약론에 우호적
인 것처럼 보인다. 이러한 관점은 유럽석탄철강공동체의 노동계
약에 관한 종합보고서(1964)에서 오랫동안 강력하게 주장되었
다. 이 보고서에 따르면, 독일의 노동관계 이론은 "역사의 운동
에 의하여 폭넓게 극복되었으며, 유죄 선고를 받은 정치철학과
관련된" 개념이다. 그 이론은 또한 "사업을 노동공동체로 구성하
려는 시도의 근거없음"에 의하여 파산선고를 받았다고 한다. 결
론적으로, "채권채무관계의 인적 속성을 강조하는 것, 채권채무
관계의 형성을 주재하기도 하는 '인격에 따라서(intuitus personae)'
라는 격언을 강조하는 것 그리고 그것으로부터 비롯되는 부수적
인 채무들을 강조하는 것은 확실히 통상적이다. 하지만 법률관
계(vinculum juris)는 본질적으로 여전히 전통적인 채권채무관계
이다. 즉, 교환계약들에서 찾아볼 수 있는 관계이다."[43]
　그러므로 적어도 노동관계의 구속력이 비롯되는 법원의 문
제로 축소시킨다면, 문제는 해결된 것처럼 보인다. 임금노동관계
의 합법적인 형성을 위해서는 원초적 의사의 합치가 필요하다는
점에 대해서는 의견일치가 이루어져 있다. 다시 말하면, 노동관
계 당사자들의 상호 채무는 언제나 계약이라는 개념에 근거한다

---

43) G.-H. Camerlynck, *Rapport de synthèse*, *op. cit.*, p.147 이하.

는 것이다. 그렇다면 다음과 같은 멘고니의 말에 전유럽적 타당
성을 부여할 수 있을 것이다. "노동관계가 언제나 조직적 관계의
매력을 갖는 것은 아니다. 또는 다른 말로 하면, 제도적 관계인
것은 아니다. 왜냐하면 모든 경우에 노동과 보수의 교환이 구성
하는 고유의 요소가 발견되기 때문이다."[44]

그러나 이처럼 계약론을 견지하는 것은 노무임대차라는 오
래된 개념이 완전히 변화함으로써만 가능했다는 점을 시야에서
놓쳐서는 안 된다. 다시 말하면, 노동관계에 대한 계약론적 관점
은 게르만법적 착상의 몇몇 측면들을 체화함으로써만, 특히 무
엇보다 노동자의 계약 참여가 갖는 인격적 차원의 인정을 체화
함으로써만 유럽의 다양한 법제에서 살아남을 수 있었던 것이
다. 노동자의 인격에 결부되어 있는 비재산적 가치들이 교환관
계의 틀 속으로 들어가게 만드는 데 기여한 것은 노동계약 개념
이다. 20세기 초에 로트마르가 제시한 전망이 바로 이것이다.[45]
이 노동계약 개념은 게르만법적 착상이 품고 있는 인격적, 신분
적 요소를 사라지게 만든 것은 아니다. 정반대로 노동계약 개념
은 이 인격적, 신분적 요소를 계약의 틀에 순화시킴으로써 그것
을 자양분삼아 성장했다. 그리고 바로 이러한 흡수를 통해서 노
동계약은 노무임대차계약의 앙상함과 달리(나폴레옹 법전은 노
무임대차 계약에 두 개의 조문을 할당했다는 것을 상기할 것!),
오늘날 우리가 알다시피 입법과 협약과 판례에 의하여 과부하를
안고 있을 정도로 중요한 법형식이 되었다. 요컨대, 노동계약은

---

44) L. Mengoni, *op. cit.*, p.432.
45) Lotmar, *Der Arbeitsvertrag nach dem Privatrecht des deuschen Reiches*, Leipzig, 1902, t. I, p.7.

자신의 반대물을 흡수함으로써[46) 20세기 중반까지 법학자들이 안티테제라고 생각했던 것을 종합하였다. 즉, 노동관계에 대한 로마법적 착상과 게르만법적 착상을 통합하는 데 성공하였다. 물론 이 종합은 안정적이지도 않고, 일률적이지도 않으며, 나라마다 동일한 방식으로 진행되지는 않았다. 하지만 각 나라마다 실제로 존재한다.

　독일에 관해서는 카메를랭이 다음과 같이 인정하였다. "독일법만이 노동관계를 교환관계와 동일시하기를 거부한다. 비록 쌍무적 노동계약에 근거하고 있기는 하지만, 독일법은 여전히 인격법이나 공동체법에 의하여 규율되는 관계라는 개념에 충실하다."[47) 이 관찰은 그 현실성을 조금도 잃지 않았다. 이 말은 이런 뜻이다. 노동관계에 대한 인격적 또는 공동체적 착상은 임금노동을 정의하기 위한 법기술로 채택되지는 않았지만, 그 역할을 수행하고 있는 계약에 내용을 부여한다. 노동계약의 정의에서도 노동관계의 인격적 요소는 인격적 종속성이라는 개념을 통하여 통합된다. 이 개념은 프랑스의 법률적 종속성 개념과 다른 것이다. 이 인격적 종속성 개념으로부터 임금노동자의 충실의무나 그 반대급부로서 사용자에게 부과되는 배려의무 같은 개념들이 도출된다. 그리고 이 의무들에서 다양한 의무들이 도출되는데, 이것들은 통상적으로 채권법에는 속할 수 없는 것들이다.

　영국의 경우는 완전히 다른 또 하나의 종합을 제공한다. 영

---

　46) 이 개념에 대해서는 Louis Dumont, *Essai sur l'individualisme. Une perspective anthropologique sur l'idéologie moderne*, Paris, Seuil, 2e éd., 1985, p.245 및 *Homo œqualis*, I, *op. cit.*, 여러 곳 참조.
　47) G.-H. Camerlynck, *Rapport de synthèse, op. cit.*, p.148.

국의 노동법은 주로 단체교섭을 통하여 발전하였다. 의회는 단체교섭을 보통법과 법원의 관할에 맡겨 두었다. 하지만 단체협약 규정에 법적으로 구속력이 있는 힘을 부여하는 것은 보통법에서 나온 노무고용계약 개념이다. 사실 단체협약은 형식적인 관점에서 볼 때는 계약 당사자인 개인들에 대해서 '남의 일(res inter alios acta)'에 불과하다. 협약상의 관행이 개별적 채권법으로 이행하는 것은 단체협약의 규정이 계약으로 '체화'된다는 개념을 통하여 이루어진다.[48] 이 체화는 개별적 계약이 단체협약에 의거할 것을 명시적으로 정하고 있기 때문에 인정되는 것이 아니다. 이것은 보통법에 해당하는 것으로서, 계약 당사자들의 의사를 분석함에 있어서 관습에 효력을 부여하는 것이다. 그러므로 여기에서 단체협약은 '관습(customs and practices)'과 동일한 자격으로 개입한다. 판사는 이 관습에 대해서도 계약 속으로의 체화를 인정한다. 그러므로 체화라고 하는 독특한 메카니즘을 통해서 계약적 구조는 교환과 채권법의 논리에서 벗어나는 직업적 규칙들(단체협약과 노사관행) 전체를 흡수할 수 있게 된다. 오토 칸 프로인트가 관찰한 바와 같이, 이러한 시스템 속에는 직종에 근거한 조직이라고 하는 중세적 사고가 여전히 존재한다. 즉 "길드의 정신이 존재한다."[49]

　　라틴계 나라들(프랑스, 이탈리아, 스페인, 포르투갈)에서는 노동관계에 내재하는 인격적 가치를 계약이 흡수하는 일은 또

---

48) R. Bénédictus et B. Bercusson, *Labour Law. Cases and materials*, London, Sweet et Maxwell, 1987, pp.465-473 참조.
49) O. Kahn-Freund, *Labour and the Law*, London, Stevens, 2e éd., p.56.

다른 방식으로 이루어졌다.[50] 이 나라들에서 노동법은 노동관계를 규제하는 공권력에 부여된 두드러진 역할에 의하여 지배되었다. 예를 들어, 프랑스 노동법의 핵심은 '공서(ordre public)'라는 개념이다. 이 개념은 한편으로는 노동 규범들 사이의 위계를 함축하며, 다른 한편으로는 임금노동자를 위한 유리의 원칙을 함축한다. 이 공서의 개념은 계약이 입법 규정(사회적 공서)이나 단체협약 규정(협약적 원천의 위계)에 불리한 방향으로 반하는 것을 배제한다. 공서 규칙의 영역은 노동관계의 거의 모든 측면에 걸쳐 있다. 위생과 안전 규제, 임금의 결정, 노동시간의 제한 등. 그러므로 이러한 시스템에서는 계약 개념이 노동관계를 법적으로 정의하는 주춧돌이 될 수 있다. 왜냐하면 노동법을 구성하는 입법 규정의 상당 부분을 계약이 어떤 식으로든 체화하기 때문이다. 이렇게 해서 노동계약은 임금노동자에게 진정한 '신분(statut)'을 부여하는 덕목을 획득한다. 조르주 셀의 표현을 빌리자면, 계약은 당사자들의 의사와 상관없이 적용을 일으키는 '행위조건'의 역할을 수행한다. 프랑스 대법원은 이처럼 노동계약 속으로 사회적 신분이 들어가는 현상을 완벽하게 표현한다. "계약 당사자들의 의사만으로는 노동자들의 업무 수행 조건에서 필연적으로 비롯되는 사회적 신분으로부터 노동자들을 떼어낼 수 없다."[51]

덴마크의 사례는 노동관계에 대한 계약적 착상과 신분적 착상을 종합하는 또 하나의 가능성을 대변한다. 덴마크에서도 임

---

50) 프랑스의 사례에 대한 자세한 분석은 아래 제3장 참조.
51) Cour de cassation, Assemblée plénière, 1983.3.4, *Dalloz*, 1983, Jurisprudences, p.381, Cabannes.

금노동관계는 의사의 합치, 즉 계약에 근거한다는 점에 대해서 모두 동의한다. 하지만 모든 노동법이 결국은 1899년 체결된 기본협약규범(이른바 9월 협약)에서 비롯된다는 점에서, 덴마크 노동법의 핵심은 단체협약에 있다고 할 수 있다. 법적인 관점에서 보면, 단체협약 규정은 그 효력 발생과 동시에 개별 노동계약의 일부를 이루며, 협약에 반하는 계약 규정은 자동으로 협약 규정으로 대체된다. 따라서 덴마크의 시스템은 단체협약 규정이 노동계약으로 체화된다고 하는 영국식 개념과 노동법의 법원들 사이의 위계라고 하는 프랑스식 개념을 결합한 것이다. 단체협약은 시스템의 핵심에 있다. 하지만 영국과 달리 협약의 구속력은 국가에 의하여 보장된다. 여기에서도 또 다시 다음과 같은 결론이 나온다. 법적으로 여전히 계약적인 틀 안에서 채권법의 쌍무적 논리와는 완전히 동떨어진 노동규범 시스템이 발달할 수 있었다.

　　유사한 사례를 반복할 필요는 없다. 로마법 문화와 게르만법 문화의 문제 상황은 조금도 현실성을 상실하지 않았다는 점은 명백하다. 그리고 이 두 문화의 종합은 모든 유럽 나라들에 공통적인 특징이라는 점도 분명하다. 이 점은 역사적으로 그리고 이념적으로 둘 중의 어느 하나의 관점에 의거하려는 태도에 의하여 종종 흐려졌다. 채권법은 개인주의적이고 자유주의적인 이데올로기에 의거하는데, 이 이데올로기는 개인들의 자유와 평등을 전제하며 집단에 대한 개인의 우선성, 사회적인 것에 대한 경제적인 것의 우선성을 천명한다. (무엇보다 먼저 가족법에 의하여 구성되는) 인격법은 공동체주의적 이데올로기를 반영하는

데, 이 이데올로기는 부모와 자식 간의 위계를 상정하고, 개인에
대한 집단의 우선성과 경제적인 것에 대한 사회적인 것의 우선
성을 천명한다. 이 두 관념은 용어 하나하나 서로 대립된다는 점
을 알 수 있다. 평등/위계, 사회/공동체, 결사/조합,[52] 계약/신분,
Gesellschaft/Gemeinschaft, 개인주의/집단주의 등등. 그러므로
이 말을 선택하거나 저 말을 선택하는 것은 어떤 사회정책의 지
향을 드러내거나 아니면 비판하는 의미를 가질 수 있다. 오늘
날의 계약주의 물결 뒤에 자유주의 이데올로기의 승리를 읽을
수 있는 까닭이 이와 같다. 마치 20년 전 독일식의 노동관계 개
념이 역사에 의하여 심판받은 정치철학을 상기시켰던 것처럼.[53]

   그러나 이데올로기적 외양에서 약간 거리를 두고자 노력해
야 한다. 이 두 가지 상반되는 개념의 결합은 사실 노동관계의
구조적 양면성에 대응하는 것이다. 이 양면성은 완전히 제거할
수 있는 것이 아니다. 인간의 노동은 언제나 인격과 사물의 교차
점에 존재한다. 따라서 법학자는 이것을 인격법에 포함시킬지,
재산법에 포함시킬지 언제나 망설일 것이다. 그리고 결코 이 두
측면의 어느 하나를 완전히 피하지는 못할 것이다. 따라서 임금
노동관계를 정의함에 있어서는 언제나 하나의 긴장이, 다소 안
정적인 하나의 균형이 존재할 것이다. 한편에는 노동과 돈의 교
환이라는 관념이 있는데, 이것은 채권법의 사고 범주들을 환기

---

52) 노동법에서 조합의 개념에 대해서는 A. Supiot, "Actualité de
Durkheim, note sur le néo-corporatisme en France", *Droit et Société*, 1987,
n° 6, p.177 이하; G. Lyon-Caen, "Corporation, corporatisme, néocorporatisme",
Droit social, 1987, p.742 이하 참조.
   53) G.-H. Camerlynck, 앞에서 인용한 부분 참조.

시킨다. 다른 한편에는 인격의 종속 개념이 있는데, 이것은 인격
법의 사고 범주들을 환기시킨다.

이 양면성의 용어들을 명확히 하기 위하여 여기에서 선택한
용어법은 신분과 계약의 대립이라는 용어법이다. 이 용어법은
충분히 명확한 법개념에 근거한다는 장점이 있으며, 동일한 생
각을 표현하는 다른 용어법에 결부되어 있는 이데올로기적 흔적
을 그 만큼 제거할 수 있는 장점이 있다. 특히, 신분(statut)54)이
라는 용어는 임금노동자의 인격이 처해 있는 어떤 상태를 가리
킬 뿐이다. 즉, 임금노동자의 의사와 상관없이 (법률, 단체협약
또는 노동관행에 의하여) 정해지는 권리와 의무의 총체를 의미
한다. 따라서 이 용어는 그러한 상태가 의미를 갖게 되는 어떤
공동체의 사회학적 존재를 상정하지 않는다. 한편, 계약과 신분
의 대립은 어느 하나에서 다른 하나로 이행하는 어떤 역사법칙
의 의미로 이해되어서도 안 된다.55) 그런 것이 아니라, 노동법을
특징짓는 구조적 양면성을 파악하는 수단으로 이해되어야 한다.

---

54) 라틴어 status는 동사 stare의 과거분사형으로서 "똑바로 서 있는 것"을
가리키며, 국가를 포함하여 다양한 현대법상 근본개념들의 어원이다. 오늘날 인
격의 신분은 그것이 준거로 삼는 국가로부터 분리할 수 없으며, 이 신분 개념이
제기하는 정말 어려운 문제는 국가 자신은 무엇을 준거로 삼는가 하는 것이다(P.
Legendre, *Les enfants du texte. Etude sur la fonction parentale des Etats*,
Paris, Fayard, 1992, p.13 참조).

55) 양자의 대립을 역사적 이행으로 이해하는 관점으로는 Sir Henry Maine
의 유명한 책, *Ancient Law*, 프랑스어판, Courcelle Seneuil 참조. 그것은 "신
분에서 계약으로"라는 구절로 요약된다. 이에 대해서는 G. Feaver, *From status
to Contract*, Longmans, 1969 참조. 고용계약 속에는 주인과 하인 유형의 신분
적 관계가 온존하고 있다는 관점에 대해서는 Alan Fox, *Beyond contract: work,
power and trust relations*, London, Faber & Faber, 1974, pp.188-190 및 B.
Veneziani, in B. Hepple (dir.), *The Making of Labour Law in Europe*, *op.
cit.*, p.54 이하 참조.

이 용어를 사용함으로써 다음과 같이 결론 내리는 것이 가능하다. 모든 유럽공동체 나라에서 노동관계를 법적으로 정의하는 기본틀을 제공하는 것은 계약이지만, 이 계약적 틀을 유지하는 것은 법률이나 판례나 협약이나 노동관행에 따라 다양한 수준으로 정해지는 임금노동자의 신분을 계약이 흡수함으로써만 가능하였다. 이러한 구성은 나라마다 서로 다른 형태로 실현되었지만, 어디에서나 노동관계를 정의하는 기본 동력이 되었다. 노동관계의 법적 내용은 순전히 계약적이고 상품적인 논리로도, 순전히 신분적이고 인격적인 논리로도 환원될 수 없다. 하지만 이 결합은 전혀 안정적이지 않다. 반대로, 그것은 노동관계를 끊임없이 가로지르는 변화들에 의해서 오늘날 심각하게 문제되고 있음을 제반지표는 가리키고 있다.

제3절 새로운 불균형

이처럼 노동관계를 신분이 계약 속으로 편입된 것으로 보는 유럽식 사고방식은 임금노동자의 신분을 통일적으로 파악할 수 있게 함으로써 추상적 노동의 왕국을 확장하는 데 기여하였고, 노무 제공의 구체적 목적에 대한 고려에 근거하고 있는 구분들을 점차 사라지게 만들었다. 하지만 오늘날에는 이 신분의 왕국이 이질화하고 있으며, 그곳에서 전개되고 있는 유연화 정책들

은 고용 형태의 복잡다양함을 초래하고 있다. 또한 임금노동자
들이 획득한 신분에 맞서서 계약을 촉진하는 움직임이 강화되고
있다. 노동법은 균형의 장소가 되기에는 거리가 멀다. 노동법은
그 어느 때보다도 통일과 분열이라는 모순되는 힘들에 의하여
추동되고 있다.

노동자의 신분을 통일시키는 경향의 가장 두드러진 사례는
블루칼라와 화이트칼라, 즉 생산직 노동자와 사무직 노동자의
오래된 구분에 가해진 운명이다. 이 구분은 유럽의 모든 나라들
의 노동법 구성에서 중요한 부분을 차지하였다. 일반적으로 말
해서, 사무직 노동자는 노동법을 구성하는 중요한 보장들을 제
일 먼저 향유하였다. 제일 먼저 유급휴가를 얻었고, 월급을 받았
으며, 근속에 따라 임금이 인상되었다. 요컨대 사무직 노동자는
노동관계를 좀더 신분적인 관계로 착상하는 관점을 대변하는 전
위와 같았다. 사업에 인격적으로 결합해 있다는 점과 그것에 결
부되어 있는 의무들은 사업이 보장하는 권리 및 보장과 동행한
다. 이렇게 신분의 차원을 중시하는 관점은 아직도 일부 법제에
서 나타난다.[56] 하지만 이 다양한 범주들 간의 상이한 취급을 제
거하려는 것이 모든 곳에서 공통적인 경향이다. 그러한 경향을
잘 보여주는 것이 룩셈부르크에서 채택된, 노동계약에 관한

---

56) 특히 덴마크의 경우가 그렇다. 덴마크에서 사무직 노동자는 언제나 생산
직 노동자보다 더 유리한 조건을 향유하였다. 이러한 전통은 1938년 사무직 노동
자에 관한 법(Funktionaerloven)에 의하여 공식적으로 승인되었다. 이 법은 그
후 여러 번 개정되었는데, 마지막 개정은 1987년이다. 이 법은 생산직 노동자에
관한 입법은 거의 존재하지 않는다는 점과 인상적인 대조를 이룬다. 이러한 차이
는 생산직 노동자와 사무직 노동자를 구분하는 판례 법리의 원인이며, 그러한 판
례 법리는 임금노동 일반의 법적 정의에 관한 논의가 덴마크에서는 취약하다는
점과 뚜렷한 대조를 이룬다.

1989년 5월 24일 법이다. 이 법은 룩셈부르크에서 전통적으로 행해지던 블루칼라와 화이트칼라의 차별을 폐지하고, 단일한 법적 신분을 적용하는 법이다. 그리고 그러한 차별이 형식적으로 남아 있는 많은 나라에서, 예를 들어 벨기에나 독일(Arbeiter와 Angertellte) 또는 이탈리아(민법전 제2095조상의 impiegati와 operai의 구별)에서 이러한 구별은 사무직 노동자만 향유하던 혜택들이 생산직 노동자에게 점차 확대됨에 따라서 상당 부분 실제적인 중요성을 상실하였다. 이보다는 좀 덜하지만, 업무의 성질로 인하여 오랫동안 노동법의 적용 범위에서 제외되었던 임금노동자 범주에 대해서도 동일한 경향이 관찰된다. 이처럼 구체적 노동을 구분하는 방식은 예를 들어 그리스에서 찾아볼 수 있다. 그리스에서는 업무의 성격을 이유로 노동법의 적용 범위에서 완전히 또는 부분적으로 제외되는 임금노동자 범주가 여럿 있다. 농업노동자, 어부, 가내노동자, 가사노동자 등이 그것이다. 이러한 범주들의 목록은 나라마다 크게 다르지 않지만(선원,[57] 항만하역노동자, 농업노동자, 가사노동자는 거의 변함없이 목록에 있다), 그 범주의 노동자들이 법적으로 이해되는 방식은 같지 않다. 노동계약 개념의 통일화 경향이 강한 나라에서는, 예를 들어 프랑스, 포르투갈, 스페인, 독일 같은 나라에서는 다양한 범주의 임금노동자들에게 그 업무의 특수성과 부합할 수 있는 한도 내에서 일반 노동법을 적용하고자 노력한다. 반대로, 구분해서 접근하는 방식이 지배적인 나라에서는 이 노동자들에게 특별한

---

57) P. Chaumette, *Le contrat d'engagement maritime*, Paris, Ed. du CNRS, 1993, p.21 이하 참조.

신분을 부여하려는 경향이 강하다. 예를 들면, 앞에서 본 바와 같이, 가사노동자와 농업임금노동자 또는 선원에게 특별법을 적용하는 덴마크가 그렇다. 영국도 또한 그러한데, 영국은 더 이상 블루칼라와 화이트칼라를 구분하지는 않지만, 반대로 선원이나 항만노동자. 농업노동자, 가사노동자 등과 같은 노동자들에게는 특별한 법제도를 적용한다. 이것을 신분의 자율화라 할 수 있는데, 종종 유럽공동체법과 충돌하였다. 예를 들어, 유럽사법재판소는 남녀평등원칙의 적용 범위에서 가사노동자를 제외하는 영국의 입법을 단죄한 바 있다.[58)]

어떤 방법을 사용하든(일반노동법을 직접 적용하든, 특별법을 적용하든), 유럽의 일반적인 경향은 이 특수한 범주의 노동자들의 법적 상황을 다른 임금노동자들의 법적 상황과 접근시키는 것이라고 말할 수 있다.

이처럼 노무의 성격에 근거한 오래된 구분법과 구체적 노동에 의거하는 접근법이 물러남에 따라, 노동계의 법적 분화에 관한 새로운 원천들이 부상하고 있음을 목도한다. 이 분화는 임금노동자의 위계상 두 극단에서 관찰된다. 아래쪽으로는 비정규직노동의 확산에 의해서, 위쪽으로는 '임금노동자임원'이라고 하는 흥미로운 형상의 출현에 의해서. 이러한 변화의 가장 주목할 만한 측면은 노동법이 가장 덜 필요해 보이는 곳에 노동법을 확장하고, 노동법의 필요성이 의심할 여지 없는 곳에 노동법을 배제하는 것이다.

비전형 고용 형태라고 부르는 것의 발달은 대단히 인상적인

---

58) CJCE, 1983.11.8, aff. 165/82.

양의 연구를 가져 왔는데, 여기서 이것을 다시 검토할 필요는 없다.[59] 고용의 다양화 경향은 노동계약의 체계적 착상이 지배하는 법제와 구분접근법이 지배하는 법제를 가리지 않고 마찬가지로 표출되었다. 스페인법은 첫 번째 상황을 대변한다. 1984년 8월 2일에 채택된 노동법 개정은 16개의 서로 다른 노동계약 형식을 펼쳐 보였다. 이 다양한 계약 형식들의 공통점은 사업 경영의 유연화를 위해서 또는 사회적 편입이나 직업훈련을 목적으로 전형적인 노동계약에 내재하는 법적 규제를 완화하는 것이다.[60] 이 모든 계약들은 하나의 동일한 법적 범주의 다양한 변주들에 불과하다. 스페인의 상황은 노동계약 개념의 체계적 착상을 갖고 있는 모든 나라들에서 발견되는 경향에 지나지 않는다는 점을 보여준다. 비전형 계약의 목록이 '셀프서비스' 계약의 '메뉴'에 보이지 않는다고 해서 이들 나라의 법에 없는 것은 아니다. 예를 들어 프랑스도 못지 않게 다양한 비전형 고용관계의 메뉴를 가지고 있다. 반대로 영국은 다른 길을 걸었다. 영국은 모든 비전형 고용을 '자기고용(self-employment)'의 형식으로 간주하면서 노동계약의 정의에서 배제하였다.[61] 이 방식은 확실히 영국에 고유한 구분법과 관련이 있다. 하지만 그렇다고 해서 결론이 판이

59) 유럽의 상황에 대한 고찰은 B. Veneziani (dir.), *Law, Collective Bargaining and Labour Flexibility in E.C. Countries*, Asap, Roma, Istituto poligrafico e zecca dello stato, 1992 참조.

60) M. Casa Baamonte et F. Valdes Dal Re, "Les nouvelles formes d'emploi dans la législation espagnole", in *Travail-Emploi, L'évolution des formes d'emploi*, Paris, La Documentation française, 1989, p.23 이하 참조.

61) S. Deakin, "Lavoro standard e lavori atipici nell'esperienza inglese", in Pedrazzoli (éd.), *Lavoro subordinato e dintorni Comparazioni e prospettive*, Bologne, il Mulino, 1989, p.213 이하 참조.

하게 다른 것은 아니다. 문턱기법(상시노동자 수, 근속연수, 시간 등)과 관련해서 동일한 논증이 가능하다. 구분의 법제에서는 임금노동자의 정의에서 배제하는 결론으로 이어지고, 통일의 법제에서는 임금노동자의 핵심적인 혜택에서 배제하는 결론으로 나아간다.

계약 모델의 분화는 또한 '임금노동자임원'이라는 범주의 인정과 함께 노동위계상의 상층에서도 관찰된다. 모든 유럽 나라에서 노동계약을 정의하는 핵심 개념인 종속 개념에 따르면, 사업의 임원은 임금노동자 범주에서 제외해야 할 것이다. 하지만 노동관계의 위계적 조직은 대부분의 '매니저'를 지휘자이자 동시에 피종속자로 만든다. 위계에 기입되는 모든 기능은 종속의 기준에 부합한다. 왜냐하면 위계상의 기능을 수행하는 자는 명령에 따르는 것이기 때문이다. 이 위계상의 기능은 양면적이다. 이 양면성은 임원들에게 임금노동자의 자격을 인정하는 것이 원칙적으로는 어려움이 없는 경우에도 일반적으로 임원에게 적용되는 특별한 규정들을 따로 마련하고 있는 점에서 표출된다. 하지만 이 상황은 임원인 임금노동자가 사용자적 기능의 전부 또는 일부를 수행하는 경우, 위계선상의 상층에서 문턱에 관한 미묘한 문제를 제기한다. 그들은 여전히 진정한 임금노동자인가? 해법은 이들이 사실상 행사하는 권력(예를 들어 종업원 대표 제도나 노동법원의 조직과 관련해서[62])을 고려하면서도 이들의 노동

---

62) 예를 들면 독일법은 사업장조직법(Betriebsverfassungsgesetz)의 적용 범위에서 임원을 제외한다. 이탈리아 민법 제2095조는 종속노동자를 네 가지로 구분한다. 임원, 관리직, 사무직 그리고 생산직. 요컨대 임원은 종속노동자로 정의되고 있다! 임원에 대해서는 해고에 관한 규정 등 일부 규정만 적용이 배제될

계약을 보호하는 특수한 신분, '임금노동자임원'이라는 신분을 만들어 내는 것이었다. 사업의 이사 자격과 노동계약을 겸임할 때 문제는 절정에 달한다. 이 계약은 특히 이사의 소관을 더욱 어렵게 만들어 그의 임원으로서의 지위와 충돌을 야기하는 효과를 가질 수 있다. 그러므로 그와 같은 겸임은 배제하는 것이 논리적으로 보인다. 그렇지만 일반적인 해법은 겸임의 원칙적 금지가 아니라 조건부 승인 제도로 우회하는 것이었다고 할 수 있다. 임금노동자들이 임원의 지위에 오르는 것을 쉽게 하려는 목적이었다고 한다.

한편에서는 구체적 노동의 고려에 근거하는 오래된 구분법이 약화되는 경향이 있는 반면에, 노동계약의 분화에 관한 새로운 원천들이, 한편으로는 고용의 유연화와 관련이 있고 또 다른 한편으로는 임금노동자성의 일반화와 관련이 있는 새로운 원천들이 등장하고 있다. 이 새로운 불균형의 원천들은 노동관계에서 제기되는 기본적 문제들을 한번에 모두 규율할 수 있다고 생각하는 것이 얼마나 허망한가를 보여준다. 노동의 수수께끼는 새로운 형태로 끊임없이 재부상한다. 그리고 그 수수께끼를 풀었다고 상상한 정답의 유효성을 끊임없이 훼손한다. 이제 이 질문들의 힘을 이해하려고 시도할 때이다.

뿐이며, 단체협약은 다른 범주의 임금노동자들보다 훨씬 더 유리한 내용을 정한 특별규정들을 임원에게 적용한다.

제1부
인격과 사물

재산에 관한 법이론은, 특히 19세기에 오브리와 로의 저작[1] 속에서 발전된 바와 같이, 인격에서 사물로 넘어가는 다리와도 같다. 물질적 요소는 재산이 됨으로써 인격이 권리를 갖게 되는 재화라는 법적 자격을 획득하게 된다. 그리고 반대로 그 인격에게 주어져야 하거나 그 인격이 권리를 갖고 있는 급부는 그 재산의 적극적 또는 소극적 요소가 됨으로써 그만큼의 재산을 구성하며,[2] 그 재산은 언제나 일정한 계산을 거쳐 일정액의 돈, 즉 하나의 물질적 요소로 환원될 수 있다.[3] 그러므로 재산은 인격의

---

1) Aubry et Rau, *Cours de droit français*, t. IX, §575-583; R. Seve, "Déterminations philosophiques d'une théoriejuridique: 'La théorie du patrimoine' d'Aubry et Rau", *Archives de philosophie du droit*, Paris, Sirey, t. 27, 1979, pp.247-257.

2) B. Starck, *Droit civil. Obligations*, Paris, Librairie technique, 1972, 2e partie, p.693 이하 참조.

3) "구속되는 자는 자신의 것을 구속한다."(민법전 제2092조에서 다시 채택)라는 격언의 생동감 넘치는 역사에 관해서는 H. Roland et L. Boyer, *Locutions latines et adages du droit français contemporain*, Lyon, L'Hermès, 1979, Adages, t. II, §245, p.380 이하 참조. 채무자의 빚에 대응하는 것은 채무자의 신체라는 사고, 로마법에서는 희미했던 이 관념은 프랑크 왕국 시기에 다시 나타났다가, 다시 폐지되었다가, 마침내 1867년 민상사 사건에서 신체에 의한 강제의 폐지와 함께 완전히 사라졌다.

발현이라고 할 수 있으며, 물질적 세계에서 이루어지는 인격의
보호라고 할 수 있다. 재화와 채무의 불가분의 일체로서 정의되
는 재산은 인격과 함께 태어나고 사라진다. 세계를 바라보는 이
러한 법적 시각은 재산법적 영역에 속하는 넓은 의미에서의 (고
형적 및 비고형적) 재산에 대한 권리와 초재산법적 영역에 속하
는 인격에 고유한 권리 사이의 절대적인 분리에 근거한다. 조스
랑은 다음과 같이 말한다. "오래전부터 법은 재산, 즉 인격이
금전적 세계에 자신을 투사한 것과 초재산적 세계에서 물질적
이익 위에서 활공하는 인격 그 자체 사이에 엄격한 선을 긋고
있다."[4]

　　이러한 관념 체계 속에서 어떻게 노동을 자리매김할 것인
가? 노동을 재화로, 즉 교섭가능한 하나의 사물로 볼 것인가, 아
니면 반대로 상품처럼 취급할 수 없는 인격의 한 요소로 볼 것인
가? 객체인가, 주체의 일부인가? 노동법은 사물에 관한 법으로
취급되어야 하는가, 아니면 인격에 관한 법으로 취급되어야 하
는가? 단 하나의 동일한, 기본적인 질문, 즉 노동법상 그것으로
부터 모든 것이 비롯되고 모든 것이 그것으로 귀착되는 질문에
서 수많은 해석이 가능하다. 그 의미를 좀더 잘 파악하기 위해서
는, 그 질문이 제공하는 두 가지 선택 사항들의 각각의 끝까지
가보아야 한다. 그 각각의 끝에는 극단적이고 또 빛나는 상황이
존재한다. 즉, 한편에는 노예(여기에서 노동자는 일종의 사물로
취급된다), 다른 한편에는 그 성질상 인적 관계에서 분리할 수

---

4) L. Josserand, "La personne humaine dans le commerce juridique",
D.H., 1932, chr. p.1 이하.

없는 가족노동 또는 종교노동이 있다. 전자의 경우, 노동자 그 자체는 상업의 객체이다. 후자의 경우, 노무의 급부 그 자체는 상업에서 배제된다. 한편 이 두 대립적 형식은 실제로는 서로가 매우 가까운 사이로 드러날 수 있는데, 예를 들어 고대 로마의 거주노예의 지위는 다른 주거자의 지위에서 그다지 멀지 않으며, 그들 모두는 가부장(pater familias)의 지배(dominium) 하에 있었다.[5] 반대로, 페미니즘 운동은 종종 나폴레옹 법전이 부인과 여자아이들에 대해서 가부장에게 부여한 특권들을, 이들을 노예 상태와 유사한 상황으로 몰고가는 일종의 진정한 소유권으로 파악했다.[6] 이것은 말하자면 노동이 재산법적 관점과 초재산법적 관점 사이에서 진자운동을 하는 것은 피할 수 없다는 뜻이며, 언뜻 보아 법적으로 자리매김하는 것이 아주 쉬워 보이는 상황들에서조차 그러하다.

17세기에서 19세기까지 노예에 관한 프랑스의 법은 이러한 진자운동을 완벽하게 묘사하고 있다. 그것은 1685년 루이 14세에 의하여 제정된 "흑인노예법(Code Noir)"[7]이다. 흑인노예법은 혁명 기간 동안 잠깐 중단된 것을 제외하면 1848년까지 효력을

---

5) M. Villey, *Le droit et les droits de l'homme*, Paris, PUF, 1983, p.90 이하.

6) 예를 들어 O. Dhavernas, *Droits des femmes, pouvoirs des hommes*, Paris, Seuil, 1978, p.37 이하.

7) 공식적인 명칭은 "Edit du Roi Touchant la Police des Isles d'Amérique Française"이다. 이 칙령의 조문은 최근에 재편집되고 L. Sala-Molins이 주석을 붙였다. *Le Code Noir ou le calvaire de Canaan*, Paris, PUF, 1987. 법사학적 분석으로는 Ph. Hesse, "Le Code noir: de l'homme et de l'esclave", in *De la traite à l'esclavage*, Centre de recherche sur l'histoire du monde atlantique, Nantes, 1985, Actes du colloque international sur la traite des Noirs, t. II, pp.185-191; P. Jaubert, "Le Code noir et le droit romain", in *Histoire du droit social, Mélanges J. Imbert*, Paris, PUF, 1989, pp.321-331.

50

유지하였다.[8] 그 속에서 노예는 일종의 동산으로 정의되었다. 동
산으로서, 노예는 매매되고, 상속의 대상이 되었으며, 그 가치는
금전으로 평가되었으며,[9] 파산시 압류의 대상이 되었다. 노예는
주인의 재산에 속하기 때문에 스스로 재산의 소유자가 될 수 없
으며, 그에게 돌아오게 될 재산은 주인의 재산 속으로 들어간다.
노예는 일종의 사물로 취급되기 때문에 소송청구권을 갖지 않는
다. 반대로, 사물과는 달리, 노예는 형사상 유책으로 선고될 수
있으며, 이는 일정한 수준에서 노예가 인격으로 취급된다는 것
을 말한다. 주인은 노예에 대해서 제한없는 권한을 갖지는 않는
다. 육체적 처벌은 규제되며, 마찬가지로 최소한의 식량 배급이
규정된다. 나아가, 고대 사회에서처럼, 노예는 그 해방을 향한 사
명 속에서 인격으로서의 자격 속에 무엇인가를 간직한다. 마지
막으로 흑인노예법은 교회법을 고려해야 하는데, 교회법의 관점
에서 볼 때 노예도 인간이기 때문이다. 이는 노예도 성사를 받을
수 있음을 의미한다. 자유로운 인간들처럼, 그리고 그들과 함께,
세례를 받고, 결혼을 하고, 마침내 성스러운 땅에 묻힐 수 있음
을 의미한다.

　반대로, 가족관계[10] 또는 종교적 염원과 같이, 인적 관계의
차원에서 제공되는 비영리적 노동도 결코 재산법적 차원에서 완

8) Ph. Hesse, "Grands principes et petits intérêts: l'esclavage d'une
abolition à l'autre", in *Les droits de l'homme et la conquête des libertés.
Des Lumières aux révolutions de 1848*, Grenoble, PUG, 1986, pp.264-281.
9) 한편 과델루프의 노예 소유주들은 1848년의 노예제 폐지시 1억2천6백만
프랑의 보상금을 국가로부터 지급받게 된다. Ph. Hesse, *op. cit.*, p.272 참조.
10) M. Borysewicz, "Travail et enrichissement sans cause dans les relations
de famille", *Mélanges J.-P. Beguet*, Université de Toulon, 1985, pp.39-67.

전히 제외되지는 않는다.[11] 예를 들면, 부부가 서로서로 부담하
는 도움과 후원이 있다.[12] 그것은 흔히 결혼한 여자의 청소일 또
는 남편의 직업활동에 대한 비공식적 협력의 형태를 띠는데,[13]
보통법상의 부부재산제, 이른바 부부공동취득재산으로 축소된
공동체 속에서 금전적 표현을 발견한다. 즉 부부의 각자는 청소
가 가져오는 부의 증가에 대해서 동일한 부분으로 각자의 업적
을 인정받는다.[14] 마찬가지로 부모의 활동에 대한 자녀들의 협력
은 상속권 또는 농업 분야에서 지급되는 임금과 같은 특수한 법
기술 속에서 그 재산법적 표현을 발견한다.[15] 제사장의 노동은
그것이 종교적 참여 행위 차원에서 이루어지는 한 재산법적 논
리에 응답하지 않으며 따라서 원칙적으로 노동법의 적용 범위에

---

11) S. Floreau, "L'activité désintéressée, fiction ou réalité en droit
social?", *Revue de droit sanitaire*, 1981, pp.507-530.

12) 프랑스 민법전, 제212조.

13) Le Bris, *La relation de travail entre époux*, Paris, LGDJ, 1965; Ch.
Freyria, "La notion de relation de travail entre époux", *Droit social*, 1952,
pp.378-388 및 pp.465-471; A. Rouast, "Le droit du travail familial", *Droit
social*, 1962, pp.154-163.

14) 이 제도는 1965년 7월 13일 법에 앞서 실시되었던 사회학적 연구에 의
하여 여론 속에서 관찰된 합의에 상응하는 것이었다. F. Terre, "La signi-
fication sociologique de la réforme des régimes matrimoniaux", *L'Année
sociologique*, 1965, p.3 이하; J. Carbonnier, *Essais sur les lois*, Paris, Répertoire
Défrenois, 1979, p.35 이하. 이 법은 명시적으로 "여성은 집안에서의 활동이나
남편의 직업활동에 대한 협조에 의하여 (...) [결혼의 부담에 대한] 자신의 기여분
을 이행한다"고 규정하였다(프랑스 민법전, 제214조 제3항). 이 규정은 10년 후
1975년 7월 11일 법에 의하여 삭제되었다. 그 때부터, 배우자의 직업활동에 대한
협조는 가족사업에서 노동하는 수공업 및 상업 배우자의 지위에 관한 1982년 7
월 10일 제82-596호 법률에 의하여 규율된다. D. Martin, *Le conjoint de l'ar-
tisan et du commerçant*, Paris, Sirey, 1984 참조.

15) 1939년 7월 29일 법. J. Prevault, "Vers un élargissement du concept
de salaire différé", *Mélanges Weill*, Paris, Dalloz-Litec, 1983, pp.433-449
및 인용된 참고문헌 참조.

속하지 않는다.[16] 그러나 특히 사회보장과 관련하여, 제사장의 노동도 이익당사자들의 재산법적 권리들을 보호하는 법규정의 적용을 받을 수밖에 없었다.[17]

말하자면, 인간의 노동은 항상 인격과 사물이 만나는 지점에 놓이기 때문에 법학자는 항상 이 노동을 인격법에 포함시킬 것인지 재산법에 포함시킬 것인지 망설이지 않을 수 없으며, 결코 그 어느 한쪽을 모면할 수 없을 것이다. 역사적으로 볼 때, 노동의 완전한 사물화는 인간이 가축처럼 취급되는 상황, 예를 들어 나치의 강제수용소와 같은 상황, 즉 서양 법치주의의 형성 과정 일체를 부인하는 비이성 속에서만 보일 뿐이다.[18] 적어도 우리가 법치주의의 차원에 서 있는 한, 노동의 정의는 필연적으로 두 측면을 고려해야 한다. 재산으로서의 노동, 곧 법의 객체로서의 노동이라는 측면과 인격으로서의 노동자, 곧 법의 주체로서의 노동자라는 측면이다. 달라질 수 있는 것은 법적 분석의 강조점이다. 그 강조점은 노동에 맞춰질 수도 있고, 노동자에 맞춰질 수도 있다. 예컨대, 전문직에 대한 규율은 여전히 전문직 종사자의 신분에 대한 정의에 근거하고 있다. 이 신분은 전문직 종사자에게 특별한 권리와 의무를 부여하며 그 직업 활동을 상업화하는 것을 제한한다.[19] 전

---

16) Cour de cassation, Chambre sociale, 1986.11.20, *Droit social*, 1987, p.379; J. Savatier, "La situation, au regard du droit du travail, des pasteurs de l'Eglise réformée", *Droit social*, 1987, p.375.

17) Code de la sécurité sociale, L.381-12조 이하 및 L.721-1조 이하 (1978년 1월 2일 법). G. Dole, *Les écclésiastiques et la sécurité sociale en droit comparé*, Paris, LGDJ, 1976.

18) P. Legendre, *Le crime du caporal Lortie. Traité sur le Père*, Paris, Fayard, 1989, pp.17-23.

19) J. Savatier, *La profession libérale*, thèse, Paris, LGDJ, 1947 및 "Contribution à une théorie juridique de la profession", in *Etudes de droit*

문직 종사자와 고객은 직접적인 인격적 관계를 형성한다는 관념은 그 직업 활동의 금전적 측면을 완곡하게 만들고(사례금 개념), 나아가 점점 더 드문 경우이긴 하지만,[20] 그 활동이 무료로 행해질 수 있음을 인정함으로써 완전히 금전적 측면을 탈피하게끔 이끌었다. 반대로, 추상적 노동에 관한 법은 이미 산업화 시대의 여명기에 재산법 편에 위치하였다. 노동자의 얼굴과 전문직의 얼굴은 계약자의 얼굴 뒤에서 사라진다. 즉 노동관계의 법적 축을 형성하는 것은 더 이상 인격이나 노하우가 아니라 개념상 노동자의 인격(임금노동자)을 흡수하는 가격(임금)이다. 이러한 관점은 무엇보다도 노동을 일종의 재산으로 간주하는데, 그 재산의 담지자는 노동자이며 노동자는 자유롭게 그 노동을 교섭할 수 있다고 간주한다. 노동법의 역사는 이 재산의 인격적 차원을 점진적으로 재발견하는 역사였으며, 그것은 재산으로서의 노동이 아니라 법주체로서의 노동자를 전면에 재부각시켰다.

---

commercial offertes à J. Hamel, Paris, Dalloz, 1962, p.23 이하.

20) 이는 예컨대 의사의 경우 의료보험의 일반화, 변호사의 경우 법률구조의 일반화에서 비롯되는 치료비 또는 수임료의 사회화 때문이다. 변호사에 관해서는 A. Boigeol, "L'idéologie du désintéressement", *Sociologie du travail*, 1981, p.78 이하 참조.

제1장

노동, 법의 객체

제1절 사물의 힘 : 재화로서의 노동

1791년 2월 16일의 달라르드 법은 "모든 인간은 자유롭게 원하는 상업, 직업, 예술 또는 직종에 종사할 수 있다"고 규정하면서, 노동을 상업과 동일한 차원에 놓았으며, 상업과 마찬가지로 노동을 상업 및 산업의 자유라는 원칙에 결부시켰다. 이러한 관점은 프랑스 민법전 속에서 기술적으로 번역되는데, 민법전은 노동관계를 임대차의 한 형태, 즉 노무임대차로 간주하였다. 이는 민법전의 제정자들에게는 그다지 특별한 것이 아니었기 때문에, 그들은 두 개의 조문으로 이를 처리했다.[1] 반면 민법전의 제

---

1) 제1780조(여전히 유효하며, 생명을 목적으로 하는 계약을 금지하고 있

정자들은 예컨대 가축임대차에는 31개의 조문을 할당하였다. 학설은 오랫동안 이 두 개의 조문에 대한 주석에 머물렀는데, 이 두 조문은 1868년에 하나가 폐지됨으로써 하나로 줄어들었다. 예를 들어 우리가 19세기 말의 법과대학에서 교재로 많이 사용되었던,[2)] 보드리-라캉티느리의『민법총론』을 들여다 보면, 노무임대차에 할당된 단 세 개의 문단만을 발견할 수 있을 뿐이다.[3)] 그러나 동일한 시기에 이러한 단순함을 비판하고 이를 일종의 흠결로 분석하는 목소리가 법학자들 사이에서 일어나기 시작했다.[4)]

그 때부터 사람들은 프랑스 민법전이 인간의 노동에 대해서 거의 완전히 침묵하는 이유에 대해서 많이 자문하였다. 혹자는 역사적 이유를 제시하였다. 즉 민법전이 노동계급에 대해서 침묵하고 있는 것은 1804년에는 노동계급이 존재하지 않았기 때문이라는 것이다. "자동차나 비행기를 몰랐다고 유감을 표시하는 것이나 마찬가지다."[5)] 그러나 티시에는 이미 1904년에 이러한 설명을 반박하였다. "우리는 오늘날과 마찬가지로 1804년에도 노동계약이 모든 계약들 중에서 가장 빈번하였음을 부인할 수

다.) 및 제1781조(1868년에 폐지되었으며, 보수의 지급에 관한 입증의 문제를 주인에게 유리한 방향으로 규율하였다.).

2) F. Geny, *Méthodes d'interprétation et sources en droit privé positif*, Paris, 1899, t. I, 2e éd., LGDJ, 1954, p.26.

3) G. Baudry-Lacantinerie, *Précis de droit civil*, Paris, Larose et Forcel, 3e éd., 1889, t. III, pp.437-439.

4) A. Tissier, "Le code civil et les classes ouvrières", in *Livre du centenaire*, Paris, Rousseau, 1904, t. I, pp.71-94; E. Lambert, "Le droit civil et la législation ouvrière", *Revue générale de droit*, 1904, pp.152-241.

5) A. Roland, "Le droit social et la magislature", *Annuaire de l'Institut de droit du travail et de la sécurité sociale de Lyon*, 1956, pp.21-30.

없다."[6] 그러므로 우리는 다른 기술적 이유를 생각해 볼 수 있다. 공장 및 작업장에 관한 혁명력 11년(1803년) 제르미날 22일의 법은 이미 공장주와 노동자의 의무를 열거하였으며, 노동자수첩 제도를 창설하였다.[7] 이 두 번째 설명은 이미 첫 번째 설명을 물리칠 만한 것이며, 나아가 임금노동에 관한 특별한 규율 체계로서 이해되는 노동법은 19세기 후반에서야 비로소 탄생한다는 일반적인 생각을 수정해야 할 이유를 또한 제공한다. 한편 이러한 원초적 규율 체계의 성격에 대해서도 주의를 기울여야 한다. 즉 그것은 평등한 인간들 사이의 관계를 규율하는 민법이 아니라, 형벌적 제재를 수반한, 이미 당시 위험한 계급으로 간주되었던 노동계급에 대한 감시를 조직하는 것을 목적으로 하는 경찰법이었다는 점이다.[8] 노동자수첩은 실제로 경찰과 공장주가 노동력을 엄격하게 통제하기 위한 수단이었으며,[9] 공모의 금지는 공장주에게만 유리한 차별적 제도였다.[10] 이러한 차별은 민법전 제1782조에서도 발견되는데, 민법전 속에 노동이 부재하는

---

6) A. Tissier, "Le code civil et les classes ouvrières", *op. cit.*, p.89.

7) 이러한 의미로, Capitant et Cuche, *Cours de législation industrielle*, Paris, Dalloz, 1921, p.153.

8) L. Chevalier, *Classes laborieuses, classes dangereuses, à Paris, pendant la première moitié du XIXe siècle*, Paris, Plon, 1958, 재출간본 LGF, 1978. 노동자수첩에 의하여 가능하게 되는 사용자의 남용에 관해서는 Villermé, *Tableau de l'état physique et mental des ouvriers employés dans les manufactures de coton de laine et de soie*, Paris, Renouard, 1840, 재인쇄본 EDHIS, 1979, t. 2, p.126 이하.

9) J. Le Goff, *Du silence à la parole. Droit du travail, société, Etat (1830-1985)*, Quimper, Calligrammes, 1985, p.41; F. Hordern, "Du louage de services au contrat de travail", *Cahier de l'Institut régional du travail*, Université d'Aix-Marseille III, 1991, n° 3.

10) 사용자의 공모는 부당하고 남용적인 것으로 평가되는 경우에만 처벌되었을 뿐이다. 이러한 차별은 형법전 제414조와 제415조에 의하여 강화된다.

이유에 관한 마지막 설명, 즉 이데올로기적 설명을 뒷받침한다. 민법전은 "거의 재산법만을 목적으로 했으며 따라서 재산을 가진 자만을 위하여 만들어졌다"[11]는 설명이 그것이다. 그러므로 그것은 가진 자의 법전이었으며, 따라서 민법전이 소유와 소유의 변경 방식 및 소유의 취득 방식에 대해서 관심을 가졌던 만큼 반대로 인간의 노동에 대해서 관심을 기울이지 않았던 것은 놀랄 일이 아니다.[12]

　　그러나 노동에 관한 침묵은 20세기의 법학자들은 매우 놀라겠지만 민법전 제정자들의 정신 속에서는 엄정한 논리에 부합하는 것이었다. 민법전 제정안의 보고자는 의회에서 다음과 같이 설명하였다. "제정안은 이러한 종류의 임대차[노무임대차]에 관해서 이 규정들[장래의 제1781조와 제1782조]에 그치고자 하며, 그것으로 충분하다. 현실의 변화에 대해서는 역시 이러한 종류의 계약을 규율하는 성질을 갖는 전절[사물임대차] 속에 열거된 일반 규정들의 적용에 의하여 보충할 수 있다."[13] 정확히 말하면, 이러한 관점은 새로운 것이 아니다. 그것은 노무임대차를 다양한 종류의 사물임대차 속에 직접 자리매김시켰던 포티에의 이론과 거의 다르지 않다.[14] 1804년의 민법전 제정자들에게는 그러므로 노동관계와 관련하여 어떠한 민법전의 공백도 없었던 것인

---

11) Saleilles, "Le code civil et la méthode historique", *Livre du centenaire, op. cit.*, p.115.
12) 프랑스 민법전 제2권과 제3권의 제목을 참조.
13) Rapport du tribun Mouricault. A. Fenet, *Travaux préparatoires du code civil*, Paris, 1827, t. XIV, p.339 및 F. Ewald (dir.), *Naissance du code civil*, Paris, Flammarion, 1989, pp.380-382.
14) 앞의 서장 참조.

데, 왜냐하면 노동관계는 원칙적으로 모든 계약에 적용되는 원칙, 그리고 특별하게는 사물임대차에 적용되는 원칙들에 종속되는 것이었기 때문이다. 논증은 다음과 같은 두 가지 주된 사고에 근거하고 있었다. 즉 한편으로는 노동관계의 계약적 개념화, 다른 한편으로는 노동을 사물에 유사하게 평가하는 것이 그것이다.

노동관계의 계약적 개념화는 그 때부터 하나의 공리로서의 힘을 획득하였다. 1804년 이래 많은 것이 변하였고, 노동법이 발전했으며, 사람들은 민법에 맞서 노동법의 자율을 요구하였지만,[15] 개별적 노동관계는 실정법상 여전히 계약적 관계로 규정되고 있으며, 여기에서는 두 가지 급부가 서로 교환된다. 그것은 노동과 임금이다. 프랑스 노동법전 제1권은 "노동에 관한 합의들"에 할당되어 있는데, 바로 이러한 계약적 공리에 의하여 지배되고 있다. 공리, 즉 일차적이고 증명불가능한 원리, 이로부터 일체의 법적 효과들이 논리적으로 도출된다. 이 계약적 공리로부터 노동관계는 계약의 자유 원칙에 따른다는 명제가 도출될 수 있다. 이로부터, 적극적으로는 계약 당사자들이 직접 자신들의 계약 내용을 정할 권리, 또는 예를 들어 어느 일방에 대한 규율 권한을 다른 일방에게 부여하는 권리(공장규칙, 이것이 나중에 취업규칙으로 발전한다)가 도출되며, 또 소극적으로는 조직화된 단체의 개입 배제(여기에서, 르샤플리에 법의 표현을 빌자면, 모

---

15) P. Durand, "Le particularisme du droit du travail", *Droit social*, 1945, p.298 이하; G.-H. Camerlynck, "L'autonomie du droit du travail", *Dalloz*, 1956, Chroniques, p.23 이하; G. Lyon-Caen, "Du rôle des principes généraux du droit civil en drot du travail", *Revue trimestrielle de droit civil*, 1974, pp.229-248.

든 동업조합의 "박멸"과 공모의 범죄화가 나온다) 또는 공권력
의 개입 배제(여기에서 노동시간 또는 임금액을 규율하는 일체
의 강행규정들에 대한 거부가 나온다) 등 일체의 외부 간섭의 배
제가 도출된다. 이 계약적 공리로부터, 마찬가지로 노동관계의
양방향 성질, 즉 논리학자처럼 말하자면 계약 당사자들의 채무
의 쌍무성이 도출된다.[16] 논리학을 참조하는 것은 형식적 이성주
의의 이상, 라이프니츠가 법학자와 수학자에게 구분없이 제안하
였고,[17] 민법전 속에서 엄격한 공리적 논리를 발견할 수 있도록
해 주는 그 이상을 사랑하는 사고를 이해하기 위해서 실제로 필
요하다.[18]

　　노동관계를 이렇게 쌍무적 채권관계로, 즉 상호간에 원인으
로서 기능하는 급부의 교환관계로 분석하는 관점에서는 노동관
계의 특수성이 고려되지 않는다. 그리하여 법학자 그리고 특히
판사는 익숙하고 함정이 없는 대지 위에 정착하여 자신의 역할
을 정립하고 개념을 구사할 수 있게 된다. 왜냐하면 "적법하게
체결된 계약은 그 계약을 체결한 자들에게 있어서 법의 자리를
대신하며"(민법전 제1134조), 판사의 역할은 이 법을 적용하는
데 그치기 때문이다. 즉 계약 규정에 부여된 강제력의 효과를 도
출하는 데 그치기 때문이다. 계약적 개념화는 이렇게 판사의 역

---

16) 프랑스 민법전, 제1102조: "계약은 당사자들이 서로에 대하여 상호적으
로 구속당하는 경우 양방향적 또는 쌍무적이다."
17) J.-L. Gardies, "La rationalisation du droit chez Leibniz", in
Formes de rationalité en droit, *Archives de philosophie du droit*, t. 23,
Paris, Sirey, 1978, pp.115-130.
18) A.-J. Arnaud, *Essai d'analyse structurale du code civil français*,
Paris, LGDJ, 1973, p.25.

할에 관한 논리적 개념 구성에 응답한다.[19] 판사는 무엇이 정의
인지 찾지 않는다. 판사의 결정은 법률적 삼단논법에서 나오며,
그 대전제는 계약상의 규정들과 민법전 제1134조의 결합으로부
터 직접 도출된다. 몽테스키외의 말을 빌리면, 판사는 "계약의
문구를 발설하는 입"[20]에 불과하기 때문에 계약의 내용을 변경
할 수도 없으며, 계약의 효력을 변경할 수도 없다. 판사의 역할
은 단지 판사에게 제출된 사실들이 계약의 내용과 잘 부합하는
지를 확인하고, 그렇게 해서 소송을 해결하는 것이다. 다른 모든
고려사항들은 판사에게 낯선 것이어야 한다.[21] 판사의 역할에 대
한 정의를 넘어, 노동관계에 대한 계약적, 쌍무적 분석으로부터
도출되는 것은 규칙과 정의의 비결정성이다. 예를 들면, 임금을
노동의 원인이자 반대급부로 정의하는 것에서, 어떠한 노동도
제공되지 않은 경우에는 어떠한 임금도 지급되지 않는다는 규칙
이 도출된다.[22] 또는 채무불이행의 예외를 노동관계에 적용시킴

---

19) 이에 대해서는 H. Motulsky, *Principes d'une réalisation méthodique du droit privé*, Paris, Sirey, 1948; T. Sauvel, "Histoire du jugement motivé", *Revue de droit public*, 1955, pp.5-53; "La logique judiciaire", *Actes du 5e colloque des IEJ*, Paris, PUF, 1969; "La logique judiciaire", *Actes du 2e colloque de philosophie du droit comparé*, Annuaire de Faculté de droit de Toulouse, t. XV, 1967; "La logique du droit", *Archives de philosophie du droit*, t. 11, Paris, Sirey, 1966.
20) *De l'esprit des lois*, Genève, 1748, livre XI, ch. 6; Paris, Gallimard/La Pléiade, *Œuvres complètes*, t. 2, 1951, p.404.
21) 새로운 노동조직 방식은 당사자의 합의의 기계적 적용에 머무는 판사의 최초의 반응을 관찰할 수 있는 언제나 새로운 기회가 된다. 예를 들어 '대기시간'(노동자에게 24시간 대기하도록 요구하는 것)에 대한 툴루즈 고등법원의 판결을 보라. 이에 대해서는 B. Acar et G. Belier, "Astreintes et temps de travail", *Droit social*, 1990, p.502 이하, 특히 pp.507-508 참조.
22) "노동계약의 쌍무적 성질로 인하여, 모든 임금은 노동의 반대급부이며, 결론적으로 노동이 수행되지 않은 경우에는 원칙적으로 어떤 임금도 지급의무가 없다."(Cour

으로써 다양한 형태의 노동쟁의(직장폐쇄, 위법한 파업 등)를 정의할 수도 있다.

그러나 이러한 많은 결론들은 민법전 제정자들의 또 다른 전제를 받아들이는 경우에만 가능하다. 그것은 노무임대차를 사물임대차의 연장선 위에 놓는 것, 말하자면 노동법을 재산법의 연장선 위에 놓는 것이다. 노동을 하나의 재산으로 취급하지 않는다면, 우리는 노동을 계약적 채무의 대상으로 삼을 수 없을 것이다. 하나의 재산, 그것은 당사자의 어느 일방이 다른 일방에 대하여 그 사용을 허용하는 총재산의 일부에 속한다. 다시 말하면, 노동자의 인격에서 분리할 수 있는 재산이다. 법적인 의미에서 노동이 임금의 원인이라고 말하는 것은 이러한 분리에 의해서만 가능하다. 왜냐하면 만약 임금의 원인이 전인격적 참여라면 그 임금은 그 인격의 부양을 목적으로 할 것이기 때문에 더 이상 임금이나 계약은 존재하지 않으며, 다만 공무원의 경우에서 보는 것처럼 보수와 그 인격에 부여된 신분만이 존재할 것이기 때문이다. 반대로, 만약 노동자에게 인격을 부인하고 그를 하나의 사물처럼 취급하는 경우에도 마찬가지일 것이다. 왜냐하면 그 경우에도 더 이상 계약은 가능하지 않기 때문이다. 즉 노동자의 부양은 모든 소유자들에게 인정되는 부담 또는 그 소유한 사물과 관련하여 국가에 의하여 부과되는 부담(예를 들면, 말을 먹여 살려야 할 농장주의 부담 또는 서인도 제도의 플랜테이션 경영자들이 그 노예를 부양해야 할 부담)에 속하기 때문이다. 이렇게 서로 다른 법적 상황들은 하나의 공통점을 갖고 있는데, 그것

---

de cassation, Chambre sociale, 1957.12.7, *Bulletin civil*, IV, n° 1189).

은 살아있는 기관을 그 노동력으로부터 분리할 수 없다는 점이다. 이것은 그 법적 상황들을 계약적으로 개념화하는 것이 적절하지 않다는 것을 의미한다.

계약적 개념화의 논리적 연장들이 그렇게 해서 윤곽을 드러낸다. 계약적 개념화는 무엇보다도 노동을 재산법 영역에 속하는 하나의 재산으로 간주한다. 노동자는 이 재산의 소유자에 다름 아니며 그 재산을 교섭하기로 결정한다. 다시 말하면, 이러한 논리 구성은 노동의 재산법적 정의에 기초하고 있으며, 그것으로부터 노동자에 대한 하나의 정의가 도출된다. 노동은 이와 같이 사물과 인격이라는 두 측면에서 사고된다. 그러나 후자의 윤곽을 그리는 것은 전자이다. 인격은 사물의 그림자, 초재산법적 영역에 드리워진 사물의 그림자에 불과하다. 노동자 또는 임금노동자는 인격화된 노동 또는 인격화된 임금이다.[23] 노동관계를 바라보는 이러한 재산법적 관점의 힘은, 그것이 노동자에게 법주체로서의 자격을 부여하면서도 노동을 교섭 가능한 재산(즉 하나의 상품)으로 만드는 데 성공한다는 사실에서 비롯된다. 또는, 그렇게 하는 데 성공한 것처럼 보인다고 말해야 할 지도 모르겠다. 왜냐하면 이 아름다운 구조물 속에 하나의 허점이 숨어 있기 때문이다.

---

23) 게다가 이것은 노동계약에만 고유한 것은 아니다. 이것은 계약이론의 작동에 내재하는 것인바, 이는 계약이 교환을 조직하는 상품 또는 용역을 이용하여 당사자들을 규정하는 결과를 가져온다. M. Mauss, "Une catégorie de l'esprit humain: la notion de personne, celle de moi", Londres, *Journal of the Royal Anthropological Institute*, 1938, *Sociologie et anthropologie*, Paris, PUF, 8e éd., 1983, pp.331-361에 재수록.

제2절 신체와 재화 : 노동계약의 모호한 목적[24]

여기에서는 간단한 질문, 즉 노동관계에서 노동자의 신체의 법적 지위가 무엇인지에 대해서 질문하는 것에서 출발하자. 이 질문은 재산법적 분석이 숨기고 있는 것이다. 계약의 세계는 사실 채권자와 채무자, 급부와 불이행이라는 개념밖에 알지 못한다. 여기서 인격 그 자체는 합의의 교환이라는 스쳐가는 순간에서만 나타날 뿐이다. 사실 프랑스 법은 신체, 즉 법주체의 생물학적 차원을 직시하는 것을 끔찍하게 여긴다. 우리는 결혼에 있어서 부부의 신체가 관련되자마자 민법전이 보여주는 수치심을 알고 있으며, 명시적인 결혼의 유효요건들 중에서 성의 구별에 대한 민법전의 망각을 알고 있다.[25] 이 수치심은 신체적 관계에 대해서 그토록 간결한 교회법과 더불어 확정된 것이다.[26] 한편, 형법과 관련하여, 미셸 푸코는 형법이 어떻게 형벌의 정의 속에서 신체와 거리를 유지했는지를 보여주었다.[27] 따라서 "자신들의 노고를 임대하는"[28] 자들의 신체가 민법전 속에서 아무런 특별

---

24) 이 부분은 필자의 박사학위논문에서 다루었던 것을 현재 상황에 맞게 수정, 보완하여 재수록한 것이다. A. Supiot, *Le juge et le droit du travail*, thèse, Bordeaux I, 1979 참조.
25) J. Carbonnier, *Droit civil*, Paris, PUF, t. 2, 10e éd., 1977, n° 10, p.38.
26) A. Esmein, *Le mariage en droit canonique*, Paris, 1891, 재인쇄본 New York, Burt Franklin, 1968, p.83 이하.
27) M. Foucault, *Surveiller et punir. Naissance de la prison*, Paris, Gallimard, 1975.
28) 이 표현은 Domat의 것이다(Livre I, titre IV, section VIII). G.-H. Camerlynck, *op. cit.*, p.2에서 재인용.

한 언급의 대상이 되지 못했으며, 결혼의 경우와는 달리 연령 조
건의 대상이 되지도 못했다는 것은 전혀 놀랄 일이 아니다. 이는
아동노동에 대한 전례없는 착취를 정당화하게 될 터이다. 노무
임대차(louage de service)라는 개념은 이러한 시각에 완벽하게
호응한다. 이는 의심할 바 없이 학설이 오랫동안 증언해 온 바와
같은 집착을 설명한다. 사람들은 부동산을 소유하고 있다면 그
것을 임대할 것처럼 자신들의 노무를 임대한다. 노무임대차보다
는 좀더 물질적 냄새가 풍기는 노동계약이라는 개념은 1901년 7
월 18일 법의 입법자가 처음으로 사용하였다. 퀴슈가 한숨짓듯
이, "법학자들은 경제학자들의 더욱 불명확한 언어를 차용하도
록 강제되었다."[29] 그러나 민법전이 여타의 특별한 계약들의 정
의에 대해서는 그토록 수다스러우면서도[30] 노무임대차를 정의
하지 않았듯이, 노동법전은 노동계약에 대해서 어떠한 정의도
내리고 있지 않다. 이러한 침묵은 법사상에서 노동자의 신체가
억압되고 있는 사실을 배반하는 것이다.

그 신체를 부상시키기 위하여 한 세기의 간격을 두고 있는
두 개의 법조문에서 출발하자. 우선, 민법전 제1779조이다. 이 조
문은 "가사사용인과 노동자의 임대차"는 "타인을 위하여 노동하
기로 약정한 자들의 임대차"라는 점을 목차 속에 슬그머니 드러

---

29) P. Cuche, "La définition du salarié et le critère de la dépendance
économique", *D.H.*, 1932, Chroniques, p.301. 이러한 비판은 "노동계약"이라
는 표현 대신 "노동임대차계약"이라는 표현을 선호하였을 플라니올(Planiol)의 비판
을 계승한 것이다. *Traité élémentaire de droit civil*, 11e éd., t. 11, n° 1826 참조.
30) 매매(제1582조), 임대차(제1709조) 또는 위임(제1984조)과 같이 중요한
계약들뿐만 아니라, 사용대차(제1875조), 가축임대차(제1800조), 단순임대차(제
1804조) 또는 부분임대차(제1818조) 등.

내 놓고 있다. 한 세기 뒤 보드리-라캉티느리는 이 조문의 의미
를 명확하게 드러내었다. "사물임대차와 노무임대차 사이의 성
질상 유일한 차이점은 전자의 경우 임대차는 하나의 대상에 관
한 것이고, 후자의 경우에는 임대인의 인격 그 자체에 관한 것이
다."[31] 민법전 제1779조는 사람들에 의한 노동의 임대차가 아니
라 노동하는 사람들의 임대차라는 표현을 사용함으로써, 노동자
는 임대차의 목적 그 자체임을 가리키고 있으며, 그렇게 하여 급
부 제공자와 급부의 불가분성을 드러낸다. 이러한 관점은 포티
에를 좀더 완화된 형태로 재채택한 것이다. 포티에는 로마법에
기초하여, 사업임대차(louage d'industrie)를 사물임대차의 표제
아래에 둔 다음, 사물임대차를 일의 임대차(louage d'ouvrage,
지금의 도급계약, 민법전 제1787조)에 대비시켰다. "일의 임대차
는 하도록 주어진 일과 관련된다는 점에서, 일정한 가격으로 임
차인에게 허용된 사물의 이용과 관련되는 사물임대차와는 원칙
적으로 다르다. 하나는 '이용하도록 주어진 것(res utenda da-
tur)'이며, 다른 하나는 '행해지도록 주어진 것(res facienda da-
tur)'이다."[32] 그러나 임금노동자가 그 이용을 허용하는 이 사물
은 무엇인가? 그것은 임금노동자 그 자신의 일부일 수밖에 없으
며, "노동하는 자들의 임대"라는 표현, 또는 보드리-라캉티느리
의 좀더 정치한 언급은 이 계약의 목적물이 노동자의 인격 그 자
체라는 점을 가리킨다. 이 점은 일찌감치 프랑스 노동법 전체의
핵심을 차지한다.

---

31) G. Baudry-Lacantinerie, *Traité théorique et pratique de droit civil*,
Paris, t. XXI, 3e éd., 1907.

32) Pothier, *op. cit.*, n° 393.

노동관계의 계약적 개념화의 미묘한 지점이 위치하는 것은
그러므로 노동계약의 목적의 측면이다. 그런데 노동계약에 대해
서 법전에서는 발견되지 않는 정의를 내리고자 했던 학설[33]은
흔히 그 목적의 문제에 대해서는 침묵을 유지하였다. 단지 그 목
적은 계약 당사자 각각의 채무의 이행, 즉 임금의 지급과 노동의
수행 속에 있다는 것만을 말할 뿐이다.[34] 그러나 그것은 계약의
목적에 관한 피상적인 분석일 뿐이다. 간단하지만 쉽지 않은, 계
약의 목적에 관한 이론은 실제 두 차원의 연속적인 분석에 걸쳐
있다.[35] 우선, 계약 당사자 각각의 채무의 목적, 즉 당사자 각각
이 부담하는 급부 차원이다. 다음으로, 이 급부의 목적, 즉 계약
의 대상이 되는 사물, 민법전 제1128조가 교환관계 속에 놓여져
야 한다고 규정하고 있는 사물의 차원이다. 여기서 주목해야 하
는 것은 이 두 번째 차원이다. 즉 임금노동자의 급부의 목적을
이루는 사물은 무엇인가? 그것은 임금노동자의 신체에 관한 것
임을 인정해야 한다. 비록 법이론이 그것에 관해 말하는 바 없거
나 또는 희미하게 중얼거릴 뿐일지라도, 노동관계 실정법의 초
석은 바로 그 지점에 있다는 것을 인정해야 한다.

---

33) P. Durand et A. Vitu, *Traité de droit du travail*, Paris, Dalloz, t.
2, 1950, n° 127; A. Brun et H. Galland, *Traité de droit du travail*, Paris,
Sirey, 2e éd., 1978, t. 1, n° 281; G.-H. Camerlynck, *op. cit.*, n° 43, p.52.
이 마지막 문헌으로부터 다음과 같은 정의를 취하고자 한다. "어느 일방이 임금
을 목적으로 타방의 종속적 지배 하에서 자신의 활동을 타방의 처분 하에 두기로
약속하는 계약".

34) 예를 들어 G.-H. Camerlynck, *op. cit.*, n° 132, p.156; A. Brun et H.
Galland, *op. cit.*, n° 414, p.474; P. Durand et A. Vitu, *op. cit.*, n° 168, p.301.

35) G. Marty et P. Raynaud, *Droit civil*, Paris, Sirey, t. 2, vol. 1, "Les
obligations", 1e éd., 1962, n° 164, p.150. 이 문제에 관해서는 A. Supiot, *Le juge
et le droit du travail*, thèse, Bordeaux I, 1979, p.70 이하 참조.

노동관계에서 신체의 법적 지위는 그 신체의 물질적 성질 또는 정신적 성질에 따라 달라지는 것은 아니다. 어떤 경우에도 정신 에너지의 소외와 "근육 에너지의 소외"[36]는 불가분의 방식 으로 존재한다. 정신능력을 전혀 수반하지 않고 순수하게 육체 적인 일은 존재하지 않는 것과 마찬가지로, 어떤 육체적 에너지 도 소모하지 않고 순수하게 정신적인 일은 존재하지 않는다. 모 든 경우에 있어서, 노동능력은 육체적 능력에 종속되며, 육체적 능력에 영향을 미치는 모든 요소는 노동능력에도 영향을 미친 다. 예를 들면, 피로, 질병, 젊음 또는 노쇠와 같은 것들이다.[37] 한편, 정신노동에도 특유의 병리학이 있는데, 신경의 피로는 우 리 사회에서 노동자의 육체적 소모의 가장 빈번하고 가장 흔히 보이는 유형이 될 만한 상황에 있다.[38] 사무직도 생산직과 마찬 가지로 노동 속에서 일정한 신체적 규율에 종속된다. 노동하는 신체에 대한 지배는, 오늘날에는 인간공학에 의하여 연구되고 체계화되는데,[39] 시간적 차원뿐만 아니라(노동시간의 규율), 공 간적 차원에서도 행사된다(업무장소의 지정 및 사업장내 출입의

---

36) J. Carbonnier, *Droit civil*, Paris, PUF, t. 1, 11e éd., 1977, n° 48.

37) 사회법에 있어서 노쇠의 지위에 대해서는 G. Lyon-Caen, "Une vieil-lesse sans droit", *Dalloz*, 1991, Chroniques, p.112 참조.

38) F. Guelaud *et al.*, *Pour une analyse des conditions de travail ouv-rier dans l'entreprise*, Paris, A. Colin, 1975; S. Dassa, "Travail salarié et santé des travailleurs", *Sociologie du travail*, 1976, pp.394-410; "Projet", *La santé de l'homme au travail*, n° 108, 1976. 9-10; C. Dejours, *Travail: usure mentale. Essai de psychopathologie du travail*, Paris, Centurion, 1980; C. Dejours *et al.*, *Plaisir et souffrance dans le travail, Paris*, CNRS/AOCIP, 1988, t. 1.

39) P. Grandjean, *Précis d'ergonomie. Organisation physiologique du travail*, Paris, Dunod, 1969; P. Cazamian, *Leçons d'ergonomie industrielle. Une approche globale*, Paris, Cujas, 1973.

자유에 대한 제한). 업무장소의 지정은 "자세들"[40] 속에서 구체
화되는데, 이 자세들은 한편으로는 생산 또는 안전에 관한 기술
적 요청에 조응하고, 다른 한편으로는 사회적 요청에 조응한다.
사회적 요청은 육체노동자 및 정신노동자를 가리지 않고 고객과
관계를 맺는 모든 노동자를 겨냥한다. 두 경우 모두에 있어서,
신체는 일정한 자세(판매원들의 서 있는 자세) 또는 태도(방문외
판원의 상업적 미소, 장의사의 엄숙한 듯한 장례의식)를 따르며,
일정한 표준 복장을 착용한다(호텔 도어맨의 제복과 그 도어맨
에게 가방을 맡기는 회사 간부의 단정한 복장).[41] 이러한 예는
많다. 이 모든 규칙들은 사업 내에서 임금노동자의 신체적 행위
에 대한 규범화(=표준화)를 구성한다. 이는 최소한 부분적으로
취업규칙 속에서 표현된다. 왜냐하면 원칙적으로 취업규칙은 모
든 "징계에 관한 일반적이고 상시적인 규정들"[42]을 포함하기 때
문이다. 그러나 단지 부분적으로만 그러하다. 왜냐하면 한편으로
이러한 규칙들의 일부는 암묵적인 것이어서 그것을 위반하는 날
에서야 비로소 그 존재를 드러내기 때문이며,[43] 거꾸로 취업규칙
의 일부 규정들은 관행에 의하여 반박당하기 때문이다.[44] 취업

---

40) 인간공학은 다섯 가지 주된 자세(앉기, 서기, 무릎꿇기, 눕기, 웅크리기)를
구분하는데, 이는 다시 14개의 하위 그룹으로 나누어진다. F. Guelaud et al.,
op. cit., p.228 이하 참조.
41) 복장의 규범화에 대해 판례가 가하는 제한에 대해서는 J. Savatier, "La
liberté dans le travail", op. cit., p.56.
42) Code du travail, L.122-34조.
43) 경쾌한 머리모양의 금지에 대해서는 푸아티에 고등법원(Cour d'appel
de Poitier), 1973.11.14, Dalloz, 1974, Jurisprudences, p.68; 속이 비치는 옷의
금지에 대해서는 낭시 고등법원(Cour d'appel de Nancy), 1982.11.29, Dalloz,
1985, Jurisprudences, p.354, Lapoyade Deschamps.
44) 예컨대 흡연금지에 관해서, T. Grumbach, "La gestion disciplinaire: le

규칙에 대한 면밀한 검토를 통하여 임금노동자의 신체에 대한 지배가 어떻게 규범적으로 표현되고 있는지를 파악하는 것은 사뭇 시사적일 것이다.[45] 사실 취업규칙에는 활동과 이동을 제한하고, 동작과 행위에 박자를 짓고, 휴식을 정의하고, 생리적 욕구의 충족을 규율하고, 사태와 행위의 감시를 조직하고,[46] 호주머니 검사를 허용하는 등의 많은 규범들이 존재한다. 노동관계에서 노동자에 대한 지배는 무엇보다도 신체적 지배라는 점을 보지 않는 것은 얼굴 한가운데에서 코를 보지 않는 것이나 마찬가지다.

그것을 인정하지 않으려고 하는 태도는, 신체는 교환의 대상인 사물이 될 수 없으며 자신의 신체에 대한 인간의 권리는 필연적으로 초재산적인 성격을 갖는다고 하는, 오늘날 우리들의 의식 속에 깊이 뿌리 내린 사고에서 비롯된다.[47] 그러한 정의는

droit de l'apparence. L'exmple du site Talbot-Poissy", *Travail*, n° 5/6, 1984.11, pp.46-73.

45) 1982년 8월 4일 법 이전의 상황에 관해서는 J. Rivero, "Note sur le règlement intérieur", *Droit social*, 1979, p.1 이하; G. Courtieu, *L'entreprise société féodale*, Paris, Seuil, 1975; A. Jeammaud et A. Lyon-Caen, "Droit et direction du personnel", *Droit social*, 1982, pp.56-69; 신법에 대해서는 G. Lyon-Caen, "Du nouveau sur le règlement intérieur et la discipline dans l'entreprise", *Dalloz*, 1983, Chroniques, p.7; B. Soinne, "Le contenu du pouvoir normatif de l'employeur", *Droit social*, 1983, p.509; 동법은 사용자의 규범적 권한에 법적 근거를 부여함과 동시에 그 남용에 대항하는 것을 용이하게 하였다. 동법이 취업규칙의 내용에 미친 영향에 대한 체계적인 연구는 차후의 과제로 남아 있다.

46) 이러한 감시는 오늘날 점점 더 많은 사업들에 보급되고 있는 전자정보기술에 의하여 더욱 용이해진다. C. Lenoir et B. Wallon, "Informatique, travail et liberté", *Droit social*, 1988, p.213 참조.

47) R. Nerson, *Les droits extrapatrimoniaux*, thèse, Paris, LGDJ, 1939; R. Saint-Alary, "Les droits de l'homme sur son propre corps. Etude de droit français", *Annuaire de Faculté de droit de Toulouse*, t. 6, 1958, p.47 이하; A. Decocq, *op. cit.*, 1960; Dommages, *Le corps humain et le droit*, Paris, Dalloz, t. XXVII, 1975.

반드시 자명한 것은 아니다. 자신의 신체에 대한 인간의 권리는 일종의 실체적 권리, 즉 소유권 또는 용익권처럼 파악되기도 하였다.[48] 이렇게 신체를 일종의 재산으로 바라보는 관점이 오늘날에는 원칙적으로 부정된다면, 그것은 "신체는 인격 그 자체임에도 불구하고"[49] 그러한 관점이 신체를 인격과 구별되는 일종의 사물과 유사하게 취급하기 때문이다. 인간은 자신의 신체에 대한 소유자가 아니다. 그렇지 않으면 "이 법주체는 동시에 법의 객체가 될 지도 모르는데, 그런 법주체에 대해서 무엇을 말할 수 있단 말인가?"[50] 인간의 신체는 사물과 유사하게 취급될 수 없기 때문에 그 인격과 마찬가지로 교환관계 밖에 존재하며, 인간의 신체를 목적으로 하는 모든 계약은 무효이다. 원칙이 이러하다면, 그리고 그 원칙이 유래하는 가치선택은 보호되어야 한다면, 노동계약의 적법성과 이 원칙을 어떻게 조화시킬 것인가? 가장 간단하고 가장 논리적인 해결책은 인간의 신체에 관한 계약의 무효성 원칙에서 노동계약은 예외라고 하는 것이다. 예를 들어 카르보니에는 노동계약을 인간의 신체에 관한 계약의 하나로 분류하면서도, 노동계약은 그러한 계약의 유효성이 인정되어야 하는 경우들 중의 하나라고 말한다.[51] 한편 그러한 경우들은 우리가 생각하는 것보다 훨씬 더 많으며,[52] 그 수는 의학의 진

---

48) J. Carbonnier, *Droit civil*, t. 1, 11e éd., n° 53, p.231; B. Edelman, "Esquisse d'une théorie du sujet: l'homme et son image", *Dalloz*, 1970, Chroniques, p.119.

49) J. Carbonnier, *op. cit.*, p.231.

50) R. Nerson, *op. cit.*, p.131.

51) J. Carbonnier, *Droit civil, op. cit.*, t. 1, 11e éd., 1977, n° 48, p.22.

52) B. Edelman, "Esquisse d'une théorie du sujet", *op. cit.*, p.119.

보 및 생명공학의 발전과 더불어 뚜렷하게 증가한다.[53] 이러한 관점에서, 인간의 신체에 관한 계약의 새로운 유형들에 적용될 수 있는 해법들을 노동법 속에서 찾는 것도 가능할지 모른다.[54]

그러나 대부분의 학설은 인간의 신체가 노동계약에서 그러한 위치를 차지한다는 점을 인정하지 않는다. 학설은 노동계약에서 인격이 행사하는 주도적 역할을 강조하고자 하였으며, 이는 20세기 초부터 법학자들에 의하여 아주 일반적으로 인정된 바이다. 이에 관한 언급은 이미 존재한다. 우리는 그것을 보드리-라캉티느리에게서 보았다. 그 언급은 살레이유[55]에게서 다시 나타나며, 한참 후 콜랭과 카피탕에게서도 보인다. 이들은 노동계약에서 문제되는 것은 계약자의 인격 그 자체이며, 노동을 사물과 유사하게 취급하는 것은 노동력을 노동자의 인격에서 분리하는 결과를 가져오므로 인위적이라고 지적한다.[56] 리페르와 불랑제는 이 점에 관하여 가장 인상적인 문장을 갖고 있다. "사실상 노동계약의 목적은 인간의 인격이며, 그 인격은 동시에 계약

---

53) R. Nerson, "L'influence de la biologie et de la médecine moderne sur le droit civil", *Revue trimestrielle de droit civil*, 1970, p.660; J. Baudouin et C. Labrusse, *Produire l'homme: de quel droit?*, Pairs, PUF, 1987; F. Terre, *L'enfant de l'esclave*, Paris, Flammarion, 1987; R. Drai et M. Harichaux (dir.), *Bioéthique et droit*, Paris, PUF, 1988.

54) M. Harichaux, "Le corps objet", in *Bioéthique et droit*, *op. cit.*, pp.130-147, 특히 p.144 이하 참조.

55) M. Deslandres, "Les travaux de Raymond Saleilles sur les questions sociales", in *L'œuvre juridique de Raymond Saleilles*, Paris, Rousseau, 1914, p.241 이하, 특히 pp.252-253; G. Gurvitch, *L'idée du droit social*, Paris, Sirey, 1932, 재인쇄본 1972, p.629 이하 참조.

56) Colin et Capitant, *Cours élémentaire de droit civil français*, Paris, Dalloz, 4e éd., 1924, p.588.

의 주체이다."[57] 이 관점은 그 후로 현대 프랑스의 학자들[58]과 외국의 학자들에 의하여 다양한 형태로 채택되었다. 뤼기 멘고니는 다음과 같이 말한다. "사실상, 노동은 존재하지 않는다. 다만 노동하는 인간이 있을 뿐이다. 사용자와의 관계에서 노동자는 인격과 구분되는 요소를 제공하는 것이 아니라 인격 자체를 제공한다. 노동자는 자신이 가진 것을 거는 것이 아니라, 자신의 존재를 건다."[59] 그러나 노동자의 인격에 대해서 이렇게 말하는 것은 종종 노동관계에서 인간의 신체가 갖는 특수한 위치를 은폐하거나 부인하는 결과를 가져 온다. 장 사바티에는 다음과 같이 주장한다. "임금노동자는 자신의 신체를 사용자의 의사에 내맡기지 않는다. 임금노동자는 작위 또는 부작위 채무를 부담하는 데 그칠 뿐이다. 자신의 신체에 대한 임금노동자의 권리는 양도할 수 없다."[60] 이러한 주장은 임금노동자의 신체에 대한 사용자의 지배를 규율해야 할 필요성을 구체적으로 묘사하는 일련의 예들(호주머니 검사, 알코올 테스트, 정기 검진, 위험한 상황으로부터의 이탈권)에 의하여 논증된다. 그런데 이 논증은 쉽게 반박된다. 만약 신체적 지배가 존재하지 않는다면, 왜 그것을 법적으로 규율해야 했을까? 그것은 바로 인간 신체의 비양도성 원칙의

---

57) Ripert et Boulanger sur Planiol, *Traité élémentaire de droit civil*, Paris, LGDJ, 2e éd., 1947, n° 2948; G. Ripert, *Les forces créatrices du droit*, Paris, LGDJ, 1955, n° 109, p.275 이하 참조.

58) P. Durand et A. Vitu, *op. cit.*, t. 2, n° 130, p.228; G.-H. Camerlynck, *op. cit.*, n° 41, p.49 이하; P. Ollier, *Le droit du travail*, Paris, A. Colin, 1972, p.71; J. Rivero et J. Savatier, *Droit du travail*, Paris, PUF, 11e éd., 1989, p.77.

59) L. Mengoni, *Le contrat de travail en droit italien*, CECA, Eurolibri, 1966, n° 3, p.421 이하.

60) J. Savatier, "La liberté dans le travail", *Droti social*, 1990, p.56.

예외 현장에 우리가 서 있기 때문이 아닐까? 우리가 임금노동자의 채무를 작위 또는 부작위 채무라고 흔히 말하지만, 그러한 진부한 채무는 통상적으로 호주머니 검사나 알코올 테스트에 관한 판례를 요청하지 않는다! 샤바는 노동계약에 대해서 다음과 같이 말한다. "계약을 체결하는 자가 자신의 신체와 의사, 즉 자신의 인격을 계약의 목적으로 할 때 그것은 인간의 신체에 관한 법률행위가 아니다."[61] 그러나 계약을 체결하는 자가 자신의 신체를 계약의 목적으로 할 때 그것은 신체에 관한 법률행위가 아니라고 말하는 것은 논리적 관점에서만 보아도 엄밀함이 결여되어 있다. 그리고 그렇게 신체의 증발을 인정한다고 하여도, 그다지 진전된 바는 없다는 것을 또한 인정해야 할 것이다. 왜냐하면 어떻게 인격 그 자체가 계약의 목적, 즉 교환관계 속에서 하나의 사물을 구성할 수 있는지를 설명해야 할 것이기 때문이다. 재산과 비재산의 모순은 단지 자리를 이동했을 뿐이며, 제거된 것이 아니다. 이러한 곤란함은 카메를랭에게서 좀더 분명하게 드러난다. 그는 다음과 같이 말한다. "사실상, 이 임대차는 그 목적이 노동자의 에너지가 아니라 노동자의 신체인 경우에만 생각할 수 있으며, 노동자는 그렇게 예속된다."[62] 그러나 이것은 단지 노동계약은 임대차의 한 형식으로 파악될 수 없으며 따라서 하나의 비전형 계약이라고 결론내리기 위해서일 뿐이다. 이것은 확실히

---

61) F. Chabas, "Le corps humain et les actes juridiques en droit français", in *Travaux Capitant*, t. XXVI, *op. cit.*, p.226; 같은 의미로 R. Nesson, *op. cit.*, n° 186, p.409 이하. 네송에게 있어서 신체적 인격은 노동계약의 본질적 요소가 아니다.

62) G.-H. Camerlynck, *Le contrat de travail*, *op. cit.*, n° 41, p.50.

맞는 말이긴 하지만, 노동계약의 비전형성은 바로 노동계약이 인간의 신체를 목적으로 삼고 있다는 데에서 비롯되는 것은 아닌가 하는 질문에 대한 답은 하지 않고 있다. 노동계약의 목적은 노동자의 에너지라고 말하는 것은 사실 그 에너지는 신체에서 분리될 수 있다는 것, 카메를랭이 여기서 반박하고자 하는 노무임대차의 개념 속에 고유한 분리가능성을 가정한다.[63]

이 모든 이론들의 결점은 계약적 공리와 인간 신체의 비재산성 공리 사이의 모순에 맞서기를 거부하는 데 있다. 실정법상 노동관계는 이 계약적 공리에 종속되기 때문에 이를 법적으로 인정하지 않을 수 없는 한편, 인간 신체의 비재산성 공리에 대한 존중은 보장되어야 한다. 이 모순은 원초적 무대, 노동법의 개념이 서 있는 장이다. 공허한 말에 만족하지 않는 리페르는 이 딜레마를 다음과 같이 완벽하게 정리하였다. "노동, 그것은 인간의 신체와 인간의 정신 그 자체이며, 사법상 계약의 가능한 목적이 아니라고 말해야만 한다."[64] 노동계약은 사법상의 한 계약임은 모두가 잘 알고 있기 때문에, 여기에 어려움이 있는 것이다. 조르주 셸은 이 문제를 해결하려면 임대차계약 대신에 노동계약에 대해서 말하는 것으로 충분하다고 생각하는 사람들을 다음과 같이 조롱하였다. "그것은 사물을 몰리에르의 의사들 방식으로 설

---

63) 이 부분은 Th. Revet의 박사학위논문(*La force de travail*, Montpellier, 1991, Paris, Litec, 1992; Th. Revet, "L'objet du contrat de travail", *Droit social*, 1992, p.859 이하 또한 참조할 것)이 출판되기 이전에 쓰여진 것이다. "통상적이지 않은 사물"(위의 논문, p.865)로서 노동력에 법적 지위를 부여하고자 하는 문제의식은 노동력이라고 하는, 법적 정합성이 아직은 의심스러운 경제적 개념에 기대어 난관을 헤쳐 나가고자 하는 멋진 시도이다.

64) G. Ripert, *Les forces créatrices du droit*, Paris, LGDJ, 1955, p.276.

명하는 것이다."65) 게다가, 이 원초적 무대에서 눈을 돌리는 것
은 법이 어떻게 상품의 지배를 제어할 수 있는지 이해하려고 하
지 않는 것이다.

　신체적 인격은 임금노동자의 급부의 목적을 구성한다. 신체
는 노동자의 채무 이행을 위한 필수적 공간, 통로이다. 신체는
계약의 목적을 형성하는 사물 그 자체이다. 노동관계의 인격적
특성에 대해서 말하는 것은 모호하고 위험한 동시에 불충분하
다. 모호하다. 왜냐하면 계약의 인격적 특성이란 일반적으로 채
권법에서 말하는 계약관계상 '인격에 따라서(intuitu personae)'
라는 특성을 의미하는데, 여기에서 말하고자 하는 것은 그러한
측면이 아니기 때문이다. 위험하다. 왜냐하면 급부의 목적이 전
체로서의 인격이라고 말하는 것은 인격의 완전한 사물화로 귀결
되기 때문이다. 계약적 분석은 확실히 이를 제한하는 장점이 있
다. 프랑스 혁명기의 법사상을 지배했던 자유로운 노동자 개념
은 대단히 허구적이었지만, 그 유일하고 진정한 매력까지 거부
할 필요는 없다. 그것은 노동자에게 자신의 노동력을 처분할 수
있는 법적 능력을 인정함으로써 노예와 농노를 폐지한 것이다.
마지막으로 불충분하다. 왜냐하면 계약은 계약 당사자들이 상호
간에 주고받는 법이라는 점에서, 모든 계약은 당사자들의 인격
을 계약의 목적으로 삼기 때문이다. 그리고 특히, 일정한 인간의
행위를 목적으로 하는 모든 계약은 그 행위를 제공하는 자의 인
격이 강하게 계약관계 속으로 들어 간다는 것을 함축하고 있다.
그러나 노동계약을 제외한 모든 계약에 있어서 계약의 목적을

---

65) G. Scelle, *Le droit ouvrier*, Paris, A. Colin, 2e éd., 1929, p.111.

형성하는 것은 채무자 그 자신은 아니다. 계약의 목적은 사전에 미리 정해진 일정한 사물 또는 급부이다. 반면에, 노동계약의 목적은 임금노동자의 생산적 신체에 대해서 사용자가 행사하는 지배권의 활성화를 통해 계약이 이행되는 과정 그 자체 속에서 정의된다. 예를 들어 도급계약과 달리, 임금노동의 목적은 계약에 의하여 성립되는 쌍무적 관계의 범위 밖에 존재한다. 즉 대가가 지불되는 것은 노동에 대해서이지, 물질적 재화가 되었든지 용역이 되었든지간에 그 노동의 결과에 대해서가 아니다. 설령 임금노동자가 개당 또는 건당 임금을 받는 경우라 하더라도, 임금노동자는 그 어느 순간에도 노동의 결과물에 대하여 권리를 취득하지 않는다. 노동의 결과물은 결코 급부의 교환에 참여하지 않는다.[66] 독립된 노동자는 언제나 자기 노동의 목적물에 대하여 권리를 획득하는 데 반하여, 임금노동자의 경우에는 전혀 그러한 것이 존재하지 않는다. 임금노동자에게 있어, 노동의 최종적인 목적이자 원인인 임금과 계약 이행 과정 내내 사용자의 것으로 머물러 있는 노동의 목적물 사이의 이별은 절대적이다. 그 이유는 매우 단순하다. 독립된 노동자의 일은 자신의 고유한 재산(과 특히 자신의 고유한 고객층)을 활성화시키는 것인 반면, 임금노동

---

66) 반대 의견으로, 20세기 초에 노동자에게 노동의 결과물에 대한 소유권을 인정하고, 노동계약을 사용자에게 이 노동의 결과물을 매매하는 것으로 해석하고자 했던 샤틀랭의 이론 참조(Chatelain, "Esquisse d'une nouvelle théorie sur le contrat de travail", *Revue trimestrielle de droit civil*, 1904, p.313 이하; "Une application de la nouvelle théorie du contrat de travail", *Revue trimestrielle de droit civil*, 1905, p.271 이하). 그러나 동이론은 호되게 비판당했으며(F. Geny, "Une théorie nouvelle sur les rapports juridiques issus du contrat de travail", *Revue trimestrielle de droit civil*, 1902, p.333 이하; Planiol et Ripert, t. 11, n° 778, p.21), 곧 포기되었다.

자의 일은 타인의 재산을 활성화시키는 것이기 때문이다.[67]

그러므로 노동계약에서 인격의 개념이 차지하는 지위에 대해서 더욱 면밀하게 이해해야 할 것이다. 그리고 이를 위해서는 인격이 의미하는 바로 다시 돌아가는 것에서 시작해야 할 것이다. 마르셀 모스가 지적했듯이, 인격(personne)이라는 말은 로마법에서 비롯되는데, 로마법은 법주체를 그 조상의 형상과 이름으로 권리를 갖는 존재로 규정하기 위하여, 원래 조상의 얼굴을 본따 만든 밀랍 가면을 의미하던 말에서 인격의 개념을 빌려 왔다.[68] 현재 인격에 대한 우리의 언어 사용은 이러한 기원의 흔적을 간직하고 있으며(가면 뒤에는 아무도 없다[69]), 실정법은 이를 결코 부정하지 않는다. 오리우는 다음과 같이 말한다. "개별적 법인격은 그 동일성을 계속 유지하는 것으로 간주된다. 인격은 개인과 더불어 태어난다. 인격은 단박에 형성된다. 인격은 존재하는 동안 항상 그대로이다. 인격은 세월이 흘러도 단절없이 변함없는 법적 상황들을 지탱한다. 인격은 인간이 잠자는 동안에

---

67) G. Lyon-Caen, *Le droit du travail non salarié*, Paris, Sirey, 1990, n° 8, p.5. 맑시즘의 몰락이 마침내 마르크스의 저작 속에서 재발견하도록 한 것은 바로 이러한 거부할 수 없는 진실들 중의 하나이다 (*Travail salarié et capital*, 1847, 프랑스어판, Paris, Editions Sociales, 1968, pp.20-23; *Le capital*, 1867, livre 1, section 2, chapitre 6, 프랑스어판, Roy, Paris, Garnier Flammarion, 1969, p.130 이하 참조). 이러한 진실들은 그것에 수반되었던 착각들을 더 이상 퍼뜨리지 않는다. 예컨대 생산수단의 수용은 임금조건을 변화시킬 것이라고 믿는 데 있었던 착각과 같은 것이다. 자본을 소유하는 것이 사적인 인격인지 공적인 인격인지는 별로 중요하지 않다. 중요한 것은 그것이 노동하는 자의 소유가 아니라는 것이다.

68) M. Mauss, "Une catégorie de l'esprit humain: la notion de personne, celle de moi", Londres, 1938, *Sociologie et anthropologie*, op. cit., p.350 이하 재수록.

69) "거기 누가 있는가? 한 사람, 아무도(Qui est là? Une personne, personne)"(J. Carbonnier, "Sur les traces du non-sujet de droit", in *Archives de philosophie du droit*, Paris, Sirey, t. 4, 1989, p.98).

도 깨어 있다. 인격은 인간이 비이성적인 순간에도 여전히 온전
하다. 인간의 의사, 모든 변덕과 모든 열정에 의하여 흥분되고
요동치고 전복되는 그 형상 위에, 법은 움직이지 않는 가면을 씌
웠다."[70] 어떻게 이보다 더 잘 말할 수 있을까? 다른 문명은 거
부하지만, 서양의 문명은 바로 이 허구에 근거한다.[71]

확실히, 인격이라는 이 가면은 노동계약의 가능성과 효력을
정초하기 위하여 거기 있으며, 인격의 연장인 재산은 임금을 받
기 위하여 거기 있다. 여기에는 의심의 여지가 없다. 우리가 상
대해야 할 것은 법주체이다. 역으로, 일자리를 제공하기로 약속
하고 그 재산에서 임금에 해당하는 금액을 꺼내는 것은 또 하나
의 인격, 또 다른 가면이다. 여기까지는 모든 것이 순조롭다. 그
러나 노동의 이행 순간에 이 가면들을 관찰하기 위하여 조금만
더 나아가 보자. 임금노동자의 가면 뒤에는 오리우가 지적했듯
이, 노동능력을 갖기에는 너무 젊거나, 너무 늙었거나, 너무 피로
하거나, 너무 아프거나 하는 흥분되고 변덕스러운 형상이 숨어
있다. 반대로 사용자의 가면은 목석처럼 꿈쩍하지 않는다. 왜냐
하면 그것은 대부분의 경우 생물학적 우연성의 영향을 받지 않
는 법인이며,[72] 설령 그것이 영원불멸이 아니라 죽는 것이라 하

70) M. Hauriou, *Leçons sur le mouvement social*, Aurel David, *op. cit.*, p.1 및 p.72 재인용.
71) 특히 불교. R. de Berval (dir.), *Présence du Bouddhisme*, Saïgon, 1959, 재출간 Paris, Gallimard, 1987, p.62 이하, p.77 이하, p.103 이하, p.123 이하, p.159 이하 등 참조. 서구적 범주들에 대한 유격의 필요성에 대해서는 법인류학의 연구들을 보라. 특히 프랑스에서는 Nobert Rouland의 연구들(*Anthropologie juridique*, Pairs, PUF, 1988; *Aux confins du droit*, Paris, Ed. Odile Jacob, 1991) 또는 R. Verdier의 연구들(*Droit et culture*)을 볼 것.
72) 법인의 개념에 대해서는 G. Teubner의 예리한 관찰들, "Entreprise corporatisme: new industrial policy and the essence of the legal person",

더라도, 그 가장 가까운 상속인이 법률적으로 계약의 이행에 아무런 영향을 미치지 않은 채 그의 자리를 대신하기 때문이다. 이것으로부터 어떤 결론을 이끌어 낼 수 있는가? 언제나 싱싱하고 생기발랄한 임금노동자들을 사용자의 인격과 함께 사용할 수 있도록 하기 위하여 역할을 바꾸어야 할 것인가? 그러한 생각은 알퐁스 알래를 기쁘게 하겠지만, 불행하게도 실행불가능하다. 왜냐하면 사용자는 법인일 수 있으며, 또 대개의 경우 법인이기 때문이다. 그런데 법인은 채권법과 관련해서는 원칙적으로 자연인과 동일한 권한을 향유하지만, 결코 임금노동자가 될 수는 없다. 법인은 자신의 재산을 처분할 수 있으며, 계약을 체결할 수 있으며, 용역을 제공할 수 있으며, 단결할 수 있으며 나아가 그룹을 형성함으로써 다른 법인에 종속될 수도 있지만, 결코 고용될 수는 없다. 그리고 법인이 결코 고용될 수 없다면, 그것은 노동계약의 목적인 인격의 토대가 결여되어 있기 때문이다. 그것은 바로 살과 뼈로 된 신체이다. 노동계약의 주체이자 동시에 객체인 것은 임금노동자의 인격이라는 리페르의 주장은 그러므로 정확하지 않다. 왜냐하면 그 양자의 경우에 있어서 문제되는 인격은 엄격히 말해서 동일한 인격이 아니기 때문이다. 주체로서의 인격은 의사로 이해되며, 객체로서의 인격은 신체로 이해된다. 물론 움직이지 않고 생기없는 신체가 아니라, 임금노동자 자신이 그러하듯이 다양하고 변화무쌍한 육체적 또는 정신적 원천들을 체화하는 신체이다. 왜냐하면 직업적 능력의 다양함 뒤에 있는 단 하나의 공통점, 직업적 능력의 활성화를 위한 필연적 경로는

American Journal of Comparative Law, XXXVI, 1988, n° 1, p.130 이하 참조.

육체적 인격, 즉 인간의 생물학적 차원으로 이해되는 신체이기 때문이다.[73] 인간 신체의 법적 개념은 노동계약의 목적을 규정하고 노동계약의 개념이 근거하고 있는 추상적 노동의 관념에 조응하기 위한 충분히 일반적이고 추상적인 단 하나의 개념이다.

그러므로 임금노동자가 부담하는 채무의 목적은 인격이라고 말하는 것은 대강 말하는 것일 뿐이다. 사실 인격적 급부의 정도는 다양할 수 있다. 예를 들면, 판례는 사업의 가치에 대한 신뢰와 동참을 간부직 노동자에게 요구하는데, 이러한 요구는 생산직 노동자와 사무직 노동자에 대해서는 하지 않는 것이다.[74] 그러나 일반적으로 급부의 목적을 형성하는 것은 전체로서의 인격이라고 말하는 것은 정확하지 않다. 채무의 성실한 이행이라는 전제하에서, 임금노동자는 자신의 내면과 의견을 자유롭게 간직할 수 있으며, 사생활이나 정치적 또는 종교적 참여를 고백할 필요가 없으며, 그 노하우와 손재주의 비밀을 자기 자신을 위하여 간직할 자유가 있으며, 나아가 임무의 수행을 방해하지 않는다면 그리고 그 임무의 수행 과정에서 짬이 허락된다면 자유롭게 꿈을 꿀 수도 있다.[75] 이러한 자유, 특히 임금노동자의 직업

---

73) 이러한 법적 분석은 분명 신체와 정신의 관계를 사고하는 서구적 방식의 성격을 띤다. 프쉬케(psyché)와 소마(soma) 사이의 대립은 그 자체로 일종의 규범적 가치를 가지며, 이는 분석과 유격을 요청한다. G. Groddeck의 위대한 저작, *Das Buch vom es*, 1923, Wiesbaden, Limes Verlag, 프랑스어판, *Le livre du ça*, Paris, Gallimard, 1973 참조.

74) J.-C. Javillier, "L'obligation de loyauté des cadres", *Droit ouvrier*, 1977, p.133.

75) A. Supiot, "Le progrès des lumières dans l'entreprise", in *Les transformations du droit du travail, Mélanges G. Lyon-Caen*, 1989, pp.463-484, 특히 p.468 이하 참조. 공장에서 "자기자신이 될 권한(le pouvoir d'être soi-même)"에 대해서는 R. Sainsaulieu의 증언, *L'identité au travail*, Paris,

생활과 사적, 공적 생활의 분리는 계약 이론에 고유한 것이며, 사용자와 노동자를 공동체적, 인격적 관계로 착상하기 위하여 계약 이론을 포기하는 순간, 필연적으로 위협받는 것이다. 이러한 자유는 또한 테일러 모델(노동자의 인격에 대한 무관심이 가장 고도로 완성된 모델로서, 반대로 자신의 노동에 대한 노동자의 무관심을 낳는다)이 상정하는 생산성에 대한 한계로 작용하는 한편, 노동관계와 인격의 강력한 결합에서 나오는 생산성 증가에 기반한 일본 모델의 유행에 대해서도 일정한 한계로 작용한다. 그러므로 노동관계에서 인격의 재평가라는 주제는 양면성을 완전히 벗어 버리지 못하며, 임금노동자에 대한 사용자의 지배를 제한하는 동시에 확장하는 데에도 기여할 수 있다.[76]

노동관계에서 인간의 신체가 차지하는 위치를 명확히 밝힌 것은 법사상 그 자체의 산물이 아니라, 재산법 이론 속에서 사라진 이 신체가 현실의 사태 속에서 어떤 운명을 맞이했는지에 대한 관찰로부터 나온 것이었다. 비예르메 또는 게팽 같은 초기의 노동사회학자들의 준엄한 언명 속에서 나타나는 것과 같은 이 사태들을 여기에서 상기할 필요가 있다.[77] 에피날의 판화로 뻣뻣하게 굳어 버리고자 하는 것에 다시 생기를 불어 넣기 위하여,

---

Presses de la FNSP, 3e éd., 1988, p.30 이하 참조.

76) 일본에서 이러한 차원의 노동관계에 대해서는 T. Hanami, *Labor Relations in Japan today*, Tokyo, Kodansha, 1e éd., 1979, pp.36-72 참조.

77) Villermi, *Tableau de l'état physique et mental des ouvriers...*, *op. cit.*; A. Guépin et E. Bonamy, *Nantes au XIXe siècle. Statistique topographique, industrielle et morale*, Nantes, P. Sébire, 1835, 재인쇄본 Ph. Le Pichon, CRP, Université de Nantes, 1981; 영국의 경우로는 F. Engels, *La situation de la classe laborieuse en Angleterre*, 1e éd., Leipzig, 1845, 프랑스어판, Paris, Editions Sociales, 1973.

여기 19세기 영국에서 성냥 공장의 노동조건에 관한 조사위원회
가 작성한 두 명의 도제를 둔 아버지에 관한 설문조사의 요약을
예로 든다.[78]

> 질문: 딸들은 몇 시에 공장에 갑니까?
>
> 대답: 처음 6주 동안은 새벽 3시에 가서 저녁 10시에 마쳤습
> 니다.
>
> 질문: 19시간 동안 쉬거나 먹기 위한 휴식 시간은 얼마나 주
> 어졌습니까?
>
> 대답: 아침 시간으로 15분, 점심 시간으로 30분, 물 마실 시
> 간으로 15분입니다.
>
> 질문: 아이들을 잠에서 깨우는 것이 매우 힘들었습니까?
>
> 대답: 예, 일단 깨우기 위해서 마구 흔들어야 했습니다. 그런
> 다음, 일하러 가기 전에 똑바로 일으켜 세워서 옷을 입
> 혀야 했습니다.
>
> 질문: 잠자는 시간은 얼마나 됩니까?
>
> 대답: 11시 이전에는 한 번도 잠자리에 든 적이 없었습니다.
> 그 시간에는 무엇이라도 좀 먹여야 했으니까요. 내 아
> 내는 아이들을 제 시간에 깨우지 못할까 봐 밤을 꼬박
> 새는 것이 습관이 되었습니다.
>
> 질문: 대체로 몇 시에 아이들을 깨웠습니까?
>
> 대답: 보통 내 아내와 저는 새벽 두 시에 일어나서 아이들 옷

---

78) L.-H. Parias (dir.), *Histoire générale du travail*, Paris, Nouvelle
Librairie de France, t. 3, 1964, pp.40-41. 예를 들어 1980년대 영국에서 진행
되었던 노동유연화 정책은 아동노동의 착취를 다시 초래하였다. 최근의 연구조사
는 이러한 사실을 보여 준다. C. Pond et A. Searle, *The hidden army. Children
at work in the 1990s*, Londres, 1990, Low pay unit pamphlet, n° 55 참조.

을 입혔습니다.

질문: 그렇다면 아이들은 4시간 이상은 자지 않았단 말입니까?

대답: 겨우 4시간 정도죠.

질문: 이러한 상황이 얼마나 계속되었습니까?

대답: 약 6주 동안입니다.

질문: 일반적으로 아이들은 아침 6시에서 저녁 8시 30분까지 일하였습니까?

대답: 예, 맞습니다.

질문: 아이들이 그것 때문에 피곤해 했습니까?

대답: 예, 많이요. 아이들이 입에 먹을 걸 잔뜩 문 채로 잠든 적이 한 두 번이 아닙니다. 아이들이 먹도록 하려면 흔들어 깨워야 했습니다.

질문: 아이들이 사고를 당한 적이 있습니까?

대답: 예, 내 큰딸이 처음으로 일하러 갔을 때, 톱니바퀴에 손가락을 마디까지 잃었습니다. 그리곤 리즈 병원에 5주 동안 입원해 있었습니다.

질문: 그 동안 임금은 지급되었습니까?

대답: 아니요, 사고가 일어나자마자 임금은 끊겼습니다.

질문: 아이들이 맞은 적이 있습니까?

대답: 예, 둘 다요.

질문: 통상 주급은 얼마나 됩니까?

대답: 각각 일주일에 3실링입니다.

질문: 연장노동을 하게 되면요?

대답: 3실링 7펜스 반입니다.

여기에서 노동은 신체적 고통이라는 라틴어 어원에 딱 들어 맞을 뿐만 아니라, 그것이 보잘 것 없는 임금을 위해서 임대되

고, 그 노동력의 한계를 벗어나 착취당하고, 잠을 빼앗기고, 제대
로 먹지 못하고, 얻어 맞고, 기계에 찢겨진 아이들의 신체에 적
용된다는 점에서 더 한층 끔찍하다. 노동운동을 발전시킨 행동
하고자 하는 의지와 노동운동 이론가들을 움직인 이해하고자 하
는 의지를 설명하는 것은 바로 이러한 유형의 사태들이다.[79] 자
유와 평등의 이상이 어떻게 그러한 악몽을 야기할 수 있었는지
이해하고자 하는 것 말이다. 그리고 이러한 사태들은 또한 법질
서 속에 노동법이 출현하게 된 이유를 설명해 준다. 노동법의 첫
번째 존재 이유는 분명 노무임대차에서 귀결되는 신체적 지배로
부터 아이들을 보호하는 것이었다.[80]

---

79) Ph. Le Pichon(*op. cit.*, p.42)은 다음과 같이 말한다. "인간 대중의 비
참한 프롤레타리아화가 초래한 고통은 마르크스에게 그 원인을 해명하고자 하는
의지를 촉발시켰는데, 만약 그 가슴 아프지만 거짓없는 역사를 엄격하고 정확한
연구조사 보고서에 근거한 길고 예리한 페이지들로 가득 차 있는 자본론 속에서
찾는다면, 많은 사람들이 상상하는 것처럼 자본론은 난해하고 소화하기 어려운
책이 될 것이라는 점은 확실하다."
80) 아동노동에 관한 영국의 1833년의 법들, 프러시아의 1839년 법 및 프랑
스의 1841년 법 참조. 일반적으로 프랑스 노동법의 출생신고서라고 이해되는 1841
년 법에 대해서는 Y. Brissaud, "La déchéance de la famille ouvrière sous la
Restauration et la Monarchie de juillet, aux origines de la législation so-
ciale", in *Le droit non civil de la famille*, Poitiers, PUF, 1983, pp.65-103;
Ph. Sueur, "La loi du 22 mars 1841. Un débat parlementaire: l'enfance protégée
ou la liberté offensée", in *Histoire du droit social, Mélanges J. Imbert, op.
cit.*, pp.493-508.

제2장

노동자, 법의 주체

노동법에 고유한 무엇인가를 이해하기 위해서는 노동의 상
품성과 인간 신체의 비상품성 사이에 놓인 대척관계에서부터 시
작해야 한다. 왜냐하면 무엇보다도 우선 이러한 대척관계 위에
서 노동법의 특징이 명확하게 두드러졌기 때문이다. 계약적 관
점에서 볼 때 노동이 하나의 사물로 분석된다고 한다면, 노동법
은 이 사물을 그 피부 속에 되돌려 놓는 것, 노동의 신체적 차원
곧 노동의 비상품성을 채권법의 범주들 속에 다시 부각시키는
것, 그리고 그렇게 함으로써 노동자의 인격이 갖는 모든 다양한
측면들을 동심원의 형태로 되살려 내는 것이라고 요약할 수 있
다. 이처럼 노동법은 상품교환관계 속에 비상품적 가치를 재등
장시킨다는 제도적 의미를 갖는다. 비상품적 가치란 우선 "인격
의 궁극적 요소"[1]인 신체의 가치를 의미하며, 다음으로 노동자[2]

---

1) J. Carbonnier, *Droit civil*, t. 1, 11e éd., n° 48, p.217.
2) 여기에서는 임금노동자보다 노동자라는 용어가 더 적절하다. 왜냐하면 여

의 인격 일반이 갖는 가치를 의미하는데, 이 지점에서 노동자는
더 이상 통상적인 계약 당사자로 취급되지 않는 것이다. 첫 번째
가치와 두 번째 가치 사이에 단절은 없다. 다만 진행의 단계가
있을 뿐인데, 노동자의 신체적 안전(노동에서의 안전)에서 시작
하여 경제적 안전(노동에 의한 안전)으로 확장되고, 다시 노동자
의 정체성, 즉 노동에 의한 정체성과 노동에서의 정체성에 대한
존중으로 확대된다. 여기에서는 이러한 목적에 화답하는 기술적
규정들을 묘사하려고 하는 것이 아니라, 노동법의 이러한 역동
성을 느끼게 하고 나무의 나이테처럼 노동법의 성장을 보여주는
일련의 동심원을 보여주고자 한다.

제1절 안전

1. 노동에서의 안전

노동관계에서 노동자는 사용자와 달리 자신의 재산을 거는
것이 아니라 자신의 신체를 희생시킨다. 그리고 노동법은 바로
이 노동자의 신체를 보호하기 위한 목적으로 만들어졌다. 즉 노
동에서의 안전이라는 지상명령을 확인하기 위해서이다. 인간의

기에서 언급되는 노동법의 정초원리들은 개별적 노동관계의 성격을 결정하는 법
적 프레임(신분 또는 계약)과 무관하게 적용될 수 있는 것이기 때문이다. 한편 국
제노동법은 이 근본원칙들을 다양한 국내법 시스템에 강제하고자 노력하였다.

안전은, 여기에서는 인간의 신체적 안전을 말하는데, 법치국가
곧 "문명화된"³⁾ 사회의 근본 원칙이다. 그런데 민법의 개념들은
사업 안에서 이러한 신체적 안전을 보장하는 데 무능력하다는
점이 드러났다. 왜냐하면 민법은 개인이 더 이상 자기 신체의 주
인이 되지 못하는 상황, 인간의 신체가 하나의 동력원이 되어서
타인에 의하여 고안된 물질 구조 속으로 매몰되어 가는 상황을
고려하지 않기 때문이다. 노동법의 첫 번째 목적은 민법의 실패
를 보완하고 인간의 안전이라는 원칙을 사업 속으로 확장함으로
써 노동관계를 문명화시키는 것이었다. 인간의 신체적 안전이라
는 개념은 노동법의 핵심이었으며, 지금도 여전히 그러하다. 유
럽의 모든 노동법의 역사적 기원에서 확인할 수 있는 것은 바로
이 개념이다.⁴⁾ 노동관계에 국가가 개입하지 않는 것을 원칙으로
하는 법제에서도 이 개념은 공권력이 요구하는 노동법의 최소한
의 부분을 차지하고 있다.⁵⁾ 또한 노동에서의 건강과 안전이라는
문제에 대해서만 유럽공동체 회원국들의 다수결 결정 원칙을 적

---

3) 피에르 르장드르는 다음과 같은 사실을 환기한다. "역사적 의미에서, 그
리고 가장 덜 인식되고 있는 의미에서, 문명은 민법의 제국 그 이상도 그 이하도
아니다."(Pierre Legendre, *L'Empire de la vérité*, Paris, Fayard, 1983, p.171).
노르베르트 엘리아스(Norbert Elias, *La civilisation des moeurs*, 프랑스어판,
Paris, Calmann-Lévy, 1973)와 페르낭 브로델(Fernand Braudel, *Grammaire
des civilisations*, Paris, Arthaud- Flammarion, 1987)도 이 의미를 포착하지
못했다. 반대로 프로이트는 문명과 법 사이의 긴밀한 관계를 인식하였다(Freud,
Malaise dans la civilisation, 1929, 프랑스어판, Paris, PUF, 1971, p.37 및
p.43 이하 참조).
4) T. Ramm, "Laissez-faire and State protection of Workers", in B.
Hepple (dir.), *The making of labour law in Europe. A comparative study
of nine countries up to 1945*, Londres et New York, Mansell, 1986, p.73 이
하 참조.
5) 이러한 관점에서 영국의 사례는 시사적이다. O. Kahn-Freund, *Labour
and the law*, Londres, Stevens, 2e éd., 1977, p.28 이하 참조.

용하고 있는 사례에서도 알 수 있는 바와 같이, 노동자의 신체적 안전이라는 개념은 유럽 사회법의 핵심에 있다.[6] 끝으로 국제노동기구(ILO)의 창설에서 핵심적인 위치를 차지하였으며 그 후로도 국제노동기구의 협약이나 권고에서 본질적인 한 부분을 차지하고 있는 것도 바로 이 개념이다.[7] 이 모든 규범들에서 국제사회가 인정하고 있는 것은 노동자의 진정한 기본권, 즉 신체적 완전성에 대한 권리이다. 이에 관한 가장 명확한 규정은 유럽 노동법일 것이다. "사용자는 노동과 관련된 모든 측면에서 노동자의 안전과 건강을 보장할 의무가 있다."[8] 한편 오늘날 이 권리는 노동법만의 범위를 넘어서고 있으며, 프랑스 헌법재판소는 공공의 건강 보호는 헌법적 가치를 갖는 원칙이며 소유권이나 영업의 자유 같이 동일한 가치를 갖는 다른 원칙들에 제한이 가해지는 것을 정당화한다는 점을 일반적으로 인정하고 있다.[9]

노동에서의 안전이라는 개념과 관련된 규정들의 중요성은 일반적으로 과소평가되고 있다. 그러한 규정으로는 우선 신체적 상해로부터 노동자를 보호하기 위한 규정들이 있는데, 건강과

---

6) 로마조약, 제118A조. I. Vacarie, "Travail et santé: un tournant", in *Les transformations du droit du travail*, *Mélanges G. Lyon-Caen*, *op. cit.*, pp.331-348 참조. 이후에 채택된 규정들에 대해서는 J.-J. Ribas, M.-J. Jonczy et J.-C. Seche, *Traité de droit social européen*, Paris, PUF, 1978, pp.512-519 참조.

7) 국제노동기구 헌장 전문은 "산업재해와 직업병 및 일반 질병으로부터 노동자들을 보호하는 것"을 시급히 개선해야 할 노동조건들 중의 하나로 규정하고 있다. 그리고 노동자의 건강과 안전에 관한 국제노동기구의 규범은 1983년에 60개의 협약과 60개의 권고에 달했다(N. Valticos, *Droit international du travail*, Paris, Dalloz, *Traité de droit du travail*, t. 8, 2e éd., 1983, p.362 이하 참조).

8) 1989.6.12. 93/391 지침, 제5조 제1항.

9) Conseil constitutionnel, 1990.1.22. D. Tabuteau, "Le droit à la santé: quelques éléments d'actualité", *Droit social*, 1991, p.332 이하 참조.

안전에 관한 규정들, 노동의사에 관한 규정들, 노동재해 및 직업
병에 관한 규정들이 이에 속한다.[10] 이 규정들은 지나치게 세세
하고 규제적이며, 기술적이거나 단조로운 것들이어서 흔히 법학
자들을 싫증나게 만들지만(노동법전은 모든 법전들 중에서 화장
실을 청소하는 것만큼이나 꼼꼼하게 다루어야 할 단 하나의 법
전임에 틀림없다![11]), 이 규정들이야말로 노동자의 몸과 신체 기
관들, 혹시 있을지도 모르는 신체의 훼손 그리고 피할 수 없는
신체의 마모에 대한 법적 인식을 가능하게 한다.[12] 그것들은 모
두 노동자의 일상 생활에 대단히 중요한 규정들이며, 극도로 역
동적인 성격을 갖고 있다. 프랑수아 에발드는 자신의 박사학위
논문에서 민사책임법이 근거하고 있던 원칙들을 재검토하는 데
노동재해의 위험을 고려하는 것이 얼마나 결정적인 역할을 했는
지 분석한 바 있다.[13] 객관적 민사책임 개념, 즉 과실이 아니라
위험에 근거한 책임이라는 개념이 등장하고 발전한 것은 인간의
신체를 노동계약 속에 객체화시켰던 것의 직접적인 결과였다.
왜냐하면 노동계약의 이행에서 노동자의 신체는 더 이상 개인의
자유로운 의사가 자리 잡는 장소가 아니라 타인에 의하여 개념
화된 조직에 삽입된 살아 있는 물건이 되어 버리기 때문이며, 노
동자의 인격은 더 이상 노동자가 자신의 신체로 한 일에 대하여

---

10) J.-P. Antona et R. Brunois, *Hygiène et sécurité dans l'entreprise*,
Paris, Dalloz, 1991 참조.
11) Code du travail, L.231-2조 및 감탄을 자아내게 하는 R.232-2-5조를 보라.
12) 위에서 언급한 소화기관 관련 규정들 외에도, 예를 들어 Code du trav-
ail, R.232-5조 내지 R.232-5-14조(호흡기와 후각기관), R.232-7조 내지 R.232-7-10
조(눈), R.232-8조 내지 R.232-8-7조(청각), R.232-6조(온도), R.232-2-3조 이하
(신체의 온전함에 관한 규정들), R.232-3조(수분의 공급) 등의 규정을 보라.
13) F. Ewald, *L'Etat Providence*, thèse, Paris, Grasset, 1986, p.223 이하 참조.

책임을 질 수 있는 상태가 아니기 때문이다. 노동계약은 인간의
신체를 인격의 영역이 아니라 사물의 영역에서 가져오며, 마찬
가지로 책임의 원리 또한 사물의 영역에서 가져온다. 이 책임은
더 이상 인격에서 비롯되는 책임이 아니라, 사물에서 비롯되는
책임이다. 이는 노동계약의 이행 과정에서 노동자의 신체가 객
체화된다는 사실을 인정하는 것이 노동자의 인격을 보호하기 위
한 첫 번째 요건이었다는 점을 보여 주는 것이다.

하지만 노동에서의 안전이라는 개념의 범위는 노동으로 인
하여 유발될 수 있는 신체적 훼손을 예방하거나 보상하는 것을
목적으로 하는 기술적 규정들에 국한되지 않는다. 이 개념은 노
동자의 생물학적 존재와 관련된 모든 측면으로 확장된다. 그리
고 무엇보다도 오늘날 생체리듬학이라고 부르는 것, 즉 생명체
의 리듬으로까지 확장된다. 수 천 년 동안 낮과 밤의 교차는 일
과 휴식의 교차가 필요하다는 점을 존중하도록 만들었다.[14] 태양
이 만든 이 법칙에 일요일의 휴식을 명령하는 신의 율법이 더해
졌으며, 이 명령은 다양한 종교 축일을 휴일로 규정한 교회의 권
위에 의하여 한층 더 강화되었다. 산업 시대가 도래한 이후 인공
조명의 발달로 인해 태양은 인간의 노동 조직을 지배하던 힘을
상실했으며, 계몽주의는 교회가 규정한 휴일들을 폐지하는 것을
정당화하였다.[15] 같은 시기에 민법전에 의하여 실현된 인간 노동

14) 시계의 발명이 자연적 리듬에 미친 영향에 대해서는 J. Le Goff, "Le temps
de travail dans la 'crise' du XIVe siècle: du temps médiéval au temps
moderne", in *Pour un autre Moyen Age*, *op. cit.*, pp.66-79 참조.
15) 프랑스 혁명력은 십진법을 엄격히 고수한다는 명분으로 일주 칠일을 일
주 열흘로 대체하였는데, 이것은 그 만큼 휴식일을 감소하는 결과를 가져왔다(P.
Couderc, *Le calendrier*, Paris, PUF, 6e éd., 1986, p.75 이하 참조).

의 상품화는 노동을 아무 때나 사용할 수 있는 사물로 취급함으로써 이 새로운 노동의 자유에 완전한 효과를 부여하였다. 여기에 생물학적 합리성과 의학적 합리성을 부분적으로 도입함으로써 고대의 태양법과 종교법의 맥락을 이은 것은 노동법이었다.[16] 하지만 부분적으로만 그러한데, 왜냐하면 예를 들어 축일의 목록에서 일요일을 주휴일로 정한 것이라든지,[17] 야간노동을 여전히 금지하고 있는 것[18]에서 보듯이 노동법은 오래된 금기의 흔적을 간직하고 있기 때문이다. 노동법은 그 오래된 기원에서부터, 즉 아동의 노동시간을 제한했던 시점에서부터 경제 논리가 생물학적 제약을 존중하도록 환기하는 것을 목적으로 삼았다.[19] 왜냐하면 노동시간을 정하는 것은 바로 이 생물학적 제약이기 때문이다. 그 때부터 노동시간의 규제는 기술과 생활 양식의 변화에 따라 다양한 관심

16) 예를 들어 노동시간의 조정에 관한 유럽공동체 지침(1990.9.20. 90/317)의 제안이유서를 보라. 이 제안이유서는 야간노동과 같은 몇몇 노동형태는 "임금노동자의 건강에 부정적인 효과를 초래할 수 있으며"(sic), 따라서 사업의 경쟁력에 대한 요구와 양립할 수 있는 조건으로 노동자의 건강을 유지하는 것이 바람직하다는 점을 (풍분한 인간공학적, 의학적 참고문헌들을 동원하여) 과학적으로 증명하는 데 대부분의 지면을 할애하고 있다.

17) Code du travail, L.222-1조에 열거되어 있는 법정휴일 10일 중에 6일은 종교축일이다. 즉, 부활절 월요일, 예수승천절, 성신강림축일, 몽소승천절, 만성절 및 성탄절이 그것이다. 일요주휴일은 탈규제의 유행 속에서 끊임없이 예외가 늘어나긴 했지만 여전히 원칙으로 자리잡고 있다(Code du travail, L.221-5조). 이에 대해서는 S. Hennion-Moreau, "La règle du repos dominical", *Droit social*, 1990, p.434 이하; F. Favennec et B. Grassi, "Rigueur et incertitude du principe du repos dominical", *Droit social*, 1993, p.336 이하 참조.

18) 국제노동기구 제89호 협약; Code du travail, L.213-1조 이하; J. Savatier, "Travail de nuit des femmes et droit communautaire", *Droit social*, 1990, p.466 이하 참조.

19) 이처럼 경제적 조건과 생물학적 조건 사이에서 타협점을 찾고자 하는 법률적 모색의 좋은 사례는 교대제에 대한 규제(Code du travail, L.231-3-2조 및 R.212-13조)에서 찾을 수 있다. 인간공학자들은 교대제 노동의 병리학적 영향을 밝혀 내었다(P. Andlauer, J. Carpentier, J. Cazamian, *Ergonomie du travail de nuit et des horaires alternants*, Paris, Cujas, 1977 참조).

사들을 반영하게 되었는데, 이는 노동시간 규제의 첫 번째 이유였
던 것을 시야에서 약간 벗어나게 만들었다. 그러나 핵심은 여전히
남아 있는데, 최소한의 휴식을 가질 권리[20]와 같이 노동시간에 관
련된 규정들 가운데 노동자에게 불리한 방향으로 변경할 수 없는
규범으로 남아 있는 것들에서 알 수 있는 바와 같다.

　노동법은 또한 노동의 수행에 영향을 미치는 모든 신체적
불확실함을 법적으로 인식하도록 만드는 것을 목적으로 한다.
신체는 노동계약의 목적이기 때문에 나이, 성별, 임신, 질병 등
신체에 영향을 미치는 모든 요소들은 따라서 노동계약에도 영향
을 미칠 수밖에 없다. 그러한 이유로 노동계약의 체결에 있어서
는 통상적인 계약의 유효 요건들(합의, 능력, 목적, 원인)에 더하
여 고용에 적합한 신체 상태라고 하는 독특한 요건이 더해진다.
이 마지막 요건은 계약 체결 이후에도 주기적으로 확인되어야
한다.[21] 이 요건은 넓은 의미에서 "나이, 신체적 저항 또는 건강
상태와 관련된 고려 요소들"(노동법전 L.241-10-1조)을 포함하
는데, 여성과 연소자의 노동을 규제하는 규정들에서 구체화되어
있는 것들이다.[22] 이 고용적합성이라는 개념은 통상적으로 생각

---

20) Code du travail, L.212-1조 제2항, L.212-4-1조 및 D.212-4-1조,
L.212-7조, L.212-13조, L.212-14조, L.213-9조 등 참조. 휴식시간 규제의 현재
상태에 관해서는 F. Favennec, "La durée et l'aménagement du temps de
travail", *ALD*, 1987, pp.157-174 참조.
　21) Code du travail, L.241-10-1조 및 R.241-48조. 노동재해 이후 직무부
적합 판정의 효력에 대해서는 L.122-32-5조. 이 문제에 대해서는 P. Chaumette,
"Le médecin du travail, l'employeur et l'inspecteur du travail", *Droit so-
cial*, 1983, p.184 이하; J. Savatier, "Le médecin du travail et le sort du salarié",
Droit social, 1987, pp.604-612; I. Vacarie, "Travail et santé: un tournant",
in *Les transformations du droit du travail, op. cit.*, p.341 이하 참조.
　22) Code du travail, L.224-1조(출산여성), L.224-1조 내지 L.224-6조 및

하는 것보다는 좀더 많은 주의를 기울일 필요가 있을 것이다.[23] 물론 이 개념은 노동자가 제공하는 노동의 목적적법성 요건에 밀접하게 관련되어 있다. 즉, 노동의 목적이 신체에 적합한 경우에만 목적의 적법성이 인정되며, 만약 적합하지 않은 경우에는 그 노동계약은 적법한 목적을 갖지 못한 것이 되어 계약을 해지하거나 노동자의 신체 상태와 부합할 수 있는 조건으로 계약을 재작성해야 하는 이유가 된다. 이 후자의 해법은 노동법전이 취하고 있는 것으로서,[24] 신체 부적합성이 야기하는 갈등, 즉 노동에서의 신체적 안전에 대한 요구와 노동에 의한 경제적 안전에 대한 요구 사이의 갈등을 해결할 수 있게 해 준다. 또한 질병이나 임신 등으로 인한 일시적인 신체적 부적합의 경우에 노동계약을 일시적으로 정지할 수 있게 하는 규정도 마찬가지로 그러한 갈등을 처리할 수 있게 해 준다.[25] 이러한 제도가 노동법에서 성공을 거두고 독특한 발전을 이룰 수 있었던 까닭은,[26] 그러한

R.224-2조 내지 R.224-23조(수유), L.234-2조 내지 L.234-6조 및 R.234-1조 내지 R.234-23조(여성노동자 및 연소노동자에게 금지된 업무). A. Supiot, "Femmes, famille et droit du travail", in *Le droit non civil de la famille*, Paris, PUF, 1983, pp.375-400 참조.

23) A. Supiot, *Etat de santé et inaptitude au regard de l'emploi*, Actes du colloque de Bordeaux, *Droit social*, 1991. 7-8, pp.553-614 참조.

24) Code du travail, L.122-25-1조(임신) 및 L.241-10-1조.

25) Code du travail, L.122-26조(모성휴가), L.122-32-1조(직업병 또는 노동재해). 직업병이 아닌 일반 질병을 위한 노동계약의 일시 정지는 오래되고 일관된 판례의 산물이다. G-H. Camerlynck et M.-A. Moreau-Bourles, *Le contrat de travail, op. cit.*, n° 251 이하; R. Haie, *La maladie en droit du travail*, thèse, Paris, 1971; *Droit social*, 특별호, 1991. 7-8 참조.

26) T. Yamaguchi, *La théorie de la suspension du contrat de travail et ses applications pratiques dans le droit des pays membres de la Communauté européenne*, Paris, LGDJ, 1963; J.-M. Beraud, *La suspension du contrat de travail*, thèse, Lyon, 1979, Paris, Sirey, 1980 참조.

제도가 노동을 상품으로 바라보는 관점을 잠시 괄호 속에 묶어
두고, 인간 신체의 건강과 재생산에 관련되어 있는 노동의 비상
품적 가치를 존중하도록 할 수 있었기 때문이라는 사실에서 비
롯된다. 노동계약의 일시정지 제도는 노동자의 복지가 재화로서
의 노동보다 우선하며, 인격이 사물보다 우선한다는 것을 의미
한다. 그리고 계약적 장치가 잠시 멈춘 사이, 새로운 성질의 법
적 관계가 노동자와 사용자 사이에 맺어지는데, 이것은 좀더 인
간적이고, 좀더 지속적이며, 급부의 상호교환관계와는 다른 것이
다. 노동계약의 일시정지 제도는 고용의 지속성을 유지하면서도
동시에 노동에 반드시 따르는 위험으로부터 노동자의 신체를 보
호할 수 있도록 하는 것으로서, 노동자의 안전이라는 개념, 즉
우선 노동에서의 안전이라는 개념으로 등장했고 곧이어 노동에
의한 안전이라는 개념으로 거침없이 확장해 나가는 그러한 개념
에 고유한 역동성을 잘 보여준다.

2. 노동에 의한 안전

인간의 신체가 노동관계에서 차지하는 핵심적인 위치를 인
정한다는 것은 단순히 노동 과정에서 발생할 수 있는 위험의 문
제를 제기하는 것에 그치지 않으며, 노동자의 생존이라는 문제
또한 제기하는 것이다. 노동자가 노동관계에서 다치지 않고 나
오도록 하는 것만으로는 부족하며, 노동자가 노동관계 안에서
자신의 노동력을 유지할 수 있는 수단, 즉 자기 자신과 그 가족
이 살아갈 수 있는 수단을 찾는 것이 또한 중요하다. 노동에 의

한 경제적 안전이라는 개념은 이처럼 자연스럽게 노동에서의 신
체적 안전이라는 개념을 연장한다. 노동관계를 민법적이고 계약
적으로 분석하는 관점은 노동과 인격을 분리함으로써 이러한 경
제적 안전을 보장하는 데 무능력함을 드러낸다. 그 관점에서 인
격은 형상 없는 의사로 간주되며, 의사의 존재는 인격이 자신의
재산으로부터 얻을 수 있는 소득과 독립되어 있으며, 특히 이 재
산의 핵심이라고 할 수 있는 노동력과 무관하다. 노동력 또는 노
동이 결핍되면 노동자는 아주 간단히 계약의 무대에서 사라진
다. 이러한 관점에서 볼 때 자유로운 노동자의 법적 지위는 노예
보다 못한데, 노예는 어쨌든 주인이 그 노동력과 재생산을 책임
져 주기 때문이다. 한편 노예가 무산자 중에서 가장 행복할 것이
라는 생각은 19세기 노예 무역 옹호자들에 의하여 지지된 바 있
는데, 반대로 아담 스미스나 장-밥티스트 세이 등 자유주의 경제
학자들은 노예가 자유 노동자보다 더 비싸다는 점을 들어 경제
학적으로 노예제는 넌센스라고 비난하였다.[27] 사업 안에서 노동
자의 신체적 안전을 보장할 필요성에서 탄생한 노동법은 자연스
럽게 노동자의 소득을 보장하려는 방향으로 나아갈 수밖에 없었
다. 노동에서의 안전과 마찬가지로 이 문제도 위험의 분배라는
말로 설명할 수 있다.[28] 누가 위험을 부담해야 하는가? 노동력의

---

27) Ph. Hesse, "Grands principles et petits intérêts: l'esclavage d'une
abolition à l'autre", *op. cit.*, pp.268-269 참조. 이 가상의 '행복'도 노예들이 할
수만 있다면 도망치는 것을 막지 못했는데, 이는 노예들이 편안한 노예생활보다
는 자유의 위험을 더 선호했다는 사실을 명확하게 드러낸다.
28) 로베르 살래는 실업의 문제를 "경제적 우연의 관리"라는 말로 정식화했다.
Robert Salais, "La flexibilité économique et la catégorie 'chômeurs': quel-
ques enseignements de l'histoire", in *Les sans-emploi et la loi*, Quimper,
Calligrammes, 1988, pp.81-115 참조.

회복과 재생산 비용은 누가 부담해야 하는가? 민법의 대답은 노동력은 노동자의 재산의 일부이기 때문에 노동자가 모든 위험을 부담해야 한다는 것이었다. 그러한 관점이 어떤 결과를 초래했는지는 익히 알려진 사실이다. 그래서 위험의 일부를 다른 쪽으로 분배해야 했다. 위험의 분배는 다양한 방법으로 진행되었다. 사용자에게로 분배되기도 하였고, 국가나 직업 공동체로 분배되기도 하였다. 그러나 언제나 목적은 동일하였다. 그것은 노동자에게 생존의 수단을 보장하는 것이었다. 이로부터 노동자의 소득보장이라는 일반 원칙이 확립되었으며, 노동자의 신체적 완전성 원칙과 마찬가지로, 법적 요건은 훨씬 더 복잡하지만, 국제적 승인을 획득하였다. 노동자의 소득보장은 두 가지 서로 다른 차원에서 발전한다. 하나는 노동소득 자체를 보장하는 것이고, 다른 하나는 노동자가 일하지 못하게 되었을 때 노동자의 생존을 가능하게 하는 대체소득의 보장이다.

노동소득을 보장하는 것은 기본적으로 임금에 대한 권리를 보장하는 것과 관련된다. 이는 특히 최소한의 노동소득을 보장하는 규정들을 통해 적정소득을 보장하는 임금 채권의 법제로 표현된다.[29] 국제노동기구 헌장은 이미 1919년에 "노동자가 사는 시대와 나라에서 이해되는 의미로 적정한 삶의 수준을 보장하는 임금을 노동자에게 지급할 것"을 규정하였다. 이 규정은 최저임금을 보장하기 위한 다양한 국제노동협약들에 의해서 구체화되었다.[30] 필라델피아 선언(1944)은 "그러한 보호를 필요로 하

---

29) G. Lyon-Caen, *Le salaire*, Paris, Dalloz, *Traité de droit du travail*, t. 2, 2e éd., 1981, p.410 이하 참조.

30) 최저임금의 결정 방식에 관한 제26호 협약, 농업노동의 보수에 관한 제

는 모든 노동자에게 최소한의 생활임금"을 보장할 필요성을 천
명했으며, 세계인권선언(1948)은 "존엄한" 생활을 가능하게 하는
"공정한" 임금의 원칙을 확립하였다. 사회적 기본권에 관한 유럽
헌장에서도 같은 종류의 규정들을 찾아볼 수 있는데, 이 헌장은
"모든 일자리에 정당한 임금을 지급해야 하며", 각 나라의 구체
적인 제도에 따라 "모든 노동자에게 존엄한 삶의 수준을 유지할
수 있는 충분한 임금인 공정한 임금을 보장해야 한다"[31]고 규정
하고 있다.

비록 이 규정들이 다소 모호하긴 하지만 최소한의 임금액을
보장해야 한다는 생각이 얼마나 역동적인지를 명확하게 보여 주
기에는 부족함이 없다. 임금에 관한 최초의 입법들은 생존임금
개념에 영향을 받았는데, 이 개념은 경제학자들이 과학적으로
발견했다고 믿었던 '임금법칙'[32]과 크게 다른 것이 아니었다. 왜
냐하면 생존임금 개념은 시장법칙에 의하여 자연스럽게 도달하
게 될 노동력의 재생산 비용을 법적으로 보장하도록 하는 것이
기 때문이다. 그러나 이 생존임금 개념에서 곧바로 존엄한 임금
또는 충분한 임금 개념으로 이행하게 된다. 즉 노동력의 재생산
에 필요한 생물학적 요구에 연동하는 임금 개념이 아니라, 노동

99호 협약, 해양노동에 관한 제109호 협약(최저임금을 직접 정한 유일한 협약),
개발도상국에 관한 제131호 협약. N. Valticos, *Droit international du travail*,
op. cit., p.324 이하 참조.

31) 사회적 기본권에 관한 유럽헌장, 제5조.

32) 이 임금법칙에 의하면, 임금은 "노동자들이 근근이 생존하면서 증감 없
이 종족을 유지하는 데 필요한 가격"을 지속적으로 초과할 수 없다(Ricardo, *On
the Principles of Political Economy and Taxation*, Ed. P. Sraffa, Cambridge
University Press, 1821, p.93, 프랑스어판, *Principes de l'économie politique
et de l'impôt*, Paris, Calmann-Lévy, 1970).

자가 속해 있는 사회의 일반적인 부의 상태에 따라 좌우되는 사
회적 요구에 연동하는 임금 개념이다. 생물학적 필요와 사회적
필요 사이의 긴장은 예를 들어 프랑스에서 최저임금의 액에 관
한 논쟁을 통해서 표출되었다. 이 논쟁에서 사용자들은 최저 수
준을 어떻게 평가할 것인가를 두고 의견이 갈렸다. 식료품의 칼
로리를 기준으로 할 것인가? 셔츠 한 벌과 신발 한 켤레로 할 것
인가? "최소한의 최저인가, 존엄한 최저인가?"[33] 현실에서 다수
의 노동법학자들은 생존임금 개념에서 생활임금 개념으로 기울
었다. 왜냐하면 최소한의 생존을 보장하는 권리라는 개념은 노
동관계에서 도출할 수 있는 권리들보다 훨씬 더 오래된 것이며
훨씬 더 넓은 개념이기 때문이다. 그것은 생명권과 불가분의 것
이며, 따라서 노동자이든 아니든 누구에게나 인정되어야 하는
성질의 것이다. 최소한의 생존권 개념에 관한 역사는 짧지 않으
며, 가장 대표적인 사례로는 영국의 스핀햄랜드 구빈법[34]이나 최
근 프랑스의 기초생활수당(RMI)[35] 제도가 있다. 최소한의 생존
보장에 관한 권리를 인정하는 것은 최저임금의 정의에도 영향을
미칠 수밖에 없다. 노동자의 지위는 게으른 실업자의 지위보다

---

33) CNPF의 전회장인 F. Ceyrac의 말. H. Weber, *Le parti des patrons. Le CNPF (1946-1986)*, Paris, Seuil, 1986, p.91에서 재인용.

34) 이 구빈법, 또는 빈자들에게 소득수준과 상관없이 최소한의 수입을 보장하기 위하여 버크셔의 판사들에 의하여 1759년에 도입된 이 수당제도(allowance system)에 대해서는 K. Polany, *La grande transformation, op. cit.*, p.113 이하 참조.

35) 1988년 12월 1일 법. E. Alfandari, *Action et aide sociale*, Paris, Dalloz, 4e éd., 1989, p.677 이하; E. Alfandari (dir.), "L'insertion", *Revue de droit sanitaire et social*, 특별호, Paris, Sirey, 1990, pp.617-801; "Le revenu minimum d'insertion", Droit social, 특별호, 1989. 7-8; A. Thevenet, *RMI. Théorie et pratique*, Paris, Centurion, 1989 참조. 비교법적 연구로는 S. Milano, *Le revenu minimum garanti dans la CEE*, Paris, PUF, 1989 참조.

더 많은 권리를 보장하지 않는다는 점을 어떻게 인정할 것인가?
이 게으른 실업자에게 최소 생존권을 보장하면 일자리를 찾으려
고 하지 않을 것인데, 이를 어떻게 방지할 것인가? 이 두 질문은
19세기 초에 영국에서 구빈법을 둘러싸고 제기되었던 것과 같으
며, 20세기 말에 프랑스에서 기초생활수당의 도입을 놓고 벌어
졌던 논쟁의 핵심이었다. 이는 최소한의 노동소득 안에는 단순
한 생존임금 이상의 무엇인가가, 즉 생활임금이라는 것이 있다
는 사실을 인정하지 않을 수 없도록 만든다. 1950년 프랑스에서
최저생활보장임금(SMIG) 제도의 창설을 이끌었던 것은 바로 이
러한 사상이었다.

  한편, 생활임금 개념은 스스로의 확장 가능성을 잉태하고
있었는데, 왜냐하면 생활보장이라는 개념은 특정 시기의 물가만
이 아니라 노동소득의 일반적인 변화까지도 고려한 상태에서 평
가되는 특징을 가지고 있기 때문이다. 노동조합이 주장하기도
하는 정당한 임금이라는 개념은 가장 열악한 임금을 받는 노동
자들이 국가의 전체 부의 일부분을 갖지 못하는 상황과 양립할
수 없다. 1970년 프랑스에서 최저생활보장임금이 성장연동최저
임금(SMIC) 제도로 대체된 것은 이러한 인식이 반영된 결과이
다. 제도 개선의 목적은 "최저임금과 전체 경제 상황 및 소득 수
준의 변화 사이에 일체의 상시적인 불균형을 제거하는 것"[36]이
다. 법적으로는 "최저임금의 구매력의 연간 상승 폭은 시간당 평
균임금의 구매력의 절반 이상이어야 한다"[37]는 규칙으로 구체화

---

  36) Code du travail, L.141-6조. G. Lyon-Caen, "Du SMIG au SMIC et
au minimum garanti", *Dalloz*, 1970, Chroniques, p.33 참조.
  37) Code du travail, L.141-5조.

된다. 하지만 실제로는 최저임금의 상승폭이 평균임금의 상승폭
보다 훨씬 더 컸다.[38] 여기에서 노동에 의한 안전이라는 개념의
역동성을 알 수 있는데, 이는 신체적 생존보장이라는 목적에서
출발하여 "국민경제의 발전에 참여"하는 경제적 보장 목적으로
나아간 것이었다.[39]

이러한 변화에도 불구하고 노동법이 노동자에게 제공하는
구매력의 보장은 노동자의 경제적 안전을 담보하기에는 충분하
지 않다. 왜냐하면 노동자가 노동력을 상실하면 그러한 보장은
아무 소용이 없기 때문이다. 노동자에게 최소한의 임금을 보장
하도록 요구하는, 노동자의 인격과 그 필요에 대한 고려는 이번
에는 그 못지않은 필요에 의해 노동자에게 소득의 계속성을 보
장하도록 요구한다. 노동소득의 계속성 원칙의 효과는 상당한
것이었다. 이 원칙은 거의 불문가지에 가까운 하나의 단순한 생
각에서 비롯된다. 노동자는 나이가 들거나 병에 걸리거나 일자
리를 잃었을 때에도 살아야 한다는 것이다.

그러나 이 단순한 생각이 노동관계에 관한 쌍무적 관점의
기초 자체를 전복하였으며, 더 나아가서는 자유주의적 법제도의
기초를 전복하였다. 이는 한편으로는 노동관계를 안정화하는 작
업으로 나타났는데, 해고 제한, 노동계약의 일시 정지, 사업이전
시 노동계약의 유지 등의 다양한 법제가 그것이다. 다른 측면에
서는 노동자가 더 이상 일을 할 수 없는 상태에 따른 비용이 이
전되는 것으로 나타났다. 이 비용은 수당 형식의 법제들(해고수

---

38) J. Roche, "A propos du SMIC", *Droit social*, 1988, pp.292-296 참조.
39) Code du travail, L.141-2조 및 L.141-4조.

당 또는 퇴직수당)이나 임금 형태의 법제(월급제) 등을 통하여
전부 또는 부분적으로 사용자에게 이전될 수도 있다. 하지만 가
장 일반적인 방식은 주된 위험들(실업, 질병, 노령)을 사회화함
으로써 그 비용을 이전하는 것이다. 이러한 사회화의 역사적 모
델은 비스마르크가 프로이센에서 도입했던 시스템이었는데, 이
는 상호부조와 보험이라는 오래된 방식과 재정에 관한 법기술을
결합한 것이었다.

  이 사회화 모델은 처음에는 노동입법의 차원에서 저임금 노
동자에게만 적용되다가 나중에는 사회 전체로 확대되었다. 그
과정과 국제법상의 승인에 관한 역사는 잘 알려져 있거나[40] 또
는 적어도 잘 알려져 있어야 하는데, 왜냐하면 그것은 산업혁명
이 시작된 이래 개발국들이 경험한 가장 중요한 사회적 변화이
기 때문이다. 그 변화의 효과 전반에 관해서는 이제 겨우 연구가
시작되었을 뿐이다.[41] 여기에서는 두 가지만 강조하는 것으로 충

---

  40) H. Hatzfeld, *Du paupérisme à la sécurité sociale*, Paris, A. Colin,
1971; J. Donzelot, *L'invention du social*, Paris, Fayard, 1984; F. Ewald,
L'Etat providence, op. cit. 참조. 비교법적 연구로는 막스플랑크연구소에서 진
행된 작업, Ph. Hesse, P. Kohler, H. Zacher (éd.), *Un siècle de sécurité sociale.
1881-1981. L'évolution en Allemagne, France, Grande-Bretagne, Autriche
et Suisse*, Munich, 1982, 프랑스어판, CHRES, Université de Nantes, 1982 참
조. 사회보장과 관련된 국제규범에 대해서는 J.-J. Dupeyroux, "Le droit à la
sécurité sociale dans les déclarations et pactes internationaux", *Droit so-
cial*, 1960, p.365 이하; G. Perrin, "Les fondements du droit international de
la sécurité sociale", *Droit social*, 1974, p.479 이하 및 같은 저자의 "La sé-
curité sociale au passé et au présent", *Revue française des affaires so-
ciales*, 1979, p.87 이하; J. Rivero, "Droits de l'Homme et sécurité sociale",
Revue française des affaires sociales, 특별호, 1985. 7. 참조.
  41) J.-J. Dupeyroux, *Droit de la sécurité sociale*, Paris, Dalloz, 11e éd., 1988,
pp.157-263; J. Fournier et N. Questiaux, *Traité du social*, Paris, Dalloz, 4e
éd., 1984, pp.487-727; P. Rosanvallon, *La crise de l'Etat-providence*, Paris,

분할 것이다. 첫째, 소득은 계속 유지되어야 한다는 생각이 갖는
역동성은 오늘날 그것이 노동법의 테두리를 벗어나고 있다는 점
에서도 알 수 있다. 예를 들어, 농업소득42)에 관한 프랑스나 유럽
공동체의 정책 또는 비임금노동자의 연금 제도의 도입에 그러한
생각이 미친 영향력을 보여 주는 것은 어려운 일이 아닐 것이다.
둘째, 노동법은 여전히 이러한 법제들의 살아 있는 원천이다. 다
양한 방식으로. 왜냐하면 우선, 노동법은 실업보험이나 보충연금
제도43) 등과 같이 사회화 메카니즘의 일부를 여전히 수용하고
있기 때문이다. 다음으로, 소득의 유지라는 개념은 사회보장제도
의 발전에도 불구하고 여전히 노동법에서 그 효력들을 발산시키
고 있기 때문인데, 예를 들어 월급제는 질병으로 인하여 일을 하
지 못한 경우에도 임금 전체를 받을 수 있도록 보장하는 것인데,
이는 의료보험에서는 보장되지 않는 것이다. 마지막으로, 노동법
은 임금노동자의 사회보장 수급권을 정의하는 데 견인력을 행사
하여 이 수급권이 노동소득의 수준에 일치하는 경향을 갖도록
만들며,44) 임금노동자의 수급권은 또한 비임금노동자의 수급권

Seuil, 1981; B. Bruhnes, M. Foucault, R. Lenoir, P. Rosanvallon, *Sécurité
sociale: l'enjeu*, Paris, Syros, 1983 참조. 프랑스어권의 사회학에서 사회보장
이라는 주제는 일반적으로 무지 속에서 다루어진다는 사실에 대한 예외로서 F. Perrin,
"Pour une théorie sociologique de la sécurité sociale dans les sociétés in-
dustrielles", *Revue française de sociologie*, 1967, p.299 이하도 참조.
　42) 이 개념에 대해서는 L. Lorvellec, *Droit rural*, Paris, Masson, 1988,
p.236 참조.
　43) 단체협약에서 이러한 제도를 조직하는 것으로부터 비롯되는 문제점들에
대해서는 J.-J. Dupeyroux, "Les exigences de la solidarité, obervation sur la
désignation d'une institution déterminée pour la gestion d'un régime com-
plémentaire de prévoyance", *Droit social*, 1990, pp.741-750 참조.
　44) J.-J. Dupeyroux, "Contrat de travail et garantie de ressources", in
Tendances du droit du travail français contemporain, Mélanges G.-H.

에 견인력을 행사하기 때문이다(비임금노동자의 수급권을 임금노동자의 수급권에 합치시키려는 노력은 1970년대 이후 프랑스에서 "조화"라는 이름으로 추진되었던 정책의 목적이었다[45]).

이 견인력은 대단히 강력한 것이어서 노동법에서 비롯된 개념들이 다른 모든 개념들을 집어 삼키는 것으로 귀결되기도 한다. 예를 들어 사회보장법전 L.11-1조(즉 첫 번째 조항)에 의하면, 사회보장제도는 "노동자의 소득 능력을 축소시키거나 상실시킬 수 있는 모든 위험으로부터 노동자와 그 가족을 보호한다." 여기에 추상적인 "노동자"가 등장하고 있는데, 이 노동자는 임금노동자일 수도 있고 비임금노동자일 수도 있으며, 지시하는 노동자일 수도 있고 지시받는 노동자일 수도 있으며, 장사하는 노동자일 수도 있고 농사짓는 노동자일 수도 있고 또는 의사일 수도 있다. 이들 모두는 "노동자"라는 하나의 집단을 이루며, 사회보장법은 이를 하나의 연대[46] 원칙 속에서 통합시킨다. 사회보장법에서 말하는 "노동자와 그 가족"이라고 하는 법적 범주는 산업혁명의 초기 노무임대차가 채권법의 영역에 등장시켰던 추상적 노동 개념이 인격법 속에 투영된 것이다.

이처럼 노동자의 경제적 안전이라는 사상은 대단한 성공을 거두었으며 오늘날에는 전통적으로 직업적 독립성에 자부심을

Camerlynck, Paris, Dalloz, 1978, pp.150-153 참조.
45) J.-J. Dupeyroux, *Droit de la sécurité sociale, op. cit.*, p.289 이하 참조.
46) 기술적 측면에서 이 연대는 서로 다른 사회보장제도들 사이에 인구수에 따라 균형을 맞추는 메카니즘으로 표현된다(J.-F. Chadelat, "La compensation", in "La sécurité sociale: nouveaux problèmes", *Droit social*, 1978. 9-10, 특별호, pp.85-115; J.-J. Dupeyroux, *op. cit.*, p.291 이하 참조).

가지고 있던 직업들로까지 확대되고 있다. 예를 들어 농업인이
나 전문직 종사자들도 이제는 소득의 수준과 계속성을 보장할
것을 요구하고 있다. 임금노동자의 경우 소득의 보장은 확실히
고용의 보장과 관련되어 있다. 하지만 이 문제는 좀 다른 의미를
가지고 있다. 왜냐하면 첫째, 영업의 자유를 인정하는 법제에서
고용의 보장은 상대적인 것일 수밖에 없으며, 따라서 그러한 법
제에서 실업보험은 소득의 유지를 보장하는 가장 중요한 제도를
구성하기 때문이다. 둘째, 고용의 보장은 경제적 안전에만 관련
되는 것이 아니라, 어쩌면 이 점이 더 중요할 지도 모르는데, 노
동자의 정체성에도 관련되기 때문이다.

제2절 정체성[47)

노동자에게 인정되는 권리를 확대하고 그것들을 하나의 법
제로 만드는 것은 노동자의 신체적 안전과 경제적 안전을 보장
하기 위한 것이다. 그러나 법의 효과는 결코 입법자가 의도했던
것으로 한정되지 않는다. 법사회학은 오래 전부터 법의 적용에
있어서 텍스트는 "원래의 효력을 가지는 한편 그것의 저자들이
의도했던 것과 다른 또 하나의 효력을 갖는다"는, 파급효과 현상

---

47) 이하의 서술은 A. Supiot, "L'identité professionnelle", in *Les ori-entations sociales du droit contemporain*, *Etudes offertes au Pr. Jean Savatier*, Paris, PUF, 1992, p.409 이하를 수정, 보완한 것이다.

을 간파하였다.[48]

　이 파급현상의 다양한 발현 양식들 가운데 개인의 정체성 문제와 직접 관련되는 것이 있는데, 이는 "감정적 파급효과"로 부르는 것이 더할 나위 없는 그런 것이다. 이는 가장 추상적인 법적 범주들이 어떤 객체들을 분류하고 정의할 때, 그러한 목적과는 상관없이 이 객체들 사이에 감정들을 만들어 낼 수 있다는 것을 의미한다. 그 이유는 법적 분류와 정의는 그 객체가 되는 것들의 외부에 머물러 있지 않기 때문이다. 법적 정의는 그 객체에 배어들고, 객체와 한 몸을 형성하며, 객체가 서로 간에 그리고 타자와 맺는 민감한 관계를 구성한다. 공무원이 된 계약직, 이혼하는 부부, 학위를 받는 학생은 한순간 좀 전의 자기와는 같은 사람이 아니게 된다. 그는 자기 자신을 다르게 바라보며, 다른 사람들도 자기를 다르게 본다. 그는 단박에 하나의 사회 집단(비정규직, 기혼자, 학생)에서 다른 사회 집단(공무원, 독신자, 박사)으로 이동한다. 다른 말로 하면, 법적 정의는 그것이 의도하는 합리적 목적(공공서비스의 운영, 이혼 문제의 처리, 지식 수준의 인증)을 넘어 언제나 개인의 정체성과 사회화에 영향을 미친다. 이 영향은 반드시 원했던 것도 아니며 언제나 제어되는 것

---

48) J. Carbonnier, "Les phénomènes d'incidence dans l'application des lois in 'Recht als instrument van behound en vandering'", *Mélanges offerts au Pr. J. J.-M. van der Ven*, Deventer, Kluwer, 1972, in *Flexible droit*, 5e éd., 1983, p.138에 재수록. 법을 쥐고 있는 손을 벗어나는 능력, 법이 갖고 있는 이 자극적인 능력을 가리키기 위하여 도구적 법 개념에서는 "역효과"라는 좀더 다채로운 표현을 사용한다(이 개념에 대해서는 R. Boudon, *Effets pervers et ordre social*, Paris, PUF, 1989 참조). 이 역효과성은 법학자들의 정신을 자극해야 마땅한 성질의 것인데, 왜냐하면 그것이야말로 법은 단순한 도구로 축소될 수 없다는 점을 분명하게 보여주기 때문이다.

도 아니다. 이 감정적 파급효과는 형식적 법률 관계는 없지만 동
일한 법적 정의로 인정되는 사람들을 하나로 묶어주는 보이지
않는 끈 속에 자리 잡는다. 이 보이지 않는 끈은 동일한 법적 범
주에 소속되어 있다는 느낌에서 비롯되는 것으로서 형제애와 절
대적으로 동일시된다.[49] 민법의 용어로 말하자면, 이는 같은 조
상을 가진 후손들 사이에 형성되는 간접적 관계, 즉 방계에 해당
한다. 이 구조적 정체성에 근거하여 법률(loi) 속에서 형제애를
발견할 수 있는데, 이 형제애는 율칙(Loi),[50] 우리를 정의하고 우
리를 우리로 만드는 율칙이 재현하는 신화적 부성 속에서 형성
된다.[51] 가장 합리적인 법적 범주들이 이처럼 비합리적인 형제애
감정을 만들어 내는 한, 막스 베버[52]가 어렴풋이 느꼈던, 법의 총
체적 합리화라는 지평에는 결코 도달할 수 없을 것이다.[53] 공동체
에 소속된다는 주관적 느낌 또는 배제된다는 주관적 느낌은 가장
객관적인 법적 범주들 속에서도 끊임없이 자라날 것이다.

    이러한 현상은 노동관계에서 특히 가시적인데, 노동관계에

---

49) A. Supiot, "La fraternité et la loi", *Droit social*, 1990, pp.118-126 참조.
    50) 역자주: 여기에서 "율칙"이란 (신이 계시하는) 율법과 (과학이 발견하는)
법칙과 (인간이 제정하는) 법률에 (이 세 가지 말은 모두 프랑스어에서 loi로 번역
된다) 공통적으로 들어가는 "율"과 "칙"을 결합한 말이다. 서양법 및 그것을 계수
한 한국의 현대법을 주재하는 핵심 착상을 이해하기 위해서는 이 세 가지 개념을
통일적으로 파악하는 분석틀이 필요하다.
    51) P. Legendre, *Le crime du caporal Lortie. Traité sur le Père*, Paris,
Fayard, 1989 참조.
    52) M. Weber, *Sociologie du droit*, 프랑스어판, J. Grosclaude, Paris,
PUF, 1986, pp.234-235 참조.
    53) 한편, 비합리성의 영원한 회귀라는 이 개념은 막스 베버의 저작 속에도
나타난다. 이 점에 관해서는 J. Freund, "La rationalisation du droit selon Max
Weber", *Archives de philosophie du droit*, t. 23: "Formes de rationalité en droit",
Paris, Sirey, 1978, p.89 이하 참조.

서는 법적 범주들이 하나의 진정한 직업적 신분을, 사회적 의미
들로 꽉 찬 그러한 신분을 정의하기 때문이다. 이 신분이라는 말
은 앙시엥 레짐의 유산이지만 19세기에도 여전히 정규 고용의
동의어로 사용되었다. 이 말은 법률적으로 그리고 사회적으로
하나의 신분 집단에 속하는 노동자들, 즉 신분을 가진 노동자들
을, 정식의 자격도 없고 자신들을 보호해 주는 직업 공동체에 소
속되어 있지도 아니한 자들, 즉 신분이 없는 자들과 구별하기 위
한 것이었다.54) 신분이 없는 사람이란 근거가 없는 자, 사회 질서
속에서 일정한 자리를 보장해 주는 안정적인 직업 조건을 갖지
못한 자이다. 따라서 직업적 자격을 법적으로 인정하는 것이야
말로 19세기에도 계속해서 노동자들이 사회적으로 인정받기 위
한 핵심 조건이었으며, 가장 견고한 형태의 직업적 형제애가 형
성될 수 있었던 것도 같은 신분집단 속에서였다. 오늘날에도 여
전한데, 그러한 종류의 감정을 가장 잘 보여주는 예는 흔히 결속
감이라고 부르는 것으로서, 이 결속감을 통해 모든 개인은 자기
가 소속되어 있는 집단의 어떤 구성원에게 닥친 직업적 운명에
감정의 동요를 느낀다. 이 결속감은 학위에 근거할 수도 있으며
(프랑스에서는 두 기술자 사이의 관계는 그들이 같은 학교를 나
왔는지 여부에 따라 또는 같은 학교를 나왔더라도 성적이 어떠
했는가에 따라 심히 다르다), 신분으로 나누어진 공무원 집단에
서 볼 수 있듯이55) 담당 업무의 종류에 근거할 수도 있다. 이처

---

54) R. Gossez, *Les Ouvriers de Paris*, La Roche-sur-Yon, 1967, p.112;
W. H. Sewell, *Gens de métier et révolutions*, *op. cit.*, p.259 이하 참조.
55) P. Bourdieu, *La noblesse d'Etat. Grandes écoles et esprit de corps*,
Paris, Ed. de Minuit, 1989 참조.

럼 직업적 신분은 오늘날에도 여전히 개인의 정체성을 좌우하는
결정적인 요소를 구성한다.

　　정체성이라는 개념은 일종의 상실감(문화적, 국민적, 지역적
정체성 등의 상실)을 표현하는 만큼 오늘날 더 쉽게 경도되는 개
념인데, 이 정체성 개념이 주목할 만한 성공을 거두고 있기 때문
에 여기에서 그것의 법적 의미를 탐구할 필요가 있다. 왜냐하면,
일반적으로 사회과학에서는 무시하고 있는 점이지만, 인간의 정
체성을 결정하는 것은 무엇보다 법의 일이기 때문이다.[56] 자연인
의 정체성은 다른 사람들과 구별할 수 있는 자기만의 고유한 정
체성을 부여하는 일련의 법적 징표들이 결합된 결과이다.[57] 정체
성이란 우선 이런 것이다. 국립통계청이 발부하는 국민식별번호
또는 내무부가 발급하는 신분증 또는 호적상에 존재하는 법적으
로 관련성이 있는 속성들의 결과물. 이 법적 속성들은 성별의 인
정을 통해, 가계도상의 배치를 통해, 국적의 인정을 통해, 주소
또는 주거의 특정을 통해, 한 개인을 종 속에, 시간 속에, 조국
속에, 공간 속에 자리매김한다. 일상의 삶을 위해서는 이러한 정
체성이 필요한데, 넓은 의미에서 이름을 부여한다는 것은 바로
이 정체성을 요약하는 것이다.

　　직업은 이 정체성을 구성하는 요소들 가운데 하나이다. 이
는 호적의 작성에 있어서 "호적에 기재된 모든 사람들의 성, 이

---

56) 학제적 연구에 대해서는 C. Lévi-Strausse, *L'identité*, Paris, PUF, 2e
éd., 1987 참조(법은 배제되어 있다). 사회과학이 정체성의 법률적, 제도적 차원
을 체계적으로 무시하는 이유에 대해서는 P. Legendre, *Les enfants du texte.
Etude sur la fonction parentale des Etats*, Paris, Fayard, 1992 참조.
57) J. Carbonnier, *Droit civil*, Paris, PUF, t. 1: *Les personnes*, 17e éd., 1990,
p.43 이하 참조.

름, 직업 및 주소"[58]를 적시할 것을 요구하고 있는 민법전의 규정에서도 드러난다. 사회적 노동의 분업 속에서 한 개인이 차지하고 있는 위치는 그 법적 정체성의 근본 요소들 가운데 하나를 구성한다. 그러므로 정체성 문제는 노동법과 관련될 수밖에 없는데, 노동법은 경제활동인구 10명 중 8명 이상의 직업 상황을 규율하고 있다.[59] 하지만 정체성 문제에 관심을 가진 법학자들은 흔히 이 직업적 차원을 무시한다. 비록 민법을 넘어 국적법 같은 영역으로 사고를 확장시키고 있기는 하지만 말이다.[60] 하지만 노동법에서 정체성이 갖는 의미를 둘러싼 논쟁들은 무시될 수가 없다. 왜냐하면 그 논쟁들은 노동관계에서 획득된 집단적 차원 및 오늘날 이 집단적 차원을 문제삼고 있는 개인화 경향을 명확하게 드러내어 줄 것이기 때문이다.

1. 노동에 의한 집단적 정체성

정체성을 법적으로 정의하는 데 노동법이 어떻게 기여했는가는 실상 첫눈에 보기에는 지극히 빈약해 보이며, 어쨌거나 매

---

58) 프랑스 민법전, 제34조. 또한 제57조, 제73조, 제76조, 제79조 참조.

59) '임금노동자화' 현상에 대해서는 I. Thevenot, "L'extension du salariat", *Economie et Statistiques*, 1977. 7. 참조. 프랑스 통계청의 통계에 따르면 경제활동인구 중 임금노동자의 비중은 1901년에 37.5%였던 것이 1980년대 초까지 지속적으로 증가하여 84% 수준에서 유지되고 있다. 프랑스의 임금노동자 비중은 네덜란드, 독일, 덴마크 (이상 88%)보다는 낮지만, 아일랜드(75%), 스페인(72%), 이탈리아(71%), 그리스(51%)보다는 높다. 이 후자의 나라들에서는 비임금노동자의 비중이 프랑스보다 두세 배 높다(출처: *Enquête sur les forces de travail. Résultat 1989*, Eurostat, Luxembourg, 1991, tableau 27). 이 통계들은 종속노동 안에서 공공고용과 민간고용을 구분하지는 않는다.

60) 예를 들어 J. Carbonnier, *op. cit.*, p.43 이하 참조.

우 역설적인 것이 사실이다. 노동법은 추상적 노동이라는 개념을 법질서 속에 실현하면서 등장하는데, 수많은 직업들의 무한한 다양성을 임금노동자와 사용자라는 극도로 단순한 두 가지 법적 범주 속에 용해시킨다. 이와 같은 환원은 앙시엥 레짐의 동업조합을 해체하고 노동관계를 계약적으로 분석하는 것의 직접적인 결과이다. 노무임대차 계약은 단지 두 가지 입장만을 정의했는데, 지휘자[61])의 입장과 임대인의 입장이다. 마찬가지로 노동계약은 두 가지의 법적 정체성만을 정의하는데, 사용자와 임금노동자다. 그 결과 정체성은 어떤 직업이나 기예를 수행하는 것과 관련을 맺기보다는 계약적 입장에서 기인한다. 사장 대 공원, 사용자 대 노동자, 자본가 대 무산자. 이 모든 대립항은 계약적 분석에 상응하는 것이다. 추상적 노동 개념과 그 법적 대응물인 노동계약은 이처럼 직업적 정체성의 내용을 심히 변화시키기에 이른다. 이제 직업적 정체성은 어떤 특정한 직업 집단에 소속되어 있다는 사실에 의하여 법적으로 정의되는 것이 아니라, 계약이 부여하는 지위, 지배적인 지위든 피지배적인 지위든 그 지위로부터 비롯된다. 물론 직업의 다양성은 법적 분석에서 완전히 사라진 것은 아니다. 직종은 바로 이 계약에 의해서 임금노동자에게 부여되는 직업 자격의 형태로 존속하고 있으며, 동업 집단은 관행이나 단체협약에 의하여 노동관계가 규율되는 업종(branche)

---

61) 이 용어는 포티에가 사용한 것인데, 잡는 것(conducere)과 임대하는 것(locare)을 구별했던 라틴어에서 유래한다. 이 말의 어원은 군대의 채용 관행 및 로마군 장교가 돈을 써서 병사들을 모집하는 것에서 비롯되는바, 노동관계에 그만큼 쉽게 적용될 수 있었다(E. Benveniste, *Le vocabulaire des institutions in-do-européennes*, *op. cit.*, t. 1, p.155 이하 참조).

의 형태로 유지되고 있다. 그러나 이러한 다양성은 계약적 분석 속에서는 부차적인 위치를 차지할 뿐이다.

이처럼 인간의 노동이 갖는 구체적인 다양성을 제거해 버리는 것은 분명히 개인의 정체성을 약화시키지만, 반면에 이제 모두 노동자에 불과한 자들 사이에 하나의 집단적 정체성을 나타나게 만든다.[62] 그리고 노동법에서 직업적 정체성이 표현되었던 것은 바로 이러한 집단적인 형식 아래에서였다. 즉, 노동자들의 대표 제도에 대한 법적 승인을 통해서이다. "동업조합을 해체"하려는 의지의 산물인 계약적 분석은 노동관계의 집단적 차원을 모조리 박멸하고 이를 각자의 노무를 임대하는 개인들의 단순한 병존으로 축소하고자 하였다. 이 수고로움의 임대인들 사이에 집단적 정체성이 다시 형성된 것은 오래된 직업 집단의 형식을 변화시켜 계약적 분석에 의하여 강요되는 쌍무적 논리 속에 재기입하였던 새로운 법적 범주들을 통해서였다. 이러한 변화는 단결법의 영역에서 직종별 노동조합이 산업별 노동조합으로 대체된 것이라든지,[63] 소송법의 영역에서 노동법원이 원래 갖고 있던 매우 동업조합적인 성격이 완화된 것에서 그 예를 찾을 수 있다.[64] 그러나 노동법원이 되었든, 산업별 노동조합이 되었든, 사업내 종업원 대표 제도가 되었든, 중요한 것은 언제나, 그렇게 하지 않고서는 달리 포착할 수 없는 노동자들의 집단을 법의 무

---

62) 사회학적 분석으로는 R. Sainsaulieu, *L'identité au travail*, Paris, Presses de la FNSP, 3e éd., 1988 참조.

63) J.-M. Verdier, *Syndicats et droit syndical*, Paris, Dalloz, 2e éd., vol. 1, 1984, p.23 이하 참조.

64) 노동법원의 부별 구획과 불랭 법에 의한 개혁에 대해서는 A. Supiot, *Les juridictions du travail*, Paris, Dalloz, 1987, p.371 이하 참조.

대 위에 올려 세워 사용자의 상대방으로 삼고, 그렇게 함으로써 갈등을 예방하고, 교섭하고, 해결할 수 있도록 한다는 것이다. 이러한 무대의 연출은 노동자들을 그들의 대표 조직 속에서 스스로를 인식하도록 초대한다. 그들의 대표 조직이다. 왜냐하면 사용자들의 이익에 맞서 그들의 공통된 이익을 옹호할 법적 권한을 부여받기 때문이다. 이처럼 노동법의 범주들은 주로 사용자들과 임금노동자들의 이해 대립에 근거한 집단적 정체성을 벼리는 데 기여하며, 임금노동자들을 하나의 노동자 공동체에 소속되어 있다는 느낌으로 결집시키는 데 기여한다.

이 집단적 정체성은 또한 모든 노동자들에게 일률적으로 인정되는 권리들의 발전에서도 비롯된다. 임금노동자들의 신체적, 경제적 안전에 대한 요구가 권리의 형태로 인정된 이후, 이 노동자들의 권리는, 이미 존재하는 권리를 지키도록 하기 위한 것이든 새로운 권리를 쟁취하기 위한 것이든, 노동 단체들의 주된 활동 목표를 구성하였다.65) 이 권리들이 인정됨으로써, 이 권리들이 축적됨으로써 그리고 이 권리들이 시스템으로 조직됨으로써, 이제 노동자의 법이라는 개념이 등장한다. 이 법은 특정 사회 계급이 쟁취한 전리품들의 목록이자 그 전리품들을 지키는 방패이기도 하다. 여기에 "노동법"66) 또는 "계급법"67)의 요소가 나타난

65) 권리의 보호와 권리의 쟁취라고 하는 이 두 가지 목표와 관련하여 판례는 사업내 종업원 대표 기구들의 관할권을 분배하기 위하여 주장(réclamation)과 요구(revendication)를 법적으로 구분하고자 하였다(Cour de cassation, Chambre criminelle, 1973.5.24, *Bulletin criminel*, n° 239). 그리고 노동조합도 기존 권리의 준수를 주장하는지, 아니면 새로운 권리의 창설을 요구하는지에 따라 소송 전략을 다르게 구사하였다(A. Supiot, *Les jurisdictions du travail, op. cit.*, p.47 이하 참조).
66) G. Scelle, *Le Droit ouvrier*, Paris, A. Collin, 2e éd., 1928.
67) L. Josserand, "Sur la reconstitution d'un droit de classe", *DH*,

다. 이 권리들이 결합됨으로써 임금노동자의 전형적인 법적 지위, 즉 모든 임금노동자에게 일률적으로 적용되는 규칙들의 시스템이 등장한다. 이 시스템은 점차 노동계약을 모든 노동자에게 공통적인 하나의 신분을 적용하기 위한 신분 문서로 축소시키게 된다.68) 노동자들에게 진정한 직업적 정체성을 부여한다는 이 신분 문서의 역할을 수행한 것은 기간의 정함이 없는 전일제 노동계약이다. 이러한 유형의 노동계약을 체결한 모든 노동자는 동일한 직업 공동체에 소속되어 있다는 느낌에 의해서 서로 결합된다. 노동조합, 사회보장, 공제조합 등은 모두 이들의 법적 지위를 본따서 만들어졌으며, 19세기에 하나의 신분을 가지고 있었던 공장 노동자들처럼 이들도 자신들의 이익을 대변하고 보호하는 제도 속으로 포섭된다. 노동에 의한 사회화에서 핵심적인 것은 기간의 정함이 없는 노동계약이다. 이는 노동 그 자체로는 사회적 통합을 보장하는 데 충분하지 않다는 것을 의미한다. 배제된 자들도 노동을 하며, 심지어 가장 힘들고 가장 위험한 일을 한다.69) 노동은 공무원의 신분이나 기간의 정함이 없는 노동계약처럼 안정적인 법형식 속에서 이루어지는 경우에만 직업적 정체성과 사회적 통합을 위한 수단이 될 수 있다. 그러므로 이 준거 형식에서 오랫동안 벗어나 있을수록 배제의 위험은 그 만큼 증가한다. 이 준거 형식에서 일시적으로 벗어나는 경우에는, 오늘

1937, Chapitre 1.

68) A. Jeammaud, "Les polyvalences du contrat de travail", in *Les transformations du droit du travail, Mélanges G. Lyon-Caen*, Paris, Dalloz, 1989, p.299 이하; 및 앞의 서장 참조.

69) X. Godinot, *Les travailleurs sous-prolétaires*, Ministre du Travail/ATD Quart Monde, 1984. 5. 참조.

날 제대로 자리잡은 또 다른 법형식으로 이동한다. 그것은 일시
적 실업자의 신분으로서 두 고용 사이의 일시적인 기착점이며
이를 위해 마련된 보험 급여를 향유한다. 이 두 가지 법적 범주
(기간의 정함이 없는 노동계약 또는 일시적 실업자) 가운데 어느
하나에 속하든지, 아니면 어느 하나에서 다른 하나로 넘어가든
지(채용 또는 해고), 여전히 법에서 말하는 노동자임에는 변함이
없다. 즉, 여전히 일정한 보호 규정들의 강행적 효력을 발생시킬
수 있는 법주체인 것이다. 반면에 이 두 가지 법적 범주 가운데
어느 하나에 더 이상 속하지 않게 되거나 또는 한 번도 속해본
적이 없는 자는 심각한 의미에서 무용자로서 국가의 보호 대상
이 된다.[70]

  이처럼 사회법의 발전은 계약의 의미를 완전히 전복시켰다.
노동계약은 처음에는 노동관계를 순전히 개별적 관점에서 표현
하는 것이었는데, 시간이 지남에 따라 집단적으로 정의되는 노
동자들의 법에 다가갈 수 있는 열쇠가 되었다. 학설은 이러한 변
화 및 그에 수반하여 임금노동자의 신분이라는 개념이 부상하는
것을 관찰하면서 이를 신조합주의적 관점에서 파악하고자 하였
다. 그것은 노동법이 공법화되는 것을 막기 위해서였지만, 노동
법의 공법화는 불가피한 것이었다.[71] 이 공통의 신분은 노동자들

---

70) 아래 제5장 참조.

71) 예를 들어 P. Durand, "Aux frontières du contrat et de l'institution:
la relation de travail", *JCP*, 1944, I, 387; A. Brun, "Le lien d'entreprise", *JCP*,
1962, I, 1719; 비시정권에서 신조합주의적 이론이 수행했던 역할에 대해서는
J.-P. Le Crom, *L'organisation des relations professionnelles en France
(1940-1944). Corporatisme et charte du travail*, thèse (Droit), Université
de Nantes, 1992 참조.

사이에 집단적 정체성에 관한 느낌을 강화시킬 수밖에 없었다. 왜냐하면 우선 이 신분은 모두에게 동일한 것으로 느껴졌기 때문이고, 나아가 이 권리들은 다른 사람들, 특히 비임금노동자들에게는 인정되지 않았기 때문이다. 일주일에 마흔 시간을 일하고, 적정한 임금과 휴가와 노동시간의 제한과 사회보장 등에 관한 권리를 갖는 모든 노동자는 노동법에 의하여 정의되는 임금노동자 공동체 안에서 스스로를 인식할 수 있으며, 법적으로 자신과 동등한 다른 사람들과의 관계에서 연대나 형제애의 감정을 느낄 수 있는 것이다.

그러므로 임금노동자들의 집단적 정체성은 그들이 갖는 권리들의 특수성과 일률성에 밀접하게 관련되어 있다. 이러한 권리들의 일반화와 다양화는 임금노동자들의 집단적 정체성을 위험에 빠뜨릴 수밖에 없다. 그런데 이 일반화와 다양화는 노동법의 역동성 자체로부터 나온다. 여기에는 적어도 세 가지의 이유가 있다.

첫째는 안전 개념의 역동성이다. 이 역동성은 지금까지는 노동자들에게만 인정되었던 권리들을 노동자가 아닌 자들도 요구하게끔 만들었다. 이는 의료보험에서 명확하게 드러난다. 1975년 7월 4일 법과 1978년 7월 2일 법[72]에 의하여 도입된 전국민 의료보험 제도로 인해, 의료보험은 더 이상 임금노동자들의 정체성을 구성하는 요소가 아니게 되었으며, 노동자들이 쟁취한 권리들은 사용자를 포함하여 모든 경제활동인구로 확대되었

---

72) 이 법들에 대해서는 A. Supiot, "La sécurité sociale: nouveaux problèmes", *Droit social*, 1978. 9-10, 특별호, pp.1-26 참조.

다.[73] 이러한 현상은 또한 많은 수의 비임금 직업 종사자들을 임금노동자와 유사하게 취급하는 노동법상의 제도에서도 발견된다. 여기에는 대부분의 사업 임원들도 포함되는데, 이들은 자신들을 위하여 노동법상의 이점과 보호들을 이용하였다.[74] 안전 개념의 역동성은 또한 노동법을 경제적 의존관계를 규율하는 일반법의 지위로 이끌었다. 노동법에서 발전된 개념들은 경제적 의존성이 존재하는 모든 법적 상황에서 원용되었다. 사회보장법,[75] 공무원법,[76] 농업법,[77] 교통법,[78] 상법[79] 등이 모두 노동법상의 이런저런 개념들을 받아들여 각자의 요구 상황에 맞게 응용했으며, 나아가 민법도 불평등한 관계를 규율해야 하는 상황에서는 마찬가지였다.[80] 오늘날에는 의사나 변호사 같은 전문자영업도

---

73) G. Lyon-Caen, "Le droit 'social' des dirigeants d'entreprise", in *Mélanges A. Weill*, Paris, Dalloz-Litec, 1983, pp.405-414 참조.

74) G. Lyon-Caen, *Le droit du travail non salarié*, Paris, Sirey, 1990, p.195 이하 결론 참조.

75) J.-J. Dupeyroux, *Droit de la sécurité sociale*, Paris, Dalloz, 11e éd., n° 56 및 140-141 참조.

76) 국사원이 인정한 일반원칙들에는 노동법에 영감을 준 것들이 적지 않은데, 모성의 보호(Conseil d'Etat, 1973.6.8, Peynet 사건, *AJDA*, 1973, 608, Grevisse)나 최저임금(Conseil d'Etat, 1982.4.23, Ville de Toulouse 사건, *Recueil*, 152, Lateboulle) 등이 그것이다.

77) A. Supiot, "L'élevage industriel face au droit du travail", *Revue de droit rural*, 1983. 10-11, 특별호, pp.325-331 참조.

78) F. Ewald, *L'accident nous attend au coin de la rue*, Paris, La Documentation française, 1982 및 같은 저자의 *L'Etat providence*, Paris, Grasset, 1986, p.437 이하 참조.

79) 예를 들어 방문위탁판매원의 지위 또는 그룹법제의 구성에서 노동법이 차지하는 결정적 역할을 보라.

80) J. Mestre, "L'influence des relations de travail sur le droit commun des contrats", intervention au Colloque "Droit civil et droit du travail", *Droit social*, 1988, 405 참조. G. Berlioz, *Le contrat d'adhésion*, LGDJ, 2e éd., 1976 및 G. Virassamy, *Les contrats de dépendance en droit privé*, LGDJ, 1986 등 두 논문도 여전히 유용하다.

법적으로는 독립성이 인정되지만 실제로는 국가나 사회보장제도와의 관계에서 경제적, 재정적 의존성을 부정할 수 없는 분열적 상황에서, 단결권과 파업권 그리고 단체교섭권, 심지어 최저임금의 보장 같은 개념들이 적용 범위를 넓혀 가고 있는 현실이 그 역동성을 잘 보여 준다.[81] 노동자들의 권리가 모든 경제활동인구로 확장됨에 따라, 특정한 사회적 범주로서의 노동자를 구별하고 동일시하기는 그 만큼 더 어려워진다.

안전 개념이 노동자들의 세계 밖으로 확장되는 현상은 노동자들에게 부여되었던 권리들이 개별화되는 현상과 같은 맥락 속에 놓인 것이다. 임금노동자들의 보호를 개선하려는 노력은 법 규정들을 개인적 상황에 맞게 조정하는 것으로 이어진다. 이러한 경향을 가장 명확하게 보여주는 예는 해고법의 현대적 변화 양상이다. 1970년대 초반까지 입법자는 임금노동자에게 해고의 위험에 대비한 어떠한 개인적 보장책도 마련하지 않았다. 대신 고용에 대한 행정관청의 감독이나 관행 또는 노동자 단체에 부여된 특권들에서 비롯되는 간접적인 보장을 마련하고 있었을 뿐이다. 반면에 1973년 7월 13일 법은 해고에 관한 절차와 보호 조치들을 개별화하는 흐름을 열었으며, 이는 1989년 8월 2일 법까지 계속되었다. 이제 해고에 관한 규칙은, 해고는 개별적 절차에 따르며 해고된 노동자는 자신의 개인적인 직업적 경로에 근거한 직업적 전환 제도의 보장을 받을 수 있다는 것이다. 그러나 해고법은 더욱 본질적인 흐름을 보여주는 가장 두드러진 예에 불과

---

81) 변호사들의 파업, 의료보험공단과 의료수가 협상시 의사들의 파업을 보라. 이 문제에 관한 일반적인 분석으로는 G. Lyon-Caen, *Le droit du travail non salarié*, Paris, Sirey, 1990 참조.

하다. 노동법의 개별화[82] 현상에는 개별적 노동계약의 재평가,[83] 남녀평등의 원칙, 노동시간의 유연화(노동생애의 유연화를 포함하여. 즉, 은퇴와 관련하여 단두대 조항의 금지), 노동자 개인의 의사 표현권, (안식년, 창업, 양육, 직업훈련 등을 위한) 개별적 휴가권, 단체협약법 안에서 임금의 개별화,[84] 위험한 상황에서 작업을 중지할 권리[85] 등도 포함시켜야 할 것이다. 마지막 예는 특히 흥미롭다. 왜냐하면 노동에서 개인의 인정, 노동자 개인의 판단력과 자율성에 대한 인정이 어떻게 노동자의 개인적 책임에 관한 문제를 제기할 수밖에 없는지를 보여주기 때문이다. 이 주제는 1982년 12월 23일 법[86]에 관한 의회 논쟁을 풍요롭게 했으며, 유럽공동체법에서 볼 수 있는 바와 같이 안전 문제에 있어서 노동자의 개인적 의무 개념이 부상하는 까닭을 설명해 준다.[87]

---

82) 법적인 의미에서 개별화는 특정한 공동체나 제도에 소속되어 있는지 여부와 무관하게 개별적 권리들을 할당하는 것으로 이해될 수 있다. 그런 점에서 개별화는, 어떤 공동체나 제도의 틀 내에서 개별적 권리들을 인정하는 것(즉 임금노동자를 사업내 법주체로 이해하는 것)을 의미하는 '주체화'와 구별되어야 한다. 이 개념은 또한 개인을 단순한 법대상으로, 특정한 제도적 몽타주에 완전히 종속되는 조각으로 취급하는 것을 의미하는 '객체화'와도 다르다. 개별화와 탈주체화의 관계에 대해서는 아래 제5장 참조.

83) 예를 들면 "Raquin" 판례를 보라(Cour de cassation, Chambre sociale, 1987.10.8, *Droit social*, 1988, p.138, J. Savatier; *Dalloz*, 1988, Jurisprudences, p.58, Y. Saint-Jours; *Juri-Social*, 1987.12, p.41, A. Lyon-Caen).

84) J.-C. Javillier, "Négociations et accords d'entreprise en matière de rémunération", *Droit social*, 1988, 68; 경제학적 분석으로는 B. Reynaud, *Le salaire, la règle et le marché*, Paris, C. Bourgois, 1992 참조.

85) Code du travail, L.231-8조 이하; P. Chaumette, "Le CHSCT et le droit de retrait du salarié", *Droit social*, 1983, p.425 참조.

86) O. Godard, "Les responsabilités en cas de danger grave et imminent", *JCP*, 1984, éd. E, II, 14215 및 "작업중지권은 타인에게 새로이 중대하고 임박한 위험 상황을 초래하지 않는 방식으로 행사되어야 한다"고 규정하고 있는 Code du travail, L.231-8-1조 참조.

87) 1989.6.12. 제89/391호 지침, 제3절 제13조.

집단적 동질감의 상실을 초래하는 두 번째 이유는 기존에 획득하였던 안전 보장책들이 흔들리고 있다는 것이다. 실상 이 또한 안전 개념의 역동성에 관한 것이다. 영업의 자유가 노동자들의 안전보다 우선한다는 것을 보장하고 싶어하는 자들이 이를 배척하려고 하는 이유는 임금노동에 대한 법적 보호가 이미 확실한 기반을 획득하였기 때문이다. 안전에 대한 배척은 주로 노동관계의 유연화 또는 탈규제라고 부르는 정책들로 표현된다.[88] 이러한 정책들이 노동법을 어떻게 변화시켰는지는 나라마다 다르지만,[89] 노동자들의 법적 지위의 다양화를 촉진하는 효과를 갖는다는 점은 공통이다.[90] 이는 한편으로는 국가의 제정법이 약화되고 협약(특히 사업별 협약)에 의한 규율이 증가하는 것으로 나타나고,[91] 또 한편으로는 비전형적인 고용 형태들(기간제, 시간제, 단속적 노동, 파견 등)이 늘어나는 것으로 나타난다.[92]

---

88) 아래 제5장 참조. 또한 G. Lyon-Caen, "La bataille truquée de la flexibilité", *Droit social*, 1985, p.801; Centre de recherches de droit social de l'Université de Lyon-3, *Flexibilité du droit du travail: objectif ou réalité?*, Paris, Editions législatives et administratives, 1986, pp.23-54 참조.

89) A. Lyon-Caen et A. Jeammaud (dir.), *Droit du travail, démocratie et crise en Europe occidentale et en Amérique*, Arles, Actes-Sud, 1986; U. Mückenberger et S. Deakin, "From deregulation to an European floor of rights: Labour law, flexibilisation and the European single Market", *Zeitschrift für ausländisches und internationales Arbeits- und Sozialrecht*, Heidelberg, Müller, 1989. 7-9, pp.153-256 참조.

90) A. Jeammaud, "Droit du travail 1988: des retournements plus qu'une crise", *Droit social*, 1988, p.583.

91) A. Supiot, "Déréglementation des relations de travail et autoréglementation de l'entreprise en droit français", *Droit social*, 1989, pp.195-205 참조.

92) G. Poulain, *Les contrats de travail à durée déterminée*, Paris, LITEC, 1988; J. Pelissier, "La relation de travail atypique", *Droit social*, 1985, p.531; A. Lyon-Caen, "Actualité du contrat de travail", *Droit social*, 1988, p.540 참조. '정규직' 고용의 개념에 대해서는 U. Mückenberger, "Non-Standard Forms

이러한 변화들은 두 번째 유형의 노동 규제를 등장시키는데, 여기에서는 대부분의 노동법상 중요한 개념들(사용자, 사업, 대표, 파업 나아가 임금노동자 개념 자체까지)이 흠결을 갖는다. 노동 공동체의 파열[93] 및 좀더 일반적으로 말하면 노동 세계의 이중화가 이러한 노동법의 이중화에 대응한다. 한쪽에는 언제나 더 많은 보호를 가져다주는 노동법의 적용을 받는 법적 지위를 가진 노동자들이 있고, 다른 쪽에는 이른바 이차노동시장에 속하는 노동자들이 있는데 이들은 경제적 불안정성이 규칙이 되고 신체적 안전조차도 더 이상 제대로 보장되지 않는 법의 세계에 잠겨 있다.[94] 이러한 상황은 노동법의 사회적 통합력을 훼손시킬 수밖에 없다. 이제 노동법은 모든 노동자들에게 공통된 법적 정체성을 정의하는 역할을 수행하지 않는다. 각각의 노동자는 업종과 사업과 노동계약의 유형에 따라 달라지는 개별적인 법적 상황에 놓인다. 이는 개인의 정체성에 관한 느낌을 강화시킬 수도 있고, 직업적 정체성의 상실을 초래할 수도 있다.

　노동을 통해서 사회통합을 이룬다는 공공정책이 직업적 정체성의 변화를 가져오는 세 번째이자 마지막 요소이다. 이러한

of Works and the Role of Changes in Labour and Social Security Regulation", *International Journal of Sociology of Law*, 1989, 17, p.381 이하 참조.

　93) J. de Maillard, "L'éclatement de la collectivité de travail: observations sur les phénomènes d'extériorisation de l'emploi", *Droit social*, 1979, p.323.

　94) 노동재해가 다시 만연해진 것은 비정규직 고용의 확산이 직접적인 원인이다. 1986년 프랑스에서 휴업을 수반하는 노동재해의 발생율은 임금노동자 전체의 5.2%인 데 반하여, 파견노동자의 경우에는 12.1%에 달한다. 다른 유럽 국가들에서도 유사한 결과가 관찰된다. 이러한 상황은 프랑스 국내법(H. Blaise, "Les contrats précaires après loi du 12 juillet 1990", *Droit social*, 1991, p.11)과 유럽법(1990년 8월 13일 지침안 및 동 제안이유서에서 인용하고 있는 통계들 참조)에서 비정규직 노동자들을 위한 특별한 안전 규칙의 확대로 이어졌다.

정책은 임금노동이 갖고 있는 사회 통합적 덕목들에 관한 관찰
에서 비롯되는데, 한계선 밖으로 내몰릴 위험에 처해 있는 사회
계층을 위하여 신중한 방식으로 임금노동을 적용하려고 하는 것
이다. 실업에 맞서기 위한 정책들이 물론 이러한 공공정책에 해
당하는데,[95] 실업정책은 이러한 공공정책의 가장 가시적이고 발
달된 형태일 뿐이며, 그러한 공공정책은 병자,[96] 특히 정신병자,
장애인,[97] 극빈자[98] 또는 범죄자[99]를 향한 법 규정들 속에서도
표현된다. 이는 각자에게 사회 속 유용한 자리를 주는 것 또는
돌려주는 것과 관련되며, 노동법에서 비롯되는 법적 범주들이
그러한 자리를 구상하는 데 도움이 된다. 노동계약을 준거로 삼
는 것은 이처럼 사회적 관계를 복원하려는 시도들 속에 언제나
함축적으로 드러난다. 어떤 경우에는 이 노동계약 개념을 직접
사용하기도 한다(고용복귀계약, 고용연대계약, 매개적 사업 또는
결사 등). 다른 경우에는 유사품일 뿐인데, 노동계약과 가장 가
까운 것들(직업생활입문인턴,[100] 집단적 유용성 작업 등)에서 가

---

95) A. Supiot, *Les sans-emploi et la loi*, Quimper, Calligrammes, 1988;
F. Gaudu, "Les conventions d'insertion professionnelle", *Revue de droit
sanitaire et social*, 1989, pp.679-700 참조.

96) Code de la sécurité sociale, L.323-3조. Cour de cassation, Assemblée
plénière, 1984.6.14, *Dalloz*, 1985, Jurisprudences, p.49, P. Cabannes 참조.

97) Code du travail, L.323-1조 이하. G. Bollenot *et al.*, *Handicaps et droit*,
SIMEP, Villeurbanne, 1984; M.-L. Cros-Courtal, "Les obligations patron-
ales à l'égard des handicapés", *Droit social*, 1988, p.598 참조.

98) 기초생활보장수당(RMI)에 관한 1988년 12월 1일 법. 이 법 제11조는 기
초생활보장수당 수급자에게 가능한 반대급부 중에서 "공익적 활동"을 규정하고
있다.

99) 교도소내 노동에 관한 형사소송법전 D.98조 이하 및 공익적 작업에 관
한 형법전 제43-3-1조.

100) F. Favennec-Hery, "SIVP et déclin du contrat de travail", *Droit social*,
1988, p.511 참조.

장 먼 것(기초생활수당 제도의 범위에서 체결된 재편입계약[101])
까지 견본 목록 위에 늘어 놓을 수 있다. 그러나 이 모든 것들은,
보수는 타인에 의하여 규율되는 활동의 쌍무적 대가라는 생각을
비고용 상태에 있는 사람들에게 심어 놓으려고 하는 것이다. 노
동계약은 유용한 일, 개인적 책임, 집단적 규율 그리고 생존 수
단이라는 개념들을 묶어 놓은 것인데, 오늘날 모든 형태의 배제
자들에게 하나의 정체성을 부여함으로써 사회 속에서 일정한 자
리를 제공하기 위한 모든 정책들의 핵심적인 준거들 가운데 하
나가 되었다.

하지만 이처럼 노동을 통해서 사회적 재편입을 추진하는 정
책들은 한편으로는 비정규직을 양산한다는 점에서 그리고 다른
한편으로는 특정한 사회적 범주에 속하는 사람들을 고립시켜 특
별한 법적 취급을 받도록 만든다는 점에서 노동자들의 집단적
정체성을 약화시킬 수밖에 없다. 이 두 가지 특성은 "비고용 상
태에 있는 특정한 범주의 사람들의 취업을 지원하기 위한 법령
상의 규정들의 명목으로" 기간제 노동의 사용을 허용하고 있는
노동법전의 규정으로 요약된다. 실업을 줄이기 위해서 비정규
형태의 고용을 활용하는 것은 비정규직을 양산함으로써 노동자
의 신분을 다양하게 만드는 일차적 효과가 있다. "특정한 범주의
사람들"에게 이러한 정책을 타겟팅하는 것은 그러한 다양화를
더욱 강화한다. "바르인턴제도"[102]에서 다양한 형태의 "고용창출

---

101) S. Mathieu-Cabouat, "Le revenu minimum d'insertion: allocation
ou contrat?", *Droit social*, 1989, p.611 참조.
102) 고용 촉진을 위한 다양한 조치들에 관한 1979년 7월 10일 제79-575호
법률. 이 법률은 청년과 여성의 고용에 관한 1978년 7월 6일 제78-698호 법률을

협약"을 거쳐 "청년고용을 위한 긴급계획"103)에 이르기까지, 수
많은 제도들이 빠른 리듬으로 도입되었지만, 이들은 모두 좁게
정의된 과녁을 겨냥하고 있다는 공통점을 갖는다. 그 과녁은 어
려운 가족 상황을 입증하는 여성들,104) 청년들,105) 장기간의 실업
상태에 있는 좀더 젊은 청년들106)이다. 외국인 노동자와 노인 노
동자들은 말할 것도 없는데, 이들에게 있어 차별적 해고 금지의
원칙은 본국송환107)이나 조기퇴직108)을 유도하는 조치에 의하여
상쇄된다. 실업 통계에서 직접 연역한 범주들에 대한 타켓팅 고
용 정책의 역효과109)는 입법자로 하여금 "직업적 재편입을 특별
히 어렵게 만드는 사회적 특성들을 갖는 자들"110)에게 일정한 조

대체한 것이다.

103) 1986년 7월 16일 제86-836호 행정법률명령. 1986년 12월 20일 제
86-1287호 행정법률명령에 의하여 일부 개정되었다.

104) 1979년 바르 계획은 10년 이내의 기간 동안 사별후 재혼하지 아니한
여성, 이혼후 재혼하지 아니한 여성, 재판상 별거중인 여성, 한 명 이상의 아이를
부양하는 독신 여성 또는 편부모수당을 수급하는 여성으로서 취업하지 아니한
여성을 대상으로 하였다.

105) 1986년 7월의 "긴급계획"은 16세 이상 25세 미만의 모든 청년을 대상
으로 하였다. 공공작업제도(TUC)는 원래 16세 이상 21세 미만의 청년을 대상으
로 하던 것인데, 1985년 7월부터는 21세 이상 25세 미만의 장기실업자에게로 확
대되었다.

106) 1987년 4월 3일 제87-236호 명령과 제87-237호 명령에 의하여 도입된
지역편입프로그램(PIL)의 대상이다.

107) Code du travail, L.351-15조; 1984년 4월 27일 제84-310호 명령; G.
Moreau et M. H. Debart, "Le retour et la réinsertion des travailleurs étrangers
aux pays d'origine", *Droit social*, 1985, p.683 참조.

108) N. Kerschen et H. Reminiac, "Les systèmes de pré-retraite, Classification
juridique et pratique", *Droit social*, 1981, p.175; N. Kerschen, "Cessation anticipée
d'activité et droit social", *Travail et Emploi*, n° 15, 1983, p.63 참조.

109) A. Supiot, "Les inégalités entre chômeurs", in *Les sans-emploi et
la loi, op. cit.*, pp.185-202 참조.

110) Code du travail, L.321-1-1조(경영상 해고 대상자 선정 기준): "고용
에 접근하는 데 특별한 어려움을 겪는 사람들"을 대상으로 하는 L.322-4-1조(대

치들의 혜택을 우선적으로 부여하는 방향으로 조준점을 수정하도록 유도하였다. 이처럼 통계적 과녁에서 사회심리학적 과녁으로의 이동은 노동을 통한 재편입 조치들의 완벽한 개별화 방향으로, 즉 노동관계에 관한 법적 틀이 점점 더 파편화되는 방향으로 진행된다. 이는 임금노동자의 개인적 정체성이 노동자들의 집단적 정체성보다 우선하도록 만든다.

　이처럼 노동법은 예전에는 집단적 정체성에 관한 강력한 소속감을 형성하고 노동자들의 공동체를 강화하는 데 기여하였지만, 오늘날에는 그것들을 상실하게 만드는 데 관여한다. 이 집단적 정체성은 노동자들의 권리와 제도가 갖는 단일성과 배타성에 근거하는 것이었는데, 이 두 기둥은 오늘날 심각하게 흔들리고 있다. 스스로 성공의 희생물이 된 노동법은 더 이상 노동자들의 법이 아니다. 또는 적어도 노동자들만의 법은 아니다. 노동법이 획득한 안전 개념들은 일부 사업 임원들을 포함하여 다수의 취업자들을 임금노동자화하는 직접적인 방식이나 노동법상의 일부 개념들을 비임금노동자들에게로 이식하는 간접적인 방식을 통해서 확대되었다. 스스로 성공의 희생물이 된 노동법은 더 이상 노동관계에 관한 단순하고 유일한 법적 정의에 기초하고 있는 투박한 법이 아니라, 반대로 점점 더 늘어나는 매개변수들(나이, 근속연수, 사업의 규모, 업종, 사업별 협약, 계약 유형, 위계상 위치 등)의 조합에 따라 각 임금노동자의 법적 상황이 결정되는 복잡한 법이 되었다. 이러한 맥락에서 임금노동자라는 범주에 소

체재편입계약: CRA)의 규정 및 L.322-4-2조(고용복귀계약: CRE)의 규정과 비교해 보라.

속되어 있음으로 해서 형성되는 집단적 정체성은 각 개인에게
고유한 역능에서 비롯되는 직업적 정체성의 가능성 뒤로 사라진
다. 요컨대 노동에 의한 집단적 정체성은 노동 안에서의 개별적
정체성으로 전환될 수 있다는 것이다.

2. 노동에서의 개별적 정체성

임금노동자의 신체를 보호하는 것으로부터 시작하여 노동
관계에서 점차적으로 인격을 재발견하게 된 과정은 노동의 인격
적 차원을 인정하게 됨으로써 정점에 이른다. 이제 노동은 하나
의 사물, 하나의 상품으로 간주되는 대신 임금노동자의 인격의
표현, 즉 하나의 작품으로 파악되기에 이른다.

노동관계를 재산적 관점에서 분석하는 것은 임금노동자가
생산한 재화를 사용자와 임금노동자 사이의 쌍무적 관계에서
배제하는 결과를 낳는다.[111] 노무임대차 계약의 개념은 노동의
법률적 원인인 임금과 사용자의 배타적 사물로 남아 있게 되는
노동의 목적 사이에 엄격한 구분을 전제하는 것이었다. 여기서
노동은 인격의 종속과 인격의 표현이라고 하는 근본적인 양면
성을 잃고, 채무라는 개념으로 축소된다. 임금노동자는 자기가
하는 노동의 목적에 대해서도, 방법에 대해서도, 결과에 대해서
도 아무런 권리를 갖지 못하며, 오로지 임금에 대해서만 권리를
갖는다. 이처럼 노동관계를 채권법의 관점에서 분석하는 것은
마르크스가 임금노동에 대해서 수행했던 분석에 정확하게 일치

---

111) 위의 제1장 참조.

한다.[112] 그리고 이처럼 노동의 목적을 계약의 영역 바깥에다 두
는 것은 노동계약을 도급계약과 구별하고, 임금노동자를 비임금
노동자와 구별할 수 있는 기준들 가운데 하나다. 판례는 이로부
터 노동의 결과에 대한 임금노동자의 개인적 책임을 부정하는
법리를 도출하였다. 즉, 임금노동자의 채무불이행 책임은 고의
또는 "사기에 준하는 중과실"[113]이 있는 경우에만 발생한다는 것
이다.

노동의 인격적 차원을 제거하는 것은 노동과 노동자를 분리
하는 것에서 비롯된다. 이러한 분리는 노동관계의 계약적 구성
에서는 필수적인 것이다. 그러나 노동과 노동자를 분리하는 것
과 마찬가지로, 노동의 인격적 차원을 제거하는 것은 매우 허구
적이며, 임금노동의 구체적 상황들의 다양함을 고려하지 못할
뿐만 아니라, 계약의 이행에 관한 법률적 필요성들도 고려하지
못한다. 사실, 노동이 제대로 수행되기 위해서는 임금노동자가
자기자신의 어떤 것, 그의 직업적 양심에 속하는 어떤 것을 바쳐
야 한다. 왜냐하면 노동은 필연적으로 노동자의 인격의 어떤 부
분을 체화하기 때문이다. 한편, 노동의 인격적 차원은 노동계약
이 인격적 고려의 속성을 갖고 있다는 점을 인정한다. 판례는
"하는 채무는 그것이 채무자에 의해서 직접 이행되는 것에 채권
자가 이해관계를 가지고 있는 경우에는 채권자의 의사에 반하여

---

112) K. Marx, *Travail salarié et Capital*, 1848, 프랑스어판, Paris, Ed.
Sociales, 1968, pp.19-23 참조.

113) Cour de cassation, Chambre sociale, 1958.11.27, *Dalloz*, 1959,
Jurisprudences, p.20, Lindon, *JCP*, 1959, II, 11143, Brethe De La Gressaye, *Revue
trimestrielle de droit civil*, 1959, p.735, Carbonnier. G.-H. Camerlynck, *Le
contrat de travail*, Paris, Dalloz, 2e éd., 1982, p.238 이하 및 인용된 판례들 참조.

제삼자에 의하여 이행될 수 없다"는 민법전 제1237조(임금노동
자의 인격이 투여되는 것에 사용자가 이해관계를 갖는다는 것을
잘 보여주는 교훈적인 규정이다)를 여기에다 이식한다. 그리하
여 노무를 제공하는 자가 제삼자로 하여금 돕도록 했다는 점은
그 노무 제공의 상대방과 사이에 노동계약이 존재한다는 것을
배제한다는 결론을 도출할 수 있게 한다.[114]

　　그러나 그렇기 때문에 노동관계의 계약적 분석은 곧바로 하
나의 법적 곤란함을 제기한다. 노동의 목적을 계약의 영역에서
배제하면서 임금노동의 인격적 차원을 계약의 영역 안으로 포섭
시키는 것이 어떻게 가능한가? 노동의 사물화와 노동자의 인격
화를 어떻게 조화시킬 수 있는가? 이 질문은 20세기 초에 샤틀
랭에 의하여 제기된 바 있는데, 샤틀랭은 노동자가 노동계약에
의하여 부담하는 채무는 자기가 만든 물건을 파는 채무라고 해
석함으로써 이 문제를 해결하고자 하였다.[115] 이 이론은 제니에
의하여 강력한 비판을 받았는데,[116] 문제를 해결하기보다는 더
많은 문제를 야기하는 이론이었으며, 재빨리 포기되었다. 하지만
이 이론은 임금노동자의 작품이 갖는 법적 지위의 문제를 일반
적 언어로 제기했다는 장점이 있다.

　　그 이후 이 문제는 간접적인 방식으로만 다루어졌는데, 우

114) G.-H. Camerlynck, *Le contrat de travail, op. cit.*, p.71 이하 참조.
115) E. Chatelain, "Esquisse d'une nouvelle théorie du contrat de travail", *Revue trimestrielle de droit civil*, 1904, p.313 이하 및 "Une application de la nouvelle théorie du contrat de travail", *Revue trimestrielle de droit civil*, 1905, p.271 이하.
116) F. Geny, "Une théorie nouvelle sur les rapports juridiques issus du contrat de travail", *Revue trimestrielle de droit civil*, 1902, p.333 이하.

선 부정적인 방식으로는 사용자의 이익을 위하여 또는 노동법의
적용 범위를 확대할 수도 있는 직업적 특성들을 중화시키기 위
하여 다루어졌고, 그러고나서 좀더 최근에는 긍정적인 방식으로
이 직업적 정체성을 옹호하거나 고취하기 위하여 다루어졌다.

그러므로 노동법이 직업적 정체성의 어떤 측면들을 고려할
수밖에 없었던 것은 무엇보다도 임금노동에 대한 재산법적 분석
이 초래하는 중요한 흠결들을 제거하기 위해서였다. 우선, 사용
자 권리의 보호가 노동의 수행 과정에서 임금노동자의 인격에
일정한 자리를 마련하도록 요구하는 경우가 그러하였다. 이를
위하여 예를 들어 신의칙이나 불완전 이행 같은 계약법의 개념
들이 동원되었는데, 이것들은 노동을 수행함에 있어서 자신의
인격을 충분히 투여하지 않는 노동자의 행위를 제재할 수 있도
록 한다. 태업("열정파업"이라고도 부른다)이나 준법투쟁에 관한
판례에서 좋은 예를 찾을 수 있다. 열정이나 열의라는 말은 이러
한 유형의 단체행동을 독특하게 만드는 것을 잘 드러낸다. 여기
에서 파업의 목적은 계약적 의미에서의 노동의 제공이 아니라,
노동자들이 자신들에게 할당된 과업에 투입해야 하는 최소한의
인격이다. 이 최소한의 인격적 투입은 법형식에는 포함되지 않
지만, 그것이 없으면 노동관계를 규율하는 법형식은 인간이 노
동한다는 것의 실질적인 의미와 아무 상관이 없는 인공물이자
공허한 형식이 되고 만다. 태업과 준법투쟁에 대해서 이루어진
학설상 의견 접근은 그러한 점에서 완전히 타당하다. 이 두 경우
에 있어서, 노동자의 인격 그 자체가 노동관계로부터 빠져나옴
으로써 노동관계는 순전히 채무의 기계적 교환밖에 남지 않게

되는데, 그것이 얼마나 불충분한지가 이제 드러나게 된다. 요컨대 그것은 노동관계를 순전히 재산법적으로 바라보는 관점을 행동으로서 비판하는 것이다. 판례는 이러한 행동들을 파업으로 인정하지 않으며, "해당 직업에서 정상적이고 일상적으로 행해지는 것과 다른 조건들로 노동하는 것"[117]이라는 이유를 들어 노동자의 개별적 과실로 간주한다. 그러나 이러한 판례는 임금노동자의 행동을 판단함에 있어서 계약에서 상정하는 추상적 임금노동자를 모델로 삼는 것이 아니라, 자기 직업의 "정상적이고 일상적인 관행"에 부합하는 행동을 하는 직업인을 모델로 삼아야 한다는 것을 의미하는 셈이다. 즉 직업적 정체성을 정의하는 규범들의 총체에 근거하여 판단해야 한다는 것을 말한다.

오늘날 노동에서의 정체성은 다양한 권리들을 임금노동자의 권리로 인정하는 적극적인 형식을 띤 채 법의 표면 위로 부상하고 있다. 예를 들어 임금노동자가 자신의 작품에 대해서 갖는 권리를 인정하는 것은 원래 지적 재산권[118]이나 산업재산권[119]에

---

117) Cour de cassation, Chambre sociale, 1964.4.22, *JCP*, 1964, II, 13883, B.A. (상여금을 포기하고 기본급에 상응하는 생산량으로 작업을 제한한 노동자들 사건); Cour de cassation, Chambre sociale, 1980.1.23, *JCP*, 1980, éd. CI, I, 8870, B. Teyssié. 이 판례에 대해서는 H. Sinay et J.-C. Javillier, *La grève*, Paris, Dalloz, *Traité de droit du travail*, t. 6, 2e éd., 1984, p.172 이하 참조.

118) 1957년 3월 11일 제57-298호 법률, 제1조: "지적 작품을 창작한 자는 그 창작품에 대해서 배타적이고 대세적인 지적 재산권을 향유한다. 창작품 또는 창작행위의 임대차에 관한 계약의 존재 또는 창작자가 그러한 계약을 체결했다는 사실은 이 권리의 향유에 어떠한 예외도 창설하지 않는다." 한편, 1985년 7월 3일 제85-660호 법률 제45조(소프트웨어의 창작)에 의하여 도입된 예외들도 볼 것. J.-M. Mousseron et J. Schmidt, "Les créations d'employés", *Mélanges Paul Mathély*, 1990, p.273; INPI, *La création salariée. propriété intellectuelle et droit du travail*, Actes du colloque de mai 1988, Paris, Ed. Lamy, 1989 참조.

119) 1968년 1월 2일 제68-1호 법률. 이 법률은 1978년 7월 13일 제78-742호 법률 제1조의3, 제68조의2에 의하여 개정되었다. J.-M. Mousseron, "Les in-

관한 법처럼 재산법의 영역에 속하는 것이었지, 노동법의 소관
은 아니었다. 하지만 오늘날 이 개념은 노동법을 관통하고 있다.
올리에는 이미 1973년에 유럽특허에 관한 뮌헨협약과 관련하여,
이처럼 재산법적 개념이 "노동법의 궤도 속으로 미끌어져 들어
오고 있음"을 관찰한 바 있다.[120] 그 후의 모든 사정은 올리에의
관찰이 정확했음을 보여주며, 노동자의 발명에 대하여 보상을
의무화하는 1990년 11월 26일 제90-1052호 법률과 함께 이 사
항은 노동법전에 들어오게 되었다.[121]

　　노동의 수행에 있어서 인격을 인정하는 것은 기자의 양심조
항 같은 법규정들 속에서도 표현되는데, 기자의 양심조항이란
언론의 성격이나 지향의 변화가 "피고용인의 명예나 평판 또는
일반적으로 그의 도덕적 이익을 침해하는 성질의 상황을 야기하
는"[122] 경우에, 사용자의 책임으로 노동계약을 해지할 수 있는
권리를 기자에게 부여하는 것이다. 직업적 양심에 관한 법적 인
정을 기자들에게만 한정해야 할 논리적 이유는 (기자들은 다른
사람들보다 이 문제와 관련하여 더 많은 보호를 필요로 한다고
간주하지 않는 한) 없으며, 이러한 규정은 사업이 (경제, 금융,
환경 등에 관련된 범죄 행위와 같이) 노동자들의 명예나 평판 또
는 도덕적 이익에 영향을 미칠 수 있는 불법적인 활동에 관련되

---

ventions de salariés", *Revue trimestrielle commerciale*, 1980, 185; A. Chavanne,
"Les inventions de salariés", *Droit social*, 1980, p.1 참조. 오늘날 이 문제는
다시 주목할 만한 관심의 대상이 되고 있다. J.-M. Mousseron, "Nouvelles tech-
nologies et créations des salariés", *Droit social*, 1992, pp.563-572 참조.

　　120) P. Ollier, "Inventions de salariés", *Répertoire de droit du travail*,
Dalloz, t. 2, n° 6 및 12 참조.

　　121) Code du travail, L.133-5조 제12호.

　　122) Code du travail, L.761-7조.

는 경우에도 온전히 확대 적용될 수 있을 것이다. 의료업과 관련
해서 입법자는 훨씬 더 낮은 기준을 정하고 있다고 할 수 있는
데, 왜냐하면 노동자인 의사들에게 낙태 시술을 거부하기 위하
여 (낙태 시술은 법으로 허용되고 있는 것인데) 양심을 내세울
수 있도록 허용하고 있기 때문이다.[123]

    임금노동자들의 의사표현권을 제도화하는 것은 임금노동
속에서의 노동자들의 정체성을 인정하는 흐름과 같은 맥락에 속
한다. 어떻게 보면 의사표현이란 가난한 자, 즉 자신의 작품이
특허나 창조의 영역에 속하지 않는 일반적인 임금노동자의 발명
품으로서, 법이 그 인격의 표현이라고 인정할 수도 있는 것이다.
그렇게 해서 임금노동자는 자신이 하는 일과 그 일을 하는 방법
에 관해서 자신의 말을 가질 수 있게 되는데, 여기에는 임금노동
자의 주체적 가치를 승인한다는 의도의 표명과 함께 사업이 임
금노동자의 경험적 지식을 이용할 수 있도록 하려는 희망사항이
숨어 있다.[124] 그러나 이 의사표현권은 인사 노무 관리 기법과
법의 경계선에 위치해 있는 사업 규범들 전체의 일부분에 불과
하다.[125] 이 규범들은 임금노동자들이 사업에 자신을 투자하도록
만들기 위하여 임금노동자의 인격에 투자하는 것들이며, 그렇게
해서 인본주의와 생산성을 조화시킨다고 간주되는 것들이다.[126]

---

123) Code de la santé publique, L.162-8조(1979년 12월 31일 제79-1204
호 법률).

124) A. Supiot, "Le progrès des Lumières dans l'entreprise", in *Les
transformations du droit du travail, Etudes offertes à G. Lyon-Caen*,
Paris, Dalloz, 1989, p.463 이하 참조.

125) A. Supiot, "La réglementation patronale de l'entreprise", *Droit so-
cial*, 1992, pp.215-226 및 아래 제6장 참조.

126) 이 참여경영의 약속된 땅에 대해서는 J. Le Goff, "Le sacre de l'en-

사업들과 입법자는 추상적 임금노동자상에 내재해 있는 효율의
한계를 간파하고서는 새로운 유형의 임금노동자상을 진작하기
위하여 노력하고 있다. 이 새로운 임금노동자는 더 이상 익명의
노동자가 아니라, 자기의 사업이 성공하는 데 헌신하는 직업인
이다.

　이러한 변화의 열쇠는 확실히 훈련과 자격 쪽에 있다. 진정
한 직업인을 만들고 그에게서 임금노동의 익명성을 벗겨내는 것
은 바로 훈련과 자격이다. 그런 점에서 보면, 1990년에 "직업 생
활에 참여한 모든 노동자 또는 직업 생활에 참여하는 모든 자는
직업적 자격에 관한 권리를 갖는다"[127]라는 규정이 노동법전에
도입된 것은 놀라운 일이 아니다. 직업적 자격에 관한 권리를 인
정하는 것은 이십 년 전에 평생 직업 훈련에 관한 최초의 법 규
정들과 함께 시작한 변화를 마무리짓는 것이다. 또한 임금노동
자의 권리와 의무를 정함에 있어서, 이 직업적 자격을 기준으로
하는 규정들이 점점 더 많아지는 현상과 맥락을 같이 한다. 프랑
스 대법원은 "사용자는 노동자들을 직무 변화에 적응시킬 의무
가 있다"고 하면서, 노동자들이 기술 변화에 적응해야 할 직업적
필요성에 법적인 효력을 부여하고 있다.[128] 사업 내에서 금지되
는 차별을 정의함에 있어서, 오루 개혁으로 도입된 노동법전

---

treprise", *Esprit*, 1990.9, pp.123-134; Ph. Le Tourneau, "La modernité de la
vision chrétienne de l'entreprise (ou sa rencontre avec le *nouveau management*)",
Communication au colloque "Cent ans de christianisme social", Nantes,
1991.5. 참조.
　127) 1990년 7월 4일 제90-579호 법률(Code du travail, L.900-3조).
　128) Cour de cassation, Chambre sociale, 1992.2.25. Expovit, *Droit social*,
1992, p.379; A. Lyon-Caen, "Le droit et la gestion des compétences",
Droit social, 1992, p.573 참조.

L.122-35조의 규정은 차별 여부는 "동등한 직업적 능력에 비추어서" 판단되어야 한다고 규정하고 있다. 이는 곧 사업 내에서 평등의 원칙은 직업적 차원에서 평등한 사람들 사이의 문제로 간주된다는 것을 의미한다. 다른 말로 하면, 형식적 평등의 문제가 아니라 직업적 평등의 문제라는 것이다. 이러한 생각은 경영상 해고의 대상자를 선정하는 기준에 관한 규정들에서도 찾아볼 수 있는데, 그 중에 "범주별로 평가된 직업적 자질"[129]이라는 기준이 있다. 그렇다면 (가족부양책임, 근속연수, 사회적 상황 등) 다른 기준들은 직업적 자질 차원에서 평등한 자들 사이에 적용되는 것이라고 말할 수 있다. 마지막 예는 노동자의 안전과 건강에 관한 유럽공동체 제89/391호 지침인데, 이 지침은 직업적 자격을 법적으로 인정하는 것이 임금노동자의 개인 책임을 증대시키는 것과 어떻게 맥락을 같이 하는지 보여준다. 이 지침 제13조는 다음과 같이 규정하고 있다. "노동자는 본인의 훈련 수준 및 사용자의 지침에 따라, 본인의 안전과 건강 및 노동 과정에서의 본인의 행위 또는 태만에 의하여 영향을 받는 타인들의 안전과 건강에 최대한 주의를 기울여야 한다."[130] 임금노동자의 훈련 수준, 즉 임금노동자의 직업적 자격과 종속적 지위를 동일한 차원에 놓는 것은 특히 주목할 만하다. 이는 임금노동자의 정체성은 이 두 가지 요소에 적어도 동등하게 뿌리내리고 있다는 것을 의

---

129) Code du travail, L.321-1-1조.

130) 이 규정을 프랑스법으로 이식한 Code du travail, L.230-3조(1991년 12월 31일 제91-1414호 법률)의 법문과 비교해 보라. "사용자의 지침에 따라 노동자는 본인의 훈련 수준과 가능성에 따라 본인의 안전과 건강 및 노동 과정에서의 본인의 행위 또는 태만에 의하여 영향을 받는 타인들의 안전과 건강에 최대한 주의를 기울여야 한다."

미하며, 또한 노동 과정에서 임금노동자 개인의 책임도 그의 직업 자격 수준에 비례해서 감소한다는 것을 의미한다. 진정한 직업인이란 그 정의상 책임지는 인간이다. 이처럼 노동하는 인격의 특성들을 인정한다는 것은 노동하는 인격을 책임지는 인격으로 만든다는 것을 의미한다. 즉, 임금노동자의 개인 책임이 지금까지 노동법에서 차지하고 있었던 주변적 위치를 재검토한다는 것을 의미한다.

　이는 노동법에서 직업인의 형상을 긍정한다는 것이 가져올 수 있는 유일한 결과는 아니다. 책임지는 노동자 개념은 필연적으로 사용자의 권한이 행사되는 방식을 재정의할 수밖에 없도록 만든다. 우선, 직업적 능력을 인정한다는 것은 노동 조직에서 권한을 부여한다는 것을 함축하며(테일러리즘이 추구하는 목표들 중의 하나는 숙련 노동자들의 경험적 지식을 쓸모 없게 만들어버림으로써 그들의 권한을 박탈하는 것이었음은 익히 알려진 바이다), 또한 임금직업인의 종속은 불가피하게 임금노동자의 종속보다 훨씬 간접적이고, 어쩌면 훨씬 제한적이며, 확실히 훨씬 복잡한 양상을 띨 수밖에 없다(이는 예를 들어 교수나 의사의 임금노동자성에 관한 판례를 통해 오래 전부터 알려진 문제이다). 그러나 나아가, 노동하는 자의 인격적 능력을 고려한다는 것은 노동하는 자가 사업의 가치에 봉건적 방식으로 복종한다는 것을 함축한다. 직업인에게 허용된 자율의 대가는 변함 없는 헌신, 즉 엄격한 계약적 채무를 훨씬 뛰어 넘는 충성이다.[131] 여기에서 우

---

131) 관리직의 의무에 대하여 판례가 내리고 있는 독특한 정의는 이에 관한 최초의 아이디어를 제공한다(J.-C. Javillier, "L'obligation de loyauté des cadres", *Droit ouvrier*, p.133 이하 참조). 이 개념의 최근 논의에 대해서는 J.-E.

리는 직업적 가치의 평가에 관한 영역을 지나가고 있는데, 이 영역은 언제나 "유일한 판단자로서의 사용자"[132]라는 판례 법리가 적용되는 곳이다. 그런데 직업적 능력의 인정이 제대로 된 시스템으로 작동하기 위해서는 언제나 반드시 관련 분쟁을 처리할 수 있는 제삼의 기관이 존재해야 한다. 그렇지 않으면 노동법에서 능력 있는 직업인의 부상은 사업에서 법치의 후퇴를 초래할 수 있는데, 이는 사업윤리강령 같은 것들로 상쇄할 수 없는 것이다[133](만약에 사용자가 직업적 가치의 유일한 판단자라면, 동등한 직업적 가치에 대한 차별을 금지하는 원칙은 무슨 의미가 있는가?).

직업적 정체성의 변화는 또한 임금노동자와 그 노동의 목적 사이의 관계에 대해서도 영향을 미치지 않을 수 없을 것이다. 과거에 노동자는 노동의 목적을 구성하는 사물을 소유하지 못하는 자로 정의되었다. 법적인 차원에서(여기에서 심리학은 신경쓰지 말자), 소송 이익이라는 의미에서 노동자의 이익은 임금에 있는 것이지 노동의 결과물에 있는 것이 아니다. 반면에, 직업인은 임금을 위한 재산적 이익과 노동의 목적을 위한 비재산적 이익을 동시에 축적하는데, 여기서 노동의 목적은 직업인의 정체성과 관련이 있다. 이로부터 일정한 법적 결론을 도출할 수 있을 것이다. 예를 들면, 임금노동자들의 물질적 상황에 영향을 미칠 수 있는 사업의 어려움이 예견되는 경우에 경제적 경보를 울릴 수

Ray, "Fidélité et exécution du contrat de travail", *Droit social*, 1991, pp.376-385 참조.

132) Cour de cassation, Chambre sociale, 1990.2.21, Laurec, *Cahiers sociaux*, n° 19, S 64, p.111.

133) 이 '사업윤리강령'에 대해서는 아래 제6장 참조.

있는 권리가 노동자들에게 인정되었던 것처럼,[134] 사업의 나쁜 경영이 환경이나 소비자들의 안전에 초래할 수 있는 위험을 예방하기 위하여 생태적 경보를 울릴 수 있는 권리를 노동자들에게 인정하는 것을 생각해 볼 수 있다. 이는 책임지는 직업인이라는 개념에 단순한 인사 노무 관리 기법의 좁은 영역을 벗어나는 효과를 부여하는 것이 될 것이다.

마지막으로, 하지만 아직 모든 문제들이 망라된 것은 아니다. 노동에서의 정체성이 겪고 있는 변화들은 집단적 노동관계법을 재정의할 것을 필요로 한다. 사실, 집단적 정체성은 노동자들이 하는 일의 성격이나 능력과 무관하게 모든 노동자들에게 공통적인 하나의 신분과 대표 제도 위에 근거하고 있었다. 그러므로 숙련된 직업인을 법적으로 인정하는 것은 노동조합의 쇠퇴가 이미 증명하고 있는 바의 두 가지 질문을 점점 더 날카롭게 제기하게 될 것이다. 첫째, 이 책임지는 직업인들의 필요에 부응하기 위해서는, 또한 특히 집단 이기주의의 발흥을 예방하기 위해서는 어떠한 형태의 단결체가 필요한가? 둘째, 심히 저평가된 단순 노동자의 지위로 전락하고 있으며 노동조합은 전례 없이 쇠퇴를 겪고 있는 비숙련 직업인들에게는 어떤 정체성과 어떤 보호들이 가능한가?

노동법을 형성하는 데 기여했던 노동자의 형상이 쇠퇴하는 것은 필연적으로 노동하는 인간의 개인적 정체성을 강화하게 될

---

134) Code du travail, L.432-5조; J. Savatier, "Le comité d'entreprise et la prévention des difficultés des entreprises", *JCP*, 1987, éd. E., 15066, pp.616-622 참조.

것이라고 결론을 내리는 것이 그럴듯해 보일지도 모른다. 그러
나 다양한 법적 상황들을 개별화하는 경향은 실제로는 매우 양
면적인 의미를 갖는다. 확실히 그러한 경향은 집단이 개인에 대
해서 행사하는 제약들을 완화시킬 수 있는 기회로, 다른 말로 하
면 자유롭고 책임지는 개인이라는 개념의 한 요소로 포착될 수
도 있을 것이다. 그러면 이제 시간의 조직,[135] 기대 소득, 의견의
표명 등이 (국가, 사용자 또는 노동조합에 의하여) 집단의 책임
으로 되거나 집단적인 방식으로 정의되는 것이 아니라, 개별 임
금노동자 스스로가 직업적 삶의 다양한 측면들을 만들어 가는
주체가 될 것이다. 하지만 반대로, 개별화는 집단이 개인에 대해
서 제공하는 보호를 약화시킬 위험도 있다. 다시 말하면, 아노미
와 정체성의 상실을 초래할 위험이 있다. 노동관계를 규율하는
규칙들을 집단적인 방식으로 정의하는 것이 각각의 임금노동자
에게 사용자의 권한에 맞설 수 있는 법적인 자격을 부여하고 개
별 노동자를 권리와 이익의 공동체에 편입시켰다면, 개별화는
이처럼 집단에 뿌리내린 권리들을 파괴하는 것으로, 즉 종국에
는 임금노동자들의 탈주체화로 귀결될 수도 있다. 자기의 운명
을 주재하는 개인이 살아가는 약속의 땅은 사실 개인적 권리들
에 구체적인 내용을 부여할 수 있는 소수의 임금노동자들만이
다가갈 수 있다. 나머지 임금노동자들에게 집단적 보호의 후퇴
는 (사업 안팎으로) 새로운 형태의 규범화와 착취라는 냉정한 현
실만을 남겨 놓을 것이다.[136] 좀더 일반적으로 말해서, 노동법이

---

135) 노동시간뿐만 아니라 직업훈련시간, 은퇴시간, 아동양육시간 등.
136) 사실 개별화는 특히 대중매체에 의하여 문화적 모델들이 표준화되는
경향의 이면이다. 중간 조직들이 해체되고 빈 자리에는 보편성을 주장하는 가치

그 동안 늘 수행해왔던 경제적 사회적 통합의 역할은 이제 소수의 임금노동자들만을 위한 역할에 그치고, 나머지 임금노동자들에게 노동법이란 추가적인 배제의 요소가 되었다고 말할 수 있다. 요컨대, 노동법이 모델로 삼았던 노동자의 법적 형상은 점점 야누스의 형상에 자리를 내어주고 있다. 이 야누스의 한쪽 얼굴은 노동에서 자기를 표현할 수 있는 개별적 정체성을 확보한 직업인의 얼굴이고, 다른쪽 얼굴은 다시금 노동이 상품처럼 취급되는 처지에 고립된 불안정 임금노동자의 얼굴이다.

와 표상들이 들어선다(이 가치와 표상들은 본질적으로 상품의 영역이다. 왜냐하면 시장이 유일한 공통의 준거가 되기 때문이다). 개인들이 자신들의 사회화 집단에 고유한 가치들을 이 시장의 가치에 맞서 제시할 수 없는 만큼, 이 시장의 가치와 표상들은 더 쉽게 개인들에게 강요된다. 개인화와 탈주체화의 관계에 대해서는 아래 제5장 참조.

제2부

종속과 자유

"모든 인간은 인간적인 무엇인가를 가지고 있는 한,
강요되거나 기망되지 않고서는 타인의 구속을 기꺼이
받아들이지 않는다."

　　　　　　　　　　ー에티엔느 드 라 보에티, 『자발적 예속에 관하여』

　　모든 산업국가에서 임금노동관계는 어느 한쪽이 명령하고
다른 한쪽이 복종하는 관계로 정의되었으며, 지금도 그렇게 정
의되고 있다. 이는 곧 권력의 문제가 노동법의 핵심 문제라는 것
을 의미한다.[1] 노동계약을 규정하는 데 쓰이는 개념인 노동자의
종속은 단순한 기술적 정의를 훨씬 넘어서는 것이다. 종속 개념

---

[1] 이렇게 권력을 사람들 간의 복종관계로 정의하는 것은 사법에서 "권력"이
라는 용어의 용법을 모두 포괄하지는 못한다. 그러나 여기에서는 권력에 관한 일
반적 정의의 문제는 제쳐두기로 한다(이 문제에 관해서는 E. Gaillard, *Le pou-
voir en droit privé*, Paris, Economica, 1985 참조). 왜냐하면 그 다양한 용법에
하나의 공통적인 특징이 존재한다는 것은 신뢰하기 힘들 뿐만 아니라(E.
Gaillard, 위의 책, p.9를 비롯하여 여러 군데에서 섣불리 확언하는 것과 달리, 사
용자의 권력이 그 권력을 행사하는 자의 이익과 구별되는 이익의 추구에 의하여
특징지어질 수 있는지는 의문이라고 할 것이다), 특히 사용자의 권력을 위임계약
과 한바구니에 넣는 것은 노동법에 고유한 어떤 것(한 인격이 다른 인격에 종속
된다는 것)을 사라지게 만들고 노동법이 가족법이나 공법과 맺는 복잡한 관계들
을 파악하지 못하게 만들기 때문이다.

은 누군가가 다른 사람에게 행사하는 권력을 규제하는 것을 핵심적인 목적으로 삼는 법 즉 노동법의 초석이다. 왜냐하면 이 권력은 당사자 평등의 원칙과 계약 자유의 원칙이라고 하는, 계약법의 가장 중요한 원칙들을 뒤집는 것이기 때문이다. 계약법이 개인 의사의 자치를 전제하는 곳에서 노동법은 의사의 종속을 규율한다. 이처럼 노동계약은 자유로운 인간이 타인을 위하여 일하는 경우에도 자유로운 인간으로 남아 있다는 사실을 인정하기 꺼렸던 로마법이 간파하였던 이율배반을 체화하는 것이다. 노동법은 당사자의 자치를 전제하는 계약의 개념과 그러한 자치를 배제하는 종속의 개념 사이에 발생하는 긴장을 통하여 성장하였다. 이러한 긴장은 개별적 영역에서는 확립될 수 없었던 자치를 집단적 영역에서 구축하도록 이끌었으며, 그렇게 함으로써 종속과 자유가 법적으로 양립할 수 있도록 만들었다. 요컨대 개별적 종속과 집단적 자유는 동전의 양면이다(제3장의 내용). 그러므로 (그것이 집단의 몰락이든 종속의 완화이든) 그 어느 한 면에 영향을 미치는 변화는 다른 면에도 영향을 미치지 않을 수 없다(제4장의 내용).

제3장
집단의 발명

노동법에서 집단적 자유라는 개념이 갖고 있는 다양한 양상들을 이해하기 위해서는 집단적 자치의 원동력, 즉 계약의 법칙과 종속의 법칙 사이의 긴장을 분석하지 않을 수 없다.

제1절 자발적 종속의 난점들[1]

계약법과 같이 개인의 자유와 평등의 원칙이 지배하는 법제에서는 어떤 한 개인의 의사가 계약을 통해서 다른 개인의 의사에 예속된다는 것은 피할 수 없는 이율배반의 원천이다. 그리고

---

[1] 이 주제에 대해서는 A. Supiot, *Le juge et le droit du travail*, thèse, Bordeaux-I, 1979, p.43 이하 참조.

이 이율배반을 보여주기 위해서 사실상의 불평등, 즉 계약 당사자들 사이의 경제적 불평등을 환기할 필요는 없다. 자유롭게 합의된 종속의 패러독스를 이해하기 위해서는 종속이 함축하는 것과 계약 이론이 요청하는 것을 순전히 법적인 차원에서 대조하는 것으로도 충분하다.

1. 종속

종속 개념은 우선 노동계약을 정의하는 기준으로 검토되었다.[2] 반면에 종속의 더욱 심층적인 의미에 대해서는, 특히 당사자들 간의 단순한 불평등과 종속의 차이점에 대해서는 충분한 검토가 이루어지지 않았다.

1) 임금노동을 종속노동과 동일시하는 것은 모든 유럽 국가들의 법제가 갖고 있는 공통적인 특징이다. 이 종속이라는 개념을 충분히 구체적으로 정의하는 문제는 모든 나라들이 직면한 어려움이었다. 이 문제에 대해서 오랫동안 두 가지 학설이 대립하였다. 첫 번째 학설은 이른바 경제적 종속론으로서, 종속에 관한 기능적 정의를 취한다. 즉, 노동법의 적용 범위를 경제적으로 가장 취약한 계층들에게 확장하려는 것을 목적으로 한다. 프랑스에서는 폴 키쉬가 이 학설을 주장하였다. 그에 따르면 "임금노동자는 노동을 제공하는 계약 당사자이며, 사용자는 그 노동에 보수를 지급하고 그 노동으로부터 이윤을 취득하는 계약 당사자

---

2) 프랑스 노동법의 최근 논의에 대해서는 Th. Aubert-Montpeyssen, *Subordination juridique et relation de travail, thèse*, Toulouse, Ed. du CNRS, 1988 참조.

이다."3) 이러한 관점에서는 임금노동자성의 주된 징표는 노동자가 얻는 소득의 수준과 기원이 될 것이다. 만약 노동자가 얻는 소득이 그 노동으로부터 이윤을 취득하는 자에게 거의 전적으로 의존하고 있다면, 그 노동자는 임금노동자로 간주되어야 할 것이다. 경제적 종속론은 특히 "사용자가 그들의 노동으로 하루하루를 살아가듯이, 사용자의 경제 활동으로 하루하루를 살아가면서도 사용자의 권위 아래 놓여 있지 아니한 이 가난한 협력자들",4) 즉 가내 노동자들 같이 독립 수공업자와 공장 노동자 사이의 가운데 길에 서 있었던 계층들을 사회적 보호로부터 배제하지 않으려는 것을 목적으로 한다. 경제적 종속이라는 기준은 많은 유럽 국가들에서 논쟁이 되었지만, 그 불명확함으로 인하여 노동계약을 정의하는 기준으로 채택되지는 않았다. 대신에 좀더 법률적인 기준, 사용자의 명령에 대한 노동자의 종속이라는 기준이 선호되었다. 프랑스에서는 판례가 이 학설을 채택하였는데,5) 판례에 의하면 노동계약이란 "일방 당사자가 타방 당사자와의 종속적 지위에서 보수를 대가로 타방 당사자의 처분 하에 자신의 활동을 맡기기로 약정하는 합의"6)로 정의된다. 즉, 노동

---

3) P. Cuche, "La définition du salarié et le critère de la dépendance économique", *DH*, 1932, Chroniques, p.101; "Du rapport de dépendance, élément constitutif du contrat de travail", *Revue critique*, 1913, p.412 참조.

4) 위의 책, p.104.

5) Cour de cassation, Chambre civile, 1931.7.6, *DP*, 1931, 1, p.121, Pic; 1932.6.22. (3개의 판결), 1932.6.30. 판결, 1932.8.1. (5개의 판결), *DP*, 1933, 1, p.45, Pic. 이 판례 법리는 학설에 의하여 일반적으로 지지되었다. Planiol et Ripert, t. XI, p.13 이하; P. Durand et A. Vitu, *Traité de droit du travail*, Paris, Dalloz, t. 2, 1950, p.240; G.-H. Camerlynck, *Droit du travail*, Paris, Dalloz, t. 1, *Contrat de travail*, 2e éd., 1982, p.63 참조.

6) G.-H. Camerlynck, *op. cit.*, p.52.

자가 사용자의 권위에 복종하는 것이 노동계약의 핵심적인 징표
이다.[7] 요컨대 노동계약의 특징은 이윤과 경제적 의존의 대립항
이 아니라 권위와 종속의 대립항 속에서 찾아야 한다. 노동계약
의 개념을 보호의 필요성에 조응시키려는 기능적이고 귀납적인
관점 대신에, 일방 당사자가 타방 당사자의 지휘와 명령에 복종
한다는 사실로부터 노동계약의 개념을 도출하는 형식적이고 연
역적인 관점이 선호된다.

유럽공동체 법제가 로마조약 제48조의 자유로운 이동권을
향유하는 노동자를 정의할 때 채택했던 것도 이 두 번째 관점이
었다. 유럽사법재판소에 의하면, "노동관계의 핵심적인 특징은
일방 당사자가 타방 당사자를 위하여, 타방 당사자의 지시에 따
라 보수를 대가로 일정한 시간 동안 노무를 수행한다는 점에 있
다."[8] 이 정의는 일부 회원국에서 제한적으로 해석할 것을 우려
하여 노동계약이라는 개념을 쓰지 않고 있지만, 그럼에도 불구
하고 임금노동계약관계를 구성하는 세 가지 요소를 열거하고 있
다. a) 타방 당사자를 위한 노무의 제공, b) 타방 당사자에 의한
과업 지시, c) 노무 제공의 유상성이 그것이다. 요컨대 유럽공동
체 차원에서나 프랑스 국내 차원에서나, 노동자에 대해서 행사
되는 지시권이야말로 노동계약의 가장 특징적인 징표로서, 모든
유형의 타인을 위한 유상의 경제활동과 임금노동을 구별하는 기
준이다.

---

7) Cour de cassation, Chambre sociale, 1949.12.14, *JCP*, 1950, II, 5354.
8) CJCE, 1991.11.21, URSSAF de la Savoie c./SARL Hostellerie le Manoir,
Aff. C-27/91.

2) 종속 개념 또는 그 논리적 반대인 지시 개념은 사용자와 노동자 사이의 위계적 관계를 가리킨다. 즉, 노동자는 사용자의 명령에 따라야 한다는 것이다. 그런데 여기서 위계는 불평등과 혼동되어서는 안된다.

노동법에서 불평등 개념은 언제나 법적 교정을 요구하는 사실상의 상황들을 가리키는 데 사용되었다. 노동법이 교정하고자 하는 것은 무엇보다도 불평등한 상황들이며, 그 첫 번째 자리에 노동계약 당사자들 사이의 경제적 불평등이 있다. 또한 노동법이 차별이라는 이름으로 처벌하고자 하는 것도 이러한 불평등한 대우들(성, 국적, 노동조합 활동 등을 이유로 하는 불평등한 대우들)이다. 법적 불평등을 인정하지 않겠다는 태도는 평등 원칙에서 나오는데, 평등 원칙은 헌법적 가치를 갖는 원칙으로서 프랑스 법 전체를 지배한다. 평등 원칙의 가장 유명한 공식은 1789년 인권선언의 규정이다. "인간은 법적으로 자유롭고 평등하게 태어난다. 사회적 구별은 공익에만 근거할 수 있다"(제1조). "법은 보호하든 처벌하든 모두에게 같은 것이어야 한다"(제6조).[9] 평등 원칙은 겉보기에는 단순해 보이지만 사실은, 모순적이라고까지는 말하지 않더라도, 다양한 의미와 효과들을 내포하고 있다. 켈젠이 말한 바와 같이,[10] 평등 원칙이 가장 강력한 효과를

---

9) 특히 평등 원칙에 관해서는 Actes des journées H. Capitant, "Notions d'égalité et de discrimination en droit interne et international", *Travaux H. Capitant*, t. XIV, Paris, Dalloz, 1965, 특히 G. Cornu, pp.87-133 및 J. Rivero, pp.343-360 참조). 노동법에서 평등 원칙의 적용과 관련해서는 *Droit social* 특별호, "Liberté, égalité, fraternité et droit du travail", 1990. 1. 참조.

10) Kelsen, *Théorie pure du droit*, 프랑스어판, 2e éd., Paris, Dalloz, 1962, p.190.

발휘하는 곳은 법 안에서의 평등이라고 하는 가장 좁은 평등 개
념 속에서이다. 왜냐하면 법 안에서의 평등 개념은 국적, 인종,
성별, 종교 또는 신념 등 제한적으로 열거된 특정한 구별 기준들
위에 대우의 차이를 근거지워서는 안 된다는 것을 의미하기 때
문이다. 이러한 의미로 이해되는 평등 원칙은 필연적으로 매우
제한적인 적용 범위를 가질 수밖에 없다. 왜냐하면 입법 활동이
란 대부분 상이한 상황들을 구별하고 각각의 상황에 상이한 규
칙을 부과하기 위한 것이기 때문이다. 그러므로 평등 원칙은 흔
히 법 앞에서의 평등으로 이해되며, 헌법재판소의 표현에 따르
면 "유사한 상황에는 동일한 규칙이 적용되어야 한다"[11]는 것을
함축할 뿐이다. 그 결과 모든 불평등은 객관적으로 상황이 다르
다는 이유로 부정되거나, 사실의 영역에 속하는 것으로 기각되
고, 그 상태로 법에 의하여 무시되거나, 보상되거나 억제되기에
이른다. 사실상의 불평등에 맞서 싸우기 위하여 동원되는 평등
원칙은 노동법에서는 종종 차별 금지의 원칙이라고 하는 가장
온건한 형태의 파생 원칙과 동일시된다.[12]

불평등이 일반적으로 서로 다른, 그리고 경우에 따라서는
서로 무관한, 사실적 상태들을 객관적으로 비교한 결과를 가리
키는 것이라면, 위계는 언제나 법적 관계를 가리킨다.[13] 이는 위

11) Conseil constitutionnel, 1981.1.21, *RDP*, 1981, p.649; Conseil constitutionnel, 1979.7.12, *AJDA*, 1979, p.46도 참조.
12) D. Lochak, "Réflexions sur la notion de discrimination", *Droit social*, 1987, p.778. 이 두 개념을 구분할 필요성에 관해서는 A. Lyon-Caen, "L'égalité et la loi en droit du travail", *Droit social*, 1990, p.68 이하, 특히 p.73 참조.
13) 근대 서양의 어법에서 위계란 "하위 기관이 상위 기관에 차례차례 통합되는 명령 체계"를 의미하며, 그 모델은 군대의 위계이다. Louis Dumont, *Homo hierarchicus. Le système des castes et ses implications*, Paris, Gallimard,

계적 관계로부터 비롯되는 불평등은 특별한 의미를 갖는다는 것
을 말한다. 즉, 여기에서 문제되는 것은 불평등한 '상태'가 아니
라 불평등한 '관계'이며, 법에 의하여 무시되거나 억제되는 사실
상의 상태가 아니라 법에 의하여 제도화되는 불평등인 것이다.
요컨대, 위계적 관계를 구성하는 법 원칙은 평등이 아니라 불평
등이다. 사용자와 임금노동자의 관계를 법적 불평등 원칙 위에
기초하는 종속관계 개념이 바로 그러하다. 이는 노동법이 공법
에 행사했던 강력한 매력을 설명한다. 이 매력은 일체의 국가개
입주의와는 상관이 없는 것이며, 개인과 공권력 사이의 관계이
든 사용자와 임금노동자 사이의 관계이든 공법과 노동법은 법적
관계의 위계화 위에 근거하고 있다는 공통점을 갖는다는 사실에
서 비롯되는 것이다. 그러나 공법이 제도화하는 위계가 사익을
공익에 종속시키고 공과 사의 구별 위에 근거하고 있는 반면에,
노동법이 제도화하는 위계는 온전히 사법상의 계약 속에, 즉 형
식적으로는 평등 원칙에 구속되는 관계 속에 자리잡는다. 이러
한 어긋남은 종속되는 자의 자유로운 의사 외에 다른 근거를 가
질 수 없다.

2. 개별적 의사의 자치

의사자치는 종속관계를 설명할 수 있는 유일한 근거로서 원
래는 철학적 기원을 갖고 있는 개념이다.[14] 의사자치 개념은 처

<hr>

1966, p.91 참조.
　14) 일반적으로 칸트를 그 아버지로 보지만, 그 뿌리는 훨씬 더 오래되었다.
M. Villey, *Philosophie du droit*, Paris, Dalloz, t. 2, 1979, p.90 이하 참조. 좀

음에는 국제사법에 머물러 있었는데, 19세기 말에 나폴레옹 법전에 대한 비판에 직면하여 민법학자들이 그 근거들을 강화하는 과정에서 중요한 개념으로 부각되었다.[15] 이는 개인의 자유로운 의사는 그 자체로부터 의무를 창설하는 힘을 도출한다는 것을 의미하는 것이다. 그러므로 의사자치는 계약이 갖는 구속력의 근거이자 동시에 정당화이다. 우선, 의사자치는 계약적 구속력을 기초한다. 왜냐하면 개인의 자유란 각자는 자기가 스스로 동의한 의무에만 구속될 수 있다는 것을 함축하기 때문이다. 나아가 의사자치는 계약적 구속력을 정당화한다. 왜냐하면 평등의 원칙은 일방 당사자의 의사가 타방 당사자에게 강요될 수 있다는 것을 배제하기 때문이다. 자율적인 의사들이 자유롭게 합의한 만남으로서의 계약은 정의 원칙을 실현하는 것으로 여겨진다.[16] 그래서 이 이론을 착상했던 학자들은 그것으로부터 가장 바람직한 세상을 기대하였다. 즉, 인간은 자유롭게 합의한 강제에만 구속되고, 행위 규칙은 게임에서처럼 상황에 따라 상호간의 합의에 의하여 정해지는 그런 세상을 기대했던 것이다.[17]

　이러한 이론적 구성이 임금노동자들에게 있어서는 얼마나 허구적인 것인가는 수없이 지적되어 왔다. 그러한 비판은 마르

더 일반적으로는 Ranouilh, *L'autonomie de la volonté. Naissance et évolution d'un concept*, Paris, PUF, 1980 참조.

15) E. Gounot, *Le principe de l'autonomie de la volonté en droit privé*, thèse, Dijon, 1912 참조.

16) Fouillée의 다음과 같은 유명한 문장을 보라. "모든 정의는 계약이다. 계약을 말하는 자는 정의를 말한다." 계약적 이데올로기에 관해 좀더 일반적인 논의로는 H. Battifol, *Problèmes de base de philosophie du droit*, Paris, LGDJ, 1979, p.361 이하 참조.

17) 법을 게임에 비유하는 것에 관해서는 M. Van De Kerchove et F. Ost, *Le droit ou les paradoxes du jeu*, Paris, PUF, 1992 참조.

크스뿐만 아니라 19세기 말의 진보적 법학자들에게서도 찾을 수 있다. 예를 들어 티시에는 다음과 같이 말하면서 계약적 논리의 허구성을 비판하였다. "각자가 상대적인 자율성의 영역을 확보하고 있는 사회, 각자가 스스로만으로 살아 갈 수 있는 사회를 상정하고 있다. 그런데 그것은 틀렸다. 누군가에게 있어서 노동계약은 가능성이 아니라 필연성이다. 계약 당사자들 가운데 일방은 타방에 대해서 경제적으로 매우 취약하다는 점만이 아니라 그 일방은 계약을 체결하도록 강제되고 있다는 점까지도 고려하지 않으면, 우리를 둘러싸고 있는 계약적 상황의 특수성은 망각된다."[18] 노동계약을 체결하는 자는 완전한 합의의 자유를 갖는다는 가정은 사실과 부합하지 않는다. 노동자가 노동계약이라는 법적 프레임 안에서 갖는 유일한 자유는, 그러한 자유는 무시할 수 있는 것은 아닌데, 종속되고자 하는 사용자를 선택할 수 있는 자유이며, 그것 또한 고용시장의 상황에 달려 있다. 마르크스의 말을 빌리자면, 생존을 위해서는 단 하나의 시장에서 단 하나의 사물만 팔 수 있는 노동자는 삶을 포기하지 않고서는 구매자들의 계급을 온전히 메다꽂을 수 없다.

이처럼 노동관계 분석은 계약법 일반으로 확산된 의사자치 개념을 비판하는 창날이 되었다. 오늘날 대부분의 민법학자들은 계약의 강행적 효력은 "약속은 지켜야 한다(pacta sunt servanda)"라는 의사 외재적 규칙, 경제적으로 그리고 사회적으로 유용한 행위들을 뒷받침해 주는 한에서 입법자가 효력을 보장하는

---

18) A. Tissier, "Le Code civil et les classes ouvrières", in *Livre du Centenaire*, Paris, Rousseau, 1904, t. 1, p.71.

규칙에서 연원할 수밖에 없다는 점에 동의한다.[19] 의사자치의 순전히 개인주의적이고 의사주의적인 이데올로기와 거리를 둠으로써 노동계약 같이 계약 당사자들의 불평등과 사전의 교섭이 존재하지 않는 특성을 갖는 '약관'을 계약의 범주 속에 포함시키는 것이 가능해졌다.[20] 기본적으로 의사자치와 관련해서 오늘날에도 여전히 유지되고 있는 것은 계약적 구속력을 근거짓기 위해서는 자유로운 합의가 요구된다는 점이다. 현대 계약법의 이러한 발전은 노동계약 당사자들의 구체적 불평등은 다른 종류의 불평들을 모르지 않으며 오로지 당사자들의 형식적 평등, 법상의 평등 그리고 의사 합치의 확인에 의지해서만 일관성을 유지하는 법률 시스템의 유효성에 영향을 미치는 성질의 것은 아니라는 점을 보여준다.[21] 법이론은 그 이론 구성에 반하는 것처럼 보이는 사회적, 경제적 상황들을 어느 정도까지는 무시할 수 있다. 왜냐하면 법이론의 구성은 경제학이나 사회학에 속하는 것이 아니라 법에 속하는 것이기 때문이다. 법은 이상적 질서로서, 그 세계에서 의제란 흔하면서도 필요한 것이다.

　　반대로, 법질서는 내적인 모순들은 오랫동안 받아들이지 못한다. 그러한 모순들은 내부로부터 법질서에 영향을 미치며, 느리지만 확실하게 법질서의 변화를 이끈다. 나아가 실정법적 규

---

19) J. Ghestin, "La notion de contrat", *Dalloz*, 1990, Chroniques, p.147; L. Cadiet (dir.), *Le droit contemporain des contrats*, Paris, PUF, 1987 참조.
20) G. Berlioz, *Le contrat d'adhésion*, Paris, LGDJ, 2e éd., 1976 참조.
21) "본질적인 것은, 결국 당사자 중 어느 한쪽의 일방적인 결정이 아니라 의사의 합치로부터 규칙이 탄생한다는 사실이다. 비록 이 합의에서 어느 일방의 의사가 특히 무겁고 타방의 동의가 상당부분 체념에 의한 것이라고 하더라도 말이다"(J. Ghestin, "La notion de contrat", *op. cit.*, p.152).

칙들은 일정한 기본 원칙들을 존중해야 한다는 점에서 법질서는
엄격한 공리로, 자명한 것으로 간주되는만큼, 그러한 결과는 더
더욱 피할 수 없는 것이다. 그런데 프랑스 법에서 계약론은 확실
히 그러한 공리적 모습을 취하고 있다. 프랑스 법상의 계약론은
두 가지 파생 원칙들로 나타난다.

첫 번째는 계약 자유의 원칙이다. 기본적으로 계약의 자유
란 당사자들은 계약을 체결함으로써 상호간의 채무의 내용을 자
유롭게 정한다는 것을 의미한다. 이는 계약이 성립하기 위해서
는 사전에 반드시 그 내용에 대한 교섭이 진행되어야 한다는 것
을 말하는 것이 아니라, 계약의 목적은 특정되어야 한다는 것을
또는 특정될 수 있어야 한다는 것을 말하는 것이다. 만약 계약의
목적이 당사자들 가운데 일방의 의사에 따라 마음대로 정해질
수 있다면, 민법전 제1108조에서 요구하는 바의 "계약의 내용을
형성하는 특정한 목적"이 없는 것이며, 계약은 유효하게 성립되
지 않는다. 계약의 형식과 관련하여 계약의 자유는 낙성계약의
원칙을 함축하는데, 이는 사전에 정해진 형식의 굴레에서 벗어
나 자유로운 의사의 표시를 가능하게 할 뿐만 아니라, 특정한 형
식으로 명시적인 합의를 대체하는 것을 금지한다.

의사자치의 두 번째 파생 원칙은 계약의 구속력 원칙이다.
이는 민법전 제1134조의 유명한 규정으로 표현된다. "적법하게
형성된 계약은 그 계약을 체결한 자들에게 법의 지위를 갖는다.
계약은 당사자들의 합의나 법이 승인하는 원인에 의해서만 취소
될 수 있다." 중세 교회법학자들과 이후의 자연법학자들이 이해
했던 바대로의 "Pacta sunt servanda(약속은 지켜야 한다)"라는

격언이 여기에서 재발견된다.[22] 약속은 지켜야 한다는 도덕적 기초를 중시하든, 개인 의사의 창조적 힘이라는 철학적 기초를 중시하든, 신뢰의 필요라는 경제적 기초를 중시하든, 계약의 구속력 원칙은 다른 한편으로 계약의 규정은 최초 당사자들의 합의에 의해서만 변경될 수 있다고 하는 불가역성을 함축한다.[23]

3. 의사의 종속

종속관계와 같이 위계적인 관계의 구속력을 의사자치 위에 근거지울 수 있을까? 노동법은 이 어려운 질문을 제기하는 유일한 법이다. 확실히 어린이나 공무원도 법에 의하여 제도화된 위계 속에 자리잡고 있다. 그러나 이들의 위계는 또다른 위계 질서, 즉 세대 간의 질서나 공익과 사익 간의 질서를 반영하는 데 그친다. 그러나 노동계약은 평등한 자들 간의 위계를 제도화한다.[24] 이러한 모순적인 법 개념을 해명할 수 있는 열쇠는 타인과의 종속적 관계에 자유롭게 임하고자 하는 자들의 의사자치일 것이다. 나아가 이러한 법 개념은 의사자치 원칙이 함축하는 의미들을 존중하는 것이어야 한다. 그런데 상황은 그렇지 않다.

우선, 종속관계는 임금노동자의 채무를 명확하게 특정해야 한다는 요건과 부합하지 않는다. 폴 뒤랑이 말한 바와 같이, "지

22) H. Roland et L. Boyer, *Locutions latines et adages du droit français contemporain*, Lyon, L'Hermès, 1979, t. II, p.225 참조.

23) 최근에 판례는 이 원칙을 단체협약의 갱신에 적용하였다. Cour de cassation, Assemblée plénière, 1992.3.20, *Droit social*, 1992, p.360.

24) 이 관념이 주인과 하인의 관계에 새겼던 독특한 전환에 대해서는 Tocqueville, "Comment la démocratie modifie les rapports du serviteur et du maître", in *De la Démocratie en Amérique II* (1840), III, chapitre V 참조.

시권은 사용자가 사업의 이익에 가장 잘 부합하는 방식으로 임금노동자의 노동력을 이용할 수 있도록 한다. 사실, 노동계약은 임금노동자를 사용자의 지시에 복무하도록 하는 데 그친다. 임금노동자의 채무는 대부분 특정되지 않은 채로 남아 있다. 이 사용자의 지시권이야말로 노동관계를 특징짓는 표식이다. 다른 계약에서는 채권자가 채무자와 합의하여 채무의 목적을 특정할 뿐이다. 노동계약에서 사용자는 계약의 유효 기간 동안 계속해서 임금노동자의 노동을 지시할 수 있는 권리를 획득한다."[25] 노동계약을 특징짓는 지시종속이라는 개념은 국내 및 국제 차원의 노동관계에서 사용자 쪽이 법적으로 다양한 양상을 띨 수 있게 됨으로써 독특한 성공을 거두었다.[26] 임금노동자가 어떤 사용자의 지시에 구속된다면, 또는 이 사용자가 임금노동자를 다른 사용자의 지시에 복무하도록 할 수 있다면, 그것은 이 임금노동자의 채무가 미리 합의된 특정한 노무의 제공에 관한 것이 아니기 때문이다. 만약 임금노동자가 수행해야 할 과제들이 전부 사전에 명확하게 특정되어 있다면, 사용자가 지시권을 행사할 수 있는 여지는 전혀 없을 것이다. 그렇다면 종속관계는 양 당사자 사이에 형성될 수 없을 것이며, 우리는 거기에서 비종속적인 노동관계를 보게 될 것이다. 노동계약의 목적은 임금노동자의 자율적 의사를 타방 계약 당사자의 의사 아래 복종시키는 데 있으며,

---

25) P. Durand et R. Joussaud, *Traité de droit du travail*, Paris, Dalloz, t. 1, 1947, p.430.
26) A. Lyon-Caen et J. De Maillard, "La mise à disposition de personnel", *Droit social*, 1981, p.320; A. Lyon-Caen, "La mise à disposition internationale de salarié", *Droit social*, 1981, p.747 참조.

이는 노동계약의 이행 동안 임금노동자에게 구체적으로 부과되는 채무는 대부분 특정되지 않는다는 것을 함축한다.

　임금노동자가 부담하는 채무를 특정하지 않는 영역이 클수록 그만큼 사용자의 권한도 커진다. 이 불특정의 영역은 비록 법의 한계를 넘어서지 않는 경우라 할지라도 사용자가 자신의 고유한 채무를 존중할 의무까지 면제해 주는 것은 아닐 것이다. 즉, 불특정의 영역이 무제한은 아니다. 그러나 그 한계는 종속관계와 계약의 구속력 간에 잠재하는 이율배반에 의하여 약화된다. 이는 노동계약의 변경에 관한 무수한 판례들 속에서 특히 두드러진다. 일반계약법에서 모든 변경은 당사자들의 합의에 따른다. 왜냐하면 당사자들의 의사 합치만이 상호적 채무를 생성시키기 때문이다(이는 계약의 불가역성 원칙으로서, 앞에서 이미 언급한 것이다). 반대로, 노동계약의 변경과 관련해서는 본질적인 변경인가 부수적인 변경인가를 구분한다.[27] 계약의 불가역성 원칙은 전자의 경우에만 적용되며, 후자의 경우는 사용자의 통상적인 권한 행사에 속한다. 그리고 본질적인 변경의 경우에도, 종속관계가 계약의 구속력 원칙에 미치는 힘은 충분히 강력한 것이어서, 사용자는 임금노동자의 명시적인 동의를 얻을 필요는 없다는 것이 최근까지 판례의 입장이었다.[28] 이러한 해석은 물론 쌍무적으로 적용되는 것이 아니며, 임금노동자는 노동계약의

---

27) G.-H. Camerlynck, *Contrat de travail, op. cit.*, n° 379 이하; J. Savatier, "La modification unilatérale du contrat de travail", *Droit social*, 1981, p.219; B. Teyssié, "La modification du contrat de travail, instrument de gestion de l'entreprise", *Droit social*, 1986, p.852 참조.

28) 지금은 판례가 그러한 의무를 인정한다. Cour de cassation, Chambre sociale, 1987.10.8, Raquin, *Droit social*, 1988, p.140.

부수적인 규정들을 일방적으로 변경할 수 있는 어떠한 권리도
갖지 않는다. 이는 사용자에게 인정되는 부수적 변경권은 사용
자의 지시권에서 직접 연원한다는 것을 보여주기에 충분하다.

　사용자의 지시권을 제한하는 계약의 본질적 규정들 중에서
하나는 특별한 주의를 기울일 필요가 있다. 직급의 인정에 관한
규정이 그것이다.[29] 이 직급이라는 개념은 모호한 것이다. 왜냐
하면 이는 누군가의 어떤 자격(즉, 그 사람의 직업적 능력)을 가
리키는 것이기도 하면서 동시에 이 사람이 노동계약의 이행을
통해서 제공할 채무를 부담하는 노무의 성질을 가리키는 것이기
도 하기 때문이다. 그런데 이 직급의 두 가지 측면, 주관적 측면
과 객관적 측면은 언제나 일치하는 것은 아니다. 직급의 인정이
사용자의 지시권의 행사 범위를 제한하는 것은 객관적 측면에서
만 그러하다, 즉 임금노동자가 계약을 통해서 부담하는 직무의
유형을 결정하는 것과 관련해서만 그러하다. 그러한 의미에서
직급은 다른 여타의 계약에서 "계약의 내용을 형성하는 특정한
목적"을 대신한다. 즉, 임금노동자의 채무의 목적을 구성한다. 그
러므로 사용자는 계약상의 권한들을 넘어서지 않고서는 직급을
무시하지 못한다. 현실적으로 오늘날 판례상 결정적인 역할을
하는 것은 임금노동자에게 실제로 부여된 직무이다. 이 직무에
의하여 요구되는 조건들로부터 출발하여 추상적 기준들의 도움
을 받아, 그에 상응하는 직급, 즉 판사가 계약상 합의된 직급과
비교해 볼 수 있는 직급이 도출된다.[30] 이렇게 해서 사용자의 지

---

29) J. Young Hing, *Aspects juridiques de la qualification professionnelle*,
Toulouse, Ed. du CNRS, 1986 참조.

　30) Ph. Langlois, "La hiérarchie des salariés", in *Tendances du droit du*

시권에 가해지는 제한은 무시할 수 없는 것이다. 원칙적으로 사용자는 합의된 직급에 상응하지 않는 업무의 이행을 임금노동자에게 명령할 수 없다. 또한 사용자는 직급을 일방적으로 변경할 수 없다. 하지만 이는 어디까지나 하향 배치를 막는 최소한의 보호라고 불리던 것이다.[31] 판례를 주의깊게 분석하면, 판례가 직무 적성에 대한 평가나 승진 또는 인사 이동과 관련하여 사용자에게 인정되는 권한들에 근거하여 "임금노동자가 사용자의 권한 행사에 맞서 실제로 방어할 수 있는 수단을 갖지 못하는 직업적 상태"[32]를 방치하고 있음을 알 수 있다. 요컨대, 직급 개념은 노동계약과 관련하여 채무의 목적을 특정해야 하는 요건을 모면하면서도 계약의 구속력 원칙을 완화해야 할 필요성에 부응하는 것이라고 할 수 있다. 즉, 의사자치 원칙의 가장 엄격한 함축들을 모면해야 할 필요성에 부응하는 것이다.

낙성계약 원칙에 관해서도 동일한 논증이 가능하다. 판례는 취업규칙이나 개근수당과 관련하여 오랫동안 이 원칙을 곡해하였다. 판례는 사용자가 취업규칙을 구성하는 규정들이나 개근수당을 도입하는 규정들을 일정한 형식으로 공표하기만 하면 임금노동자는 이를 수용한 것으로 간주하였다.[33] 그러한 판례는 낙성계약 원칙을 가볍게 여기는 것이다. 낙성계약 원칙에 의하면, 일정한 형식을 준수하는 것으로 명시적인 합의 요건을 대체하는

---

travail français contemporain, Etiudes offertes à G.-H. Camerlynck, Paris, Dalloz, 1978, p.185 이하 참조.

　31) J. Young Hing, *op. cit.*, p.285.
　32) J. Young Hing, *op. cit.*, p.285.
　33) G. Lyon-Caen, "Une anomalie juridique: le règlement intérieur", *Dalloz*, 1969, Chroniques, p.247.

것은 금지된다. 관행이나 비전형협약의 폐지에 관한 최근의 판
례에서도 동일한 유형의 변칙이 나타난다.[34] 이러한 변칙을 벗어
날 수 있는 유일한 방법은, 관련 규정들을 법이 사용자에게 부여
하는 지배권의 표현으로 해석하는 것이다. 즉 계약적 분석에서
빠져나오는 것이다. 이것은 취업규칙에 관한 1982년 8월 4일 법
에 의하여 실현된 바 있다.[35]

민사계약에서 의사는 약속하고, 노동계약에서 의사는 종속
된다. 약속은 자유를 표현하고, 종속은 자유를 부정한다. 의사자
치와 의사종속 간의 모순은 계약의 주체이자 동시에 계약의 목
적으로 이해되는 임금노동자의 형상으로 귀결된다.[36] 그러므로
의사자치가 함축하는 법원칙들이 노동법에서 훼손되지 않은 채
발견될 수 있을 것이라고 기대하는 것은 무망하다. 이 법원칙들
은 종속관계에 의하여 왜곡되며, 종속관계가 함축하는 법주체성
의 손상에 의하여 이그러진다.[37] 계약의 질료를 형성하는 채무의
목적은 명령에 복종하는 것이기 때문에 직급과 직무에 관해서는
불명확한 형태를 취한다. 계약의 구속력은 사용자의 이익을 위
하여 약화되고, 계약 조항을 지키도록 요구할 수 있는 임금노동
자의 권리는 사용자가 원하는 바의 부수적 변경을 수용해야 하
는 의무로 변질된다. 자유롭고 명확한 의사 합치 요건은 종종 의

---

34) Cour de cassation, Chambre sociale, 1988.2.25, Deschamps, *Bulletin civil*, V, p.92, *Dalloz*, 1988, Som. 320, A. Lyon-Caen.
35) A. Supiot, "La réglementation patronale de l'entreprise", *Droit social*, 1992, p.215 참조.
36) 앞의 제1장 참조.
37) 그러므로 법주체성의 손상은 단순히 사실상의 문제가 아니라는 점은 법
학적 분석으로도 충분히 규명된다(반대: J. Carbonnier, "Sur les traces du non-sujet de droit", *Archives*, t. 34, Paris, Sirey, 1989, pp.197-207, 특히 pp.201-202).

제적인 의사 합치 또는 나아가 채무의 원천으로서의 형식주의로 대체된다. 이러한 혼종 해법은 개인 의사 자치와 종속관계 사이에 잠재하는 긴장을 표현하는 것이다. 그 긴장은 노동계약을 가로지른다. 언제나 그랬듯이, 노동법의 첫 번째 존재 이유는 임금노동자를 사업 속의 법주체로 부상시키는 것이다. 즉, 법적 규제를 가함으로써 사용자의 권력을 '문명화'하는 것이다. 그러한 법적 규제는 사용자 권력에 대한 승인과 제한을 동시에 의미하는 것이다. 이는 환원불가능한 법의 양면성이다.

제2절 집단의 길

　의사종속의 궁지에서 벗어나 종속과 자유가 양립할 수 있는 법을 정의할 수 있었던 것은 집단과 그 상관물들인 집단적 권리들, 집단적 자유들, 단체교섭과 단체협약 등이 발명된 덕분이다. 프랑스법에서 노동관계의 집단적 차원은 오로지 의사종속의 궁지를 집단을 통해서 벗어난다는 전망 속에서만 의미를 갖는다. 임금노동자의 집단적 자유를 승인하는 것은, 이하에서 살펴볼 것인데, 개별적 노동계약에 내재되어 있는 자유의 박탈에 뿌리를 내린다.

　노동관계의 집단적 차원이 법사상에서 독립적인 지위를 획득하고 임금노동자에게 집단적 자치의 영역이 인정되는 것은 모

두 집단의 자치를 승인한다고 하는 동일한 흐름에 속하는 것이
다. 이는 노동법 전체에 심대한 영향을 미치고 있다. 노동법의
모든 기술적 특수성은 노동관계에 대한 법적 분석의 두 번째 차
원으로서의 이 집단적 차원의 발명에 깃들어 있다. 개별적인 것
과 집단적인 것의 구별은 여러 측면에서 노동법의 근본적인 구
별이 되었고, 노동법 교과서와 강의 구조를 이끌고 있다. 집단적
인 것에 대한 준거는 곧바로 노동법에 고유한 법개념들을 생각
하게 하는데, 예를 들어 사업(그리고 사업의 중력권 안에서 사업
장, 그룹, 경제사회단일체 등), 업종, 단체교섭, 대표, 파업 또는
노동조합 등의 개념이 그것이다. 하지만 사실상 집단적인 것은
거의 언제나 암암리에 존재하고 있으며, 임금노동자에게 부여되
는 개인적 권리들을 정의하는 데 있어서도 그러하다. 임금노동
자가 개인적인 요구들을 제시하거나 해고에 앞서 이루어지는 개
별 면담에 출석하는 경우, 그 대표자를 동석시킬 수 있다. 임금
노동자가 개인적으로 요구할 수 있는 최저임금이 얼마인지, 또
는 최대노동시간이 몇 시간인지 알고 싶은 경우, 법령상 또는 협
약상 집단적인 규정을 제시할 수 있다. 개인적인 청구권을 행사
하려고 하는 경우, 노동조합으로 하여금 원조하거나 대리하도록
할 수 있다. 나아가 노동조합은 점점 더 많은 경우에 있어서 임
금노동자를 대신하여 소송을 제기할 수 있다. 그리고 집단의 그
림자는 개별적 분쟁을 관할하는 법원에까지 드리운다. 왜냐하면
노동법원은 노사 동수로 선출하기 때문이다. 노동법을 독립적인
법분야로 구성한다는 것은 이처럼 집단적으로 정의되는 권리들
(집단적 권리들 또는 집단적 규제)을 인정하는 것을 통해서 이루

어진다. 이 집단적 권리들은 각각의 임금노동자가 사용자에 맞설 수 있는 개별적 권리들을 근거짓거나 강화한다. 이하에서는 프랑스법에서 이러한 집단적 차원이 어떻게 구성되는지를 살펴본다.

1. 잃어버린 형제애

집단적 차원을 도입한다는 것은 법에 의하여 승인될 수 있는 특정 공동체를 상정한다. 다시 말하면, 하나의 집단이 법적 생명을 획득할 수 있도록 만드는 사회적 관계의 정체성(=동일성)을 확인할 수 있어야 한다는 것이다. 계약을 제외하면 19세기까지 법은 가족 제도로부터 영감을 받은 관계들만을 알고 있었을 뿐이다. 혈통과 동맹이 그것이다. 1848년 공화국의 상징은 이러한 전통과 다시 관계를 맺는다. 1848년 11월 4일 헌법은 형제애를 공화국의 주요 원리들 가운데 하나로 삼았으며(제4조), 모든 시민은 "서로서로 형제처럼 도우면서 공동선에 기여해야 한다"(제8조)라고 천명하였다. 계약 이론의 기초 원리인 자유와 평등 옆에서, 형제애는 또다른 유형의 관계, 혁명의 이데올로기에 의하여 희미해진 시대를 다시 부각시켰다.[38] 형제애 개념은 중

---

38) G. Antoine, *Liberté, Egalité, Fraternité, ou les fluctuations d'une devise*, Paris, UNESCO, 1981, 2e éd., 1989, p.136 이하; M. David, *Fraternité et Révolution française*, Paris, Aubier, 1987, p.44 et p.143 이하 참조. 형제애 개념에 관한 좀더 일반적인 논의로는 W. C. Mc Williams, *The idea of fraternity in America*, Berkeley et Los Angeles, University of California Press, 1973, 특히 pp.9-94 참조. 사회법적 논의로는 *Droit social* 특별호: "Liberté, égalité, fraternité et droit du travail", 1990.1; *Liberté, égalité, fraternité. Actualités en droit social*, Université de Bordeaux-I, Centre de droit com-

세적 관용어와 혁명적 관용어를 연결지었고, 앙시엥 레짐의 동
업조합과 계급투쟁의 노동조합을 결합시켰다. 스웰에 의하면 형
제애라는 말은 "동업조합들 사이에서 표출되고 있었던 도덕적
연대에 혁명적 면모를 부여하였고, 그전까지 추상적인 수준에
머물러 있었던 혁명이라는 말에 좀더 특별한 내용을 제공하였
다. 지금까지 자유주의적 혁명 전통 속에서 무기력하고 생기 없
는 혁명적 이상에 불과했던 형제애는 노동운동 속에서 핵심적인
이상이 되었다."[39] 프랑스 공화국의 상징 속에 포함되어 있는
"형제애(Fraternité)"가 1789년 혁명보다는 1848년 혁명에서 그
의미를 확보하는 이유가 바로 이것이다.[40] 하지만 그렇다면 왜

---

paré du travail, Ed. LCF, 1990 참조.

39) W. H. Sewell, *Work and revolution in France. The language of la-
bour from the Old Regime to 1848*, Cambridge University Press, 1980, 프
랑스어판, *Gens de métier et révolutions*, Paris, Aubier Montaigne, 1983,
pp.279-280. 또한 J.-N. Chopart, *Le fil rouge du corporatisme. Solidarités
et corporations ouvrières au XIXe siècle*, Paris, Mutualité française, 1991:
F. Soubiran-Paillet, *Droit, ordre social et personne morale au XIXe siècle:
la genèse des syndicats ouvriers*, Paris, CESDIP, 1992 참조

40) G. Antoine, *op. cit.*, p.134 이하 참조. 그러므로 가족 개념과 형제애 개
념이 형성하는 명백한 관계에도 불구하고 두 개념은 독립적이다(E. Benveniste,
Le vocabulaire des institutions indo-européennes, Paris, Ed. Minuit, t. 1,
1969, p.212 이하 참조). 형제애라는 말의 그리스어 어원인 '프라테'는 혈연의 형
제를 지칭하지 않는다(혈연의 형제를 가리키는 말은 '아델포스'인데, 이 말을 문
자 그대로 해석하면 '같은 자궁에서 태어난'이라는 뜻이다). 프라테는 부족과 씨
족의 중간 단위인 형제단에, 즉 혈연관계가 존재하지 않는 일종의 비의적 동족관
계에 소속되어 있음을 지칭한다. 이렇게 혈연적 형제애와 비의적 형제애를 구별
하는 언어 사용법은 오늘날에도 일부 유럽 언어에 남아 있다. 이 언어들은 혈연
적 형제를 지칭하기 위해 그리스어 어원 '프라테'를 사용하지 않는 언어들인데,
예를 들어 스페인어와 포르투갈어가 그렇다. 스페인어에서 혈연의 형제를 가리키
는 말은 'hermano'이고, 포르투갈어는 'irmao'인데, 이 말들은 모두 '같은 아버
지로부터 태어난 자'를 의미하는 라틴어 'germanus'에서 비롯된 것이다. 이탈리
아어에서는 양자 모두 'frater'라는 같은 어원을 갖지만, 그럼에도 불구하고 혈연
의 형제를 가리키는 말 'fratello'와 종교적 형제를 가리키는 말 'frate'를 구분한다.

형제애는 자유나 평등처럼 법의 일반 원칙의 반열에 오르지 못
했는가? 그랬더라면 노동법의 집단적 차원이 준거로 삼을 수 있
었을텐데 말이다.[41]

　원래 형제애 개념은 기독교인들에게 있어서의 신, 중세 동
업 직인들 및 프리메이슨[자유석공조합] 단원들에게 있어서의
솔로몬 성전의 건축가들, 동업조합들에게 있어서의 수호성인 등
과 같이, 신앙심이나 의지에 따라 공통의 조상을 갖는다고 스스
로를 여기는 자들을 하나로 묶는 관계를 가리키는 것이었다. 이
렇게 정의되는 형제애는 필연적으로 강력한 법률적 의미를 갖는
다.[42] 이 개념은 유산과 공유의 사상을 함축한다. 이 '형제들'이
세대와 세대를 거쳐 전승하는 유산은 대개 (수도원 규칙, 입회
규칙, 같은 조합 소속 구성원들 사이의 행동 규칙 등) 행위 규범
의 형태를 띤다. 즉, 그 공동체를 강화하고 정의하는 공통의 법
이라는 형태를 띤다.[43] 그리고 이 공통의 법은 언제나 형제들 사
이의 공유라는 사상을 포함한다. 이처럼 형제애 개념은 언제나
형제애로 결합되는 사람들 사이의 지원과 원조에 관한 권리와
의무를 함축한다. 그러나 형제애의 법적 의미는 형제애의 신화
적 의미와 분리될 수 없다. 형제애가 법적 효과를 발생시키기 위
해서는 느껴져야 한다. 예를 들어 민법에서, 형제들 사이에 먹을

---

41) 이하의 논의는 A. Supiot, "La fraternité et la loi", *Droit social*, 1990,
p.118 이하의 논의의 일부를 요약한 것이다.
42) 서양의 법체계에서 '아버지'의 형상이 차지하는 핵심적인 위치에 관해서
는 P. Legendre, *Le désir politique de Dieu. Etude sur les montages de l'Etat
et du Droit*, Paris, Fayard, 1988; 같은 저자의 *Le crime du caporal Lortie.
Traité sur le Père*, Paris, Fayard, 1989 참조.
43) 한편 법에 대한 사랑은 혁명적 형제애의 무시 못 할 흔적일 것이다.

거리를 나눌 의무는 단순한 자연적 의무에 불과하지만, 이 의무
감이 채무자에 의하여 명확하게 표명된 순간부터 비로소 법적
효력을 갖는다.[44]

이 형제애 개념은 이중의 양면성을 내포하고 있다. 첫째, 형
제애는 평등을 정당화할 뿐만 아니라(우리는 모두 형제다, 그러
므로 평등하다), 위계도 정당화한다(우리는 모두 형제다, 그러므
로 각자에게 각자의 자리를 할당하는 공통의 질서에 따른다). 둘
째, 형제애는 사회적 통합의 원천이자 동시에 사회적 배제의 원
천이다. 형제애는 공동의 조상을 주장하는 자들의 집단을 획정
함으로써 거기에 속하지 않는 다른 이들을 배제한다. 리처드 호
가트의 말을 빌리자면, 형제애는 "그들"과 "우리" 사이의 대립을
근거짓는다.[45] "그들"은 가족 집단을 특징짓는 의무와 권리, 도
움과 원조와 공유에 대한 권리로부터 배제된다. 이러한 양면성
으로 인해 형제애는 서로 상반되는 두 가지 의미로 이해될 수 있
다. 부드러움과 화해의 형제애이거나 또는 전투와 배제의 형제
애이거나. 이 다양한 양상들은 노동관계에서 전부 재발견된다.
사용자와 노동자를 형제처럼 대우하고자 하는 카톨릭 교회의 사
회적 독트린에서는 화해의 형제애 개념을 발견할 수 있다. 노동
조합운동의 어휘에서는 전투적 형제애 개념을 발견할 수 있다.
그리고 오늘날 고용과 사회권에 있어서 국적의 우대 조치를 주

44) 프랑스 민법전 제1235조: *Req.* 1911.3.7, *Dalloz*, 1913.1, p.404. 또한
G. Cornu, "La fraternité. Des frères et soeurs par le sang dans la loi civile",
in *Les orientations sociales du droit contemporain*, *Etudes J. Savatier*, Paris,
PUF, 1992 참조.
45) R. Hoggard, *La culture du pauvre*, 1957, 프랑스어판, Paris, Ed. de
Minuit, 1970, p.115 이하 참조.

장하는 자들은 배제의 형제애 개념을 내세운다(같은 아버지의 후손이 아닌 자들, 즉 외국인, 배신자, 무국적자의 배제).

그러므로 가장 넓은 의미에서의 형제애는 상호간에 신화적 동족성을 인정하는 자들을 하나로 묶어 주는 법률적이고 정서적인 관계로 정의될 수 있다. 일반적으로 말해서 이러한 식의 정의에 따르면, 형제애 관계는 합리적인 집단이 아니라 공동체적인 감정에 근거하고 있다고 말할 수 있다. 그러한 정의 속에서 집단은 이성이 아니라 전통 속에 뿌리를 내린다. 다시 말하면, 형제애는 자유로운 합의 또는 이해관계의 이성적 조정에 근거한 합리적이고 객관적인 유형의 사회화가 아니라, 하나의 공동체에 속해 있다는 주관적 감정에 근거한 전통적이고 정서적인 유형의 사회화에 속한다.[46] 이러한 특성으로 인해 형제애 개념은 노동법의 집단적 차원을 근거짓는 역할을 하지 못했던 것이다. 자본주의의 속성들 가운데 하나는 법에서 일체의 정서적이고 성스러운 내용을 제거하고, 법을 합리적인 고려들 위에 정초하는 경향이 있다는 점이다.[47]

법질서 속에서 집단적인 것에 자리를 마련해 줄 필요성, 공화국의 상징어 속에서 형제애가 표현하는 바의 필요성은 합리적이고 도구주의적인 자본주의 법개념에서도 없어지지 않는다는

---

46) M. Weber, *Economie et société*, 1916, 프랑스어판, Paris, Plon, 1971, p.41. 게마인샤프트와 게젤샤프트의 구별에 대해서는 L. Dumont, "La communauté anthropologique et l'idéologie", in *L'Homme*, 1978, p.83 이하, *Essais sur l'individualisme*, *op. cit.*, p.215 이하에 재수록 참조.

47) 이것이 막스 베버의 『법사회학』의 결론이 의미하는 바이다. "법은 합목적성에 대한 합리적 고찰의 영향력 하에서 변화하며 일체의 성스러운 내용이 제거된 합리적 도구라는 관념을 피할 수 없다"(M. Weber, *Sociologie du droit*, 프랑스어판, J. Grosclaud, Paris, PUF, 1986, pp.234-235).

점은 명백하다.[48] 새로운 점이 있다면, 자본주의 법개념에서 그러한 필요성은 더 이상 신화적인 동족성에서 자연발생적으로 비롯되는 것이 아니라, 여타의 도구들 중에서도 법이 기여해야 하는 명시적인 목표로서 나타난다는 것이다. 형제애 개념에서 공동체적 감정은 법에 앞서고 법을 조건짓는 반면에, 도구주의적 법개념에서는 이와 정반대이다. 즉, 사회법은 공동체적 감정에 앞서는 것으로 간주되며, 공동체적 감정은 사회법의 우연한 결과일 뿐, 필연적인 것이 아니다. 노동법은 이러한 변화와 그것이 초래한 법적 효과들을 잘 보여준다. 노동법에서는 이해관계가 감정을 대신하여 개인들의 결합 원리가 된다. 이렇게 사회적 관계를 객관화시키는 것은 요컨대 형제애가 상정했던 신화적 아버지를 제거하는 것으로 귀결된다. 그러한 시스템에서 집단적인 것은 법률적으로 '합리적인' 범위 안에서만 의미를 갖는다. 즉, 집단적인 것은 하나의 이익공동체라는 객관적 사실에 대응하는 것이어야 한다. 그리고 사실, 노동법에서는 이익이 개인들을 서로 결합시키기 위하여 사용되는 유일한 접착제이다.[49] 프랑스 노동법전 제4권의 제목이 사용하는 말이 "직업공동체"가 아니라 "직업단체"라는 사실만으로도 형제애 개념과의 단절을 보여주기에 충분할 것이다. "직업단체"라는 말은 일체의 신화적 준거를 제거한 객관적 분류법을 환기시킨다.[50] 이러한 해석은 일반적인

---

48) 이에 관해서는 특히 A. Jeammaud, "La règle de droit comme modèle", *Dalloz*, 1990, Chroniques, p.199 참조.

49) F. Ost, *Entre droit et non-droit: l'intérêt*, Bruxelles, Facultés Universitaires Saint-Louis, 1990 참조.

50) 이 "직업단체"라는 개념은 사회학에서 온 것이다. 이에 관해서는 E. Durkheim, "Quelques remarques sur les groupements professionnels", *De*

의미를 지니며, 노동법에서 인정하는 모든 단체는 하나의 공통
적인 구조로 환원된다. 즉, 구성원들의 자유 의지가 주도하는 객
관적 이익단체라는 구조가 그것이다. 정치적 어휘, 법률적 어휘
그리고 현대 노동조합 운동의 어휘 속에서 연대 개념이 형제애
개념을 점차 대체해 가는 과정에서 표현되는 것은 바로 이처럼
집단적인 것을 새롭게 사고하는 방법이다.

　이러한 전환은 19세기에서 20세기로 넘어가는 시점에 진정
으로 이루어졌는데, 그 때 프랑스에서는 연대가 사회학 언어(뒤
르켐과 함께)[51]와 정치학 언어(연대주의는 급진정당의 공식적인
독트린이 된다)[52]의 핵심 어휘가 된다. 그러므로 같은 시기에 태
어난 프랑스의 사회법은 정말이지 요람에서부터 연대 개념을 흡
수하면서 성장하였던 것이다. 하지만 연대 개념이 갖고 있는 목
적의 보편성으로 인하여 노동법의 좁은 한계 내에서는 번영할
수가 없었고, 사회보장법을 통해서만 진정으로 만개할 수 있었
다. 연대 개념이 존재의 위험들에 맞서는 다양한 사회적 집단들
사이의 상호 의존성을 합리적으로 조직하는 기획, 일체의 공동

---

la division du travail social, 제2판 서문, Paris, 1893, 10e éd., PUF, 1978 참조.
　51) E. Durkheim, De la division du travail social, op. cit. 참조. 뒤르켐
은 또한 유대와 조화의 개념도 사용한다(p. 27 참조).
　52) G. Gurvitch, L'idée de droit social, Paris, Sirey, 1932, reprint:
Darmstadt, Scientia Verlag, 1972, p.581 이하; F. Ewald, L'Etat providence,
Paris, Grasset, 1986, p.349 이하; M. David, Les fondements du social. De la
IIIe République à l'heure actuelle, Paris, Anthropos, 1993, p.85 이하 참조.
연대주의의 아버지이자 초대 국제연맹 의장이었던 레옹 부르주아는, 급진정당은
"이성의 법에 따라 사회를 정치적으로 사회적으로 조직하고자 한다" 그리고 급진
정당의 방법론은 "자연의 방법론 그 자체이다"라고 썼다(F. Buisson, La polit-
ique radicale, 1908의 서문에서). 이러한 인식은 에두아르 에리오에게서도 발견
된다. 에리오는 다음과 같이 썼다. "우리의 야망은 과학의 노동방법론을 정치에
적용하는 것이다"(A. Bayet, Le radicalisme, 1932의 서문에서).

체적 감정에 근거하지 않는 기획으로서의 순수한 상태로 진가를
발휘하는 것은 사회보장법에서이다. 노동법은 모든 사회적 집단
들을 포용하지는 않는다. 그러므로 연대라는 표현 자체가 노동
법에서는 이목을 끌지 않는 자리를 차지하거나(연대파업의 경
우), 가끔은 덧없는 자리(연대계약의 경우)밖에 차지하지 않는
것은 놀라운 일이 아니다. 하지만 그 사상은, 아니면 그 말은 노
동법이 정당화하는 "직업단체"라는 형태 속에서 또한 발견된다.

　이러한 직업단체들 중에서 가장 대표적인 것은 노동조합이
다. 노동조합에 관한 가장 넓은 정의는 노동법전 L.411-2조 제2
항에서 찾아볼 수 있다. 이 규정은 비영리적 목적으로 임금노동
자들을 고용하고 있는 자들에게 "공통의 이해관계를 방어하기
위하여 노동조합을 결성할" 권리를 부여하고 있다. 이 조항의 제
1항에서 규정하고 있는 노동조합의 경우에는 이 공통의 이해관
계가 좀더 구체적으로 정의되고 있다. 즉, 특정한 상품의 생산에
관여하는 동일한 직업, 유사한 직종 또는 관련 직종의 종사에서
비롯되는 이해관계이다. 노동법전 L.411-1조에 의하면 물질적,
정신적 이해관계의 방어는 노동조합의 배타적 목적을 구성한다.
아마도 노동조합의 결성 원리는 경제 생활에서 직접 관찰될 수
있는 이해관계의 유사성에 있다고 말하는 것이 가장 적절할 것
이다. 일단 이해관계의 유사성이 존재하는 한 노동조합은 "자유
롭게 조직될 수" 있다.[53] 임금노동자들이나 사용자들을 각각 서
로 결합시켜 주는 객관적인 관계 그 자체에 의하여 노동조합으
로 단결할 권리가 인정되며, 이 권리를 실제로 행사할 것인가 여

---

53) Code du travail, L.411-2조.

부는 개인들의 자유 의지에 맡겨져 있다.[54] 노동법전 속에서 그려지고 있는 노동조합은 객관적인 경제적 사실들에 의하여 규정된 범위 안에서 자유를 행사한 결과 외에 다른 것이 아니다.

이러한 분석은 노동법이 승인하고 있는 다른 형태의 집단들에도 별 어려움 없이 적용될 수 있다. 예를 들어 '업종(branche)' 개념 또한 객관적인 경제적 관계로 정의될 수 있는데, 이는 그러한 경제적 관계에 의하여 결합되는 자들의 자유로운 의사에 의하여 법적으로 제도화된다. 이 업종 개념은 굉장히 흥미로운 것이다.[55] 왜냐하면 그 개념 속에는 직업단체가 경제적 사실들의 관찰을 통해서 전적으로 도출될 수 있다는 생각이 특별한 힘을 갖고서 나타나기 때문이다. 그리고 다른 어디에서도 그러한 생각이 이만큼 기대에 어긋난 적은 없다! 이 분야에서 일종의 공식적인 분류법을 관철시키려는 유혹과 시도가 있었다.[56] 비록 그 정도까지는 이르지 못했지만, 프랑스의 실정법은 통계청이라고 하는 일종의 과학적 기관의 분류법에 일정한 법적 효력을 부여하고 있다. 왜냐하면 통계청의 분류법은, 반대의 입증이 있는 경우를 제외하면, 어떤 사업이 어느 업종에 속하는지를 정해야 하는 어려움을 해결하는 데 유용하기 때문이다. 하지만 이처럼 경제학과 통계학이 갖고 있다고 전제되는 객관성에 근거하는 것은 분쟁의 여지 없는 해결책에 이르도록 도와주지는 못하였고, 판

---

54) Code du travail, L.411-5조 및 L.411-8조.

55) 업종 개념의 비교법적 연구에 대해서는 A. Lyon-Caen (dir.), *Les relations sociales en Europe*, Paris, Ministère du Travail, SES, 1990, pp.75-115 참조.

56) M. Despax, "Négociations, conventions et accords collectifs", in *Traité de droit du travail*, Paris, Dalloz, t. 7, 2e éd., 1989, p.473 이하 참조.

례는 경제적 실체를 왜곡하지 않는 한 단체협약의 당사자들이
스스로 업종의 범위를 정할 수 있는 권리를 인정한다.[57] 이러한
법적 구조는 노동조합의 법적 구조와 매우 흡사하다. 요컨대, 조
직은 객관적인 이해관계 공동체에 근거하고 있으며, 그 구성원
들의 자유 의지의 행사에 의하여 조인된다는 것이다.

　　노동법에서 사업 개념의 다양한 용례에도 불구하고, 그 속
에서도 직업적 조직을 획정하기 위한 동일한 법기술이 실현되고
있음을 알 수 있다. 한편으로는 의사의 자유와 관련된 개념들(사
업의 자유와 그 파생 원리들)과 다른 한편으로는 이 의사의 자유
를 제한하는 객관적인 경제적 관계에 관한 개념들(경제사회단일
체, 사업이전시 노동계약의 계속 유지 등)이 사업 개념 속에서
재발견된다. 그러나 이해관계의 다양성으로 인해 사태는 더욱
복잡해진다. 사업의 경제적 관계는 다양한 색깔의 실들로 직조
되어 있으며, 노동법은 이 다양성을 고려해야만 한다. 한편으로
사업은 이질적인 이해관계들의 결합으로 이해된다. 이 이질성은
단순히 임금노동자와 사용자의 이해관계 대립으로부터만 비롯되
는 것이 아니라, 임금노동자들 사이의 이해관계 다양성으로부터
도 비롯된다. 바로 이 임금노동자들 사이의 이해관계 다양성으
로부터 대표라는 법기술이 나온다. 노동법은 각각의 대표 제도
가 조직되는 구역을 기능적으로 정의함으로써(사업장, 단지, 사
업, 그룹), 임금노동자들의 공동체가 객관적으로 편제되어 있는
상태에 밀접하게 적응하려는 노력을 보여준다. 즉, 사업 속에서

---

57) Conseil d'Etat, 1960.3.4. (Fédération Nationale des industries chi-
miques), *Droit social*, 1960, p.349, Nicolay; Conseil d'Etat, 1962.3.2. (Union
de chambres syndicales de Miroitiers), *Droit social*, 1962, p.604.

용해되는 서로 다른 이해관계 조직들 위에 노동자 대표 제도를 연동하려는 것이다. 하지만 다른 한편으로 노동법에서 사업은 동질적인 이해관계 집단으로 이해된다. 사업의 구성원들의 개별적인 이해관계를 초월하는 사업 그 자체의 이해관계라는 개념은 (예를 들어 파업이나 직장폐쇄와 관련하여) 판례에 의해서 인정될 뿐만 아니라, (예를 들어 법정관리와 관련하여) 법률에서도 인정된다.[58] 이는 사업의 법적 개념이 극도로 변화무쌍하다는 점을 보여준다. 사실 사업의 개념이 다양한 차원을 갖는 것은 사업 안에서 서로 교차하는 사회경제적 이해관계들의 객관적인 실체 위에 사업 개념을 앉히려고 하기 때문에 비롯되는 것이다.

노동법에서 집단적인 것이 갖고 있는 이러한 구조는 형제애 원리로부터는 착상될 수 없었을 것이다. 왜냐하면 형제애는 자유나 평등과 달리 '합리적인' 법제 안에 통합될 수 없었기 때문이다. 형제애는 신화적 사회관계 개념에 너무 깊이 관련되어 있어서, 객관적 이해관계 공동체만을 인정하는 시스템 속에서 법의 일반 원리로 받아들여지기에는, 형식적 자유와 평등 개념에 필요한 만큼의 충분한 여지를 제공하지 않는다. 이처럼 형제애 개념이 기피되는 한, 프랑스에서 노동법의 집단적 차원은 평등 원리로부터 발전할 수밖에 없었다.

---

58) 이 개념에 대해서는 G. Couturier, "L'intérêt de l'entreprise", in *Etudes J. Savatier*, *op. cit.*, Paris, PUF, 1992, p.143 참조.

2. 구체적 평등[59]

서구 사회에서 호모에쿠알리스, 즉 평등적 인간이 부상하고
있다는 점을 가장 예리하게 분석한 사람은 분명히 인류학자 루
이 뒤몽이다.[60] 뒤몽은 평등 개념이 근대성의 특징인 경제적 이
데올로기와 어떻게 연결되는지를 보여준다. 경제적 이데올로기
는 집단(집단주의)보다 개인(개인주의)을 우선시하고, 사람들 사
이의 관계보다 사람과 사물의 관계를 우선시하면서, 전통 사회
를 지배했던 위계적 원리를 평등의 원리로 대체하는 경향이 있
다. 이러한 경향은 모든 곳에서 일어나는데, 특히 우리의 사고
방식에서도 그러하다. 뒤몽은 또한 경제적 이데올로기는 시대와
문화에 따라서 다양한 형태로 집단주의적 가치를 흡수함으로써
만, 즉 경제적 이데올로기 그 자체에 반하는 가치를 흡수함으로
써만 존속될 수 있었음을 보여준다. 여기에서 말하고자 하는 바
는 물론 뒤몽의 인류학적 분석을 요약하려는 데 있는 것이 아니
라, 노동법에서 평등 원칙의 다양한 형태들을 다루게 될 때 이러
한 인류학적 분석이 얼마나 적절하고도 명쾌한 것인가를 강조하
고자 하는 데 있다.

---

59) 이하의 논의는 A. Supiot, "Principio di eguaglianza e limiti della ra-
zionalita giurdica", *Lavoro e diritto*, 1992, p.2180 이하의 일부를 재수록한
것이다.
60) L. Dumont, *Homo aequalis I. Genèse et épanouissement de l'idéo-
logie économique*, Paris, Gallimard, 1977. 이 책은 영어로도 동시에 출판되었
다: *From Mandeville to Marx. The genesis and triumph of economic ideology*,
University of Chicago Press. 같은 저자의 *Essais sur l'individualisme. Une
perspective anthropologique sur l'idéologie moderne*, Paris, Le Seuil, 1983
도 참조할 것.

노동법은 개인주의적이고 평등주의적인 이데올로기가 어떻게 진화해왔는지, 어떤 저항들을 만났는지, 그리고 자신에게 저항하는 이데올로기, 즉 공동체주의적이고 위계주의적인 이데올로기를 어떻게 체화시켰는지를 관찰하기에 아주 적절하다. 개인주의적인 전망 속에서 임금노동관계는 법적으로는 평등한 당사자들 사이의 계약 관계로 분석된다. 이 속에서 노동은 하나의 사물로 취급되며, 노동관계는 사람들 사이의 위계적 관계가 아니라 이 사물에 대한 채무 관계로 파악된다. 이러한 분석은 19세기 말까지 서유럽 전체에서 지배적인 관점이었다.[61] 이는 노동시장의 경제 주체들 사이에 형식적인 평등을 설정함으로써 과거의 동업주의적 노동조직과 단절하는 것을 목적으로 한 것이었다. 몇몇 나라에서는 개인주의적 가치에 맞서서 집단의 가치(뒤몽이라면 집단주의적 가치라고 불렀을 것이다)를 복원하고자 하면서 그러한 관점에 대한 비판이 전개되었다. 그러한 비판의 선두에는 기에르크가 있으며, 좀더 일반적으로 말하자면, 인격적이고 공동체적이고 위계적인 법분석을 계약적 프레임 속에 재삽입시키려고 했던, 요컨대 게젤샤프트의 가치에 맞서 게마인샤프트의 가치를 옹호하려고 했던 19세기 말 이후의 모든 독일 이론이 그러한 비판의 맥락에 놓여 있다.

프랑스는 계몽주의 철학 이후 평등주의적 이데올로기가 언제나 가장 체계적으로 자리잡았던 나라로서 독일과 같은 방식으로 일이 진행되지는 않았다. 프랑스에서는 노동관계에 대한 계약적 분석도 바로 평등의 이름으로 비판되었다. 노동자의 법에

---

61) 앞의 서장 참조.

관심을 가졌던 최초의 프랑스 법학자들이 말하기를 본질상 사용자와 임금노동자 사이의 평등한 관계로 간주되는 노동관계는 명확하게 불평등한 것이다. 우선 노동관계는 경제적으로 불평등하다. 왜냐하면 한쪽에는 돈이 있고 다른 한쪽에는 돈에 대한 수요가 있기 때문이다. 또한 노동관계는 법적으로도 불평등하다. 왜냐하면 노동계약은 평등한 당사자로 간주되는 자들 사이에 종속관계를 형성하기 때문이다. 프랑스 노동법은 인격적이고, 공동체적이고, 위계적인 관계의 복원이라는 전망이 아니라, 계약 속의 평등 개념을 심화한다는 전망 위에서 발전하였다. 여기서 핵심적인 질문은 다음과 같은 것이었다. 법전 속에서 천명된 평등을 어떻게 사실들 속에서 확립할 것인가? 한편, 여기에는 프랑스 사회주의와 분명한 동류성이 있다. 당시 프랑스 사회주의 또한 1789년 혁명에 의하여 촉발된 평등 실현의 과업을, 형식적 평등에서 구체적 평등으로 이행함으로써, 끝내는 것을 목적으로 삼았다. 이러한 단선적이고 의지주의적인 역사관은 노동법의 발전에 기여하였던 자들을 추동한 면이 확실히 있다. 그러나 그들의 구체적 평등 요구 속에는 공동체주의적이고 전산업적인 가치들이 재등장하고 있음을 또한 지적할 수 있을 것이다. 즉, 이 가치들은 개인주의적 이데올로기 속에 일정한 자리를 되찾기 위하여 평등주의적 어휘를 개인주의 이데올로기에서 단지 빌려왔을 뿐이라고 말할 수 있을 것이다.

하지만 어떤 식으로 역사를 해석하든지간에, 전체적으로 프랑스 노동법의 기초는 형식적 평등이 지배하는 법체계 속에 구체적 평등의 원리를 포함시키려는 시도로 읽혀질 수 있다는 점

을 지적하는 것으로 충분하다. 일차적 분석에서는 형식적 평등
은 계약의 개념 위에서 임금노동을 규율하는 것으로 귀결된다.
그러나 좀더 예리한 차원에서 구체적 평등은 신분의 개념 위에
서, 즉 임금노동자의 신분이라는 개념 위에서 강자와 약자 사이
의 불평등을 교정한다.[62] 그 결과 계약적 분석은 신분이라는 상
반되는 개념을 체화함으로써만 존속할 수 있었다.[63] 이를 통해,
오늘날 노동법상의 평등 원리가 창출해 내는 정제된 개념들, 앙
투안느 리옹-캥[64]이 훌륭하게 분석한 그 개념들, 즉 반차별, 교
정, 보상, '불평등한 평등' 등의 개념들은 모두 노동계약의 당사
자들 사이의 형식적 불평등 속에 구체적 평등을 집어 넣기 위한
조치들이자 평형추들이라는 점을 이해할 수 있다. 이러한 관점
에서 보면 형식적 평등과 구체적 평등 사이의 균형을 추구한다
고 말하는 것은 정확하지 않다. 왜냐하면 양자는 동등하지 않기
때문이다. 구체적 평등은 형식적 평등에 종속된다. 이 균형이라
는 문제는 프랑스 노동법의 명예가 달린 주제이지만,[65] 확실히
그 자체로는 평등의 이데올로기를 구성하는 것이며, 노동법을
만들어 왔던 가치들을 위계의 개념 위에서 사고하는 것을 방해
한다.

---

62) Cour de cassation, Assemblée plénière, 1983.3.4, *Dalloz*, 1983, Juris-
prudences, p.381, Cabannes: "계약 당사자들의 의사만으로는 임금노동자가
노동을 수행하는 조건으로부터 필연적으로 비롯되는 사회적 신분을 임금노동자
로부터 박탈할 수 없다."
63) 앞의 서장 참조.
64) A. Lyon-Caen, "L'égalité et la loi en droit du travail", *Droit social*,
1990, p.68 참조.
65) G. Scelle, *Droit ouvrier*, Paris, A. Colin, 1928, p.13; F. Ewald, "Le
droit du travail: une légalité sans droit", *Droit social*, 1985, pp.723-728 및
L'Etat providence, Paris, Grasset, 1986, p.468 이하 참조.

요컨대, 공동체에 준거하여 노동법의 초석을 놓았던 독일과 달리 프랑스의 법문화는 계약적 분석의 틀을 유지하기 위하여 구체적 평등을 추구한다는 점이 강조되어야 한다. 그런데 이처럼 구체적 평등을 추구하는 것은 지극히 당연하게도 프랑스에서는 국가의 왕권적 개입이라는 길을 걸었다. 그러므로 프랑스에서는 공서의 우회로를 통해서 집단적인 것이 법적 확고함을 획득하였다고 말할 수 있다.

3. 사회적 공서

집단적인 것이 법의 표면 위로 부상할 때, 노동공동체에 대한 법적 승인에 기인하지 않는 한 다음과 같은 두 가지 경로를 밟게 되었는데, 이는 나라마다 그 중요성이 다르다. 공적인 규제의 길과 집단적 자치의 길이 그것이다. 공적인 규제의 길은 노동계약을 공법적 보호 질서에 구속시키는 것인데, 이것의 핵심적인 특징은 임금노동자라는 자격만으로 권리들을 부여함으로써 종속을 보상하는 것이다. 당사자들 간의 계약과 의무의 정의는 노동계약의 틀 안에서 개별적으로 규율되는 것이 아니라, 국가에 의하여 부과된 집단적 정의의 목적이 된다. 이러한 공서 규정들은 각각의 노동계약 안에 하나의 신분을 삽입함으로써[66] 임금노동자의 집단적 정체성을 벼리는 데 기여한다.[67] 하지만 공서의 개념이 필연적으로 노동법 안에 집단적 차원을 끌어 들인다고

---

66) 앞의 서장 참조.
67) 앞의 제2장 참조.

하더라도, 반드시 임금노동자들을 위한 집단적 자치를 인정하는
것은 아니다. 영국의 법문화에서는 이 두 가지 요소가 여러 면에
서 서로 적대적인 것처럼 보인다. 사실, 자율이 타율과 동반한다
는 것을 어떻게 착상하겠는가? 그러므로 영국에서 집단자치가
공권력의 개입주의에 반대하여 천명되는 것은 논리적이다(영국
적 사고의 일관된 논리는 언제나 강조되어야 한다). 그 결과 영
국에서는 단체협약이 법원(法院)에 의하여 인정되는 법원(法源)
으로서가 아니라 의사자치적 방식으로 발달하였다.[68]

　반대로 프랑스 법문화에서 공적인 것과 집단적인 것은 밀접
하게 관련되어 있다. 프랑스에서 집단자치는 타율에 반대하거나
타율의 바깥에서 발달한 것이 아니라, 반대로 타율 안에서, 즉
국가에 의하여 보장되는 영역 안에서 발달하였다. 이로부터 두
가지 주목할 만한 결과가 도출된다. 첫째는 집단적인 것의 양면
성이다. 이는 한편으로는 국가에 의하여 일방적으로 부과되는
임금노동자들의 집단적 신분이라는 개념으로 이어지고, 다른 한
편으로는 국가가 사용자들과 임금노동자들에게 보장하는 집단자
치의 영역이라는 개념으로 이어진다. 한편에는 집단화의 유령이,
다른 한편에는 시민사회의 유령이다![69] 프랑스의 사용자와 노동
조합은 한편으로는 국가에 대한 독립성을 준엄하게 천명하는가
하면, 다른 한편으로는 바로 이 같은 국가에 대해서 집단적 노동

---

68) O. Kahn-Freund, *Labour and the Law*, London, Stevens, 1977,
p.140 이하 참조. 이 문제에 대한 비교법적 연구로는 B. Veneziani, *Stato e au-
tonomia colettiva. Diritto sindicale italiano et comparativo*, Bari, Cacucci,
1992 참조.
69) 시민사회의 '신화'에 대해서는 J. Chevallier *et al.*, *La société civile*,
Paris, PUF, 1986 참조.

관계에 개입하도록 반복해서 요구하는, 흥미로운 관행을 갖고
있다. 공적인 것과 집단적인 것의 착종이 빚어내는 두 번째의 결
과는 집단적 노동권의 개별적 성격이다. 프랑스에서 집단적 노
동권은 언제나 개인적 종속을 보상하기 위한 공적 자유로서, 언
제나 국가에 의하여 보장되는 개인적 자유라는 측면을 갖고 있
다. 단결의 자유는 노동조합에 가입하지 않을 개인의 자유 또는
자기가 원하는 대로 노동조합을 선택할 개인의 자유를 포함한
다, 파업권은 파업을 하지 아니할 개인의 자유(노동의 자유)를
보장한다, 등등. 공적 자유의 이름보다는 공동체적 조직의 이름
으로 집단자치가 착상되는 법제에서는 이러한 결론이 반드시 도
출되는 것은 아니다. 예를 들면 독일이 그러한데, 독일에서는 노
동조합이나 파업에 관하여 일체의 개인적 자유 관념을 배제하는
조직적 개념을 발견할 수 있다.[70]

　그러므로 프랑스에서 노동관계의 집단자치를 인정한 것은
공서 개념이었다고 말할 수 있다. 나아가 이 공서의 개념은 집단
자치가 실행될 수 있는 공간을 열어 주는 방향으로 굴절되어야
했다. 이러한 굴절은 노동법의 법원들 사이의 위계를 근거짓는
유리의 원칙을 승인한 것으로부터 비롯된다.[71] 프랑스 헌법재판

---

70) H. Sinay, "Les conflits collectifs en France et en RFA", in *Etudes
en mémoire de L.-J. Constantinesco*, Köln, Carl Heymanns Verlag, 1983,
p.721 이하 참조.

71) Conseil d'Etat, 1973.3.22, *Droit social*, 1973, p.514; L. Rozes, "Remarques sur
l'ordre public en droit du travail", *Droit social*, 1977, p.311; Y. Chalaron,
"L'application de la disposition la plus favorable", in *Les transformations
du droit du travail, Etudes G. Lyon-Caen*, Paris, Dalloz, 1989, p.243 참조.
이탈리아법은 법원들 간의 관계에 관한 논의의 선구자격이라고 할 수 있는데, 이에 대
해서는 L. Mariucci, *Le fonti del diritto del lavoro*, Turin, Giappichelli, 1988 참조.

소에 의하면, "단체협약은 법령의 규정보다 노동자에게 더 유리한 규정을 정할 수 있다는 원칙은 노동법의 기본 원칙을 구성한다."[72] 이 원칙은, 분명 일방적이고 차별적이지만, 노동계약이 사용자에게 부여하는 일방적이고 차별적인 특권들에 대한 응수로서의 성격을 갖는다. 법률에 의하여 임금노동자들의 권리에 집단적으로 부여되는 위계상 상위의 지위는 노동계약이 임금노동자들에게 개별적으로 부여하는 위계상 하위의 지위에 응대한다. 이처럼 법률의 효과에 의하여 구체적 평등의 원리가 노동계약을 계속해서 주재하는 형식적 평등 속에 자리잡는다. 그러나 이 유리의 원칙은 필연적으로 공서의 개념에 특별한 우회로를 새긴다. 유리의 원칙은 임금노동자들에게 유리한 변경만 가능하다는 것을 의미하는 것으로서, 노동관계의 사항들에 관한 교섭의 방향을 일정하게 규정하는 의미가 있다. 이것이 바로 프랑스 노동법의 핵심인 '사회적 공서(ordre public social)' 개념이다.

　　노동관계에서 개인적 자유와 종속 사이의 긴장으로부터 만들어지는 법적 구조물이 얼마나 복잡한 것인가는 다음과 같다. 협약법(자율적, 집단적)의 영역을 인정하는 공서(타율적, 집단적)에 노동계약(자율적, 개별적)을 구속시킴으로써, 이 노동계약 속에 하나의 신분(집단적)이 자리잡는다. 그러므로 개별적인 것과 집단적인 것은 분리될 수 없다. 왜냐하면 이는 동일한 법적 관계의 두 차원이기 때문이다. 집단적 차원의 발명은 임금노동자로 하여금 그 종속적 상태를 부정하지 않으면서도 그의 자유로운 주체로서의 자격을 복원함으로써 자발적 의사에 따른 종속

---

72) Conseil constitutionnel, 1989.7.25, *JO*, 1989.7.28.

이라는 딜레마에서 벗어날 수 있도록 한다. 임금노동자는 개별적 차원에서 상실했던 자치를 집단적 차원에서 되찾는 것이다.[73] 자치의 복원은 일련의 층들에 의하여 실현되는데, 이 층들은 노동법에서 집단적 분석의 역동성을 증언한다. 자치가 복원됨으로써 무엇보다 노동자에게 자유로운 주체의 자격을 인정할 수 있게 된다. 개별적 차원에서는 노동자에게 부인되었던 자유가 집단적 차원에서 집단적 자유의 형태로 인정되는 것이다. 원칙적으로 자유란 자기결정권, 즉 사람이 스스로에 대해서 행사하는 권한이며, 타인에 대해서는 적극적인 채권을 발생시키지 않는다.[74] 그러나 자유에서 권리로 넘어가는 길의 경계선은 지극히 얇아서 종종 눈에 띄지 않는다. 일단 집단적 차원이 인정되고 나면, 거기에서 자유와 함께, 또는 자유의 곁에서 권리가 번영하는 것은 그러므로 놀라운 일이 아니다. 이 집단적 권리들은 집단의 발명에 의하여 새롭게 열린 법의 무대를 가득 채운 집단적 제도들의 도움을 받아 실행될 수밖에 없다. 그러나 집단자치의 융성이 노동관계의 분석에서 집단적 차원의 자치를 의미하는 것은 결코 아니다. 집단적 차원은 개별적 차원과 맺는 관계 속에서가 아니면 아무런 의미가 없다. 양자는 분리할 수 없는 것이다. 노

---

73) 그러므로 노동관계의 집단적 차원은 그 자체로는 아무런 의미가 없다. 그것은 개별적 차원과 맺는 관계 속에서만 의미를 갖는다. 반대로 노동관계의 개별적 차원은 역사적으로 집단의 발명보다 앞서는 것으로서 집단적 차원이 사라진 다음에도 존속할 수 있다. 집단적인 것의 위기에 대해서, 그리고 좀더 특수하게는 노동조합운동의 위기에 대해서 운위되는 작금의 논의들이 의미하는 바를 이해하고자 한다면, 이 점을 파악하는 것이 매우 중요하다. 이 문제에 대해서는 아래에서 다시 검토할 것이다.

74) J. Rivero, *Les libertés publiques*, Paris, PUF, t. 1, *Les droits de l'Homme*, 6e éd., 1991, p.21; 같은 저자의 "Les libertés publiques dans l'entreprise", *Droit social*, 1982, p.421 참조.

동법에 의하여 승인된 중요한 집단적 자유들에 대한 분석이 보여주는 바가 바로 이것이다. 단결의 자유이든, 파업권이든 또는 단체교섭권이든, 그 법적 구조는 언제나 동일하다. 즉, 집단적으로 행동할 수 있는 개별적 자유이다.

4. 집단적으로 행동할 수 있는 개별적 자유

"집단적 자유"라는 말로 흔히 표현되는, 집단적으로 행동할 개별적 자유라는 개념은 프랑스 노동법의 독특하고도 중심적인 개념이다. 이 개념은 조직하고(단결의 자유), 싸우고(파업권), 함께 교섭할(단체교섭권) 노동자들의 자유에 관해서 다루고 있다.

1) 이러한 집단적 자유들 중의 첫째는 단결의 자유이다. 그것은 공동의 이익을 함께 방어할 수 있는 자유로 이해된다. 르샤플리에 법은 이러한 "허구의 공동이익"의 존재를 부인하였으며, 그러한 이익을 인정하는 것으로부터 집단적 자유의 발전이 시작되었다. 1946년 프랑스헌법 전문 제6조에서 보장하고 있는 단결의 자유는 다음을 의미한다. "모든 인간은 단결 활동에 의하여 자신의 권리와 이익을 방어할 수 있으며 자신의 선택으로 단결체에 가입할 수 있다." 헌법재판소는 이러한 의미의 단결의 자유를 헌법 제34조에서 규정하고 있는 노동조합권과 구별하고 있다.[75] 단결의 자유는 "모든 인간"을 대상으로 하고 있으며 따라서 개인에게 주어진 권리를 의미하는 반면, 노동조합권은 노동

---

75) 프랑스헌법 제34조: "노동권, 단결권 및 사회보장권 (...)에 관한 규칙은 법률로 정한다."

조합을 대상으로 하고 있다는 것이다.[76] 이 개별적 권리는 집단
적 방식에 의해서만 행사될 수 있기 때문에, 단결의 자유는 개인
과 집단 사이에 일종의 긴장을 형성한다. 이는 단결의 자유를 노
동조합권과 조화시킬 필요가 있음을 의미한다.[77] 그 개별적 차원
은 단결하지 않을 자유를 의미한다. 그것은 또한 가입할 노동조
합을 선택할 자유를 의미하여, 이로부터 복수노조주의와 조합간
균등대우의 원칙이 나온다.[78] 단결의 자유의 이러한 개별적(혹
자는 "소극적"이라 한다) 측면은 프랑스에서 매우 중시되고 있
으며, 여기에 프랑스 노동조합운동이 예외적으로 약한 이유 중
의 하나가 있지 않겠는가 의심해 볼 수 있다.[79] 단결의 자유의
집단적 측면은 개인들이 조직하는 단체 및 그 단체를 대표하는
자(특히 사업내 노동조합대표)에 대하여 일정한 권리들을 인정
하는 것을 의미한다. 그러므로 개별적 자유로부터 집단적 권리
및 제도로의 이행은 불가피하다. 단결의 자유는 집단적 차원에
서 행사될 수밖에 없기 때문에 어떤 의미에서는 집단적 권리 및
제도의 싹을 품고 있는 것이다. 그러나 반대로 이러한 집단적 권

---

76) Conseil constitutionnel, 1989.7.25.; L. Favoreu et L. Philip, *Les grandes décisions du Conseil constitutionnel*, Paris, Sirey, 6e éd., 1991, pp.401-402.

77) B. Mathieu et S. Dion-Loye, "Le syndicat, le travailleur et l'individu: trois personnages en quête d'un rôle constitutionnellement défini", *Droit social*, 1990, p.525 참조.

78) J.-M. Verdier, *Syndicats et droit syndical*, Paris, Dalloz, 2e éd., 1987, vol. 1, p.150 et p.395 이하 참조.

79) M. Cointepas, "Les règles de droit et le déclin syndical en France", *Droit social*, 1992, p.250 참조. 그리고 단결의 자유가 노동조합우대협약에 미친 파급효과에 대해서는 G. Borenfreund, "La licéité des accords collectifs relatif au droit syndical et à la représentation du personnel", *Droit social*, 1992, p.893 참조.

리와 제도의 정당성을 부여하는 것은 어떤 단결체의 선험적 존재가 아니라, 개별적 자유인 것이다. 집단적 권리와 제도들은 그 단결체의 기관들이다. 이는 노동법에 있어서 대표의 개념을 밝혀 준다.

2) '집단적 대표'라는 개념은 노동조합적 형태의 대표뿐만 아니라 선거적 형태의 대표까지도 포괄한다. 전자는 개별 노동자들의 권리와 이익을 옹호할 어떤 조직에 대한 노동자들의 가입에 터잡고 있으며, 그 특화된 범위는 사업이 아니라 업종(또는 산업 또는 직종)이다. 반대로 선거적 형태의 대표는 선출직 노동자 대표의 선거에 터잡고 있으며, 그 특화된 범위는 사업이다.[80] 그러나 조르주 보렌프로인트의 연구들이 잘 보여주듯이, 이 두 형태의 대표는 모두 그러한 대표 제도 밖에서는 법적 존재를 갖지 않는 노동자들의 집단들(특정한 업종 부문의 노동자들, 사업장의 종업원 등)을 진정으로 "제도화"한다.[81] 그러므로 여기에서의 대표는 이미 존재하는 법주체를 대신하여 법률행위를 하는 것을 목적으로 하는 것이 아니다. 매우 다양한 기능들이 이 대표 제도에 부여된다(노사 공동 참여 기구들에서의 조직적 대표, 소송에서의 대표, 요구, 협의, 통제 등). 여기에 노동법상 대표 개념의 특수성이 존재하는데,[82] 노동법상 대표 개념은 사법상의 대

---

80) 비록 사업 외부에서도 근로자대표 선거 제도가 존재하지만(노동법원의 노사재판관 선거나 사회보험공단의 이사 선거), 선출형 근로자대표가 가장 중요한 역할을 수행하는 곳은 노사협의회와 고충처리위원을 의무적으로 설치해야 하는 사업 내부이다.

81) G. Borenfreund, "La représentation des salariés et l'idée de représentation", *Droit social*, 1991, p.685.

82) G. Borenfreund, *L'action revendicative au niveau de l'entreprise,*

표 개념(특히 위임이나 대리)이나 공법상의 대표 개념(특히 정치적 대표)[83]으로 포섭될 수 없다. 이러한 특수성을 잘 드러내는 것이 단결의 자유가 함축하는 복수노조주의를 완화하기 위하여 노동법에 도입해야 했던 '대표성' 개념이다. 이 대표성 개념은 노동조합권에 의하여 부여되는 핵심적인 법적 권한들을 이른바 대표적 노동조합들에 대해서만 제한하여 인정하게끔 한다. 그러나 이러한 대표성의 요구는 대표성 간주 제도에 의하여 완화된다. 대표성 간주 제도란 전국적 차원의 대표적 노동조합 연합단체에 가입한 노동조합에 대하여 대표성을 간주하는 것이다. 대표성 개념은 노동조합이 어떤 직업 집단의 구성원 전부를 조직하고 있지 않음에도 불구하고 그 집단의 의사를 대변할 수 있는 자격을 부여한다.[84] 노동법상 대표 이론의 이러한 모든 특수성은 그러한 대표를 기초짓는 자유의 개별적 특성과 연관짓지 않고서는 이해될 수 없는 것이다. 그것이 단결의 자유에 관한 것이든 (선거적 대표의 경우에) "모든 노동자는 그 대표를 통하여 노동조건의 집단적 결정 및 사업의 경영에 참가한다"[85]는 원칙에 관한 것이든 마찬가지다.

3) 파업도 역시 프랑스에서는 집단적으로 행동하는 개별적 자유의 일종으로 여겨졌다.[86] 자유로서의 파업은 개인들에게 열

---

thèse, Université de Paris-X-Nanterre, 1987 및 같은 저자의 "Propos sur la représentativité syndicale", *Droit social*, 1988, p.476 이하.

83) F. d'Arcy (dir.), *La représentation*, Paris, Economica, 1985 참조.

84) J. Savatier, "La notion de représentativité des syndicats en droit français", *Mélanges Beaulieu*, Québec, 1968, pp.437-452 참조.

85) 프랑스 1946년 헌법 전문 제8조.

86) H. Sinay et J.-C. Javillier, *La grève*, Paris, Dalloz, 2e éd., 1984,

려 있는 하나의 선택, 파업을 하지 않을 자유, 즉 노동할 자유를 함축하는 선택으로 나타난다. 파업의 이러한 개인적이고 '소극적인' 측면은 파업권을 인정한 1864년 5월 25-27일 법에서 이미 나타난다. 이 법은 공모죄(즉 파업죄)를 노동할 자유에 대한 침해죄로 대체했는데, 이는 파업하지 않을 자유에 대한 침해를 범죄로 취급하는 것이다.[87] 파업하지 않을 자유에 대한 침해를 형법전 속에 범죄로 취급하는 근거에 대해서 의심해 볼 수 있지만,[88] 어쨌든 이는 파업권에 대한 개인주의적 개념화의 힘을 보여주는 것이다. 파업권의 개인주의적 개념은 그 외에도 다른 특색들을 드러내는데, 그 가장 주목할 만한 것은 이른바 와일드캣 스트라이크, 즉 일체의 노동조합의 지시와 무관하게 행해진 파업의 원칙적 적법성이다. 파업은 노동조합보다 40년 앞서 인정된 것으로서, 프랑스의 집단적 노동관계법의 이러한 근본적인 개인주의는 노동법의 태동기에 이미 드러난 것이었다. 이는 독일과는 달리 프랑스에서는 집단이 일종의 조직된 공동체라는 관념에 터잡는 것이 아니라, 아무도 그 독점권을 주장할 수 없는 일종의 자유로운 모임이라는 관념에 터잡고 있음을 보여준다. 집단적 차원에 대한 요구는 그리하여 그 가장 단순한 산술적 표

---

p.100 이하 참조.

87) 프랑스 형법전 제414조와 제415조. 이 조문들은 여전히 유효하다. G. Lyon-Caen, "La liberté du travail et le droit français du travail", in *La liberté du travail*, Ed. Université de Liège, 1969, collection Congrès et colloques de l'Université, vol. 53, pp.19-37; J. Pélissier, "La liberté du travail", *Droit social*, 1990, p.19; J. Pradel, "Au confluent du droit pénal et du droit du travail: l'exemple du délit d'entrave à la liberté du travail", *Droit social*, 1990, p.37 참조.

88) H. Sinay et J.-C. Javillier, *op. cit.*, p.274 이하 참조.

현으로 축소된다. 즉 집단은 복수이며, 그렇지만 과반수가 요구
되지 않는다. 다수 노동자들이 함께 작업을 중지하는 것은 집단
적이며, 따라서 파업의 자유에 의하여 옹호될 수 있다.[89]

프랑스에서 파업권의 제도적 차원이 취약한 까닭이 이로써
분명해진다. 단결의 자유와 마찬가지로 파업의 자유의 집단적
행사를 규율하는 파업권과 개별적 파업의 자유를 구별해야 한
다. 헌법은 입법자에게 그 책임을 부과하고 있으나,[90] 입법자는
파업권을 입법으로 규율하는 데 무능력함을 노출시켰으며, 그
책임의 핵심적인 부분은 판례가 담당하고 있다. 집단적 노동쟁
의 조정 제도는 잠자는 숲 속의 공주처럼 노동법전 제5권 속에
오래전부터 잠들어 있는데, 이는 1930년대 말의 강제중재의 덧
없는 경험이 배어있기 때문이다.[91] 파업권에 대한 개인주의적 개
념의 이면은 파업권의 취약함과 불확실함이다. 판례에 맡겨져
있는 파업권은 법적 안정성과는 거리가 멀다. 그리고 이 법적 불
안정성의 주된 피해자는 파업노동자들이다.[92] 그리고 무엇보다
도 프랑스 노동법은 집단적 차원에서 조작 개념 체계를 벼리는
데 무능력함을 드러내었다. 판례가 취하는 방법론의 핵심은 파

---

89) Cour de cassation, Chambre sociale, 1963.10.3, *Dalloz*, 1964, Juris-prudences, p.3, G. Lyon-Caen.

90) 파업시 민사책임에 관한 1982년 10월 22일 결정에서 헌법재판소는 파업권의 행사에 있어서 "적법한 행위와 위법한 행위를 가르는 구체적인 경계선을 그을" 의무가 입법자에게 있다는 점을 잊지 않고 환기하였다(Conseil constitutionnel, 1982.10.22, *Droit social*, 1983, p.162, L. Hamon).

91) R. Savatier, "Les rayons et les ombres d'une expérience sociale. L'arbitrage obligatoire des conflits collectifs", *Dalloz*, 1938, Chroniques, p.9 참조.

92) H. Sinay, "Les méandres du droit de grève", in *Convergences, Etudes offertes à Marcel David*, Quimper, Calligrammes, 1991, p.407 참조.

업을 정의하거나 위법한 파업에 참가하는 행위를 처벌함에 있어
서 개별적 노동관계의 영역으로 되돌아가는 것이다. 그래서 위
법한 파업은 개별적 노동계약의 비정상적인 이행으로 변모한
다.93) 그에 따라 위법한 파업에 참가하는 행위는 노동계약의 이
행에 있어서의 과실로 정의된다. 이러한 방법론에는 과실이 있
는 노동자들 가운데 누구를 징계할 것인지를 사용자가 선택할
수 있는 권한을 사용자에게 부여하는 중대한 하자가 있다. 즉,
사용자는 위법한 파업에 참가한 노동자들에게 적용되는 징계를
개별화함으로써, 집단적 차원에서 이루어진 행위를 개별적 차원
에서 심판하는 재판관의 지위를 스스로에게 부여한다.94) 그러나
파업의 집단적 차원을 기본적으로 개인주의적인 틀 속에서 개념
화하는 것이 갖는 어려움은 쉽게 알 수 있다. 직장점거 중인 파
업노동자들에 대한 방해배제청구에 관한 판례의 변화는 그러한
어려움을 잘 보여 준다. 그러한 방해배제청구는 사실상으로도
또 법적으로도 파악될 수 없는 파업노동자들의 공동체가 소송에
서 어떻게 대표될 수 있는가 하는 문제를 판사에게 노골적으로
제기한다. 민사소송법의 의미에서 파업노동자 공동체의 대표는
노동법상의 대표와 동일시될 수 없기 때문에, 프랑스 대법원은
직장점거 중인 파업노동자들의 공동체를 겨냥하는 직권심리 기

---

93) M. Vericel, "L'exercice normal du droit de grève", *Droit social*, 1988, p.672 참조.

94) J.-E. Ray, *Les pouvoirs de l'employeur à l'occasion de la grève*, thèse, Paris, Librairie technique, 1985, p.63 참조. 또한 같은 저자의 "L'évolution jurisprudentielle et légale de cette question de 1988 à 1991", *Droit social*, 1990, p.768 이하; J. Pélissier, "Faute des grévistes et sanctions patronales", *Droit social*, 1988, 650 참조.

법과 이 공동체의 대표자로 추정되는 노동자들을 겨냥하는 변론
심리 기법을 결합하는 절차를 온갖 수단을 동원하여 만들어 낼
수밖에 없었다.[95]

　4) 단체교섭권도 단결의 자유나 파업권과 동일한 법적 구조
를 갖고 있다. 헌법 전문 제8조에서 규정한 바와 같이 "모든 노
동자의 노동조건 집단적 결정" 참여 원칙을 실현하는 단체교섭
권은 사업에서 일을 하는지 여부와 무관하게 사실상 모든 임금
노동자에게 인정된다.[96] 이것이 바로 파업권이나 단결의 자유와
마찬가지로 단체교섭권도 집단적으로 행사하는 개별적 권리로
볼 수 있는 이유들 중의 하나이다(유일한 이유는 아니다).[97]

　많은 논자들이 이러한 분석을 비판한 것은 사실이다.[98] 이
들이 단체교섭권의 주체를 다른 곳에서 찾고자 한 것은 그러므
로 필연적이다. 그 주체가 노동조합일 수는 없으므로(그러한 해
석은 노동법전 L.131-1조의 문언 자체에 의하여 배제된다), 출구
는 하나뿐인데, 그것은 단체교섭권을 "조직적으로 고려되는 노
동자공동체"[99]에 부여하는 것이다. 임금노동자와 노동조합 사이

　95) Cour de cassation, Chambre sociale, 1977.5.17. (Férodo), *Droit social*, 1978, p.119, J. Savatier; *Dalloz*, 1977, Jurisprudences, p.645, A. Jeammaud; *JCP*, 1978, II, 18992, Y. Desdevises. 좀더 일반적으로, 노동관계의 집단적 차원이 제기하는 절차문제에 관해서는 A. Supiot, *Les juridictions du travail*, Paris, Dalloz, 1987, p.481 이하 참조.
　96) Code du travail, L.131-2조.
　97) A. Supiot, "Les syndicats et la négociation collective", *Droit social*, 1983, p.63 참조.
　98) M.-A. Rothschild-Souriac, *Les accords collectifs au niveau de l'entreprise*, thèse d'Etat, Université de Paris-I, 1986, p.113 이하 참조.
　99) M.-A. Rothschild-Souriac, *op. cit.*, p.114. 같은 취지로 M.-L. Maurin, "Des titulaires du droit à la négociation collective", *Droit social*, 1988, p.24 참조.

에 "노동자들의 공동체"를 삽입하는 그러한 해석이 야기하는 난점들은 충분히 예상 가능하다. 우선 고립된 임금노동자의 경우(예를 들어 가내노동자)가 있는데, 이들에게 노동자공동체란 순전히 의제에 불과하지만, 이들에게도 단체교섭권은 명시적으로 인정된다.[100] 다른 한편에는 복잡한 구조의 사업에 소속되어 있는 임금노동자들의 경우가 있는데, 이들은 따라서 복수의 공동체(직종공동체, 사업장공동체, 사업공동체, 그룹공동체, 업종공동체 등)에 속하게 된다. 이 복수의 공동체들은 모두 단체교섭권의 주체가 될 수 있을 것이다. 사실 이러한 관점은 "사업별 단체계약"의 기획에 대응하는 것으로서, 사업에 속하는 임금노동자들의 공동체를 위하여 개인을 사라지게 만든다. 이 임금노동자들의 공동체는 노동조합과는 무관하게 법적 지위를 부여받는다.[101]

하지만 단체교섭권을 정초하는 것은 이러저러한 노동공동체에 소속되어 있다는 사실이 아니라 바로 종속관계이다. 노동법전 L.131-1조에 의하여 "노동조건, 고용조건 및 사회적 보장책들의 교섭에 대한 임금노동자들의 권리"로 정의되어 있는 단체교섭권은 모든 임금노동자의 노동조건은 해당 수준에서 적어도 하나의 대표적 노동조합에 의하여 집단적으로 교섭될 수 있어야 한다는 것을 의미할 뿐이다. 단체교섭권은 개별적 차원에서는 온전히 실현될 수 없는 계약의 자유 원칙을 집단적 차원으로 전치한다. 그러므로 단체교섭권은 어떤 경우에도 하나의 노동공동

---

100) Code du travail, L.131-2조.
101) 아래 제4장 참조.

체에 속해 있는 임금노동자들에게만 한정될 수는 없다. 나아가
단체교섭권을 가장 필요로 하는 사람들은 어떠한 노동공동체에
도 속하지 못한 임금노동자들이다(노동법전 L.131-2조에서 명시
적으로 언급하고 있는 가내노동자들의 경우처럼). 다시 말하면,
집단적인 요소는 단체교섭권의 행사요건일 뿐이지 인정요건이
아니다. 모든 임금노동자는 종속적 지위에 있다는 단 하나의 사
실로부터 단체교섭권을 향유하는 주체가 된다.[102] 단체교섭권은
단체교섭법의 범위 안에서 집단적으로 행사되는 개별적 자유이다.

　이러한 분석에 입각해서만 왜 프랑스법은 사업내 과반수 노
동조합에 배타적 단체교섭권을 부여하는 미국법과 같은 해법을
채택하지 않는지 이해할 수 있다.[103] 왜냐하면 우선 단체교섭권
의 개별적 성격은 단체교섭을 사업 차원으로 한정하는 것을 배
제한다.[104] 직업별 또는 지역별 수준의 교섭만이 고립되어 있거
나 노동조합이 없는 사업의 종업원 등 모든 임금노동자의 단체
교섭권 행사를 보장한다(미국에서는 이러한 노동자들은 어떠한
협약적 보호도 받지 못한다). 나아가 단체교섭권의 주체가 임금

---

　102) 이러한 분석을 비판하는 대부분의 논자들은 권리의 인정요건과 행사요
건의 구분을 거부한다. 그러나 양자의 구분은 훨씬 더 일반적인 효과를 갖는 것
으로서, 노동법에서 개인적인 것과 집단적인 것 사이에 형성되는 관계들을 이해
하는 데 필수적이다.

　103) R. A. Gorman, *Basic text on labor law. Unionization and collec-tive bargaining*, Saint Paul, Minnesota, West Publishing Co., 1976, p.374
이하; M. Rothstein, A. Knapp et L. Liebman, *Employment law*, New York,
The Foundation Press inc., 1991; X. Blanc-Jouvan, *Les rapports collectifs
de travail aux Etats-Unis*, Paris, Dalloz, 1957, p.107 이하; 같은 저자의 "La
négociation d'entreprise en droit comparé", *Droit social*, 1982, p.718 참조.

　104) Code du travail, L.131-1조(단체교섭권의 일반 원칙을 제시)와
L.132-18조(사업내 단체교섭권의 행사요건) 사이의 위계도 그러한 의미이다.

노동자들의 공동체인 법제에서는 이 공동체의 과반수를 대표하는 노동조합에 배타적 단체교섭권을 부여하는 것이 논리적이다. 미국법이 그러하다.[105] 그러나 프랑스법은 그렇지 않다. 미국법과 달리 프랑스법은 대표성이 있거나 대표성이 있는 것으로 간주되는 모든 단체들을 널리 교섭 석상에 초대한다. 이는 개별적 차원에서 존재하는 다양한 의사들이 집단적 차원에서 표현될 수 있도록 하는 것을 목적으로 한다. 단결의 자유와 관련하여 이미 확인했던 결론이 여기에서 다시 발견된다. 즉, 집단적 자유에 관한 프랑스식 관점을 특징짓는 극도의 개인주의는 노동자들의 대표를 분산시키는 결과를 초래한다는 것이다. 마지막으로 단체교섭권의 이러한 독특한 구조는 임금노동자가 자신의 노동계약보다 더 불리한 내용의 단체협약 규정에 구속되는 것을 금지한다. 단체교섭권은 임금노동자가 개별적 교섭보다 더 유리한 맥락에서 자신의 노동조건을 결정할 수 있는 권리로서, 사실상 어떤 경우에도 개별적 노동계약의 규정보다 불리한 규정을 노동자에게 부과하는 것으로 귀결될 수는 없다.[106]

이처럼 집단적으로 행사하는 개별적 자유라는 개념은 프랑스 노동법의 집단적 차원이 단조되었던 방식을 잘 보여준다. 즉, 그것은 자연적 공동체나 연대의 선험적 선언에서 출발한 것이

---

105) "미국 노동법의 핵심적인 원리들 중의 하나는 과반수 노동조합에 의한 배타적 대표 제도이다"(R. A. Gorman, *op. cit.*, p.374).

106) Code du travail, L.135-2조. 이에 대해서는 G. Borenfreund, "La résistance du salarié à l'accord dérogatoire", *Droit social*, 1990, p.626 참조; 여전히 유의미한 분석으로 G. Lyon-Caen, "Défense et illustration du contrat de travail", *Archives de philosophie du droit*, t. 13, 1968, pp.56-69 참조.

아니라, 계약 이론을 주재하는 개별적 평등과 자유 원칙을 심화하는 것에 의하여 이루어졌던 것이다. 그러한 착상에서는 사업이나 그 종업원은, 예를 들어 민법에서 가족이 수행하는 역할과 달리, 집단적 노동관계를 조직하는 기본 단위를 형성하지 않는다. 독일의 제도적 사업론을 프랑스에 도입하려는 학설상의 시도들은[107] 그러한 착상 앞에서 실패할 수밖에 없었다. 왜냐하면 프랑스에서 사업은 노동관계의 집단적 차원을 정초하는 공동체적 패러다임이 아니라, 종속관계로 인해 민법상의 자유와 평등 원칙이 실패함에 따라 집단적 차원에서 이 원칙들을 존중하도록 강제하는 장소로 등장하기 때문이다. 다시 말하면, 프랑스법에서 사업이란 집단적 차원에 의하여 '문명화'되어야 하는 장소이다.

---

107) 앞의 서장 참조.

제4장

사업의 문명화

민법과 노동법은 결국 동일한 존재의 이유를 갖는다. 그것은 사회적 관계를 '문명화하기(civiliser)'이다.[1] 즉 사회적 관계에서 힘의 지배를 법의 지배로 대체하고, 모두에게 자유롭고 평등한 법주체의 지위를 보장하는 것이다. 하지만 민법이 자신의 신체와 의사에 대한 주인으로서의 법주체라는 단단한 기반 위에서 발전한 반면, 종속은 임금노동자로부터 자유를 박탈하며 사용자와의 불평등한 법률관계 속에 임금노동자를 위치시킨다. 임금노동자가 사업 안에 들어갈 때 종속은 법주체로서의 임금노동자를 민법의 지평에서 사라지게 만든다. 거기에는 사용자의 지시권에 종속되는 단순한 주체만이 남는다. 노동법은 이 결핍을 완화시키는 것을 그 첫 번째 존재 이유로 삼았으며, 지금도 여전히 그러하다. 그것은 사용자의 권력이 행사되는 바로 그 곳에서 사용

---

1) 이 문명화 개념의 독특한 법률적 의미에 대해서는 앞의 제2장 참조.

자의 권력에 법적 규제를 가함으로써 사용자의 권력을 문명화하
는 것이다. 그 곳은 바로 '사업(entreprise)'[2]이다.

그러므로 사업의 문명화는 시민사회의 특징인 자유와 평등
의 원칙을 사업 안에서 존중하도록 하기 위하여 민법을 적용하기
만 하면 된다는 것을 의미하지 않는다는 점은 분명하다. 반대로
그것은 위계와 명령 복종의 원칙 위에 조직된 사업이라는 사회에
서 이 평등과 자유의 원칙을 실현하기 위하여 독창적인 길을 추
구한다는 것을 의미한다. 물론 이 문명화의 길은 민법에서 유래
한 법기술들을 많이 차용했지만(계약, 협약, 법인, 대표 등), 그것
은 언제나 종속의 요구 사항에 맞춰 조정된 것이었다. 문명화의
길은 또한 노동법처럼 권력관계를 대상으로 하는 법분야에서도
많은 부분을 차용하였다. 공법(권력의 남용),[3] 형법 또는 소송법
(방어권)[4] 등이 그것이다. 시민사회의 원칙들이 사업에 전치됨
으로써, 사업은 새로운 정당성을 획득하는 한편으로 시민사회 내
에서 확고한 자율성을 부여받게 된다. 사업의 문명화는 개인의
자유를 사업 안에 전치하는 과정으로서, 사업을 일종의 규범적
자치 공간으로 만든다. 다시 말하면, 자유를 사업 안에 도입하는
것은 사업에 관한 독자적 법질서의 발전을 승인하는 것이다.

---

2) 역자주: 프랑스어 "entreprise"는 "사업" 또는 "기업" 양쪽으로 다 번역될
수 있지만, 이 말이 프랑스 노동관계법에서 법의 적용 범위로 사용되는 개념이라
는 점에서 한국의 노동관계법이 법의 적용 범위로 쓰고 있는 "사업"(예를 들어 근
로기준법 제11조)으로 번역하는 것이 적절하다.

3) J.-L. Crozafon, *L'emprunt de techniques de droit administratif par
le droit du travail*, thèse, Paris-I, 1984.

4) 이 주제에 관해서는 Actes du colloque, "Les droits de la défense et
le droit du travail", *La Semaine sociale*, n° 410, 1988.5.24, 특히 J.-M. Verdier,
"Droits de la défense à l'intérieur de l'entreprise" 참조.

제1절 사업 안에서의 자유

집단성의 발명은 사업 내에서 자유라는 문제[5]에 두 가지 측면을 부여한다. 집단적 차원에서 자유는 사용자의 지시권에서 벗어나는 자치의 영역을 사업 안에 생성시킨다. 개별적 차원에서 자유는 종속관계의 과도함으로부터 임금노동자의 자유를 보존하는 것을 의도한다.

1. 집단자치의 영역[6]

노동시간과 노동장소는 무엇보다 종속의 시간이자 장소이다. 그래서 사업의 영토는 프랑스 대법원이 사용자의 권위의 영역이라고 불렀던 것을 형성한다.[7] 그러므로 사업 내에서 집단적 자유의 천명은 사용자의 지시권에서 전면적으로 또는 부분적으로 벗어나고, 그 만큼 임금노동자들의 공동체에 부여되는 자치권을 구성하는 장소와 시간의 형태를 취하였던 것이다. 이 자치의 영역은 임금노동자가 종속적 상태를 이유로 개별적 차원에서 가질 수 없었던 자유로운 주체의 자격을 집단적 차원에서 부여한다.[8]

---

5) 이 문제에 관해서는 Actes du colloque de Nanterre, "Les entreprises et les libertés publiques", *Droit social*, 1982, pp.417-450 참조.

6) 이 주제에 관해서는 A. Supiot, *Le juge et le droit du travail*, thèse, Bordeaux-I, 1979, p.158 이하 참조.

7) Cour de cassation, Chambre sociale, 1977.1.20, *Bulletin civil*, n° 51, p.40.

8) 주관적 권리를 정의하기 위하여 "활동영역" 또는 "행위공간" 같은 개념이

1) 임금노동자들의 집단자치장소의 역사는 자유의 원칙이 사업에 천천히 스며드는 과정이었다. 산업문명의 초기에는 노동단체는 노동장소 안에 있든 밖에 있든 모두 형법적으로 처벌받았다. 그러다가 1884년 단결의 자유를 승인함으로써 집단자치는 사업 밖에서 행사될 수 있었다. 마지막으로 몇몇 자유들은 사업 안에서 행사될 수 있게 되었다. 그러므로 집단자치의 지리학은 사업의 영토에서 멈추는 한편, 사업 안에 다양한 영토들을 드러낸다.9)

사업의 영토는 그 안에서 임금노동자들이 의사 표현의 자유, 왕래의 자유 등 자신들의 기본적 자유의 일부를 박탈당하는 공간이다. 노동법전 L.122-35조의 명확한 공식에 의하면, 사업 안에서 인간의 권리와 개별적 또는 집단적 자유는 노동의 이행에 의하여 정당화되는 제한들에 구속될 수 있다. 그러므로 어떤 경우에는 집단자치 그 자체도 계속해서 사업장의 담장 위에 머무른다. 무엇보다도 파업권의 행사가 그러하다. 프랑스 대법원은 "파업권은 사업장을 자의적으로 처분할 수 있는 권리를 포함하지 않는다"고 판시한 바 있다.10) 물론 이 문장은 약간 모호한 데가 있으며, 파업노동자의 사업장 점거가 자의적이지 않을 수 있

활용되기도 했다. J. Carbonnier, *Droit civil － Introduction*, Paris, PUF, 17e éd., 1988, p.271 참조.
9) 여기에서 영토 개념은 사용자의 권력이나 노동자들의 자치가 행사되는 공간을 의미한다. 이러한 의미에 대해서는 G. Burdeau, *Traité de science politique*, Paris, LGDJ, t. 2, 2e éd., 1967, p.84 이하 참조. 노동자들이 공간과 맺는 관계에 대해서는 M. Verret, *L'espace ouvrier*, Paris, A. Colin, 1979 및 Olivier Schwartz, *Le monde privé des ouvriers*, Paris, PUF, 1990, p.287 이하 참조.
10) Cour de cassation, Chambre sociale, 1984.6.21. (Sté. La Générale sucrière), *Droit social*, 1985, p.18, J. Savatier.

음을 배제하지 하는다. 그러나 사업장 안에서 파업을 할 수 있는
자유에 대한 일반적 승인을 의미하는 방향으로 해석되지는 않는
다. 판례에 의하면 파업은 단순한 노무거부가 아니라 임금노동
자들 간의 협의를 요구한다고 해석되는데,[11] 이러한 판례에 의하
면 노동자들 간의 협의라는 파업권의 적극적 측면은 노동조합
사무실이나 거리 등 사업장의 외부에서 펼쳐질 수밖에 없다는
결론이 나온다.[12] 다음으로 집단자치의 일정한 형식에 대한 존중
의 예외가 존재하는 곳은 중소기업의 영토이다. 오루 개혁 이전
에는 임금노동자 수 50인 미만의 사업에서는 노동조합 지부를
설치할 수가 없었는데, 오루법은 이 기준을 없애는 한편, 고충처
리위원(délégué du personnel)이 노동조합 전임자(délégué syn-
dical)의 부재를 대신할 수 있도록 함으로써 사업내 단결권의 행
사에 일반적 효력을 부여하였다.[13] 하지만 단결권 행사 원칙의

---

11) "파업은 사용자가 받아들이기를 거부하는 직업상 요구사항들을 관철하
기 위하여 협의하여 노동을 중단하는 것이다"(일관된 판례이다. Cour de cassa-
tion, Chambre sociale, 1985.11.6, *Droit social*, 1986, p.615, J. Déprez; Cour
de cassation, Chambre sociale, 1992.5.20, *Droit social*, 1992, p.717).

12) 이렇게 파업노동자들을 사업 외부로 축출하는 것이 초래하는 단점은 레
옹 블룸(Léon Blum)이 리옹(Riom)의 소송에서 정확하게 지적한 바 있다. "공공
질서의 관점에서 볼 때, 직장점거를 동반한 이 파업이 이점을 갖는다는 점은 부
인할 수 없다. 노동자들이 공장을 점거한 것은 사실이다. 그러나 공장이 노동자
들을 점거한 것 또한 사실이다. 노동자들은 공장에 있었으며, 다른 곳에 있지 않
았다. 노동자들은 거리에 있지 않았다. 노동자들이 공장 안에 모두 모여 있을 때,
지금까지 알고 있었던 모든 파업들이 그랬듯이 노래를 부르고 붉은 깃발을 휘날
리며 거리를 행진하다가 경찰의 저지선과 충돌하고 때로는 폭력적이고 피를 흘
리기까지 하는 사태는 일어나지 않았다. 공공도로 위에서 경찰력과 직접 부딪히
는 일은 없었다"(G. Lefranc, in *Histoire du Front populaire*, Paris, Payot,
1965, p.175에서 재인용). 행정관청으로부터 퇴거명령의 이행을 얻어내는 일이
언제나 어렵다는 사실은 다른 방식으로는 설명되지 않는다.

13) Code du travail, L.412-1조, L.412-4조 및 L.412-11조 제4항. 이에 대
해서는 J.-P. Murcier, "L'application du droit syndical et des institutions

일반성 뒤에서 중소기업은 여전히 단결권 행사의 구체적 수단들에 대한 존중을 결여한 채로 존재한다.[14] 좀더 일반적으로 보면 상시 임금노동자 수라는 기준은 노동법에서 전혀 의미를 상실하지 않았으며, 중소기업들을 임금노동자 대표권의 사각 지대에 방치한다.[15] 임금노동자 수 50인 미만의 사업은 노사협의회(comité d'entreprise) 설치 의무로부터 면제되며, 11인 미만 사업은 모든 형태의 노동자 대표로부터 면제된다. 그러므로 11인 미만 사업의 사업주는 어떠한 대화도 없이 독점적 권위를 행사한다. 이처럼 집단적 자유를 사업의 문 앞에 멈추게 하는 상시 노동자 수 요건은 매우 중요하다. 왜냐하면 프랑스 노동자의 절반 가량은 50인 미만의 사업에 고용되어 있으며, 4분의 1 정도는 10인 미만의 사업에 고용되어 있기 때문이다.[16]

　일정한 집단적 자유의 행사가 사업 내에서 승인될 때마다, 노동법에 의하여 한정되는 것은 사업 내의 영토들이다. 그러한 경우에는 사용자의 권위가 행사되는 영역에 대해서 집단자치의 영역의 경계를 설정해야 한다. 이와 관련하여 세 가지 상황이 존재할 수 있는데, 이는 사업의 세 가지 유형의 장소에 상응한다.

　첫 번째는 자치권의 장소이다. 즉 엄격하게 경계 설정된 영

---

représentatives dans les entreprises de moins de 50 salariés", *Droit social*, 1984, p.107 참조.

14) J.-M. Verdier, *Le droit syndical dans l'entreprise*, *op. cit.*, p.74 이하 및 p.92 이하 참조.

15) C. Sachs, *Les seuils d'effectifs en droit du travail*, thèse, Strasbourg, 1982 및 같은 저자의 "Les seuils d'effectifs: une problématique en évolution?", *Droit social*, 1983, p.472 참조.

16) G. Bélier, *Les conditions de l'amélioration de la représentation des salariés dans les petites et moyennes entreprises*, Rapport au Ministre du Travail, 1990 참조.

토 속의 영토로서 법률이 사용자의 권위로부터 박탈하여 집단적
자유의 행사에 할당한 장소를 말한다. 핵심적으로는 게시판[17]과
종업원 대표들에게 부여된 사무실[18]이 여기에 해당한다. 이 장소
들은 사용자의 권한에서 벗어나 있다. 사용자가 그러한 장소들
의 이용에 대해서 이의를 제기하려면 법원에 청구하는 수밖에
없다. 이는 시민사회의 규칙으로 돌아가는 것으로서, 예를 들어
사업 내에서 노동조합의 서면에 의한 표현권의 한계를 설정하기
위하여 노동법전이 "언론에 관한 규정들"을 참조하고 있는 것이
나,[19] 사업 외부의 노동조합 활동가를 사업내 지부 사무실에 자
유롭게 초청할 수 있는 노조 지부의 권리[20] 같은 것에서 분명하
게 드러난다.

　　두 번째는 이행의 장소이다. 즉 현관, 복도, 탈의실, 주차장
또는 구내식당 같이 고유한 의미에서의 노동에 할당된 것이 아
닌 사업내 공간을 말한다. 이 공간에서 사용자의 권위는 좀더 쉽
게 이완될 수 있다. 이것은 이행의 장소에서 일정한 집단적 자유
의 행사를 인정하는 입법의 근거가 된다. 예를 들면, 지부 조합
원들은 "사업 내에서" 한 달에 한 번 집회를 가질 수 있지만, 이
집회는 "노동장소 밖에서" 해야 하며 또 "사용자와 체결한 협약
에서 정한 바에 따라서" 해야 한다.[21] 이 이행의 장소는 노동자

---

17) Code du travail, L.412-8조(노동조합 선전활동), L.424-2조(고충처리
위원), L.434-4조(노사협의회), R.236-7조(안전보건위원회).
18) Code du travail, L.412-9조(노동조합 지부), L.424-2조(고충처리위원),
L.431-7조(노사협의회).
19) Code du travail, L.412-8조 제5항.
20) Code du travail, L.412-10조 제2항.
21) Code du travail, L.412-10조 제1항.

의 집단적 자유와 사용자의 권위 양자에 의하여 함께 구성된다
는 점에서 애매한 지위를 갖는 것이 사실이다. 탈의실이나 주차
장 또는 구내식당은 그 성질상 사업의 내부 세계에 속하기도 하
지만 또 그 만큼 사업의 외부 세계에 속하기도 한다. 이들은 또
한 그 성질상 규정과 지시를 벗어나는 비공식적 만남의 공간이
기도 하다. 임금노동자가 이 이행의 장소를 자유롭게 사용하는
문제와 관련하여 늘 분쟁이 발생하는 이유이다.[22]

　마지막으로 세 번째는 생산의 장소이다. 즉 고유한 의미에
서의 노동이 실현되는 공간이다(사무실, 작업장, 공사장 등). 이
공간은 진정한 의미에서 사용자의 권위가 행사되는 신성한 영역
이다. 생산의 장소는 임금노동자가 행동의 자유와 개인적 자치
권을 상실하고 사업의 톱니바퀴로 전락하는 전형적인 종속의 장
소이다. 법률이 오랫동안 이 장소를 집단적 자유의 행사 범위에
서 제외시켜 온 이유를 이해할 수 있다. 노동조합의 집회권이 대
표적인 경우인데, 이 권리는 "노동장소 밖에서" 행사된다. 노동
조합의 유인물과 선전물은 사업 내에서 자유롭게 배포할 수 있
지만,[23] 판례에 의하면 "노동의 정상적인 이행이나 사업의 운영
에 정당화되지 않는 혼란을 초래하는 성질의 것"이 되어서는 안
된다.[24] 이 판례는 생산의 장소에서 집단적 자유를 실현하는 문

---

22) 구내식당의 사례에 대해서는 F. Saramito, "Les sanctions pour prise
de parole dans les cantines", *Droit ouvrier*, 1951, 55; M. Despax, "La vie
extraprofessionnelle du salarié", *JCP*, 1963, I, 1776. 구내식당 내부의 감청 시
스템의 위법성에 대해서는 생-에티엔느 지방법원, 1977.4.19, *Dalloz*, 1978, Juris-
prudences, p.123, R. Lindon.
23) Code du travail, L.412-8조 제4항.
24) Cour de cassation, Chambre criminelle, 1973.11.27. (Cassignol),
Bulletin criminel, n° 437, p.1087.

제와 관련하여 지리적 제한을 기능적 제한으로 대체하려는 경향을 구성한다. 1982년 10월 28일 법(제2차 오루법)은 노동장소에서 조합비를 징수하는 것을 금지하는 규정을 폐지하였는데,[25] 이것도 마찬가지다. 기능적 제한 개념은 종업원 대표자들이 사업 내에서 자유롭게 돌아다닐 권리에 관한 지극히 분쟁적인 문제도 규율한다. 즉, 이 권리는 "임금노동자들의 노동의 수행에 중요한 방해를 초래하지 않는 범위에서"[26] 행사된다.

　　원칙적으로 사용자의 주권적 권위에 의하여 지배되는 공간에서 어떻게 집단적 자유가 실현될 수 있는가에 대해서 노동법은 이런 식으로 답한다. 사용자는 집단적 자유의 행사를 사업 밖으로 내던지거나 사업의 한계선상에 가둬 놓으려는 경향을 가지기 쉽다.[27] 이처럼 사용자의 권위가 실현되는 신성한 영역으로서의 사업의 경계에 대한 상대적 포기는 복잡한 영토 분할로 이어지는데, 그 경계선에서는 종속과 자유 사이에 모순이 끊이지 않는다.

　　2) 사업내 집단자치의 시간을 정의하는 문제와 관련해서도 같은 문제가 제기된다. 이 문제와 관련해서 오랫동안 단 하나의 유일한 기준만이 적용되었다. 즉, 노무의 급부 시간이라는 엄격

25) 이전의 조문인 Code du travail, L.412-6조와 현재의 조문인 L.412-7조를 비교해 볼 것.
26) Code du travail, L.412-17조.
27) 1968년 12월 27일 법은 사업 내에서 노동조합 선전물을 배포하는 것을 허용하였지만, 일부 사업들은 출입문 근처에서만 배포하도록 제한하기도 하였다. 이에 대해서 프랑스 대법원 형사부는 사업 내에서 노동조합 선전물을 배포할 수 있도록 허용한 법률은 그 배포가 "사업으로 들어서는 지점 근처에서만 행해질 것을 요구하지는 않았다"고 분명하게 밝혔다(Cour de cassation, Chambre criminelle, 1973.1.30, *Bulletin criminel*, n° 64, p.132).

한 의미로 이해되는 노동시간의 기준이 그것이다. 오루 개혁 이전까지 이 노동시간 기준은 임금노동자가 사용자의 권위를 벗어날 수 있도록 허용되는 시간들을 정의하는 데 배타적인 역할을 수행하였다. 노동조합 활동이든 파업이든 모든 집단적 자유는 노동이행시간의 한계선상에 위치하였다. 일부에 대해서는 아직도 그렇다. 판례는 준법투쟁이나 태업 등 노동의 완전한 중단이 아닌 방식으로 노무 제공을 거부하는 방식들에 대해서 여전히 파업으로 인정하지 않는다.[28] 노동조합의 선전 활동은 여전히 "출퇴근시간"[29]에 행해져야 한다. 노동조합의 집회는 "노동시간 외에"[30] 조직되어야 한다. 그리고 종업원 대표자들의 전임시간에 있어서 노동계약의 이행시간과 전임업무의 이행시간은 엄격하게 구분되어 꼼꼼하게 계산된다. 나아가 전임시간은 "일상적인 노동시간 외에"[31] 행사되어야 한다.

그러나 집단자치의 장소를 정의하는 문제와 마찬가지로 여기에서도 집단자치의 시공간적 제한이라는 과거의 방식을 기능적 제한으로 대체하려는 경향이 있다. 이러한 경향은 적어도 부분적으로는 노동관계의 개별화, 특히 노동시간의 개별화 현상에 조응하는 것이다. 노동의 리듬이 점점 덜 집단적이고 단일하게 됨에 따라, 더 이상 집단적 자유는 노동장소의 출입 시간에 맞춰 간단하게 정해질 수가 없게 된다. 그래서 노동법전은 더 이상 노

---

28) 이 판례에 대한 비판적 분석으로는 H. Sinay et J.-C. Javillier, *La grève*, *op. cit.*, p.170 이하 참조.
29) Code du travail, L.412-8조 제4항.
30) Code du travail, L.412-10조 제4항.
31) Code du travail, L.412-17조 제3항. J.-M. Verdier, *op. cit.*, n° 206 이하 참조.

동시간 동안 조합비를 걷는 것을 금지하지 않으며(금지하지 않
는 것은 허용하는 것이다. 이는 자유 체제의 규칙이다),[32] 노동조
합 전임자들이 "임금노동자가 일하는 바로 그 곳에서 필요한 접
촉을 취할 수 있도록"[33] 명시적으로 허용하고 있다. 좀더 의미심
장한 것으로는 제1차 오루법이 창설한 임금노동자들의 직접적이
고 집단적인 표현의 권리가 있는데, 이는 노동시간을 사용자의
지시권 행사에 배타적으로 귀속시키는 것을 허무는 하나의 돌파
구를 여는 것이었다. 왜냐하면 이 권리는 "노동장소에서 노동시
간 동안 행사"되는 것이며, "이에 소요된 시간은 노동시간으로
계산되어 임금이 지급"[34]되기 때문이다. 이 모든 사례들에서, 노
동시간 동안 임금노동자들에게 집단자치의 영역이 허용될 수 있
다는 생각이 발견된다. 이 집단자치가 사업의 이익을 존중하면
서 행사되는 한 말이다. 사실, 임금노동자들과 그 대표자들의 접
촉이 허용되는 것은 "노동의 수행에 중대한 방해"를 가져오지
않는 한에서이다.[35] 그리고 직접적이고 집단적인 표현의 권리는
"노동 단위에서 노동조건과 작업조직과 생산의 품질을 개선하기
위하여 실천에 옮겨야 할 행동들을 정의하는 것을 목적으로"[36]
한다. 이 두 사례에서 임금노동자들에게 허용된 자유는 사용자
의 지시권에 대한 반대를 정초하기 위한 것이 아니라, 정반대로

---

32) Code du travail, L.412-7조.
33) Code du travail, L.412-17조 제3항. 물론 구두의 접촉이다. 이 규정은 이
른바 '벙어리 대표자' 판례(Cour de cassation, Chambre criminelle, 1971.11.9:
(Lacquemanne), *Dalloz*, 1972, Jurisprudences, p.334, J.-M. Verdier; *JCP*, 1972,
II, 16970, J. Pélissier)에 종지부를 찍는 것이기 때문이다.
34) Code du travail, L.461-2조.
35) Code du travail, L.412-17조.
36) Code du travail, L.461-1조 제1항.

사용자의 지시권이 좀더 잘 계산되어서, 따라서 좀더 적절하게 행사되는 데 기여해야 한다.

개별적 노동계약이 개별 임금노동자가 구속을 받아들이기로 했다는 점에 의해서만 사용자의 권력 행사를 정당화하는 반면, 사업 안으로 집단적 자유가 침투하는 것은 사용자의 권력에 좀더 민주적인 정당성을 부여한다. 즉, 이 정당성은 모든 지배 체제에 내재하는 것으로서, 피지배자에게 표현할 수 있는 자유를 부여하고 그럼으로써 피지배자의 체제 내 포섭을 강화하는 정당성이다. 임금노동자들의 집단적 의사 표현권은 이 정의에 정확하게 부합한다. 이 표현권은 사업의 경제적, 사회적 기능에 자유를 고정시킴으로써 이 자유가 사업의 기능에 대한 정의 자체를 문제삼지 못하도록 한다. 하지만 그 결과 표현권은 규제적이고 강제적인 성격이 부여되지 않는 한, 계명된 사용자가 자발적으로 임금노동자들에게 부여할 수 있었던 자유들(예를 들어 린생산)과 거의 구별되지 않는다. 이는 표현권에 대한 실망감,[37] 그리고 어쩌면 좀더 일반적으로 말해서, 사업의 가치에 종속된 집단적 자유의 행사에 대해서 임금노동자들이 매력을 느끼지 못하는 까닭을 설명해 준다.

이러한 사례를 통해서, 사업의 '문명화' 운동이, 한편으로는 사업 속으로 침투한 시민적 자유(여기에서는 표현의 자유)와 다른 한편으로는 공통의 가치에 대한 존중에 의하여 구성되는 사

---

37) J. Bué, "L'expression des salariés avant la loi du 4 août 1982: les expériences d'initiative patronale", *Travail et Emploi*, 1985, p.55; S. Séchaud, "Les pratiques relatives à l'expression des salariés", *Travail et Emploi*, 1988, p.96 참조.

회로서의 사업조직이라는 양자를 불가분적으로 결합하는지 알
수 있다. 그러므로 사용자의 권력이 행사되는 영역과 집단자치
의 영역이 공존하기 위해서 서로 구별되고 떨어져 있는 장소와
공간을 할당하는 거친 방식을 취할 필요가 더 이상 없다. 이 공
존은 노동의 시간과 장소 그 자체 내에서 종속과 자유의 가치들
을 엮어내는 좀더 예리한 방식으로 실현된다. 이는 집단적 자유
의 쇠퇴를 대가로 한다. 이제는 이 집단적 자유 자체가 사업의
가치에 대한 존중에 종속되고, 프랑스의 노동운동이 오랫동안
부여하였던 급진성을 상실하고 있다.

2. 개별적 자치의 영역

노동계약을 통해서 임금노동자는 자유의 일부를 포기하고
대신 타인에게 종속된다. 단지 일부분이다. 왜냐하면 이 종속은
노무 제공의 이행에 관한 시간과 장소로 국한되기 때문이다. 사
업 안에서 종속되었던 임금노동자는 사업 밖에서는 완전한 자유
를 회복한다. 이 점에서 노동관계에 대한 계약적 분석은 제도적
분석 또는 신분적 분석과 다르다.[38] 노동관계가 인적 관계로 분
석되는 경우, 그러한 관계에서 비롯되는 종속은 시간과 공간 속
에 자리잡지 않는다. 인격적 종속관계에서 임금노동자는 사용자
에 대하여 충성과 신의의 의무를 언제 어느 곳에서나 부담하며,
종속관계는 바로 그러한 임금노동자의 인격을 특징짓는다. 그러
나 이러한 인적 종속성은 따라서 사용자의 신분적 의무 속에서

---

38) 앞의 서장 및 제1장 참조.

그 한계를 발견한다. 이 신분적 의무는 사용자의 권력을 제한함
으로써 은연중에 임금노동자의 개별적 자치의 영역을 표시한다.
반대로 순수한 계약적 관점에서 종속과 자유의 분배는 사업장의
출입문 안과 밖에서 나누어진다. 이 사업장의 출입문 위에는 단
테의 시를 약간 수정한 구절이 다음과 같이 새겨져 있을 것이다.
"여기 들어오는 자 모든 자유를 포기하라."

그러므로 사업 밖에서 행사되는 개별적 자유는 노동법에 의
하여 승인될 이유가 없었다(이는 집단적 자유와 명확히 구별되
는 점이다). 왜냐하면 민법과 공법에 의하여 이미 승인되었기 때
문이다. 반면에 이 개별적 자유를 사업 안에서 승인하도록 만든
것은 노동법이다. 이는 사용자의 권한이 밖의 자유를 잠식하지
않도록 하고, 그 행사 범위를 계약적 영역 즉 노동계약의 이행
범위로 제한하기 위한 것이었다. 사업내 개별적 자유의 첫 번째
영역은 사용자의 지시권을 사적 생활이든 공적 생활이든 불문하
고 임금노동자의 직업 외적인 생활에까지 확장시켜서는 안 된다
는 사용자의 의무에 상응하는 것이다. 나아가 이를 통해 종속에
대한 기능적 제한이 도입된다. 즉, 종속은 노동의 필요성에 국한
되는 것이다. 하지만 현대법에서는 사업내 개별적 자유의 두 번
째 영역이 나타난다. 그것은 더 이상 노동 밖에서 자유로운 인격
으로서의 임금노동자에 대한 고려에 관한 것이 아니라, 반대로
노동자로서의 자격에 내재하는 것이다. 그러므로 사업내 개별적
자유의 두 종류를 구별할 수 있다. 노동 밖에서의 자유와 노동
안에서의 자유이다.

1) 노동 밖에서의 자유는 사업 밖의 자유로서 사용자가 잠

식할 수 없는 것이다. 왜냐하면 이 자유는 노동계약의 이행과 아
무 상관이 없기 때문이다. 노동 밖의 자유는 공적 자유일 수도
있고,[39] 시민적 자유일 수도 있으며 또는 인격권일 수도 있다.[40]
노동 내적인 삶과 노동 외적인 삶 사이의 관계는 어떤 접근법을
취하는가에 따라서 자못 다른 언어로 제기된다. 공적 자유의 언
어로 논증하는 것은 시민의 지위를 사업 안으로 도입하는 방식
에 관한 질문을 제기한다. 이는 노동자들의 권리에 관한 오루 보
고서의 지향이었는데, 이에 의하면 "모든 시민에게 적용되는 공
적 자유는 생산의 요구와 부합하는 한에서 사업 안으로 들어가
야 한다."[41] 시민적 자유의 언어로 논증하는 것은 노동계약의 범
주 안에서 임금노동자의 인격에 대한 보호를 조직하는 방식에
관한 질문을 제기한다. 달리 말하면, 전자의 경우에서 핵심어는
시민의 자유를 보증하는 국가이며, 후자의 경우에는 양도불가능
한 권리의 주체로서 인격이다. 그러나 이 두 가지 접근법은 동전
의 양면이다. 왜냐하면 프랑스의 제도에서 임금노동자의 인격
보호는 공적 보증과 불가분적으로 연결되어 있기 때문이다. 시
민적 자유는 국가기관의 보증(사법적 또는 행정적 권위) 없이는

---

39) J. Rivero, "Les libertés publiques dans l'entreprise", *op. cit.*,
p.421. 이 저자는 공적 자유를 "실정법에 의하여 승인된 자기결정권"으로 정의한다.
J.-M. Verdier, "Libertés et travail. Problématique des droits de l'homme et
rôle du juge", *Dalloz*, 1988, Chr. p.63; G. Lyon-Caen, *Les libertés publiques
et l'emploi*, Rapport au Ministre du Travail, Paris, La Documentation
française, 1992.

40) J. Savatier, "La liberté dans le travail", *Droit social*, 1990, p.49 이
하 참조. B. Teyssié, "Personnes, entreprises et relations de travail", *Droit
social*, 1988, p.374 이하도 참조.

41) Rapport au Président de la République, Paris, La Documentation
française, 1981.

공허하며,42) 반대로 국가의 사업내 개입은 인격권의 보호 외에
다른 정당화를 갖지 않는다.

진짜 어려운 것은 언제나 마찬가지다. 즉, 노동계약의 범주
속으로 들어가지 않는 개별적 자유의 부분을 명확하게 경계짓는
것이다. 이를 위하여 1982년 8월 4일 법은 기능적 기준을 채택하
였다. 이 법에 의하면 사용자는 "수행해야 할 과업의 성질에 의
하여 정당화되지 않으며 추구하는 목적과 비례하지도 않는 제한
들"43)을 인격권과 개별적 자유에 가할 수 없다. 하지만 이 규정
은 판사의 판단 재량에 일정한 여지를 남겨 놓고 있다. 예를 들
어 법원은 "기능상의 필요성이 절대적으로 요구하는 매우 예외
적인 경우"에는 혼인의 자유가 노동계약에 의하여 제한될 수 있
다고 판시한 바 있다. 이 판결은 기독교 교육 기관에서 임금노동
자들의 이혼 후 재혼할 자유를 부정하는 것을 인정한 것인데, 그
럼으로써 사업 내에서 시민법보다 교회법이 우위에 있음을 인정
한 셈이다.44)

---

42) 정보와 관련된 자유의 보장이 겪는 특별한 문제는 사업 내에서 인격권을
보장하기 위해서는 제삼자 보증인(여기에서는 CNIL)이 반드시 필요하다는 점을
잘 보여준다. 이 문제에 관해서는 C. Lenoir et B. Wallon, "Informatique, travail
et libertés", *Droit social*, 1988, pp.214-241; A. Mole, "Informatique et libertés
du travail", *Droit social*, 1990, p.59 및 "Au delà de la loi informatique et lib-
ertés", *Droit social*, 1992, p.603; J. Frayssinet, "Nouvelles technologies et
protection des libertés dans l'entreprise", *Droit social*, 1992, p.596 참조.
43) Code du travail, L.122-35조. 이 규정은 국사원의 판례에서 비롯된 것
이다(Conseil d'Etat, 1980.2.1. (Peintures Corona), *Droit social*, 1980, p.310,
A. Bacquet.
44) Cour de cassation, Chambre mixte, 1975.10.17, *Dalloz*, 1976,
Jurisprudences, p.511, Guiho, *JCP*, 1976, II, 18238, Lindon; Cour de cassa-
tion, Assemblée plénière, 1978.5.19, *Dalloz*, 1978, R. Schmelk, *JCP*, 1979, II,
19009, Sauvageot, *Revue trimestrielle de droit civil*, 1978, 665, G. Cornu.

또한 1982년 8월 4일 법은 위와 같은 기능적 제한에만 머물지 않는다. 이 법은 그 성질상 사용자의 왕국에서 벗어나는 일정한 법주체의 속성들을 열거하고 있다. 왜냐하면 그 속성들은 전적으로 시민적 삶에 속하기 때문이다. 예를 들어 노동법전 L.122-45조는 "출신, 성별, 풍속, 가족 상황, 특정한 종족 또는 민족 또는 인종에 속한다는 사실, 정치적 견해, 노동조합 또는 협동조합 활동, 파업권의 정상적인 행사 또는 종교적 신념, 또는 노동의사에 의하여 부적합하다고 확인된 경우가 아닌 건강 상태 또는 장애"를 이유로 임금노동자를 징계하거나 해고하는 것을 무효로 규정하고 있다. 사용자가 이 규정에서 겨냥하고 있는 개별적 자유들을 고려할 권리가 없다면(차별금지의 원칙), 그것은 이 자유들이 노동의 이행과 상관이 없기 때문이다. 그런 까닭에 노동과 관련되어 능동적 형식으로 사업 내에서 보호되는 집단적 자유들(노동조합 또는 협동조합 활동, 파업권의 행사)과 인격적 속성(성, 출신, 종족, 인종),[45] 사생활(풍속, 가족 상황, 건강 상태),[46] 공적 생활(종교적 신념, 정치적 견해) 등과 같이 수동적

---

45) 사용자가 고려할 수 있는 상태로서의 노동자는 생물학적으로나 사회학적으로나 중립적인 존재이며, 성도 인종도 갖지 않는다. 여기에서 개별적 자유가 보호하고자 하는 것도 바로 이것, 즉 성이나 인종을 사업 외부로 축출하는 것이다. 이것은 노동자가 사업 내에서 예를 들어 자신의 성정체성을 행동으로 표출할 수 있는 면허를 얻는다는 것을 의미하지는 않는다(성희롱의 금지는 Code du travail, L.122-46조 이하).

46) 에이즈가 제기하는 문제에 대해서는 샤르도네(Chardonnet)의 성당관리인 사건에 관한 Cour de cassation, Chambre sociale, 1991.4.17, *Droit social*, 1991, p.485, J. Savatier; Berra, *Aspects juridiques des problèmes posés par le sida dans les relations de travail*, Dalloz; Lamy, *Semaine sociale*, 제416호 별책부록, 1988.7.4; Ph. Auvergnon (dir.), *Le droit social à l'épreuve du sida*, Bordeaux, Ed. de la MSH d'Aquitaine, 1992.

형식으로 보호되는 개별적 자유와 인격권은 다르게 취급된다. 후자는 사업 내에서 행사되지 않는 한에서만 절대적 보호를 향유한다. 반대로 이 자유들이 사업 내에서 행사되는 경우에는 앞에서 말한 기능적 제한이 적용된다. 즉, 사용자는 노동의 수행에 필요한 범위에서 이 자유들을 제한할 수 있다.[47] 임금노동자의 내면적 양심에 대한 절대적 보호와 사업 내에서 행사되는 외부적 양심에 대한 상대적 보호 사이에 미묘한 균형을 잡는 것이 현재 판례의 원칙이다. 판례는 "임금노동자가 맡은 임무의 성격과 사업의 고유한 목적을 고려할 때, 사업 내에서 명백한 혼란을 야기한 임금노동자의 행동에 근거한 객관적 이유가 있는 해고"[48]의 적법성을 인정하면서, 인격에 내재하는 개별적 자유를 사업 내에서 적극적으로 표출하는 모든 행위를 기능적 제한에 명확하게 구속시키고 있다.

2) 노동 안에서의 자유는 반대로 노동자의 자격에 내재하는 개별적 자유이며, 따라서 노동계약의 틀 안에서 행사되는 것이다. 임금노동 안에서의 개별적 자유 개념은 역설적이다. 왜냐하면 임금노동자성을 결정하는 것은 종속이기 때문이다. 그리고

---

47) 사업 내에서 정치적이고 종교적인 얘기를 나누는 문제에 대해서는 Cour de cassation, Chambre sociale, 1970.10.14, Epoux Bondu, *Dalloz*, 1971, Jurisprudences, p.53; Conseil d'Etat, 1989.1.25, Société Industrielle teintures et Apprêts, *RJS*, 5/1989, n° 423 참조.

48) Cour de cassation, Chambre sociale, 1991.4.17, Association fraternité Saint Pie X, *Droit social*, 1991, p.489, J. Savatier. 이 유명한 사례에서 카톨릭 협회는 성당관리인을 동성애자라는 이유로 해고하였는데, 프랑스 대법원은 "사용자는 노동자의 풍기를 문제삼는 데 그쳤을 뿐, 그 노동자가 협회에 어떤 피해를 끼치는 행동을 했는지 입증한 바 없다"는 이유로 해고를 부당하다고 판결하였다.

사실상 노동 안에서의 임금노동자의 자유는 오랫동안 집단적 노동관계에서만 의미를 가지고 있었을 뿐이다. 즉 집단적으로 행사되는 개별적 자유 개념이 그것이다.[49] 그렇지만 현대 노동법의 두 가지 중요한 변화는 노동 안에서의 개별적 자유 개념을 형성하는 데 이르고 있다.

a/ 첫째, 종속 개념의 약화이다.[50] 이는 노동의 이행에 있어서 진정한 자유를 향유하는 노동자들이 임금노동자의 대열에 합류하거나 임금노동자의 지위를 유지하는 데 복무하였다. 종속이라는 기준의 불충분함은 두 가지 차원에서 나타났다. 한편으로는 법기술적 차원에서의 불충분함이다. 종속 개념은 겉보기에는 간단해 보이지만, 노동의 이행에 있어서 자신의 직업적 능력에서 기인하는 객관적 독립성을 향유하는 숙련된 임금노동자들의 상황을 특정하는 데 충분하지 않다. 이 경우 사용자의 지시권은 노무 제공의 핵심에서는 실현되지 못하고, 주변부에서만, 노무 제공의 조건에 대해서만 행사될 뿐이다. 그러므로 종속관계는 더 막연한 방식으로 표현되고, 그것을 입증하기란 더 어려워진다. 다른 한편으로 종속의 기준은 사회적 차원에서 불충분하다. 종속 개념은 객관적으로도 주체적으로도 보호를 필요로 하는 노동자들을 노동법의 적용 범위에서 배제하는 결과를 낳는다. 이 두 측면은, 종종 결합되는데, 종속 개념의 내용 일부를 비울 수 있는 두 가지 기법의 출현을 설명한다.

---

49) 앞의 제3장 참조.
50) 이 문제에 대한 비교법적 연구로는 M. Pedrazzoli, *Lavoro subordinato e dintorni Comparazioni e prospettive*, Bologne, il Mulino, 1989 참조.

첫 번째는 종합적 판단 기법이다. 이는 판사로 하여금 노동 관계를 구성하는 요소 전반(임금 지급 방식, 생산수단의 소유, 노동시간의 조직, 지배권의 유형 및 강도 등)을 검토함으로써 일정한 지시관계를 나타내는 충분한 지표들이 존재하는지 여부를 살펴 노동관계를 정의할 수 있도록 한다. 이 기법의 특징은 어느 한 가지 지표만으로는 결정적인 것이 될 수 없다는 점이다. 이 종합적 판단 기법은 프랑스에서 그리고 좀더 일반적으로는 유럽 대륙의 여러 나라들에서 (영국과 달리) 노동의 이행에 있어서 진정한 자유를 향유하는 자들에게 임금노동자의 지위를 확대하는 데 기여하였다. 이러한 확대를 이끈 기본 구상은 노동자가 영업의 자유를 누리는지 아니면 단지 노동의 자유만을 누리는지 묻는 데 있다.[51] 이러한 구상은 오늘날 판례가 노동자의 종속성을 정의하기 위하여 사용하는 두 가지 개념 속에 나타난다. 첫 번째는 사업편입성이다. 이는 노무 급부의 수혜자가 노동의 이행 자체가 아니라 노동 이행의 조건들을 지시한다는 것을 함축한다. 이 조건들은 노동시간(시간표의 구속, 호출에 응할 의무 등), 노동장소(특정한 사업장, 이동 경로 또는 업무 분야 등 노무 급부의 수혜자가 이를 정하는가?) 또는 노동 수단들(노무 급부에 필요한 도구, 문서, 공간 등을 누가 제공하고 누가 소유하는가? 등)에 관한 것일 수 있다. 이 사업편입성 개념은 우선 사회보장과 관련하여 활용되었으며,[52] 이후 노동법에 확대 적용되었다.

---

51) H. Groutel, "Le critère du contrat de travail", in *Tendances du droit du travail français contemporain*, *Mélanges G.-H. Camerlynck*, Paris, Dalloz, 1978, pp.57-58.
52) Cour de cassation, Assemblée plénière, 1976.6.18, Hebdo-presse,

이 개념은 교수,[53] 의사,[54] 상품 홍보인[55] 등과 같이 업무 수행에
있어서 진정한 독립성을 향유하는 노동자들에게 임금노동자의
지위를 인정하는 데 이용되었다. 프랑스의 판례가 발전시킨 또
하나의 개념은 타인의 사업에 참여한다는 개념이다. 이는 소극
적 평가 개념으로서, 노동자가 자신의 고유한 임금노동자나 고
객을 두고 있지 않으며,[56] 영업의 위험을 부담하지 않는다[57]는
점을 확인하는 것이다.

종속 개념의 약화에 관한 두 번째 법기술은 일정한 범주의
노동자들을 법적으로 임금노동자로 간주하는 기법이다.[58] 이 임
금노동자 법정 간주 기법은 두 가지 목적을 갖고 있다. 하나는
특정 범주의 노동자들에 대한 명백한 착취 상황을 교정하는 것
이고(특히 가내노동의 경우가 그러하였다), 다른 하나는 일정한
독립성을 계속해서 향유하면서도 임금노동자의 사회보장에 접근
하기를 원하는 노동자들의 요구 사항을 만족시키는 것이다. 그
러한 노동자들의 종류는 다양했으며(방문외판원, 예술가, 기자
등), 그 성공 여부는 로비의 정도에 따라 달랐다. 법률에 의하여
새로운 임금노동자의 범주가 만들어질 때마다, 해당 범주에 맞

Dalloz, 1977, Jurisprudences, p.1973.

  53) Cour de cassation, Assemblée plénière, 1983.3.4, *Dalloz*, 1984, IR, 164.
  54) Cour de cassation, Chambre sociale, 1981.7.6, *Bulletin civil*, V, n° 91, p.64.
  55) Cour de cassation, Chambre sociale, 1977.2.24, *Bulletin civil*, V, n° 149, p.116.
  56) Cour de cassation, Chambre sociale, 1983.12.7, *Bulletin civil*, V, n° 592, p.423.
  57) Cour de cassation, Chambre sociale, 1984.11.14, *Bulletin civil*, V, n° 428,
p.319.
  58) 이탈리아의 '준종속성'(M.-V. Ballestrero, "L'ambigua nozione di lavoro
parasubordinato", *Lavoro e diritto*, 1987, p.41), 독일의 '유사노동자'(1974년
단체협약법 제12a조 "경제적으로 종속되어 있어 임금노동자와 유사하게 사회적
보호 필요성이 있는 자") 개념들과 비교된다.

게 노동계약을 인정하기 위한 기준들이 종속 개념을 대체하곤
하였다.

　b/ 임금노동 안에서의 개별적 자유의 부상에 관한 주목할
만한 또 하나의 신호는 임금노동자에게 노동 생활의 일부를 주
재할 수 있는 선택권을 임금노동자의 지위에 결부시켜 부여하는
것에 있다. 노동시간과 노동조직의 변화는 이러한 방향으로 전
개된다. 노동시간은, 특히 연차유급휴가권의 확대와 함께, 대폭
줄어들었다. 반면에 노동조직은 점점 더 개별화되고 있다. 이처
럼 노동생활은 여가생활을 가능케 하고(실업자는 돈이 없어서
여가생활에 접근하지 못한다), 여가생활의 사용은 노동자의 재
량에 맡겨져 있다. 단단하게 짜여진 상품 소비라는 조건에 구속
된다는 제한이 있기는 하지만 말이다. 노동시간의 조직은 또한
예전에 임금노동자들의 생활을 구획지었던 집단적 리듬들을 모
두 제거하는 쪽으로 전개된다. 이전의 집단적 리듬들은 이제 개
별화되고, 각각의 임금노동자는 자신의 시간을 조직함에 있어서
다소간이나마 폭넓은 선택권을 갖는다.59) 이와 동일한 전망 속에
서, 다양한 목적을 위하여 임금노동자가 일시적으로 노동을 중
단할 수 있는 가능성을 부여하는 특별휴가제도60)들이 번성하고

　59) 이 문제의 연혁에 관해서는 A. Jeammaud, "Le nouveau régime du
temps de travail", *Droit social*, 1982, p.305; J. Pélissier *et al.*, *Flexibilité du
droit du travail: objectif ou réalité?*, Lyon, Editions législations et admin-
istratives, 1986, p.127 이하; F. Favennec-Héry, "La durée et l'aménagement
du temps de travail", *ALD*, 1987, p.157; J.-E. Ray, "La flexibilité du temps de
travail", in *Le droit du travail: hier et demain*, Actes du Congres européen de
droit du travail, Paris, Société de législations comparatives, 1990, pp.183-200.
　60) P. Dessen, *Les congés dans l'entreprise*, Paris, Dalloz, 1988; M.-A.
Bousiges, *Répertoire de travail, Dalloz*, v° "Congés", 1989.

있다. 노동자는 가족생활,[61] 직업훈련,[62] 노동조합 활동,[63] 정치
활동 또는 각종 단체 활동,[64] 강의 또는 연구,[65] 창업,[66] 자연재
해 피해자들에 대한 지원,[67] 사회법원 활동,[68] 안식년[69] 등을 위

---

61) 모성휴가 및 입양휴가(Code du travail, L.122-26조)에 더하여 최근에
는 산후휴가(Code du travail, L.122-28조), 부성양육휴가 및 육아기노동시간단
축제도(Code du travail, L.122-28-1조; 1977년 7월 12일 법)가 추가되었다.
  62) Code du travail, L.931-1조(1971년 7월 16일 법); J.-M. Luttringer,
Le droit de la formation continue, Paris, Dalloz, 1986, p.259 이하 및 "Le
crédit formation‒ loi du 12 juillet 1990", *Droit social*, 1991, p.326 참조. 가
장 최근의 규정들은 임금노동자가 향유하는 직업훈련 기간 동안 그 재정에 임금
노동자가 참여하는 길을 열고 있다. J.-M. Luttringer, "L'accord national in-
terprofessionnel du 3 juillet 1991 relatif à la formation et au perfec-
tionnement professionnels", *Droit social*, 1991, p.800 참조.
  63) Code du travail, L.451-1조 이하(노동자의 교육에 관한 1957년 7월 23
일 법, 1985년 12월 30일 법에 의하여 개정); J.-M. Verdier, *op. cit.*, t. 5, vol.
1, p.464 참조; 이 법률의 도입 역사에 관해서는 M. David *et al.*, *L'individuel et
le collectif dans la formation des travailleurs*, Paris, Economica, 1976, t. 1,
p.50 이하 참조. 또한 노사협의회 노동자위원에게 주어지는 교육휴가(Code du
travail, L.434-10조, 1982년 10월 28일 법), 안전보건위원회 노동자위원에게 주어
지는 교육휴가(Code du travail, L.236-10조, 1982년 12월 23일 법), 노동법원 노동
자판사에게 주어지는 교육휴가(Code du travail, L.514-3조, 1979년 1월 18일 법).
  64) Code du travail, L.225-7조(1985년 7월 25일 법) 및 L.225-8조(1991년
8월 7일 법); 또한 가족협의회 대표자에게 주어지는 휴가(가족법전 제16조, 1986
년 1월 17일 법); 또한 국회의원 선거 입후보자에 관한 규정들(Code du travail,
L.122-24-1조), 지방의회 선거 입후보자에 관한 규정(지방자치법전 L.121-24조), 사
회보장 관리 공단 이사에 관한 규정(Code de la sécurité sociale, L.231-9조) 등.
  65) Code du travail, L.931-13조(1985년 12월 23일 법); O. Guillemonat,
"La participation des salariés à des missions d'enseignement", *Savoir*, 1991,
643 참조; 또한 청소년 지도자의 교육훈련휴가(Code du travail, L.225-1조,
1961년 12월 29일 법), 시험감독으로 참석하기 위한 휴가(Code du travail,
L.991-8조).
  66) Code du travail, L.122-32-12조(1984년 1월 3일 법).
  67) 1982년 7월 13일 제82-600호 법률, Dalloz, 1982, 329.
  68) Code du travail, L.514-1조(노동법원); Code de la sécurité sociale,
L.142-5조(사회보장법원). 사회법원 판사의 중요성에 대해서는 N. Marseau-Le
Corre, *Les juges non professionnels en droit judiciaire privé*, thèse, Nantes,
1992 참조.
  69) Code du travail, L.122-32-17(1984년 1월 3일 법).

하여 이 휴가를 사용할 수 있다. 이 휴가들은 구체적인 제도는 다르지만 모두 임금노동자에게 그 지위를 상실함이 없이 자기 주도로 종속관계에서 일시적으로 벗어날 수 있도록 하는 것을 목적으로 한다. 이 자유들의 대부분은 사업 내에서 일정한 근속 연수를 충족하는 임금노동자에게만 인정된다. 따라서 그 행사는 노동에서 독립되어 있는 것이 아니라, 정반대로 사업 내에 뿌리 내린 임금노동자의 신분적 요소로서 나타난다.

노동 안에서의 개별적 자유의 영역을 인정하려는 경향은 확실히 다른 방식으로 정식화되었던 임금노동자의 직업적 정체성에 대한 확인과 합류한다.[70] 이 두 현상은 임금노동자의 신분을 비임금노동자의 신분에 근접시키기 위하여 결합한다. 비임금노동자와 마찬가지로, 임금노동자는 노동생활에 투여하는 시간과 직업훈련이나 사회생활에 투여하는 시간 사이에 조정을 할 수 있는 권리를 가지며, 특정한 노동 상황이 초래하는 위험에 대한 판단자이며, 대가를 받고 하는 일의 완수에 있어서 진정한 자유를 향유할 수 있으며, 직업 외적인 삶에 관해서는 누구에게도 빚을 지지 않는다. 등등. 그리고 임금노동자는 이렇게 자신에게 인정되는 선택권을 홀로 행사한다.

물론 법적인 차원에서 분석한 내용들이 현실에서 갖는 의미를 과장해서는 안 된다. 법상으로 임금노동의 기준인 종속은 실제로도 임금노동자의 노동생활을 광범위하게 규정한다. 종속의 완화는 변두리에서만 일어날 뿐이다. 그러나 이 변두리의 상황

---

70) 앞의 제2장 참조.

은 노동세계에서 진행되고 있는 심층적인 재구성의 흐름을 보여
주는 것임에 틀림없다. 프랑스의 노동조합운동이 여전히 견지하
고 있는, 임금노동의 사회학적 단일성이라는 허구는 연대의 새
로운 모습을 만들어내기 위하여 해체될 수밖에 없을 것이다. 왜
냐하면 임금노동자에게 인정된 개별적 자유들은 똑같은 방식으
로 분배되지는 않으며, "이차노동시장"에서는 거의 아무런 의미
도 갖지 않기 때문이다. 법에 의하여 인정되는 임금노동자의 개
별적 자유는 이미 현실적으로도 집단성에 대하여, 특히 노동조
합의 입장에서는 매력이 없는 것으로 판명되고 있다. 프랑스에
서 집단성은 적어도 법적인 차원에서는 임금노동자가 노동계약
에 의하여 박탈당하는 개별적 자유를 표현하는 하나의 수단으로
착상되었으며, 일종의 노동관계적 소여로 착상된 것은 아니었다.
그러므로 노동계약의 영역에 개별적 자유의 한계 영역이 침투해
들어옴에 따라 그 집단성 자체가 영향을 받는 것은 피할 수 없다.

제2절 사업과 법

　사업 내에서 임금노동자에게 개별적 자유와 집단적 자유를
부여하는 것, 사업 속으로 법치가 침투하는 것은 시민사회에서
사업이 갖는 지위를 변화시킨다. 사업은 더 이상 사용자가 무제
한의 권력을 행사하는 배타적 공간이 아니라, 법적으로 조직되

는 단위이다. 이러한 변화는 사용자의 권력을 제거하는 것이 아
니라 사업에 새로운 정당성을 부여한다. 즉 법률에 의하여 정초
되는 권력이라는 정당성이다. 이 정당성은 오늘날 사업에 인정
되는 권리들을 통해서 표현된다. 여기서 사업과 법의 관계는 두
가지 서로 다른 의미로 이해될 수 있다. 하나는 사업으로부터 유
래하는 법이며, 하나는 사업에 적용되는 법이다. 사업의 정당화
는 이 두 차원의 각각에서 확인된다. 오늘날 사업은 법의 원천이
자 동시에 법의 객체가 되었다.

1. 법의 원천으로서의 사업[71]

1980년대에 대부분의 서구 나라들을 사로잡았던 탈규제[72]
또는 유연화 흐름은[73] 프랑스에서는 국가의 개입주의와 단절하
려는 의지와 동일시되었다. 유연화는 법령의 비중을 줄이고 경
제 행위자들이 스스로 규칙을 만들 수 있도록 함으로써 노동법
을 타율에서 자율로 이동시키는 것을 의미한다. 그런데 이러한
흐름의 가장 중요한 수혜자는 사업이다. 오루 개혁은 노동자들

---

71) 이하의 논의는 A. Supiot, "Déréglementation des relations de travail
et autoréglementation de l'entreprise", *Droit social*, 1989, p.195 이하 및
"La réglementation patronale de l'entreprise", *Droit social*, 1992, p.215 이
하의 논의를 요약, 정리한 것이다.
72) '탈규제'의 개념에 대해서는 아래 제5장 참조.
73) A. Lyon-Caen et A. Jeammaud (dir.), *Droit du travail, démocratie
et crise en Europe occidentale et en Amérique*, Arles, Actes Sud, 1986; G.
Lyon-Caen, "La bataille truquée de la flexibilité", *Droit social*, 1985, p.801;
J.-C. Javillier, "Ordre juridique, relations professionnelles et flexibilité. Approches
comparatives et internationales", *Droit social*, 1986, p.56; A. Jeammaud,
"Flexibilité: le procès du droit du travail", in J. Pélissier *et al.*, *Flexibilité
du droit du travail: objectif ou réalité?*, *op. cit.*, pp.23-54.

을 위하여 사업 속으로 새로운 자유를 침투시킨다고 주장하는
동시에 사업이 스스로 자기 규제할 수 있는 자유를 인정하였다.

　노동법의 법원을 사업으로 탈중심화시키는 것은 중언부언
이라고까지는 말하지 않더라도 잘 알려진 논법에 의하여 정당화
되었다. 우선 경제학적 논법이 있다. 점점 더 변화무쌍하고 다양
해지는 시장의 수요와 기술의 변화에 사업이 예민하게 적응하기
위해서는 법적인 차원에서 노동력 사용에 관한 규칙의 "유연성"
이 요구된다는 것이다. 즉, 노동법을 경쟁력 강화의 절대적 요구
에 맞춰야 한다는 것이다. 동시에 경제학적 담론은 임금노동자
를 사업 자본의 가장 비싼 요소들 중의 하나로 보는 관점을 재도
입하려고 한다. 이 "인적 자원"에 대한 가치 평가는 노동법을 노
동자와 가장 가까운 곳에서 만들 것을 요구한다. 이 경제학적 논
법은 다음과 같은 사회학적 논법과 만난다. 즉, 임금노동자의 문
화적 수준 향상,[74] 개별적 취향의 다양화, 전통적인 형식의 노동
조합에 대한 (상관관계가 있는?) 매력 상실이라는 상황에서, 이
다양성을 고려하고 노동조합 조직을 단단하게 만들기 위하여 사
업별 교섭을 우선시해야 한다는 것이다. 마지막으로 정치학적
논법도 뒤지지 않는다. 이 정치학적 논법은 "겸손한 국가"[75]를
요구하면서 본성적으로 시민사회[76]에 속하는 속성들을 시민사회
에 되돌려 주는 것으로 보일 수 있는 모든 것을 정당화한다. 이
모든 담론들은 국가에 의한 사업의 규제는 사업 스스로의 자율

---

74) C. Baudelot et R. Establet, *Le niveau monte*, Paris, Seuil, 1988 참조.
75) M. Crozier, *Etat modeste, Etat moderne*, Paris, Fayard, 1987 참조.
76) 이 개념이 오늘날 정치학 언어에서 쇠퇴하고 있다는 점에 대해서는 J.
Chevalier *et al.*, *La société civile*, Paris, PUF, 1986 참조.

규제에 자리를 양보해야 한다는 생각, 아직도 법의 대상으로 머물러 있는 사업은 이제 법의 주체이자 법의 원천이 되어야 한다는 생각을 받아들이게 만드는 데 일조한다. 이러한 주장은 사용자의 규범적 권한을 통해서도 실현될 수 있고, 단체협약을 통해서도 실현될 수 있다. 요컨대 국가에 의하여 정의된 범위 안에서 경우에 따라 협약에 의한 자율규제 또는 사용자에 의한 일방적 자율규제가 실현된다.

1) 협약에 의한 자율규제는 확실히 더욱 흔쾌히 강조되었다. 이는 엄격한 의미에서의 법령에 의한 국가의 규제나 업종별 협약에 의한 직업적 규제를 보충하거나 대체하는 협약을 사업 차원에서 교섭할 수 있는 자유로부터 비롯된다.[77] 협약에 의한 자율규제는 사업별 교섭의 촉진과 사업별 협약의 해방에 의하여 표출된다.

사업별 교섭의 촉진은 프랑스 법에서는 완전히 새로운 현상은 아니며, 사업별 교섭에 대한 일정한 촉발들 또는 의무들이 이미 존재하고 있었다.[78] 사업별 교섭의 촉진은 연례의무교섭을 제도화한 1982년 11월 13일 법에 의하여 진정으로 체계화되었다. 사용자에게 부과되는 교섭의무는 단체교섭권의 논리적 상관물로

---

77) M.-A. Rothschild-Souriac, *Les accords collectifs au niveau de l'entreprise*, thèse, Université de Paris-I, 1986; Y. Chalaron, *Négociations et accords collectifs d'entreprise*, Paris, Litec, 1990; M. Despax, *Négociations, conventions et accords collectifs*, Paris, Dalloz, 2e éd., 1989 참조. 비교법적 연구로는 Ministère du Travail, *Pratique et perspectives de la négociation européenne*, Paris, La Documentation française, 1989; F. Kessler, *Le droit des conventions collectives de travail en Allemagne*, Francfort, Peter Lang, 1988 참조.

78) M.-A. Rothschild-Souriac, *op. cit.*, p.122 이하 참조.

서(또는 법률적 상관물, 왜냐하면 양자의 적용 범위가 완전히 일
치하지는 않기 때문에), 단체교섭권과 마찬가지로 연례의무교섭
은 반드시 사업 차원에서 이루어져야 한다는 것을 함축하는 것은
아니며, 업종별 차원에서 의무교섭을 진행하는 것도 완전히 타당
할 수 있었다. 그러한 해법은 프랑스처럼 대부분의 임금노동자들
이 노동조합이 제대로 조직되어 있지 아니한 중소기업에 고용되
어 있고, 업종별 교섭이 노사관계의 역사 속에서 이미 뿌리를 내
리고 있는 나라에서는 훨씬 더 적절한 것으로 보였다.[79] 입법자
는 사업별 교섭을 우선시하기를 원하면서도 업종별 교섭을 포기
할 수 없었기 때문에 이중적 차원의 의무교섭제도를 도입하였다.
이 제도는 뜨거운 논쟁을 불러 일으켰으며, 단체교섭의 무게 중
심을 사업으로 이동시키려는 뜻을 명백하게 증언한다. 사업별 교
섭의 촉진은 단순히 사업별 교섭이 의무가 되었다는 점에서만 비
롯되는 것이 아니라, 사업별 교섭과 업종별 교섭의 대상을 나누
어 놓은 것에서도 비롯된다. 사업은 실노동시간과 노동시간의 조
직에 관해서는 유일한 의무적 교섭단위가 되었으며, 임금에 관한
연례교섭의무는 업종과 공유한다. 정기적 또는 부정기적인 직무
분류의 개정만이 업종별 의무교섭의 배타적 대상을 구성한다.[80]

사업별 협약의 해방은 '위반협약(accord dérogatoire)'의 도
입으로부터 비롯된다. 위반협약이란 프랑스 노동법상의 통상적
인 법원의 위계구조에서 벗어나는 협약을 말한다.[81] 위반협약은

79) J.-P. Chauchard, *La conception française de la négociation et de la convention collective de travail*, thèse, Université de Paris-I, 1984 참조.
80) Code du travail, L.132-12 및 art. L.132-27.
81) N. Aliprantis, *La place de la convention collective dans la hiérarchie*

"법령의 규정이 인정하는 경우에, 법령상의 규정에 반하거나, 또는 L.132-24조에 따라, 업종이나 업종간 수준에서 체결된 임금 규정에 반하는"[82] 조항들을 포함한다. 이러한 협약은 1967년에 극히 제한적인 방식으로 프랑스에서 처음으로 도입되었으며,[83] 노동시간에 관한 1982년 1월 16일의 행정명령법률[84]에 의하여 진정으로 체계화되었다. 이는 사회적 공서에 구멍을 내는 것이다. 왜냐하면 임금노동자에게 불리한 방향으로 위반하는 것을 허용하는 보충적인 법률이 노동법에 존재한다는 것을 전제하기 때문이다. 위반협약의 적용 범위는 1982년부터 계속해서 확대되었다. 노동시간의 조정이 주된 대상이지만,[85] 직간접적으로 임금 문제도 건드린다.[86] 이 모든 것은 사업별 위반협약을 노동의 가격과 시간에 관한 사업의 자율규제를 위한 유력한 수단으로 만드는 데 일조한다. 이러한 목적은 위반협약의 교섭은 사업내 모든 대표적 노동조합에게 열려 있지만 법률이 다수 노동조합에게 인정하는 거부권이 행사되는 경우 적용되지 않도록 하는 특별한 제도에 의하여 어느 정도 정당화된다.[87] 사업의 법률적 해방에는

---

des normes, thèse, Strasbourg, 1979, Paris, LGDJ, 1990, p.52 이하 참조.

82) Code du travail, L.132-26.

83) 1967년 9월 23일 오르도낭스(행정명령법률): 구 Code du travail, L.133-5; A. Supiot, "La réduction conventionnelle de la durée du travail", Droit social, 1981, p.448.

84) A. Jeammaud, "Le nouveau régime du temps de travail", Droit social, 1982, p.305 참조.

85) F. Favennec-Héry, "La durée et l'aménagement du temps de travail", op. cit., 1987; J.-E. Ray, "Les accords sur le temps de travail", Droit social, 1988, p.99 참조.

86) 드르바르 법에 의하여 도입된 연간 탄력적 노동시간제는 연장근로의 가산임금 원칙을 배제한다.

87) Code du travail, L.132-26; J.-E. Ray, op. cit., p.106 이하 참조. 거부

사업 내의 합의가 필요충분조건이라는 생각은 또한 '주고받
기'[88) 협약의 발달에서도 표현된다. 미국식 양보교섭[89)의 프랑스
버전이라고 할 수 있는 이 주고받기 협약은 사업의 규범적 자율
성을 천명하는 것을 지향한다. 요컨대, 핵심적인 공서만 제외하
고, 일체의 사업 외적인 규범들을 보완적인 규범으로 만드는 것
을 목적으로 하는 사업별 '단체계약(contrat collectif)'을 제도화
하려는 경영계의 기획들이 의도하는 바,[90) 노동법 위반적 주고
받기의 체계화로 나아가려는 것이다.[91) 그러나 대부분의 프랑스

권 제도는 노동조합 전임자의 법률적 관할권을 필요로 하는데, 그로 인해 제도의
취약성이 노출된다. 이에 대해서는 M.-A. Rothschild-Souriac, *op. cit.*, p.639
이하 참조.
   88) R. Soubie, "Quelques observations sur les accords 'donnant-don-
nant'", *Droit social*, 1985, p.614; J.-C. Javillier, "Négociations et accords d'en-
treprise en matière de rémunération", *Droit social*, 1988, p.68 참조. 단체협
약의 쌍무적 성격과 그 한계에 대해서는 J.-P. Chauchard, *op. cit.*, p.292 이하
및 M.-A. Rothschild-Souriac, *op. cit.*, p.972 이하를 비교할 것.
   89) J.-C. Javillier, *op. cit.*, *Droti social*, 1986, 56 참조.
   90) 특히 다음의 친기업적 협회들이 그렇다. Entreprise et Progrès, *Le
contrat collectif d'entreprise*, 1985.2, *Liaisons sociales*, 1985, Doct. n°
27/85); Echanges et Projets, *Pour une reprise du dialogue social*, n° 41,
1985. 3.; ETHIC 등. 같은 취지로 Actes du colloque "Faut-il brûler le code
du travail?", Faculté de droit Montpellier, 1986.4.25, *Droit social*, 1986,
p.549 이하, 특히 J. Barthélémy, p.597 이하 및 J.-C. Guibal, p.602 이하 참조.
이에 대한 비판으로는 G. Lyon-Caen, "La bataille truquée de la flexibilité",
op. cit., 특히 p.810; G. Bélier, "Les dérogations au droit du travail dans de
nouveaux contrats d'entreprise: réflexions critiques sur certains projets",
Droit social, 1986, p.49; R. Pascré, "Le 'contrat collectif d'entreprise' dév-
astateur", *Droit ouvrier*, 1986, p.266 참조.
   91) 그러한 단체계약론의 핵심은 다음과 같이 요약될 수 있다. "책임있는 두
당사자, 즉 경영진과 선출직 종업원 대표들이 교섭하고 체결하는 단체계약은 두
당사자 사이에 쌍무적 관계를 확립한다. (...) 단체계약의 교섭과 체결은 선택적이
다. 즉 교섭은 당사자들의 자유로운 주도권에 맡겨져 있으며, 체결은 각 당사자
가 유리하다고 판단하는 바에 따른다. 단체계약은 법령이나 업종별 단체협약에
반할 수 있다. 단체계약이 존재하지 않는 경우에는 법령이나 업종별 협약이 적용
된다. 그 결과 각 사업은 전반적이고 균형 잡힌 교섭의 결과로, 노동의 조직과 조

사업들에는 노동조합이 제대로 조직되어 있지 않다는 사정으로 인해 그러한 기획은, 만약 실현된다고 한다면, 차라리 사용자 일방의 자율규제로 귀결될 것이다.

2) 사용자에 의한 일방적 자율규제는 무엇보다도 우선 '취업규칙(réglement intérieur)'이라는 고전적인 형태로 나타난다. 사용자에 의한 이 강행적 규제는 1982년 8월 4일 법에 의하여 법적 근거를 부여받았다.[92] 따라서 사용자의 권한은 헌법에서 말하는 바의 가장 엄밀한 의미에서의 명령권이 되었다. 즉, 상위의 규범적 권위에 의하여 제정된 일반 규정들을 보완함으로써 전체 국가법질서에 통합되는 규칙들을 제정할 수 있는 권한으로서의 명령권이다.[93] 이러한 권한은 법률이 사업내 건강과 안전에 관하여 명시적으로 인정하고 있는 것인데,[94] 사용자의 명령권이 적용되는 다른 영역, "규율에 관한 일반적이고 상시적인 규칙들"의 영역으로도 확장될 수 있다. 이 영역에서도 사용자는 징계의 단계를 정하는 것과 방어권의 행사에 관한 법률의 규정들에 구체

건에 관하여 일정한 기간 동안 해당 사업에 특수한 규칙들을 마련할 수 있다. 이 규칙들은 현장에 좀더 밀착하여 사업의 경제적 상황과 종업원들의 사회적 요구를 조화시키는 것이 될 것이다"(J.-C. Guibal, "Point de vue: Plaidoyer pour un contrat collectif d'entreprise", *op. cit.*, pp.602-603).

92) Code du travail, L.122-33. B. Soinne, "Le contenu du pouvoir normatif de l'employeur', *Droit social*, 1983, pp.509-519 참조. 그 이전의 상황에 대해서는 같은 저자의 *L'analyse juridique du règlement intérieur d'entreprise*, Paris, LGDJ, 1970 참조.

93) A. Supiot, "La réglementation patronale de l'entreprise", *Droit social*, 1992, p.215 참조.

94) Code du travail, L.122-34. 사업내 비임금노동자에 관한 취업규칙의 강행적 효력에 대해서는 Conseil d'Etat, 1988.5.4. (SA Bopp, Dintzer, Wagner et Cie), *Recueil*, Tables, p.1044; *Dalloz*, 1990, som. 134, D. Chelle et X. Prétot; Conseil d'Etat, 1990.11.12. (Société Atochem), *RJS*, 2/91, n° 174.

적인 내용을 부여하는 일반적이고 상시적인 법규칙을 정의할 수
있는 권한을 법률로부터 위임받는다. 그러므로 민간인인 사용자
는 국가가 인정하는 명령권의 일부를 행사할 수 있는 자격을 획
득하게 된다. 이에 근거하여 대법원은 취업규칙을 사법상의 명
령행위로 정의하였다.[95]

　그런데 최근에는 보완적 규제라고 하는 새로운 형태의 사업
내 자율규제가 번성하고 있는데,[96] 이것은 사업내 협약법이 존재
하지 않는 경우에 일시적으로 대처하기 위한 것이다. 사실 프랑
스의 취약한 노동조합 조직은 사업별 협약의 발전을 종종 방해
한다. 그래서 노동조합의 파트너십이 실패한 곳에서 어떻게 협
약법을 만들 것인가 하는 문제가 제기된다. 노동조합의 파트너
십 실패는 사용자에 의한 일방적 규범인지 협약 규범인지 분명
하게 구별되지 않는 비전형적 사업규범들의 증식으로 이어졌다.
비전형 협약, 관행, 윤리코드, 업무지침 등이 그것이다.[97] 이 규
범들은 전부 노사 당사자의 의사를 보완하는 규범을 구성한다.
당사자의 의사를 보완하는 규범이라는 개념은 노사관행을 "성질
상 당사자들의 의사를 보완하는 것"[98]이라고 판시한 최근 대법

95) Cour de cassation, Chambre sociale, 1991.9.25, Société Unigrain, *Droit social*, 1992, p.27, J. Savatier.
96) 이 개념에 대해서는 아래 제6장 참조.
97) 이 개혁들도 마땅히 현실을 고려하여, 교섭할 수 있는 것과 일방적으로 결정할 수 있는 것 사이의 중첩을 배제하지 않았다. 그리고 법률도 교섭이 실패하는 경우를 대비하여 (교섭결렬보고서 같은) 혼성 개념들을 활용하였다. 이러한 방식은 경영상 해고 대상자의 선정 기준을 마련하거나, 예측경영(사회적 계획, 직업훈련계획, 남녀평등계획, 안전보건계획 등 계획 개념을 활용)을 촉진하기 위하여 활용된다.
98) Cour de cassation, Chambre sociale, 1990.12.19. (GIE Lafarge Coppee Recherche), *RJS*, 2/91, n° 224.

원 판결에서 나온 개념으로서, 비전형적인 사업내 다른 모든 규
범들에도 적용된다. 이 개념은 (노동조합의 부재로 인한) 단체교
섭의 불가능과 (단체협약 체결 의무의 부재로 인한) 단체교섭의
실패를 제거할 수 없는 법제에서는 단체교섭권에 필연적으로 수
반되는 결과이다. 그러므로 이것은 일종의 일방적 약속이라고
할 수 있지만,[99] 이는 어디까지나 노동법에 고유한 것이다. 왜냐
하면 노동법은 언제나 협약 규칙의 부재를 보완할 필요성을 그
근거로 삼고 있으며, 따라서 노동법은 단체협약 제도에 투사된
독특한 법제도를 요청하기 때문이다. 이 보완적 규범은 규범적
인 것으로서, 사용자와 임금노동자 모두에게 적용되며, 임금노동
자 개인의 동의를 필요로 하지 않는다. 이 규범은 보완적인 것으
로서, 최소한의 협의나 교섭 없이는 채택되거나 철회될 수 없다.
보완적 규범은 통상적인 사업별 협약과 동일한 영역, 동일한 효
력, 동일한 한계를 갖는다.[100] 그리고 사업별 협약이 나타나는
순간 사라질 운명이다.[101]

---

99) Cour de cassation, Chambre sociale, 1991.10.23. (S.A. Hôtel de
France), *Droit social*, 1991, p.960. 이 판결은 비전형 협약이 "종업원들에 대한
사용자의 약속"을 담고 있다는 이유로 구속력을 인정하였다. 이 개념의 최근 논
의 상황에 대해서는 M.-L. Izorche, *L'avènement de l'engagement unilatéral
en droit privé contemporain*, thèse, Université d'Aix-Marseille, 1989 참조.
그 개념의 노동법상 적용에 대해서는 M. Vericel, "Sur le pouvoir normateur
de l'entreprise", *Droit social*, 1991, pp.120-125 참조.

100) 비전형 협약으로 위반협약을 대체할 수는 없다. Cour de cassation,
Chambre criminelle, 1989.12.5. (Le Merrer), *Bulletin criminel*, n° 466,
p.1138; 1991.1.22. (Boutet), *RJS*, 4/91, n° 473.

101) Cour de cassation, Chambre sociale, 1990.12.19. (GIE Lafarge
Coppee Recherche).

2. 법의 객체로서의 사업

이처럼 사업은 일반적으로 생각하는 것과는 사뭇 다른 법률
적 구성을 획득한다.

사업의 개념에 관한 법적 논쟁은 두 가지 학설의 대립으로
나타났다. 개인주의적 학설에 의하면, 사업은 생산수단의 소유권
과 계약적 자유의 결합물이다. 자본의 소유자는 자본의 가치 실
현을 어떤 법적 형태로 할 것인지를 결정한다. 법적으로 사업은
계약 네트워크로 융해되는데, 이는 이러저러한 공동체를 조직하
는 것을 목적으로 하는 것이 아니라, 사업의 소유자가 임금노동
자를 포함하여 다른 경제 행위자들과 형성하는 관계를 정하는
것을 목적으로 한다. 이 학설은 (경제적 인간의 추상화에 기여한
다는 점에서) 경제적 자유주의에 뿌리를 내리고 있지만, 뿐만 아
니라 (자본과 노동의 이해관계 대립이라는 사상에 대응한다는
점에서) 마르크스주의에도 뿌리를 내리고 있다.[102] 반대로 공동
체주의적 학설에서는 사업은 자본의 소유자와 임금노동자, 그리
고 최근에 갈브레이스가 "테크노스트럭쳐"[103]라고 부르는 집단,
즉 리페르가 좀더 간단하게 "관리자"[104]라고 불렀던 집단을 하나
의 공동체로 결합하는 일종의 제도로 분석된다. 자본 소유자에
의하여 그리고 자본 소유자를 위하여 배치된 법적 경제적 작용

102) G. Lyon-Caen et A. Lyon-Caen, "La 'doctrine' de l'entreprise",
in *Dix ans de droit de l'entreprise*, Paris, Librairie technique, 1978, 599 참조.
103) J. K. Galbraith, *Economics and the public purpose*, Boston,
Houghton Mifflin, 1973, 프랑스어판, *La science économique et l'intérêt
général*, Paris, Gallimard, 1974, p.107 이하.
104) G. Ripert, *Aspects juridiques du capitalisme moderne*, Paris,
LGDJ, 2e éd., 1951, n° 135.

들의 네트워크가 아니라, 반대로 사업의 이해관계라고 하는 공
통의 이해관계를 중심으로 자본과 노동을 결합하는 제도라는 것
이다. 이 이론은 리페르[105]와 폴 뒤랑[106]에 의하여 프랑스에 소개
되었으며, 노동법뿐만 아니라 상법에서도 커다란 성공을 거두었
다.[107] 이 이론은 카톨릭 교회의 사회적 독트린[108] 및 독일 법
학[109]에 뿌리를 내리고 있다.

  공동체주의 이론을 지지하는 자들은 노동법을 뿌리내리게
할 수 있는 자연적 소여를 사업 안에서 발견한다. 이것은 사업에
사실의 힘을 부여하는 것이다. 즉 단일한 권위 아래 결합된 노동
공동체라는 사실이 그것이다. 이 사실의 힘을 사업이 더 이상 갖
지 않는 경우가 많다. 자본의 집중과 이동,[110] 고용의 외부화, 그
룹의 발달은 더 이상 사업을 자본과 노동을 결합하는 하나의 제
도로 사고하는 것을 허용하지 않는다. 오늘날에는 사용자와 '그
의' 임금노동자들로 형성된 집단의 단일성과 지속성은 뒤로 물

---

105) *Ibid.*, n° 119 이하.

106) P. Durand, "La notion juridique d'entreprise", in *Travaux de l'Association Henri Capitant*, 1948, 45.

107) M. Despax, *L'entreprise et le droit*, Paris, LGDJ, 1957; A. Brun, "Le lien d'entreprise", *JCP*, 1962, II, 1719; C. Champaud, *Le pouvoir de concentration de la société par actions*, Paris, Sirey, 1962; J. Paillusseau, *La société anonyme, technique d'organisation de l'entreprise*, Paris, Sirey, 1967 참조.

108) A. Supiot, "A propos d'un centenaire: la dimension juridique de la doctrine sociale de l'Eglise", *Droit social*, 1991, p.916 참조. 또한 *Centesimus Annus*, Cité du Vatican, Médisapaul, 1991 및 D. Maugenest, *Le discours social de l'Eglise catholique, de Léon XIII à Jean-Paul II*, Paris, Centurion, 1985 참조.

109) 앞의 서장 참조.

110) G. Lyon-Caen, "La concentration du capital et le droit du travail", *Droit social*, 1983, p.287 참조.

러나고, 다양하고 불연속적인 사업의 법형식, 고용 형태의 다양
화[111] 및 권력과 결정을 행사하는 자를 파악할 수 없다는 현상이
전면에 나서고 있다.[112] 요컨대 사업은 자연적인 노동공동체 개
념으로 환원될 수 없게 되었다.

그러나 사업은 개인주의 이론이 정리하는 것처럼 소유권과
계약의 자유가 주권을 행사하는 영역으로 환원될 수도 없다. 법
이 사업 안에서 임금노동자들에게 보장하는 개별적, 집단적 자
치의 영역은 사업에 훨씬 더 복잡하고 훨씬 더 문명화된 외양을
부여한다. 그리고 특히 사업은 노동법에서 일종의 패러다임의
가치를 획득하였다.[113] 즉 노동법을 적용하거나 해석하는 법학자
에게 필요한 확실한 준거로서의 가치이다.[114] 최근까지도 '사업'
이라는 개념의 사용은 드물었지만, 오늘날에는 집단대표, 단체교
섭 또는 단체행동만이 아니라 (징계, 해고 등) 개별적 노동관계
의 조직에 관한 사항들과 관련하여서도, 실정법상 편재하는 개
념이 되었다. 이 패러다임은 사용자에 의하여 통솔되는 임금노

---

111) 비교법적 연구에 대해서는 Ministère du Travail, *L'évolution des formes d'emploi*, Paris, La Documentation française, 1988 참조.

112) I. Vacarie, *L'employeur*, Paris, Sirey, 1979 참조.

113) A. Supiot, "Groupes de sociétés et paradigme de l'entreprise", *Revue trimestrielle de droit commercial*, 1985, 621; A. Jeammaud, "Droit du travail 1988: des retournements plus qu'une crise", *Droit social*, 1988, p.583 참조.

114) 여기에서 사용하고 있는 패러다임 개념의 의미에 대해서는 T. S. Kuhn, *The structure of scientific revolutions*, Chicago, 1962, 프랑스어판, *La structure des révolutions scientifiques*, Paris, Flammarion, 1983 참조. 토마스 쿤 스스로가 이 패러다임 개념을 판례에 비유하고 있는데, 판례는 "새로운 조건 또는 좀더 엄격한 조건에서 조정되고 구체화되는 대상"으로 이해된다(위의 책, p.45). 그런 점에서 패러다임 개념이 법학의 영역에서도 유용하다고 추정할 수 있다.

동자 공동체가 구성하는 준거의 상황을 가리킨다. 그러나 이 공
동체의 법적 성질을 정의하지는 않는다. 이 패러다임은 노동법
의 구성에 필요불가결한 요소로서, 사용자에 의하여 결정된 사
업의 법적 형식에 구애받지 않고 그것이 야기할 수 있는 (고용의
외부화, 회사의 그룹화 등) 객관적 분할에 대해서도 확인된다.
두 가지 방법이 사업의 확인에 이용된다. 첫 번째 방법은 사용자
에 의하여 결정된 법형식의 다양성과 유동성을 배척하고 사업의
단일성과 지속성을 재구성하는 것이다. 사업의 단일성은 제도적
재규정(경제사회단일체[115]) 또는 계약적 재규정(사업편입성[116])
을 통하여 확보된다. 사업의 계속성은 사업이전의 경우 노동계
약의 유지[117] 또는 다른 사용자에게 파견된 임금노동자의 지위
유지[118] 같은 기법을 통하여 담보된다. 반대로 두 번째 방법은 사
용자에 의하여 결정된 법형식을 그대로 받아들이면서도, 새로운
형태로 사업의 패러다임을 유지할 수 있도록 그 법형식들 간의
연결과 이행을 조직하는 것이다. 연결은 (경영해고의 경우 그룹
내 재배치 의무,[119] 해외 파견 임금노동자에게 적용되는 법률의

---

115) R. De Lestang, "La notion d'unité économique et sociale d'en-
treprises juridiquement distinctes", *Droit social*, 특별호, 1979.4, p.5; J.
Savatier, "L'unité économique et sociale entre personnes morales juridi-
quement distinctes", *Droit social*, 1986, p.11 참조.

116) 이 개념에 대해서는 앞의 논의 및 Th. Aubert-Montpeyssen, *Subordination
juridique et relation de travail, op. cit.*, p.240 이하 참조.

117) Code du travail, L.122-12조; 1977년 2월 14일 제87/187호 유럽공동
체지침.

118) Code du travail, L.122-14-8조; A. Lyon-Caen, "La mise à dis-
position internationale de salarié", *Droit social*, 1981, p.747; I. Vacarie,
"La mobilité du personnel au sein des groupes de sociétés", *Droit social*,
1989, p.462; F. Gaudu, "Le retour du salarié", *Droit social*, 1991, p.906 참조.

119) Cour de cassation, Chambre sociale, 1991.2.20, *Bulletin civil*, V,

경합120) 등과 같이) 개별적 노동관계에서 이루어질 수도 있고,
(그룹노사협의회121)와 같이) 집단적 노동관계에서 이루어질 수도
있다. 이행은 사업의 구조조정과 관련하여 임금노동자들을 변화
하는 상황에 결합시키는 것이나122) 그러한 변화가 임금노동자들
의 개별적, 집단적 권리에 미치는 영향을 최소화하기 위한 법
제123)에서 발견된다.

요컨대 사업을 준거로 삼는다는 것의 의미가 변했다. 이 준
거는 더 이상 하나의 사실에 대한 준거가 아니라, 법의 요구 사
항에 대한 준거이다. 오늘날 사업은 사업주의 자유를 규제하는
것을 목적으로 하는 법적 구조물들의 총체를 의미한다. 사업에
허용되는 자유에 관해서는 몽테스키외가 상업의 자유에 대해서
말했던 것을 말할 수 있을 것이다. "상업의 자유는 상인들이 원
하는 대로 할 수 있는 자유가 아니다. 그것은 차라리 상업의 예
속일 것이다. 상인을 제약하는 것이 바로 상업을 제약하는 것은
아니다. 자유로운 나라에서도 상인은 수많은 장애물들을 발견하

---

n° 86, p.53; Cour de cassation, Chambre sociale, 1992.6.25, *RJS*, 1992, n°
980, p.547.

120) M.-A. Moreau-Bourlès, "L'évolution récente de la jurisprudence
dans le domaine de l'expatriation des salariés", *Droit social*, 1986, p.23; J.
Déprez, "La loi appllicable au contrat de travail international", *Droit so-
cial*, 1991, p.21; H. Synvet et G. Couturier, Contributions au colloque de
Montpellier sur l'expatriation des salariés à l'étranger, *Droit social*, 1991,
p.836 et p.843 참조. 또한 Ph. Coursier, *Le conflit de lois en matière de
contrat de travail*, thèse, Montpellier, LGDJ, 1993 참조.

121) Code du travail, L.439-1조 이하; M. Cohen, *Le droit des comités
d'entreprise et des comités de groupe*, Paris, LGDJ, 2e éd., 1991 참조.

122) "Les restructurations", *Droit social*, 특별호, 1989. 1. 참조.

123) A. Supiot, "Groupes de sociétés et paradigme de l'entreprise",
op. cit., p.640 이하 참조.

며, 예속의 나라에서 마주치게 될 법보다 결코 적지 않다."124) 마
찬가지로 사업의 자유는 사용자가 원하는 대로 할 수 있는 자유
와 같지 않다. 법적으로 사업은 자연인과 달리 그 자체로서 하나
의 가치로 받아들여지는 것이 아니라, 일정한 사실들을 법의 요
구에 복종시키는 수단으로 이해된다. 사업 개념의 용례가 잡다
한 까닭이다. 사업 개념은 (경제사회단일체 또는 그룹 같이) 하
나의 총체를 포괄하기도 하고, 일부분을 가리키기도 하며, 나아
가 (사업이전의 경우 고용의 유지를 정당화하는 "일정한 동일성
을 유지하는 경제적 단위"125) 같이) 일부의 일자리를 의미하기도
한다. 사업 개념은 개별적 관계뿐만이 아니라 집단적 관계도 조
직할 수 있도록 해 준다. 요컨대 사업 개념은 법적 구조물 뒤에
있는 사실들을 탐색할 수 있도록 해 줄 뿐만 아니라, 일정한 사
실에도 불구하고 법의 적용을 가능하게 해 준다.

　법적으로 사업을 이와 같이 이해한다는 것은 사업주의 자유
와 책임을 동시에 의미한다. 예를 들어 최근에 법률은 사전적인
행정감독 없이 인원을 조정할 수 있는 자유를 사업에 인정한 바
있다. 하지만 이 새로운 자유는 해고된 임금노동자들의 직업 전
환에 필요한 조치를 마련할 의무126)와 해고 대상자를 선정함에
있어서 객관적 재편입 가능성을 고려할 의무127)를 수반한다. 한

124) Montesquieu, *De l'esprit des Lois*, Livre XX, chapitre 12.
125) CJCE, 1988.2.10, Tellerup, *Droit social*, 1988, p.455, Darmon, Couturier; Cour de cassation, Assemblée plénière, 1990.3.16, *Droit social*, 1990, p.399, Dontenwille, Couturier.
126) Code du travail, L.321-5; A. Lyon-Caen, "La conversion: nouvelles orientations", *Droit social*, 1987, p.241.
127) Code du travail, L.321-1-1; '취약' 노동자들을 고려할 의무에 대한 좀더 일반적인 논의로는 F. Favennec-Héry, "Le droit et la gestion des dé-

편 판례에 의하면 사용자는 "노동계약을 신의칙에 따라 이행할
의무를 부담하므로 임금노동자들이 업무의 변화에 적응할 수 있
도록 보장할 의무가 있다."[128] 이는 곧 만약 사람이 사업을 위한
하나의 자원이라면, 사업 또한 사람을 위한 자원이 되어야 한다
는 것을 말함이다. 사회 안에서 사업에 허용되는 자유는 사업을
사회와 결합시키는 관계들을 잊지 말 것을 요구하며, 사업이 필
요로 하는 인적 자원과 천연 자원에 대한 부담 전체를 사회에 전
가하지 말 것을 요구한다. 언제나처럼 자유는 책임, 사회적 책임
과 생태적 책임을 함축한다. 그리고 책임을 부정하면 불가피하
게 자유 또한 부정될 것이다. 이처럼 사업과 사회를 결합하는 관
계의 명확함은 사업에게 진정한 시민권을 인정하는 것으로 귀결
되어야 하는가? 법이 사업을 이해하는 매우 도구적인 방법에 의
하면 대답은 부정적이다. 법적인 관점에서 보면 사업은 도구일
뿐 시민이 아니다. 반대로 이 도구는 사업주의 시민권을 정의하
는 데 도움이 될 수 있다. 과거에 노동자들의 시민권을 강화하는
데 도움이 되었던 것처럼 말이다.

parts", *Droit social*, 1992, p.581 참조.
　　128) Cour de cassation, Chambre sociale, 1992.2.25, Expovit, *Droit social*, 1992, p.379; A. Lyon-Caen, "Le droit et la gestion des compétences", *Droit social*, 1992, p.573.

제3부
법률과 규범

과학과 기술의 진보로 무르익은 사회에서 법규칙의 정의는 새로운 모습으로 나타난다. 왜냐하면 과학과 기술의 진보는 다량의 '규범'을 생산하는 것으로 귀결될 수밖에 없는데, 이 규범들은 법시스템이 무시할 수도 없고, 인정할 수도 없기 때문이다.[1] 자연과학이나 사회과학이 전파하는 규범들과 법규칙의 관계에 관한 질문은 두 세기 전부터 제기된 것이다. 이에 대한 대답은 인간에 대한 통치를 사물에 대한 관리로 대체한다는 생시몽적 유토피아에 의하여 장악되었다.[2] 조르주 캉길렘이 말한 바와 같

---

[1] 기술규범의 발전은 18세기에 비약적으로 이루어졌다. 캉길렘은 그 전조로 디드로(Diderot)와 달랑베르(d'Alembert)가 편찬한 『백과전서』의 "포가(砲架)" 항목을 제시한다. 이 항목은 나중에 왕립포병대가 수정했다. 이 항목은 "근대의 규범학 교과서에서 사용되는 거의 모든 개념들을 포함하고 있다"(G. Canguilhem, *Le normal et le pathologique*, Paris, PUF, 3e éd., 1975, p.182). "규범적(Normal)"이라는 말이 처음 나타난 것은 1759년이며, "규범화된(normalisé"이라는 말은 1834년이다.

[2] 생시몽은 다음과 같이 썼다. "과거의 시스템에서 사회는 본질적으로 인간에 의하여 통치되었다. 새로운 시스템에서는 오로지 원칙들에 의해서만 통치된다"(in *L'organisateur, Œuvres complètes*, Paris, Anthropos, t. 2, p.197). 사물에 대한 관리라는 주제에 대해서는 P. Ansard, *Sociologie de Saint-Simon*, Paris, PUF, 1970, 특히 p.126 이하 참조. 이 개념이 사회학을 정초하는 역할을 수행했다는 점에 대해서는 E. Durkheim, "Saint-Simon fondateur du pos-

이, 이 점에 있어서는 17세기에 프랑스에 탄생한 문법과 18세기 말에 도입된 미터법과 20세기 전반에 창설된 많은 규범 기관들 사이에는 차이가 없다. 왜냐하면 특정한 시스템 안에서 기술규범과 경제규범과 법률규범 등은 서로 관계를 맺기 때문이다.[3] 그러므로 기술규범을 통해서 자연을 지배하려는 기획과 경제와 사회를 지배하는 법칙들에 관한 과학적 지식에 기초해서 인간 관계를 조직하려는 기획 사이에는 단절이 없다. 생시몽 이후, 콩트의 실증주의 이후 그리고 마르크스주의 이후 현대의 경영학적 이상들(특히 인적 자원의 경영에 관한 이상들)에 이르기까지, 법규칙은 과학기술적 합리성에 복종해야 한다는 동일한 사상이 흐르고 있다.

점점 더 늘어나는 과학기술의 규범이나 경제학과 사회과학의 개념들이 법질서에 통합되는 현상 속에 그러한 생각이 표현되고 있다. 법규칙이 과학기술의 합리성에 복종해야 한다는 생각은 실증주의와 기능주의가 현대의 법사상을 지배하는 이유를 설명해 준다. 법학자들이 자신들의 전망을 실증주의적 규칙들의 영역에 한정한 다음, 이 규칙들이 수행한다고 간주되는 사회경제적 기능들에 비추어 법규칙을 분석하는 것은, 과학기술의 모델을 분석 대상인 법규칙에 덮어 씌우는 것에 불과하다. 이러한 도구적 법관념에서 법규칙은 자연과 사회에 대한 객관적 지식으로부터 정당성을 획득하는 사회경제적 규율을 단순히 형식화하는 것으로 여겨진다.

---

itivisme et de la sociologie", *Revue philosophique*, XCIX, 1925 참조.
  3) G. Canguilhem, *op. cit.*, p.181 이하 참조.

노동관계에 적용되는 규칙들을 정의하는 문제는 우선 이러한 규범주의적 관점과 관련이 있다. 왜냐하면 노동은 사회적 관계와 자연에 대한 관계를 동시에 함축하기 때문이다. 만약 인간의 노동이 인간들이 서로 대립하는 장소가 아니라 사물 관리의 평온한 대상이 되었다는 점을 확신할 수 있다면, 그 점에 대해서 기뻐할 수 있을 것이다. 왜냐하면 그렇게 되면 과학적으로 발견된 사물의 성질로부터 규칙을 연역할 수 있을 것이기 때문이다. 이러한 경향은 이미 프랑스의 법에 존재한다. 예를 들어 법을 경제담론에 기대 세우려는 것을 주저하지 않을 때 말이다. 경제담론은 (예를 들어 실업자4) 또는 사업5) 같이) 그 자체로 규범적인 사고 범주들에 의지하고 있을 뿐만 아니라, 실증주의적 규칙들을 정당화하는 근거라고 주장하는 법칙들, 즉 시장의 법칙을 과학의 이름으로 널리 공포한다. 그 결과, 법학자는 이 경제적 규범성 위에 노동법을 정초하고, 그렇게 함으로써 법의 근본 가치들에 관한 고유한 숙고를 생략하려는 유혹을 느낄 수 있다.

그러나 법학자는 경제사상이 제공하는 부드러운 침대에서 오랫동안 잠을 잘 수는 없을 것이다. 사실 경제적 규범성은 인간의 노동을 규율하는 유일한 것이 아니다. 자연의 규범들도 고려해야 한다. 예를 들어 생물학적 규범이나 물리학적 규범은 휴식과 노동, 낮과 밤(이런 점에서 야간휴식권은 자연권이라고 주장

---

4) 가장 예리한 경제학자들은 자신들이 구사하는 사고범주들의 규범적 차원을 누구보다 먼저 명확하게 인식하는 사람들이다. R. Salais, N. Baverez et B. Reynaud, *L'invention du chômage*, Paris, PUF, 1986; B. Reynaud, *Le salaire, la règle et le marché*, Paris, C. Bourgois, 1992 참조.

5) 이 개념이 법 속으로 체화되는 과정에 대해서는 앞의 제4장 참조.

할 수는 없을까?), 성장과 재생산 그리고 노화(노동의 능력에 영
향을 미친다), 계절(의류, 여가, 교통 등 농업이 아닌 많은 업종
들에 영향을 미친다) 등의 연속을 강요한다. 또한 도덕이나 풍속
도 고려해야 하는데, 특정한 사회나 특정한 직업에서는 도덕이
나 풍속이 사생활과 직업생활의 관계를 정의하기도 하고, 함께
일하는 방식을 강하게 좌우하기도 하며, 지리적 경제적으로는
서로 이웃하는 나라들의 노동법들이 갖는 차이점들을 이해할 수
있도록 해 준다. 요컨대 법은 무시할 수도 없고 인정할 수도 없
는 수많은 비법적 규범들과 관계가 있다.

　이처럼 노동관계의 정의에서 법적인 것과 규범적인 것의 관
계에 관한 문제가 제기된다. 여기에서 '법적인 것(le légal)'이란
가장 넓은 의미로 사용된다. 즉, 법체계에 부합하는 것은 모두
법적인 것이다. 그리고 '규범적인 것(le normal)'6)이란 캉길렘이
강조하는 것처럼 애매한 의미로 사용된다. 과학기술적 용례에서
규범적인 것이란 하나의 사실과 그 사실에 부여된 가치, 사실과
명령을 동시에 지칭한다.7) 법과 규범은 흔히 동등한 개념으로 취
급된다는 이유로 이러한 용어법을 비판할 수 있을 것이다. 하지
만 그러한 동등 취급이 바로 문제이며, 여기서 다루고자 하는 것

---

6) 역자주: 프랑스어에서 규범은 표준 또는 정상을 의미하기도 한다. 규범적
인 것이란 곧 표준적인 것이며, 그것이 곧 정상적인 것이다. 표준에서 벗어나는
것은 비정상적인 것이며, 곧 규범에 반하는 것이다. 그러므로 이하의 서술에서
등장하는 규범(norme)이라는 말의 파생어들, 예를 들어 규범적(normal), 규범성
(normativité), 규범화(normalisation) 등은 모두 표준적, 표준성, 표준화 또는
정상적, 정상성, 정상화 등과 동의어로 쓰인다는 점을 염두에 둘 필요가 있다. 다
만, 문맥의 자연스러움을 위해 특별히 필요한 경우에는 정상 또는 표준 등의 용
어를 쓴다.
7) G. Canguilhem, *op. cit.*, p.77 이하.

이 바로 이 문제이다. 이하에서는 두 단계로 나누어서 이 문제를 검토한다. 제5장에서는 다른 형식을 취한 규범성의 이름으로 노동법에 명시적으로 제기되었던 비난들을 추적할 것이다. 제6장에서는 노동관계에서 법과 사실상 공조를 하는 규범의 형상들을 검토할 것이다.

제5장

법에 대한 소송 제기

프랑스에서 법을 비판하는 것은 오랫동안 마르크스주의적 특징이었다. 이러한 경향이 법과대학들을 장악한 것은 매우 최근의 현상이다(1968년 이후). 노동법과 사회법을 비판하는 것은 1980년대 동안 자유주의적 경제학 담론의 중요한 축 가운데 하나였다. 자유주의적 경제학 담론은 북해 건너편과 대서양 건너편에서 넘어 왔는데, 프랑스에도 많은 추종자들을 만들어 내었다.[1] 물론 법의 몰락을 열망하는 것과 '탈입법' 또는 '탈규제'를 꿈꾸는 것은 완전히 똑같은 것은 아니다. 실제로 정치적 관점이나 경제적 관점에서 양자는 똑같지 않다. 그러나 법적인 관점에서 보자면 양자는 모두 법규칙의 정당성에 대한 문제 제기, 합법

1) 수많은 참고문헌들 중에서 다음의 문헌들을 골라 볼 수 있다. Y. Cannac, *Le juste pouvoir. Essai sur les deux chemins de la démocratie*, Paris, Lattès, 1983; J.-L. Harrouel, *Essai sur l'inégalité*, Paris, PUF, 1984; M. Crozier, *Etat modeste, Etat moderne*, Paris, Fayard, 1987; G. Sorman, "La politique sociale libérale", *Droit social*, 1986, p.83.

성의 개념에 대한 문제 제기라고 할 수 있다.[2]

　최근에 이 탈입법이라는 주제는 주로 경제학적 담론에 의하여 추동되었다. 이는 특히 프랑스에서 그러한데, 한편으로는 영업의 자유를 천천히 질식시킬 것이라고 하면서 법적 굴레를 고발하는 형태로 나타났으며, 다른 한편으로는 다양한 저작들을 통한 이론적 형태로 나타났다. 그 중 가장 중요한 것은 프리드리히 하이예크의 저작들이다.[3] 하이예크의 저작들은 모두 정치경제학적 전망 속에 자리잡는다는 공통점을 갖고 있다. 그러므로 '탈규제' 또는 '탈입법'이라는 용어는 법률적 용어가 아니라, 경제학과 정치학에서 나온 유행어이다. 이 용어들의 성공 비밀의 일부는 그 모호함에 있다. 이 용어들의 사전적 의미대로라면 규제나 입법을 철폐하는 정책을 가리키는 것으로 믿기 쉽다. 그런데 가장 피상적인 관찰만으로도 탈규제 정책이 규칙의 양적인 축소를 의미하는 것이 아니며, 심지어 프랑스의 예에서 보는 것처럼 규제의 수를 증가시키는 데 종종 기여하였다는 점을 충분히 알 수 있다. 그러므로 '탈규제'는 그러한 이름으로 도입된 법률들의 내용과 동일시하려고 시도해 볼 수 있다. 그러나 그러한 실용주의는 적지 않은 실망을 가져올 수 있다. 왜냐하면 우선 (사업내 노동자들의 시민권과 탈규제처럼) 서로 다른 이름을 갖는 정책들이 (예를 들어 사업별 교섭의 촉진과 같이) 거의 흡사한

---

2) 이하의 논의는 A. Supiot, "Délégalisation, normalisation et droit du travail", *Droit social*, 1984, p.296 이하를 현재의 상황에 맞게 수정, 보완한 것이다.

3) F. A. Hayek, *Law, Legislation and Liberty*, London, Routedge et Kegan, 1979, 프랑스어판, *Droit, législation et liberté*, Paris, PUF, 3 t., 1980-83.

입법 지향을 가리키는 데 이용되었기 때문이다. 그리고 정반대로 탈규제를 지지하는 유권자들에게 영리시장을 보호하는 규제들을 조심스럽게 유지하는 정책을 탈규제 정책이라고 우기는 경우도 있기 때문이다.[4] 노동관계의 영역에서는 사업주가 임금노동자들에게 일방적인 규범을 강요할 수 있는 권한을 갖고 있는 만큼 탈규제라는 개념은 부적절하다고 할 것이다. 만약 탈규제가 국가의 규제를 철폐하는 것으로 국한되어 쓰이는 개념이라면, 이는 곧 사용자의 규제 영역을 확대하는 결과가 될 것이다. 그러므로 탈규제는 규제를 멈추는 것이 아니라 다른 방식으로 규제한다는 말이다. 여기에서의 논의도 탈규제의 이름으로 진행되었던 노동법 개정의 실제 사례들을 검토하는 것이 아니라, 노동법적 합법성에 대한 비판의 이론적 측면을 검토하는 데 국한할 것이다.

노동법은 한편으로 '부르주아적' 합법성과 부분적으로 연결되면서도 동시에 탈규제의 이론가들이 선호하는 목표물들 중의 하나인 법분야라는 이점을 갖고 있다. 그러므로 합법성에 대한 마르크스주의적 비판과 자유주의적 비판을 모두 노동법에서 파악할 수 있을 것이라고 기대할 수 있다. 사실 이 양자의 이론에서 비판하는 것은 노동법의 동일한 측면들이 아니다. 심지어 얼핏 보기에는 노동법을 두 부분으로 딱 구분하는 것도 가능해 보

4) 1986년부터 1988년까지 프랑스에서 자유주의 우파의 집권 시기 동안 취해진 탈규제 정책들은 전문직에 대해서는 사실상 어떠한 관련도 없었으며, 전문직은 여전히 중요한 규제 장치의 보호를 받았다(해당 전문직의 시장을 규제하는 '협회'가 그것인데, 이 협회는 직업윤리와 징계상의 특권들을 부여받으며, 시장진입을 규제한다: D. Garreau, *Les formes juridiques de fermeture des marchés professionnels de la santé*, thèse, Université de Nantes, 1993 참조). 사실 매우 조합주의적인 관행들에 '자유주의'라는 이름을 붙이는 것은 특히 프랑스적인 것이다.

인다. 하나는 소유권과 계약의 개념과 결합된 자유주의적 부분
이고, 다른 하나는 (단결권, 파업권 등) 집단적 노동권과 (최저임
금, 최대노동시간, 건강, 안전 등) 개별적 임금노동자 보호 규범
들을 포함하는 국가 개입주의적 부분이다. 그렇다면 노동법은
외견상의 단일성 밑에서 실제로는 완전히 대립되는 두 가지 법
논리를 품고 있는 법이 될 것이다.5) 그렇다면 노동법의 자유주의
적 측면만을 겨냥하는 마르크스주의적 비판과 노동법의 개입주
의적 측면만을 공격하는 자유주의적 비판을 연결하는 것은 말장
난에 불과한 것이 될 것이다.

사실, 사태는 훨씬 더 복잡하다. 왜냐하면, 파슈카니스6)의
아류들이 전개한 바와 같이 법형식에 대한 급진적 비판의 이름
으로든, 하이예크가 주장한 바와 같이 사회적 정의에 대한 못지
않게 급진적인 비판의 이름으로든, 두 경우 모두 비판의 대상이
되는 것은 사회법의 정당성이기 때문이다. 그러므로 이 두 비판
의 구분은 노동법의 내부적 구분에 상응하는 것이 아니라, 법과
합법성에 관한 서로 상반되는 분석에 상응하는 것이다. 전자의
입장에서 볼 때, 노동법은 다른 법들과 다르지 않기 때문에, 즉
법이기 때문에 비판되어야 한다. 반대로 후자의 입장에서 볼 때,
노동법은 진정한 법이 아니기 때문에, 즉 법의 정의에 관한 형식
논리적 요구를 충족시키지 않기 때문에 비판되어야 한다. 그러

---

5) 논리의 충돌이라고 하는 이 주제는 프랑스에서는 특히 프랑스민주노동조
합총연맹(CFDT)의 법학자들에 의하여 논의되었다. *CFDT aujourd'hui: Le droit
du travail dans la lutte des classes*, 1977. 1-2, n° 23, pp.4-20 참조.
6) E. B. Pasukanis, *La théorie générale du droit et le maxisme*, 1924,
프랑스어판, Paris, EDI, 1970.

므로 양자에 대한 분석은 노동법의 법형식이 갖는 특수성, 전자
는 부정하고 후자는 인정하는 특수성에 대한 분석으로 나아갈
수밖에 없다.

노동관계의 영역에서 법을 상대로 제기된 소송을 심리하려
면, 노동관계의 입법화가 갖는 특수성들을 검토하는 것에서 시
작해야 한다. 그러한 분석에서 출발할 때 비로소 노동법에 대한
마르크스주의적 비판과 자유주의적 비판의 차이점과 공통점이
무엇인지 이해할 수 있을 것이다.

제1절 노동에서의 합법성

임금노동관계를 합법성의 원리에 복속시키는 것은 저절로
이루어지지는 않았다. 그것은 사회적 사실에 대한 관찰과 민법
이 견지하고 있었던 무시에 대한, 이렇게 말해도 좋다면, 사실의
반란으로부터 비롯된, 독특한 합법화 과정의 산물이다. 이 유년
시절과는 별도로 노동법은 다른 사법 분야와는 매우 다른 특징
을 간직하고 있다.

1. 노동법과 사회적 사실

사회학은 이미 노동법의 요람을 돌보았다. 법의 역사에서 처
음으로, 사회적 관계에 대한 사회학적 인식이 법적 이해를 앞질

렀다. 이 점 만으로도 노동법과 민법을 근본적으로 구별하는 데
충분할 것이다. 민법전은 그 역사적, 이념적 기원이 무엇이든지
간에,[7] 이성의 산물로 주어진 것이었다. 민법전은 몇 개의 공리들
(가족, 소유권, 계약 등)로부터 시민사회에 적용되는 모든 법규칙
을 연역하는 사고 체계로서, 일종의 공리 체계로서 존재한다. 민법
전이 취급하는 문제들에 대한 사회학적 접근은 훨씬 이후에 이루어
졌으며, 이 사회학적 인식이 법에 영향을 미치게 된 것은 또 그보다
훨씬 더 이후의 일이다. 가족을 예로 들면, 프랑스에서 일정한 사회
학적 분석 결과가 입법으로 반영된 것은 1960년대 이후이다.[8]

　　노동관계에서 일어나는 일은 이와 정반대이다. 프롤레타리
아는 민법전에서는 법적으로 고려되지 않았으며, 나아가 민법전
에서는 존재하지도 않았다.[9] 프롤레타리아는 이처럼 법률적 합
리성으로부터는 배제되었지만,[10] 반대로 사회학적 연구에서는
처음부터 중심에 있었다. 초기의 사회학 연구는 사회생리학으로
자처하면서 범죄나 질병 같은 사회적 기능장애의 원인을 발견하
는 데 몰두하였다.[11] 그 결과 사회학은 범죄율과 발병율에서 사

　7) A.-J. Arnaud, *Les origines doctrinales du code civil français*, Paris, LGDJ, 1969 참조.

　8) J. Carbonnier, "Tendances actuelles de l'art législatif en France", in *Légal Science Today*, Acta Universitatis Upsaliensis, Uppsala, 1978, p.23 이하 (*Essais sur les lois*, Paris, Répertoire Defrénois, 1979, p.231 이하 재수록) 참조.

　9) A. Tissier, "Le Code civil et les classes ouvrières", in *Livre du centenaire*, Paris, Ed. Rousseau, 1904, t. I, pp.71-94 참조.

　10) 그러나 일체의 규제로부터 배제된 것은 아니다. 왜냐하면 대공장과 소공장 및 수공업 작업장에 관한 혁명력 11년 제르미날 22일 법은 노동자들에 대한 경찰통제체제를 도입하였기 때문이다. 특히 노동자수첩이 그것이다. 이에 대해서는 앞의 제1장 참조.

　11) *Pour une histoire de la statistique*, Paris, INSEE, Imprimerie Nationale, 1977, 특히 M. Perrot, "Premières mesures des faits sociaux: les

회적 결정의 무게, 즉 노동계급의 비참함이 갖는 중요성을 명확
하게 밝혀내기에 이를 수밖에 없었다. 그러므로 노동계급은 비
예르메[12]나 게팽[13]의 조사와 같이 일찌감치 스스로를 조사 대상
으로 구성하였다. 이 조사들은 자유주의 사회의 원자적이고 개
인주의적인 모델에 대한 문제 제기에서 비롯된 것이거나, 그러
한 문제 제기와 공조하는 것이거나, 어쨌든 그러한 문제 제기와
밀접하게 관련된 것이었다.[14] 민법전은 그러한 자유주의 사회의
법률적 체계화를 담당한다.[15]

과도하게 착취당하는 사람들이 대규모로 비참하게 프롤레
타리아화되고 있는 명백한 사실 앞에서, 평등과 책임의 법원칙
은 수 많은 사람들이 겪고 있는 억압을 감추기 위한 가증스러운

débuts de la statistique criminelle en France (1780-1830)", pp.125-136 및
B. Lecuyer, "Médecins et observateurs sociaux: les Annales d'hygiène
publique et de médecine légale (1820-1850)", pp.445-475 참조.

12) M. Villermé, *Tableau de l'état physique et moral des ouvriers em-
ployés dans les manufactures de coton, de laine et de soie*, Paris, Renouard,
1840, reprint EDHIS, Paris, 1979.

13) A. Guépin et E. Bonamy, *Nantes au XIXe siècle. Statistique top-
ographique, industrielle et morale*, Nantes, P. Sébire, 1835; Ed. Savante,
Université de Nantes, CRP, 1981(Ph. Le Pichon의 서문). 게팽의 생애에 대해서
는 Ph. Le Pichon, "Ange Guépin dans l'histoire de Nantes", in *Du sentiment
de l'histoire dans une ville d'eau*, Nantes, Thonon-les-Bains, L'Albaron, 1991,
p.155 이하 참조.

14) 예를 들어 게팽과 보나미의 연구는 생시몽주의자로서 그들의 활동에 직
접 연관되어 있었다(*Nantes au XIXe siècle, op. cit.*, Présentation, p.7 이하
참조). 영국 노동자계급의 상황에 관한 엥겔스의 유명한 저작(*La situation de la
classe laborieuse en Angleterre*, Leipzig, 1845, 프랑스어판, Paris, Ed.
Sociales, 1975)은 다음의 두 통계 자료에 근거하고 있다. *Journal of the stat-
istical society of London* 및 *Report to Home Secretary from the poor law
commissions, on an enquiry into the sanitary condition of the laborius
classes of Great Britain* (1842년 의회보고서).

15) 노동법과 노동제도의 구성에서 통계조사가 차지하는 역할에 대해서는 J.
Luciani (dir.), *Histoire de l'Office du travail*, Paris, Syros, 1992 참조.

허구로 비춰질 수밖에 없었다. 과학은 법이 종교와 마찬가지로 지배자의 이익에 복무하는 사회적 마술로서 일종의 형이상학적 사기라는 것을 보여줌으로써 이 가면을 벗겨내려고 하였다.16) 이와 관련해서 오늘날까지도 이어지고 있다고 할 수 있는 두 가지 방식이 제시되었다.

첫 번째는 법을 기각하는 것이다. 오귀스트 콩트나 마르크스에 의하여 제시된 경로를 따라 '과학적' 인식의 기초 위에 사회적 관계를 정립하려고 하는 자들은 단호하게 법을 비난하였다. 콩트는 다음과 같이 썼다. "모든 법은 법을 인간의 논의에서 벗어나게 할 수 있는 유일한 원천으로서 초자연적인 원천을 필연적으로 전제한다. (...) 실증주의는 만인에 대한 만인의 의무만을 인정한다. 왜냐하면 실증주의적 관점은 언제나 사회적인 것으로서, 끊임없이 개인주의에 근거하고 있는 어떠한 권리 개념도 포함할 수가 없기 때문이다(...). 인간의 법은 모두 (...) 비도덕적이면서 어리석은 것이다. 신의 법은 더 이상 존재하지 않기 때문에, 법이라는 개념은 예비적 단계하고만 관련을 맺을 뿐이며, 기능에 따른 의무만을 인정하는 최종적 상태와 직접적으로 양립할 수 없는 것으로서, 완전히 사라져야 한다."17) 이러한 관점은 다양한 방식으로 커다란 성공을 거두었으며, 그 형이상학적 차원은, 가장 존경받는 프랑스 사회과학자들이 보기에, 계속해서 법을 (그리고 법학자를) 기각한다.18) 가장 사랑받는 학자들도 법

---

16) 예를 들어 E. B. Pasukanis, *La théorie générale du droit et le marxisme, op. cit.,* p.134 참조.

17) A. Comte, *Catéchisme positiviste*, 1852, Paris, Garnier Flammarion, 1966, p.238.

18) 이러한 관점이 오랫동안 성공을 거둔 데에는 적어도 세 가지 이유가 있

을 무시한다. 예를 들어 페르낭 브로델이 인간학의 통일을 주장
하면서[19] (역사학자 주위로) 경제학자, 사회학자, 지리학자, 인류
학자, 심리학자, 민속학자, 언어학자 등을 불러 모을 때, 법학자
는 부르지 않았다. 그러므로 법학자는 인간학의 전당 안으로 들
어가지 못할 것이다. 다른 사람들은 좀더 명시적이다. 예를 들어
클로드 레비-스트로스는 법을 "형편없이 낮은 수준의 테크놀로
지"로 여기면서, 법학자는 신학자와 마찬가지로 "허구적 시스템
을 마치 진짜인 것처럼 취급한다"고 평가한다.[20] 또는 피에르 부
르디외는 "가장 엄밀하게 합리성을 갖춘 법이라도 결코 성공한
사회적 마술 행위에 지나지 않는다는 것"을 이해하지 못했다는
이유로 막스 베버를 비난한다.[21] 최근까지도 파리의 사회과학자

다. 첫째, 그것은 특히 소송절차를 절대 이해할 수 없는 마술적 작용의 연속으로
바라보는 상식에 부합한다(이에 대해서는 M. Weber, *Sociologie du droit*,
Paris, PUF, 1986, p.232 참조). 둘째, 그것은 인문학과 사회과학의 전문가들로
하여금 법을 이해하려는 일체의 노력을 면제시켜 준다. 그것도 과학의 이름으로
말이다. 이것은 이중으로 흥미롭다. 단 한 번도 판결문이나 법전을 읽어보지 않
은 저자들이 법이나 사회법에 대해서 개인의 선호에 따라 단언하는 글들을 출판
하는 데 주저하지 않는다(이 에세이즘의 좋은 사례에 대해서는 J.-J. Dupeyroux,
"Un Yalta social?", à propos du livre Santé mon cher souci, in *Droit so-
cial*, 1990, p.481 참조). 셋째, 그러한 관점은 법은 주인을 위한 조작 기술에 불
과하다고 배운 독재자들의 법위반을 정당화시켜 준다.
  19) F. Braudel, "Université et diversité des sciences de l'homme", in
Revue de l'enseignement supérieur, 1960, n° 1, pp.17-22.
  20) C. Lévi-Strauss, "Les critères scientifiques dans les sciences so-
ciales et humaines", in *Revue internationale des sciences sociales*, vol.
XVI, 1964, n° 4, p.579 이하(*Anthropologie structurale II*, Paris, Plon, 1973
에 재수록. 인용은 p.361 et 363).
  21) P. Bourdieu, *Ce que parler veut dire. L'économie des échanges
linguistiques*, Paris, Fayard, 1982, pp.20-21. 좀 덜 초보적인 관점으로는 같은
저자의 "La force du droit. Eléments pour une sociologie du champ juridi-
que", *Actes de la recherche en sciences sociales*, n° 64, 1986, p.3 이하. 이
글에서 법의 효율성은 "거의 마술적인"(p. 13) 것으로 일컬어진다. 이것은 문제제
기로 가는 문을 다시 여는 것이나 다름없다!

들 중에는 거의 미셸 푸코만이 법학이 인간에 관한 학문이라는 점을 인정하고, 뒤르켐이나 모스 같은 학자들에 의하여 프랑스에서 시작된 지적 전통과 법학을 재결합시켰다.

두 번째는 이미 19세기에 등장한 것으로서, 철학이나 형이상학에 근거한 법이 아니라 사회적 사실에 대한 인식에 근거한 새로운 법을 정립하려는 기획이다. 최초의 사회적 입법들은 노동자 가족의 쇠약에 관한 사회학적 사실에 직접 근거하였다.[22] '사회법'은 그렇게 민법과 대립한다. 여기서 사회법이란 기르비치가 정의하는 바와 같은 넓은 개념이다.[23] 즉, 개인이 아니라 집단을 패러다임으로 하는 법을 말한다.[24] 노동법은 이러한 기획에 화답하는 것으로서, 사회보장법과 함께 가장 선명한 방식으로 그 기획의 실현에 기여한다.[25] 그러한 법과 함께 새로운 형식의 법적 합리성이 불쑥 출현한다는 점은 명백하다.

---

22) Y. Brissaud, "La déchéance de la famille ouvrière sous la Restauration et la monarchie de Juillet aux origines de la législation sociale", in *Le droit non civil de la famille*, Publications de la faculté de droit de Poitiers, t. 10, Paris, PUF, 1983, pp.65-103 참조.

23) G. Gurvitch, *L'idée du droit social*, Paris, Sirey, 1932, reprint Darmstadt, Scientia Verlag, 1972; 사회법의 대두에 관해서는 F. Ewald, *L'Etat providence*, Paris, Grasset, 1986, 특히 p.433 이하 참조. '사회적인 것' 개념의 모호함에 대해서는 G. Lyon-Caen, "Divagations sur un adjectif qualificatif", in *Les orientations sociales du droit contemporain*, *Etudes J. Savatier*, Paris, PUF, 1992, p.345 참조.

24) 유럽에서 이러한 법적 관점이 대두하는 데 독일의 학설이 미친 영향에 대해서는 앞의 서장 참조.

25) 하지만 사회법에 고유한 일부 개념들이 갖고 있는 특별한 역동성으로 인해, 그러한 역할에만 그치는 것은 아니다. 특히 위험의 사회화에 대해서는 F. Ewald, *op. cit.*, p.223 이하의 탁월한 분석을 볼 것.

2. 노동법과 법적 합리성

노동법에 의하여 제도화된 합법성의 독특한 유형을 어떻게 특징지을 것인가? 베버의 사회학이 제시한 유형학이 첫 번째 이해 수단을 제공한다. 주지하다시피 베버는[26] 비합리적 법과 합리적 법을 구분하고, 후자에 대해서 실질적 합리성과 형식적 합리성을 대조시킨다.[27] 형식적 합리성이 법적 사고 그 자체가 만들어낸 추상적 개념들의 체계 위에 근거하고 있다면, 실질적 합리성이 우위를 차지하는 규범들은 "논리적 추상의 형식주의를 깨뜨리는 윤리적 명령 또는 공리적 규칙, 시의성의 규칙 또는 정치적 금언"[28]을 포함한다. 물론 이는 형식적 합리성이 도출해 낸 개념들이 사회적 실체 및 특정한 가치 체계와 완전히 단절되어 있다는 것을 의미하지는 않는다. 형식적 합리성의 개념들은 사회적 실체와 법체계 사이에서 실질적 합리성에는 존재하지 않는 추상적 매개를 작동시킨다.

채권법이 확실히 형식적 합리성과 비슷하다면,[29] 최초의 노동법들은 실질적 요소들을 법체계 속에서 부상시킨다. 사실 산업입법에 고유한 개념들은 노동관계의 현실에서 직접 비롯된 것이다. 법질서에서 범람하는 것은 무엇보다 노동조건에 관한 조사들에 의하여 관찰되고 비난받은 사실들이다. 예를 들어 채권

---

26) M. Weber, *Sociologie du droit*, 프랑스어판, J. Grosclaude (번역과 서문), Paris, PUF, 1986.
27) M. Weber, *op. cit.*, p.42 이하. 이 유형론에 대한 분석은 J. Grosclaude, 위의 서문, p.20 이하. J. Grosclaude는 형식적 합리성을 비본질적인 것으로 규정한다(*op. cit.*, p.20).
28) M. Weber, *op. cit.*, p.43.
29) 민법전에 대한 베버의 분석을 볼 것. M. Weber, *op. cit.*, p.207 이하.

법이 계약 당사자들 간의 급부의 쌍무적 교환만을 보는 곳에서,
노동시간을 제한하는 법이나 노동재해의 보상에 관한 특수한 제
도를 조직하는 법은 노동관계에서 인간의 신체, 즉 탄광에서 일
하는 아이의 신체, 기계에 의하여 부서진 노동자의 신체가 갖는
핵심적인 위치를 법적 차원에서 가시화한다.[30] 이처럼 노동법은
사회적 현실에서 직접 빌려오고, 나아가 민법의 추상적 범주들
에 맞서 하나의 법적 개념으로서 부과되는 구체적 개념들의 체
계화를 통해서 점차 형성되어 갔다. 과실에 의한 계약 불이행에
대항하는 파업 개념, 계약의 상대적 효력 원칙에 대항하는 단체
협약 개념, 하는 채무의 금전적 해소에 대항하는 복직 개념 등이
그것이다. 이처럼 노동관계의 입법 과정에서 실질적 합리성이
차지하는 역할은 노동법의 특수성을 상당 부분 설명한다.

　우선, 실질적 합리성은 노동법이 전체 법영역에서 갖는 법
적, 사회적 위치를 좀더 잘 파악할 수 있도록 해준다. 사회학적
관점에서 볼 때, 어떤 법분야의 가치가 그 형식적 합리성의 수준
에 직접 비례하는 한에서는 노동법의 위치는 낮은 수준일 수밖
에 없었다. 그런데 노동법은 하찮은 자, 평범한 사람들에게 다가
간다는 점에서 본질적으로 하찮은 법일 뿐만 아니라,[31] 사회적인
것을 추상화하는 수준의 낮음은 법학자들이 형식적 법합리성으
로부터 도출하는 높은 지위를 공고히 할 만한 성질의 것이 아니
다. 대학에서 노동법은 최선의 경우에는 가난한 자들의 법으로
서 가부장적인 호의와 함께, 최악의 경우에는 제대로 된 법인지

---

30) 앞의 제2장 참조.
31) P. Cam *et al.*, *Les dédales du droit social*, Paris, Presses de la
Foudation Nationale des Sciences Politiques, 1986 참조.

의심스럽다는 눈초리와 함께 받아들여졌다. 법적인 측면에서는
노동법에 고유한 실질적 합리성과 민법으로부터 물려받은 형식
적 합리성을 노동법 그 자체 안에 결합시키는 것은 노동법의 자
율성을 둘러싼 영원한 논쟁을 촉발시켰다. 민법과 노동법의 관
계에 관한 문제는 오랫동안 불신에 가득 찬 비난에 의하여 오염
되었다. 민법학자들은 노동법이 민법의 단일성을 파괴하는, 그러
므로 시민사회 그 자체를 파괴하는 계급적 법, 즉 노동계급의 법
이라고 의심하였다.[32] 반면에 노동법학자들은 민법이야말로 계
급적 법이라고, 즉 자본자계급과 임금을 지급하는 계급의 법이
라고 비난하였다.[33]

학설도 따라서 두 방향으로 전개되었다. 일부의 학자들은
노동관계에서 채권법의 무게를 보존하거나 또는 반대로 공법이
나 가족법에서 단조한 제도의 개념을 노동관계에 이식함으로써,
노동관계를 형식논리적 합리성에 편입시키려고 하였다.[34] 다른
학자들은 노동법에 고유한 실질적 합리성을 체계화함으로써 민
법적 공리 체계에 맞서서 사회적 공리 체계를 정초할 수 있는 일

---

32) L. Josserand, "Sur la reconstitution d'un droit de classe", *DH*, 1937, Chroniques, p.1.

33) G. Scelle, *Le Droit ouvrier*, Paris, A. Colin, 2e éd., 1928, pp.12-13; G. Lyon-Caen, "Du rôle des principes généraux du droit civil en droit du travail", *Revue trimestrielle de droit civil*, 1974, pp.229-248; A.-J. Arnaud, *Essai d'analyse structurale du code civil français. La règle du jeu dans la paix bourgeoise*, Paris, LGDJ, 1973. 몇몇 결정적인 논문들에 의해, 민법이 본 성상 임금노동자들에게 불리한 법은 아니라는 점이 논증됨으로써, 이러한 논쟁은 종결되거나, 아니면 적어도 잠잠해졌다(G. Couturier, "Les techniques civi-listes et le droit du travail", *Dalloz*, 1975, Chroniques, pp.151-158 et pp.222-228).

34) 이것은 제도적 사업론의 관점이다. 제도적 사업론은 폴 뒤랑 이후 프랑스에서 발전하였다. 이에 대해서는 앞의 제4장 참조.

반 원리들을 천명하려고 하였다.[35] 1970년대 CFDT에 의하여 전개된 담론투쟁이론도 같은 차원에서 비롯된 것이며, 엄격한 법적 관점에서 보면 확실히 노동법의 무대에서 전개되는 실질적 합리성과 형식적 합리성의 대립을 가장 명확하게 개념화한 것이었다.[36]

실질적 합리성은 또한 노동법이 보통의 인식에 관한 법이라는 점을 좀더 잘 이해할 수 있도록 해 준다. 노동법을 적용하는 노동법원처럼 노동법은 일반 사람과 상식에 더 가까운 법이다. 노동법은 형식적 합리성을 특징짓는 추상적 매개가 없기 때문에 사회로부터 훨씬 덜 떨어져 있다. 사회와 가깝다는 속성은 노동법의 법적 자율성을 민법보다 훨씬 더 취약하게 만든다. 노동법의 취약함을 이해하려면 도서관에서 노동법 서가와 민법 서가를 비교하는 것으로 충분하다.[37] 한쪽에는 원인, 부계모계동시상속, 사실상의 점유, 부당이득행위 등, 비법학자는 정말로 이해할 수 없는 책들을 완벽하게 분류해 놓고 있다. 다른 쪽에는 법학 서적만이 아니라 사회학이나 경제학 또는 정치학에 속하는 것 같은

---

35) G. Lyon-Caen, "Du rôle des principes généraux du droit civil en droit du travail", *op. cit.*; 같은 저자의 "Les principes généraux du droit du travail", in *Tendances du droit du travail français contemporain, Etudes G.-H. Camerlynck*, Paris, Dalloz, 1978, pp.33-45.

36) CFDT Aujourd'hui, "Le droit du travail dans la lutte des classes", *op. cit.*; J.-C. Javillier, "Une illustration du conflit des logiques (droit à la santé et droit des obligations): le contrôle médical patronal des absences en cas de maladie du salarié", *Droit social*, 1976, p.215; 같은 저자의 "Une nouvelle illustration du conflit des logiques (droit à l'emploi et droit des obligations): Normalisation du licenciement et sauvegarde des pouvoirs du chef d'entreprise", in *Etudes G.-H. Camerlynck, op. cit.*, pp.101-145.

37) A. J. Arnaud (dir.), *La culture des revues juridiques françaises*, Milan, Giuffrè, 1988, p.59 이하, 프랑스의 노동법 학술지 편을 볼 것.

책들이 대량 꽂혀 있다. 이처럼 다른 학문 분야로 구멍이 숭숭 뚫려 있는 것은 채권법과 달리 노동법의 개념들은 단순히 노동법만의 개념들은 아니라는 사실에서 비롯된다. 이는 마르크스주의적 분석에서 노동법이 선택된 땅을 구성한 까닭을 설명한다. 법은 사회적 투쟁의 저장테이프, 사회적 투쟁의 반영이라는 점을 보여주는 데 노동법 만큼 쉬운 영역은 어디에도 없을 것이다. 그러나 이는 또한 노동법의 취약한 사회적 정당성을 설명한다. 이는 사용자에게나 노동조합에게나 명백한 사실이다.[38] 노동법의 어휘들은 사용자와 노동조합이 공유하는 것으로서, 노동법의 규정들은 결코 외재적인 법적 합리성에 자발적으로 준거하는 것이 아니라, 언제나 그리고 오로지 정치적 합리성 또는 이데올로기적 합리성에 준거하는 것이다.[39] 다른 어떤 법보다도 더, 노동법은 게임을 공정하게 진행하기 위한 중립적인 규칙들의 집합이라기보다는 게임의 결과로서 만들어진 규칙들의 집합이라는 성격이 강하다.

---

38) 예를 들면, 프랑스의 사용자들은 오늘의 불법은 내일의 합법이 될 것이라는 생각을 최근에 자기 것으로 삼았다. 이러한 생각은 오랫동안 계급투쟁적 노동조합운동의 전유물이었다. 그런 식으로 노동시간의 조정에 관한 많은 사업별 협약들이 법률의 폐지를 앞질러 체결되었고, 법률은 소급하여 그러한 협약들을 합법화했다(J.-E. Ray, "Les accords sur le temps de travail", *Droit social*, 1988, p.100 참조).

39) 그러므로 판결에 대한 비판은 직접적으로 정치적 비판이나 이데올로기적 비판이 될 수 있다. 그 판결의 법률적 합리성에 대한 검토는 고려하지 않는 위험을 무릅쓴 채. 즉 판사의 정치적 색깔이 자연발생적이고 직접적인 비난의 대상이 된다. 그 색깔이 붉은색이든(P. Cam, "Juges rouges et droit du travail", *Actes de la recherche en sciences sociales*, n° 19, 1978.1, pp.1-27 참조), 흰색이든(F. Ewald, "Le droit des socialistes", *Libération*, 1982. 12. 및 같은 저자의 "Le droit du travail: une légalité sans droit?", *Droit social*, 1985, p.723 참조) 마찬가지다.

또한, 노동법이 사회적인 것과 동일한 수준에서 자신의 실
질적 합리성을 도출한다는 사실은 노동법에서 법률적 범주들과
사회학적 범주들 사이에 존재하는 극도로 모호한 관계들을 이해
할 수 있도록 해 준다. 재산관리인이나 양수인 같은 민법 개념들
이 어떠한 사회학적 단위에 대응한다고 주장하는 사람은 없을
것이다. 반면에 노동법의 개념들은 사회학적 범주들을 순전히
전사한 것으로 여겨진다. 예를 들어 임금노동자라는 법개념은
여전히 일반적인 상식에서의 임금노동자와 같은 개념, 즉 생산
직 노동자와 사무직 노동자 및 하위 관리직을 포괄하는 개념, 요
컨대 피지배 노동계급과 같은 개념이라고 생각하는 데 별 망설
임이 없다. 분명히 이러한 동일시는 완전히 틀렸다. 수많은 임원
들은 법적으로는 임금노동자이며,[40] 반면에 수많은 영세 사용자
들(법적인 의미에서)은 사회학적으로는 피지배계급에 속한다.[41]
하지만 그러한 상상적 동일시는 적지 않은 효과들을 만들어 낸
다. 노동조합의 어휘에서 '임금노동자의 권리' 보장은 '노동자의
권리' 보장과 동일시되는데, 이는 사회학적 관점에서 볼 때 임금
노동자들 사이에 존재하는 커다란 불평등을 완전히 가리는 효과
를 갖는다. 그리고 변호사들은 임금노동자만 변호하고(고위 관
리직이라고 할지라도), 사용자는 변호하지 않으려고(수공업자라
고 할지라도) 노력한다.[42] 학설도 이 문제점에서 벗어나지 않는

---

40) G. Lyon-Caen, "Quand cesse-t-on d'être salarié? (le salarié-employ-eur)", *Dalloz*, 1977, Chroniques, p.109 및 앞의 서장 참조.

41) 이와 관련하여 '편입된' 농부들의 상황은 시사적이다(A. Supiot, "L'él-evage industriel face au droit du travail", *Revue de droit rural*, 특별호, 1983. 10-11, p.325 참조; 편입의 법적 개념에 대해서는 앞의 제4장 참조).

42) J.-N. Retiere, "Les avocats", in *Les dédales du droit social, op.*

데, 다소간 잘 고안된 사회학적 용어법이 실정법의 논문에서도
확산되는 경향이 있으며, 그럼으로써 법학적 개념과 사회학적
개념의 혼동을 초래한다.[43] 따라서 전통적으로 민법에 가해졌던
사회적 관계의 현실을 은폐한다는 비판은 노동법에 대해서도 마
찬가지로, 또는 그 이상, 가능할 수 있을 것이다. 그러한 비판이
의미가 있다는 전제 하에 말이다. 그런데 그렇지 않다. 왜냐하면
그러한 비판은 법개념은 사회학적 개념의 충실한 이미지(거울!)
가 되어야 한다고 가정하기 때문이다. 그리고 그것은 사실이 아
니다. 법적 합리성은, 심지어 실질적 합리성이라고 할지라도, 사
회적인 것에 대해서 자율적인 합리성이며, 이 자율성은 합리적
법의 핵심 그 자체이다.[44]

　　노동관계의 합법화가 갖는 특성들은 이와 같다. 사회학에서
비롯된 노동법은 서로 다른 유형의 합리성을 법질서 속에 도입
한다. 그러나 그것은 어디까지나 법적 합리성이다. 즉 사회학적
합리성이나 정치학적 합리성과는 다른 것이다. 노동법의 개념들
은 사회적인 것에서 직접 빌려온 것이다. 그러나 그것들이 법질
서 속에 통합되면서 사회적 뿌리들은 잘려 나간다. 상법의 용어
를 사용하면, 또는 남용한다고 말하는 것이 더 적절할텐데, 노동
법은 "법률적 합리성"과 "사회적 합리성"을 동시에 갖는다고 말
해야 할 것이다. 이점이 노동법상 탈입법화 개념의 모호성을 환
하게 밝혀준다.

---

cit., p.79 이하 참조.
　43) 이 사회학화 현상의 확산에 대한 유보에 대해서는 G. Lyon-Caen, "A
propos de quelques ouvrages de doctrine", *Droit social*, 1978, p.292 참조.
　44) 아래 제2절 참조.

제2절 입법화에 대한 비판들

탈입법화 개념은 필연적으로 노동법에 대한 비판과 결합한다. 그러나 노동법 비판은 법률적 합리성을 겨냥하는가, 사회적 합리성을 겨냥하는가에 따라서 서로 다른 내용을 갖는다. 다른 말로 하면, 노동관계의 입법화에 대한 비판은 노동법의 법률적 합리성에 관한 것인가, 또는 이 법률적 합리성의 실질적 성격에 관한 것인가에 따라 하나가 아니라 두 개의 얼굴을 갖는다.

1. 법에 대한 비판

앞에서 본 바와 같이 법에 대한 급진적 비판은 19세기 전반기에 자유주의 모델을 문제삼았던 사상 운동 속에서 그 뿌리를 갖는다. 그러한 비판은 콩트만이 아니라 생시몽이나 푸리에게서도 발견된다.[45] 마르크스와 엥겔스의 철학은 이러한 사상사적 흐름에 동참하는 것일 뿐이다.

파슈카니스가 환기하는 바와 같이,[46] 마르크스주의적 비판의 대상은 계급 지배와 불가분하게 연결되어 있으며 따라서 계급이 없는 사회의 도래와 함께 사라질 운명에 처해 있는 법형식 그 자체이다. 법의 종말은 마르크스가 예언한 찬란한 미래를 구

---

45) G. Gurvitch, *L'idée du droit social, op. cit.*, p.288 이하 참조.
46) Pasukanis, *La théorie générale du droit et le marxisme, op. cit.*

성하는 요소이다.[47] 이러한 비판은 원칙적으로 모든 형태의 법에 대해서 적용되지만, 첫 번째로 겨냥하는 것은 계급 지배의 도구로서의 법의 가장 완성된 표현을 표상한다고 할 수 있는, 부르주아적 합법칙성 속에서 실현된 형식적 법합리성이다. 특히 그 최종 목표는 주관적 사법이라고 하는 물신을 박살내는 것이다.[48] 이 이론은 너무 잘 알려져 있어서 다시 강조할 필요는 없다. 반대로 그러한 이론을 사회법에 적용할 때 제기될 수 있는 어려움들을 환기하는 것은 유용하다. 노동시간을 제한하는 초기의 법률들에 대한 마르크스 자신의 분석은 장차 마르크스주의의 박사들 사이에 논쟁을 일으키게 될 모호함들을 이미 맹아로서 갖고 있다. 마르크스는 다음과 같이 썼다. "공장법은 국가가, 그것도 자본가와 지주가 지배하는 국가가 노동일을 강제적으로 제한함으로써 노동력을 무제한 착취하려는 자본의 충동을 억제한다. 날이 갈수록 그 위협이 증가하고 있는 노동운동을 별도로 치면, 공장노동의 제한은 영국의 경작지에 구와노 비료를 뿌리게 하였던 것과 동일한 필요성에 따른 것이었다. 즉, 이윤에 대한 맹목적인 욕망이 한 경우에는 토지를 메마르게 하였고, 다른 경우에는 국민의 생명력을 뿌리채 파괴하고 있었기 때문이다."[49] 그러

---

47) "공산주의 사회의 더 높은 단계에서, 즉 개인이 분업에 복종하는 예속적 상태가 사라지고 이와 함께 정신노동과 육체노동 사이의 대립도 사라진 후에; 노동이 생활을 위한 수단일 뿐만 아니라 그 자체가 일차적인 삶의 요구로 된 후에; 개인들의 전면적 발전과 더불어 생산력도 성장하고, 집합적 부의 모든 원천이 흘러 넘치고 난 후에, 그때 비로소 부르주아 법의 편협한 한계가 완전히 극복되고, 사회는 자신의 깃발에 다음과 같이 쓸 수 있게 될 것이다: 각자는 능력에 따라, 각자에게는 필요에 따라!"(Marx, *Critique du programme de Gotha*, Ed. de Pékin, 1972, p.16).

48) Pasukanis, *op. cit.*, 독일어판 서문, p.25.

49) *Le Capital* (1867), Livre I, section 3, chapitre X, §2, in K. Marx,

나 마르크스는 또한 공장법을 "자본가계급과 노동자계급 사이에
끈질기면서 다소 은폐된 긴 내전의 결과물"[50]로 여긴다. 마르크
스는 또한 자본이 공장법을 적용하기를 거부한다는 점을 확인하
면서,[51] 그것을 확대해야 한다고 주장한다.[52] 요컨대 사회법은
노동계급의 투쟁의 산물로서 옹호되어야 하는 것이지만, 반대로
부르주아적 합법칙성의 구성 요소에 불과한 것으로서 그것과 함
께 소멸할 수밖에 없을 것이다. 이로부터 추종자들의 논쟁이 발
생했는데, 혹자는 첫 번째 결론에 방점을 찍으면서 노동법을 "민
주주의와 민중적인 이해관계를 담보하는 법", "법에 반하는
법"[53]으로 간주하였으며, 혹자는 후자의 결론에 결합하면서 "노
동법이란 존재하지 않는다, 노동에 어울리는 부르주아 법이 있
다, 그것이 전부다"[54]라고 주장하였다. 이것은 노동운동 그 자체
만큼이나 오래된 논쟁이다.[55]

Œuvres - Economie, Paris, Gallimard, 1965, p.95.

  50) *Ibid.*, p.833.

  51) *Ibid.*, p.808 이하.

  52) *Critique du programme de Gotha*, *op. cit.*, pp.31-32.

  53) M. Weyl et R. Weyl, *La part du droit dans la réalité et dans l'action*, Paris, Ed. Sociales, 1968, p.101 et p.110.

  54) B. Edelman, *La législation de la classe ouvrière*, Paris, C. Bourgois, 1978, p.12; A. Jeammaud, "Propositions pour une compréhension matérialiste du droit du travail", *Droit social*, 1978, p.337 이하도 참조. 이러한 관점은 파슈카니스의 이론을 직접 계승하는 것이며, 결론에 있어서는 아나키스트들이 여전히 옹호하는 주장에 합류한다. 동일한 마르크스주의적 관점에 입각한 공동연구로 다음을 참조할 것: *Le droit capitaliste du travail*, Grenoble, PUG, 1980. 오늘날 이 주장들은 완화되기는 했지만, 그 본질적 핵심까지 문제삼지는 않는다. 그것은 요컨대 "법적 규범성에 대한 도구적 관점"을 옹호하는 것이다. 준거의 문제와 제삼자 보증인의 문제에 대한 고찰로 논의가 풍부해지는 경우에도 그렇다(A. Jeammaud, "La règle de droit comme modèle", *Dalloz*, 1990, Chr. XXXIV, p.199 참조).

  55) P. Bance, *Les fondateurs de la CGT à l'épreuve du droit*, Paris,

그러나 의미가 없는 논쟁이다. 왜냐하면 서양의 시스템 안에서 노동법의 실질적 합리성은 노동법을 민법적 법질서와 충돌할 수밖에 없는 관계 속에 배치하기 때문이다. 노동법은 그 법률적 합리성으로 법질서에 참여하고, 그 사회적 합리성으로 법질서와 대립한다. 마르크스주의적 용어로 말하자면 노동법의 구조는 변증법적이라고 말해야 한다.56) 그리고 소비에트적 시스템에서 법의 몰락은 (그 밖의 수많은 마르크스주의적 예언들과 함께57)) 실제로 실현되었다. 물론 그것은 어느 정도 예기치 못한 방향이었지만, 그것은 1789년 혁명의 예언들이 실현될 때에도 마찬가지였다. 소비에트 시스템은 사실 법률적 합리성에 대한 부정으로 특징지워졌다. 사회주의 합법칙성 개념의 의미가 바로 그런 것이다. "경제의 합법칙성과 법을 분리하는 것, 현실의 경제 관계와 무관하게 법시스템을 분석하는 것, 이는 소비에트 법과학의 기본 원칙들과 양립할 수 없는 방법을 대변한다."58) 결과적으로 소련민법기본원칙 제5조의 제1항은 다음과 같이 규정하였다. "공산주의의 확립 과정에 있는 사회주의 사회에서 시민적 권리가 갖는 목적에 반하는 방식으로 행사되는 경우를 제

Ed. La Pensée sauvage, 1978 참조.

56) G. Lyon-Caen, "Les fondements historiques et rationnels du droit du travail", *Droit ouvrier*, 1951, pp.1-5 참조.

57) A. Zinoviev, *Le communisme comme réalité*, Paris-Lausanne, Julliard/ L'Age d'Homme, 1981 참조.

58) M. Tchikvadze, "Socialist Legality in the URSS", in *Le concept de légalité dans les pays socialistes*, Cahiers de l'académie polonaise des sciences (XXI, 1961). 오늘날 러시아에 도입된 새로운 합법성은 "사회와 국가의 상위 가치인 인간의 권리와 자유"(1991년 11월 22일 인간과 시민의 권리와 자유에 관한 러시아연방 선언, M. Duverger, *Constitutions et documents politiques*, Paris, PUF, 13e éd., 1992, p.939)에 의거하고 있다.

외하고, 시민적 권리는 법률에 의하여 보장된다." 모든 사회주
의 법전들에서 같은 종류의 규정들을 찾아볼 수 있었다. 예를
들어 과거의 폴란드 노동법전 제8조는 "누구도 권리의 사회경
제적 목적이나 폴란드인민공화국 사회에서 삶의 규칙들에 반하
는 방식으로 권리를 행사할 수 없다. 그러한 행위 또는 태만은
권리의 행사로 간주되지 않으며 법적 보호를 받지 못한다"59)고
규정하였다. 이러한 규정들은 다음과 같은 파슈카니스의 주장에
정확하게 부합한다. "사회적 기능을 있는 그대로, 즉 단순히 사
회적 기능으로 제출하는 것 그리고 규범을 단순히 조직적 규칙
으로 제출하는 것을 의도하는 모든 시도는 법형식의 죽음을
의미한다."60) 마르크스주의 박사들이 법개념의 물신주의 이론
을 되풀이하면서도,61) 실제로 그 물신을 파괴하는 이 문장을
분석함으로써 자신들의 주장을 전개하지 않은 것은 유감스러
운 일이다.62)

이러한 종류의 규정들은 실제로 무엇을 의미하는 것인가?
법규칙은 사회적 삶의 규칙들과 동일시되어야만 하는가? 이는
곧 법적 범주는 사회적 범주에 대해서 어떠한 자율성도 갖지 않
는다고 말하는 것이며, 법적 이상주의에 대한 비판을 실행에 옮

---

59) 구 폴란드 헌법 제90조를 그대로 반복한 것이다. 구 폴란드 노동법전 제
7조는 노동법전의 규정에 대한 법률적 해석의 방침을 제공하였다: "노동법의 규
정들은 사회주의 체제의 원칙들 및 폴란드인민공화국의 목적에 부합하도록 해석
되고 적용되어야 한다."
60) Pasukanis, *op. cit.*, p.93.
61) 예를 들어 M. Miaille, *Une introduction critique au droit*, Paris,
Maspero, 1976 참조.
62) R. David, *Les grands systèmes de droit contemporains*, Paris,
Dalloz, 7e éd., 1978, p.211 참조.

기는 것이다.[63] 하지만 이 법적 이상주의는 법개념들을 그 구체
적인 사회적 맥락 밖에서 다루는 것으로서,[64] 법률적 합리성과
완전히 동일시된다. 그러므로 소비에트적 규범 체계는 법률적
합리성에 대한 부정을 실행에 옮기고 총체적인 탈입법화의 기획
을 실현하는 것이었다. 그러한 기획은 그것을 실천에 옮긴 나라
들의 법전통이 갖는 무게에 따라 구체적 맥락 속으로 들어가는
데 다소간 어려움을 겪을 수밖에 없었다. 그런 점에서, 러시아의
취약한 법전통, 그리고 그 못지 않게 발칸 국가들의 취약한 법전
통[65]은 그러한 기획이 실현될 수 있는 최적의 영토를 제공하였
다고 할 수 있으며, 반면에 헝가리, 폴란드, 체코슬로바키아와 같
이[66] 강한 법전통을 갖고 있는 나라들은 법적 이상주의를 포기
하고 사회주의 합법칙성과 결합하는 데 훨씬 덜 서두르는 모습
을 보여 주었다. 폴란드가 단결의 자유를 탈입법화하는 데 맞닥
뜨렸던 어려움들은 예컨대 이 나라에서 법물신주의가 얼마나 강
고한 생명력을 갖고 있는지를 보여 주었다.

　소비에트 시스템의 붕괴 후에도 법적 이상주의를 박멸하려
는 시도의 효과들은 완전히 사라지지는 않았다. 일체의 법문화,
특히 일체의 계약 문화를 제거하려고 애썼던 나라에서 어떻게
시장경제를 만들 것인가? 시장은 법과 제도를 벗어나서는 존재
할 수 없다. 왜냐하면 법과 제도를 벗어난 시장은 가장 오래되고
가장 마술적인 사회적 관계의 형태들로, 즉 혈통 관계와 그것의

---

63) 이 비판에 대해서는 Miaille, *op. cit.*, p.48 이하 참조.
64) Miaille, *op. cit.*, p.49 참조.
65) R. David, *op. cit.*, n° 125 et 128 참조.
66) *Ibid.*, n° 127.

범죄적이거나 민족주의적인 부산물들로 돌아가는 것을 의미할 뿐이기 때문이다. 그러므로 이미 확인할 수 있는 바와 같이, 소비에트 블록에 속하는 여러 나라들의 운명은 그 법문화의 황폐화 정도에 달려 있다. 법문화의 황폐화가 가장 심했던 곳에서는 (즉 구소련의 나라들과 발칸의 나라들), 시장경제를 제도화할 수 있는 기회가 다른 곳에서보다 더 미약한 것으로 보인다. 그리고 사회적 관계의 비법적인(그러므로 비문명적인) 형태로의 퇴행은 불행하게도 동유럽에 복음을 전하기 위해서 서유럽에서 건너간 모든 종류의 경제 전문가들 스스로가 경제 관계와 특히 노동관계의 탈입법화 이데올로기에 의하여 추동될 수 있는 정도보다 훨씬 더 강력할 것이다. 사실, 노동자들의 조국에서 진행된 총체적 탈입법화의 과정에서 노동법도 예외가 아니었다. 그리고 역설적이게도 반대자들이 "집단적" 시스템이라고 불렀던 곳에서 가장 먼저 부정되었던 것은 단결의 자유, 파업권, 단체교섭권, 노동자대표권과 같은 집단적 권리들이었다. 역설은 알렉산드르 지노비에프가 지적한 것처럼 단지 표면적일 뿐이다. "자본가가 존재하지 않는 사회에서 자본가와 임금노동자의 관계를 규율하는 법은 아무 의미가 없다. 그런 법은 위반되는 것이 아니라, 단지 이치에 맞지 않는 것이다."[67]

이것은, 필요해서 그랬다 하더라도, '사회주의법'은 노동법이 활짝 꽃 핀 것, 노동법의 최종적인 확장에 불과하다[68]는 주장이 완전히 터무니없음을 말하는 것이다. 그렇지만 그러한 주장

---

67) A. Zinoviev, *op. cit.*, p.271.
68) B. Edelman, *op. cit.*, p.12.

262 제5장 법에 대한 소송 제기

은 노동관계의 탈입법화를 전혀 다른 기획으로 지지하는 자들이
구사하는 수사학[69] 덕분에 성공이 예견되어 있었다. 우리의 신자
유주의자들이 그들이다.

2. 사회정의에 대한 비판

'사회정의'에 대한 비판의 근거는 하이에크가 사회정의 개념
에 대하여 쓴 장[70]의 제사로 가져온 칸트의 문장, 즉 물질적 사
정에 의존하는 것은 일반법칙이 될 수 없다[71]는 인용구에서 훌륭
하게 표현되고 있다. 신자유주의자들이 사회법에 가했던 비판의
핵심이 여기에 요약되어 있다. 마르크스주의적 비판과는 정반대
로 신자유주의적 비판은 법적 이상주의를 부정하는 것이 아니라
사회법의 법적 유물론을 부정하는 것이다.

이러한 비판은 하이에크가 "보편적 공정행위규칙" 또는 "자
생적 질서"라고 명명한 것과 "조직규칙"[72]이라고 명명한 것 사이

---

69) 예를 들어 F. A. Hayek, *op. cit.*, t. 2, p.104, note 34 참조. 여기에서
하이에크는 사회법의 쓸모없음을 논증하기 위해 파슈카니스를 인용한다.

70) *Droit, législation et liberté, op. cit.*, t. 2: "Le mirage de la justice so-
ciale", chapitre IX, p.75.

71) "Wohlfahrt aber hat kein Prinzip, weder für den der sie empfängt
noch für den der sie austeilt (der eine setzt sie hierin, der andere darin);
weil es dabei auf das Materiale des Willens ankommt, welches empirisch
und so einer allgemeinen Regel unfähig ist"(*Der Streit der Fakultäten*,
1798, section 2, §6, n° 2).

72) F. A. Hayek, *op. cit.*, t. I: Règles et ordre. 여기에서 하이에크에 대한
비판에 집중하는 것은 의도된 것이다. 이것은 예를 들어 존 롤즈(John Rawls, *A
Theory of Justice*, Oxford, Clarendon Press, 1972, 프랑스어판, *Théorie de
la Justice*, Paris, Seuil, 1987) 또는 로버트 노직(Robert Nozick, *Anarchy,
State and Utopia*, New York, Basic Books, 1974, 프랑스어판, *Anarchie, Etat
et utopie*, Paris, PUF, 1988)의 영향력을 과소평가하는 것이 아니다. 하지만 이

의 대립에 근거하고 있다. 이 대립은 하이에크의 말대로 하면 공
법과 사법을 구별하는 것에 상응한다고 할 것이다.[73] 이 두 종류
의 규칙이 갖는 근본적인 차이점은 전자는 인간이 창조하지 아
니한 자생적 질서(즉 시장의 질서)가 설정하는 조건들로부터 비
롯되는 반면, 후자는 특정한 목적을 갖는 조직을 의도적으로 설
정하는 데 복무한다는 점에 있다. 전자의 규칙들은 이미 관찰되
고 있는 현실을 단순히 표현하는 것이라는 점에서 필연적이며,
일반적이고 영구적이며 시스템으로 조직되어 있다는 점에서 추
상적인 반면에, 후자의 규칙들은 정신에 의하여 자의적으로 결
합된 것이라는 점에서 우연적이며, 특별한 목적을 위하여 만들
어진 것이라는 점에서 구체적이다.[74] 하이에크가 법과 정의에 관
한 일반이론을 정립하기 위하여 근거하고 있는 이 유형론이 판
례법과 국가법의 구별에서 얻어 온 것이라는 점을 간파하는 데
에는 그렇게 대단한 법문화적 소양이 필요하지 않다.[75] 그러므로

저자들은 이미 프랑스에서 충분히 분석되고 비평되었다는 점 외에도(P. Rosanvallon, *La crise de l'Etat-providence*, *op. cit.*, p.79 이하 및 p.183 이하에서 인용하고 있는 참고문헌들을 참조; R. Boudon, *Effets pervers et ordre social*, Paris, PUF, 1989, p.157 이하의 롤즈 비판을 참조), 하이에크는 사회법과 사회정의에 대한 급진적 비판을 제기한 유일한 사람이다. 무엇보다 이 모든 연구들은 하나의 동일한 지적 흐름의 변이들에 불과하다(이 점은 하이에크 자신이 강조한 부분이다: *op. cit.*, 제2권과 제3권의 서문 및 제2권, p.120). 이 지적 흐름은 계약주의에 의하여 완전히 지배되고 있으며, 법의 상징적 차원에 대한 인식이 결여되어 있다.

73) *op. cit.*, p.159.
74) *Ibid.*, t. 1, pp.146-147.
75) 한편, 하이에크는 이러한 편견을 명시적으로 드러낸다. 하이에크에 따르면, 보통법(Common Law) 시스템은 왜 영국이 법에 따른 자유라는 근대적 개념을 확립한 유일한 나라인지 설명해주며(*ibid.*, t. 1, p.102), 대륙의 사상은 이 개념을 침해한 책임이 있다(예를 들어 *ibid.*, p.56을 보라). 하이에크가 자신의 책에서 라틴 국가들의 법에 대해서 놀라울 정도의 무지를 드러내고 있는 것은 놀랍다. 예를 들어 하이에크는 유럽대륙에서는 형법이 공법에 속한다고 주장하고 있

우리는 하이에크가 공정행위규칙을 설정하는 역할을 판사에게 부여하고,[76] 조직규칙을 수립하는 역할을 국가에게 부여하는 이유를 알 수 있다.[77] 사회법은 조직규칙의 탈선 형식에 불과한 규칙들을 보편적 공정행위규칙으로 설정함으로써 이러한 구분을 모호하게 할 것이다. 사회정의 개념은 사회법이 정치적 자의성의 산물에 불과한 정의의 요청에 근거하고 있다고 믿게 함으로써 그러한 호도를 초래할 것이다. 그래서 하이에크는 사회정의 개념을 반박하는 데 책의 중요한 부분을 할당하고 있는 것이다. 그에 의하면 사회정의는 "신기루", "의미와 내용이 없는 어휘"에 불과하다. 왜냐하면 정의 개념은 자유로운 사회에서 물질적 재화들이 분배되는 방식에 적용될 수가 없을 것이기 때문이다.[78] 사회정의에 대한 환상은 정치권력이 각 개인과 집단의 물질적 지위를 결정해야 한다는 생각을 퍼뜨리고, 그 결과 시민사회가 국가에 흡수되고 조직규칙이 보편적 공정행위규칙을 파괴하면서 암적으로 증가하는 결과를 초래함으로써, 자유로운 사회의 기초 자체를 파괴하기 때문에, 위험한 유토피아라고 한다.

이러한 이론은 개입주의 그 자체만큼이나 오래된 국가개입주의에 대한 비판에 어떤 새로운 것도 덧붙이지 아니한, 낡은 사

다(*ibid.*, p.159). 하이에크와 동일한 관점에 서 있는 다른 저작들에 대하여 보통법의 법문화가 미친 영향력에 대하여 연구하는 것도 유용할 것이다.

76) *Ibid.*, t. 1, p.113 이하.

77) *Ibid.*, p.149 이하. 사실 하이에크는 의도적으로 국가라는 용어보다는 정부 또는 입법자라는 용어를 사용한다. 하이에크가 보기에 국가라는 용어는 "유럽 대륙 사상의 영향력"(*ibid.*, p.56)에 의하여 더럽혀졌다. 이렇게 해서 하이에크는 자유주의 사상이 직면하게 되는 최소국가의 정의라는 문제를 어느정도 우회할 수 있게 된다(P. Rosanvallon, *op. cit.* 참조).

78) F. Hayek, *op. cit.*, t. 2: Le mirage de la justice sociale, p.116.

고방식의 반복, 가장 고전적인 자유주의 사상의 반복이라고 생각하기 쉽다.[79] 하지만 그것은 자유주의 이론이 역사적으로 현실화된 사회혁명의 경험으로부터 끌어낸 새로운 영향력을 과소평가하는 것이 될 것이다. 자유주의 사상에 대한 마르크스주의 비판이 갖는 놀라운 힘이 19세기에 현실자유주의가 어떠한 것이었는가에 대한 준엄한 폭로에서 나왔듯이, 신자유주의의 힘도 현실공산주의가 어떠한 것이었는가에 대한 폭로에서 나온다. 사회정의를 부과하는 권력을 가진 자들이 그들의 사사로운 정의 개념[80]이 엄격하게 적용되도록 감시하는 친위대와 고객에게 특혜를 나누어주면서 자신들의 지배적 지위에 안주하고 있음을 지적할 때, 하이에크는 정치적 협박을 선동하려는 것이 아니다. 그는 구체적인 역사적 경험을 환기시키고 있는 것이다.[81]

그러므로 신자유주의적 비판을 면밀히 검토할 필요가 있다. 단지 그것이 갖는 현재와 미래의 영향력 때문만이 아니라, 그 비판들이 노동법의 정당성에 대한 체계적 문제제기를 하고 있기 때문이기도 하다. 하이에크는 단결의 자유[82]나 최저임

---

79) 예를 들어 아동의 노동시간을 제한하는 최초의 사회적 입법들에 대한 자유주의 우파의 반응을 보라(Y. Brissaud, *op. cit.*, p.83 참조).

80) Hayek, *op. cit.*, t. 2, p.120.

81) 이 경험은 하이에크나 칼 포퍼 같은 지식인들의 생애와 지적 경로에 핵심적인 역할을 수행하였다. 이들은 모두 젊은 시절 사회주의자들이었다. K. Popper, *La quête inachevée*, 1974, 프랑스어판, Paris, Calmann-Lévy, 1981, p.50 이하 참조.

82) "사람들은 흔히 독점사업 때문에 시장의 자생적 질서가 침해당한다고 생각하지만, 사실은 모든 직종에서 각종 단체들, 협회들, 노동조합들이 번성하는 것이 문제이다. 이런 단체들은 주로 정부에 압력을 가해서 자신들에게 유리한 방향으로 시장을 '규율'하도록 만든다. (…) 노동조합뿐만 아니라, 민주주의 정부를 위해서는 없어서는 안 될 정치단체들도 결집의 함성으로 사용하면서 신성시하는 '조직의 자유'라는 표현은 자유로운 사회의 기초가 되는 법의 우위와 부합하지 아니하며 적대적인 울림을 포함하고 있다. (…) 진짜 착취자들은 이기적인 자본가

금83)을 분명하게 반박하고 있다는 점에서 그러한 문제제기를 아주 멀리까지 밀고 나간다. 노동법에 대한 자유주의적 비판은 두 방향으로 전개된다. 우선 노동법의 성질에 관한 것이다. 노동법은 자유사회의 자생적 산물이 아니라 정치권력의 의도적 산물이라는 것이다. 두 번째는 노동법의 내용에 관한 것이다. 노동법은 추상적 규칙체계가 아니라 집단적 이해관계들의 충돌이 혼란스럽게 표현된 것이라는 비판이다. 이러한 비판들은 모두 그 원칙과 관련하여 분석의 대상이 될 수 있다.

첫 번째 비판과 관련해서, 정치권력의 의도적 산물이라고 비판받는 노동법은 시장질서와 함께 소멸한다는 점을 상기할 필요가 있다. 노동조합과 파업과 단체교섭으로부터 해방된 자유로운 사업의 이상향이 온전히 실현된 곳은 사회주의 사회뿐이었다. 그런데 이러한 반론은 노동법은 자신이 파괴하는 조직과 함께 소멸해야 하는 암과 같다고, 지나치게 간략하게 (또한 지나치게 공격적으로) 주장하는 사람들을 납득시킬 수가 없다.

그러므로 더욱 엄중하게 논증할 필요가 있다. 피에르 로잘발롱이 정확하게 지적한 바와 같이,84) 자유주의 이론의 가장 큰 약점은 사회적인 것의 부인에서 비롯된다. 자유주의 사회학은 경제이론과 도덕의 합산으로 요약된다. 세계에 대한 사회학적 관점이 결여된 자유주의자들은 사회법을 하늘의 (또는 차라리

나 사업가도 아니고, 고립되어 있는 개인도 아니며, 집단행동과 집단적 충성심에 인정되는 도덕적 가치로부터 힘을 끌어내는 조직들이다"(Hayek, *op. cit.*, t. 3: "L'ordre politique d'un peuple libre", pp.105-106 et p.113).

83) *Ibid.*, p.111 이하.

84) P. Rosenvallon, *La crise de l'Etat-providence*, *op. cit.*, p.97 이하.

지옥의) 선물로만 간주할 뿐, 그것이 자본주의 사회의 자생적 산물이라는 점은 전혀 보지 못한다. 노동법의 역사적 생성 조건은 그들의 논증에서 은폐되어 있다. 하지만 노동법은 입법자의 발명품이 아니라 사회적 사실 그 자체로부터 비롯된 것이었다는 점은 명확하다.[85] 노동법을 하이에크적 의미에서의 조직규칙의 총체로, 정치권력에 의하여 임의로 결정된 것으로 바라보는 것은 노동조합과 파업 그리고 단체협약은 입법화되기 훨씬 이전에 이미 존재했었다는 사실을 망각하는 것이다.

이는 또한 순수한 현실자유주의가 어떠한 것이었는지를 망각하는 것이다. 노동법은 그 본성상 조직규칙으로 구성되어 있지 않을 뿐만 아니라, 나아가 노동법은 사업의 규칙이라고 하는 조직규칙에 완전히 내맡겨져 있었던 영역에서 "보편적 공정행위 규칙"의 진보를 의미하는 것이었고, 지금도 여전히 그러하다. 왜냐하면 만약 하이에크가 조직규칙의 이름으로[86] 배열하는 것 중에서 가장 상위의 형식이 있다면, 그것은 바로 사업주의 조직 권한에 완전히 종속된 사업(민간이든 공공이든)이기 때문이다. 사업은 위계에 근거한 내부 규칙을 수립함으로써 평등[87]에 근거한

---

85) 앞의 제1절 1. 참조. 여기에서 다시 하이에크는 독일의 경험에 갇혀 사회법을 바라보는 관점에 사로잡힌다. 즉 좋은 시절에 특히 '강단사회주의'에 의해 이론화된 사회법이 그것이다(앞의 서장 참조). 하이에크는 프랑스 같은 나라에서는 수많은 퇴적과 시행착오를 거쳐 사회법이 만들어졌다는 사실은 모른다.

86) "조직내 행위를 규율하는 규칙을 특징짓는 것은, 그 규칙은 할당된 과업을 수행하기 위한 규칙이어야 한다는 점이다. 그 규칙은 정해진 구조 내에서 각 개인의 위치는 명령에 의해서 결정된다는 점, 각 개인이 따라야 하는 규칙은 그 개인에게 할당된 자리와 명령자가 지시하는 목표들에 달려 있다는 점을 함축한다. (…) 그러므로 조직규칙은 명령이 남겨 놓은 공백을 메꾸기 때문에 명령에 비해서 부차적일 수밖에 없다"(Hayek, *op. cit.*, t. 1, p.58).

87) 앞의 제3장 참조.

자유사회의 원리와 절연했으며, 그런 점에서 사업은 '생산독재'
의 규범적 표현이라고 할 수 있다. 노동법이 사업 그 자체 안에
자유사회의 여러 원리들을 도입함으로써 제한하려고 했던 것은
바로 이 전제적 조직 권한이었다.[88] 그러므로 자유사회의 소멸
과 함께 자유사회의 궁극적 법적 표현인 노동법이 소멸하는 것
은 놀라운 일이 아니다. 왜냐하면 노동법의 소멸은 생산독재가
사회 전체로 확장되었음과 조직규칙이 일반화되었음을 의미하는
것이기 때문이다. 레닌은 "사회 전체를 하나의 사무실과 하나의
공장으로 만드는 것", "대중들이 노동 지도자들의 단일한 의지에
유보 없이 복종하는" 단일한 거대 생산 단위로 만드는 것을 볼세
비키 혁명의 목적으로 분명하게 규정하였다. 레닌 자신의 말에
의하면, "사회주의소비에트공화국에 부여된 과제는 다음과 같이
요약될 수 있다. 즉, 우리는 미국을 본따 테일러 시스템과 노동
생산성의 과학적 증대를 러시아 전체에 도입해야 한다."[89] 그러
므로 자본주의 사회에서 독재의 맹아를 구성하는 것은 노동법이
아니라 반대로 생산독재이다. 생산독재는 조직규칙에 완전히 종
속되고 법주체나 개인의 자유 같은 개념에서 벗어난 사회질서의
모델이다.

또 다른 비판은 노동법의 내용에 관한 것이며, 이미 인용한
칸트의 공식을 다시 언급하자면, 물질적 사정에 의존하는 것은
일반법칙이 될 수 없다고 말하는 것이다. 공정한 임금을 선험적

---

88) 이 '사업의 문명화' 과정에 대해서는 앞의 제4장 참조.
89) J. Querzola, "Le chef d'orchestre à la main de fer. Léninisme et taylorisme", in *Le soldat du travail*, Recherches, n° 32-33, 1978.9, pp.57-94 에서 재인용.

으로 정의할 수 있는 기준들을 발견하려는 시도들이 실패한 사실은 그러한 불가능성을 입증하는 것처럼 보인다.[90] 다시 말하면, 노동법은 자신이 취급하는 문제들로 인하여, 진정한 법이 갖추어야 하는 추상성, 일반성 그리고 체계화의 조건들을 갖추지 못한다는 것이다. 노동법은 서로 적대적인 집단들의 역관계의 변화에 따라 필연적으로 요동칠 수밖에 없으며, 따라서 자신의 토대인 사회적 질료로부터 추상화될 수가 없다는 것이다. 요컨대 이러한 비판은 노동법의 개념들이 갖는 물질성으로 인해 노동법은 진정한 법적 합리성을 갖출 수가 없다는 것을 의미한다. 여기에서 부인되고 있는 것은 실질적 법적 합리성의 가능성 그 자체이다.

그러한 부인은 사회법의 부인할 수 없는 특수성에 근거하고 있는데, 그것은 이미 존재하고 있는 법규칙이 아니라 그 법규칙 자체의 정의에 관한 분쟁을 규율한다는 점이다. 특히 기존의 법에 항의할 수 있는 진정한 권리라는 파업권의 역설이 그러하다.[91] 그러나 노동법의 실질적 법적 합리성을 부인하는 것은 노동법의 복잡성을 대놓고 가볍게 여기는 것이다. 노동법은 이익 분쟁의 대상에 적용될 수 있는 일반적이고 추상적인 규칙을 제공하지는 않지만, 반대로 그러한 분쟁이 일반적이고 추상적인 규칙들 안에서 전개되도록 속박한다. 그것이 바로 단결권, 파업권, 단체교섭권에 관한 법제의 목적이다. 즉, 노동과 임금의 교환에 관한 실질적 내용을 직접 규정하는 것이 아니라, 그 내용을

---

90) Hayek, *op. cit.*, t. 2, p.90 이하.
91) P. Ollier, *Droit du travail*, Paris, A. Collin, 1972, p.368 이하 참조.

결정하기 위한 법적 틀을 제공하는 것이다. 마찬가지로 법률이 최저임금이나 최대노동시간을 정할 때, 그것은 실질임금과 실질 노동시간의 결정에 일정한 틀을 부여하는 것일 뿐, 그 결정 자체는 자율적이다. 그 결정은 자유로운 교섭의 결과에 달려 있으며, 그런 점에서 민법적 합리성과 전혀 다르지 않다. 노동법은 타율로 환원되는 것이 아니라 반대로 자율과 타율을 결합하는데,[92] 노동법의 이러한 복잡성을 자유주의적 비판은 알지 못한다. 하이에크가 제시한 규칙 유형론에 따르더라도 노동법은 조직규칙의 정의에 부합하지 않는다. 틀을 잡아주는 규칙들은 노동법의 핵심을 이루는 것으로서 법적 합리성을 특징짓는 일반성, 추상성 및 체계화의 조건들에 부합한다. 그러므로 노동법의 물질성에 근거한 비난은 재판에 의하여 해결될 수 있는 분쟁으로서의 '법에 따른' 소송과 가치 판단의 영역에 속할 수밖에 없는 분쟁으로서의 '법에 관한' 쟁의를 혼동한 데에서 비롯된 것이다. 이 두 종류의 분쟁을 구별하는 것은 노동법의 근본적인 소여들 중의 하나이다.[93] 이러한 구별이 지켜지고, 노동법이 각 노동자의 실질적 상황을 결정하는 것이 아니라 단지 그러한 상황을 자유롭게 결정하기 위한 법적 수단을 제공하는 것을 목적으로 하는 한, 노동법에 가해지는 자유주의적 비판은 전혀 법적 근거가 없는 것이다.

　　사회학에 손을 대어 본 사람이든 아니든, 이러한 반론을 동업의식을 매우 위선적인 방식으로 드러내면서 자신의 직업적 이

---

92) 앞의 제3장 참조.
93) 이 구별에 대해서는 A. Supiot, *Les juridictions du travail*, Paris, Dalloz, 1987, p.293 이하 참조.

익을 옹호하려는 한 법학자의 자기변론으로 여기려는 자들에게
는 이러한 반론이 수상쩍게 보일 수도 있을 것이다. 그것은 유감
스러운 오해일 것이다. 왜냐하면 규범의 인플레이션이 법의 몰
락을 은폐하는 곳보다 법학자들의 번영이 더 잘 보장되는 곳은
그 어디에도 없기 때문이다. 그리고 우리가 행한 반론의 동력은
법학적인 것만큼이나 사회학적이다. 법의 몰락에 관한 기획과
탈규제의 기획 사이에 존재하는 분명한 대립에도 불구하고, 그
너머에서 양자는 시장의 보이지 않는 손에 의하여 부여된 것이
든, 전체적인 계획화의 보이는 손에 의하여 부여된 것이든, 각자
에게 부여된 자리를 거역하지 않고 받아들이는 평화로운 노동세
계를 꿈꾼다는 공통점이 있다. 이는 지배가 긴장을 발생시키지
않고 말썽 없이 행사될 수 있는 사회질서의 유토피아이다. 그 꿈
뒤에는 언제나 발가벗은 폭력의 악몽이 모습을 드러낸다.

제3절 규범의 유혹

탈규제 개념이 성공을 거둔 데에는 그것이 법의 인플레이션
문제에 대안을 제시하는 것처럼 보인다는 사실에서 비롯되는 부
분이 있다. 그런데 법의 인플레이션은 그것이 불가피하게 초래
하는 법의 평가절하 때문에 정말 문제가 많다.[94] 그런 점에서 법

---

94) J. Carbonnier, *Essais sur les lois, op. cit.*, p.271 이하 참조.

의 인플레이션은 확실히 진정하고 완전한 탈규제를 위한 가장
믿음직스러운 징검다리이다. 그러므로 현명한 사람들은 사회법
을 박멸해야 한다거나 가난한 사람들에게 포기하라고 제안하는
것이 아니라, 입법적 비개입의 기준들에 대한 탐색으로부터 출
발할 것을 제안한다.[95] 이는 노동관계에서 법에 의하여 규제되어
야 하는 것과 사회적 규율에 맡겨야 하는 것, 즉 다른 규범 형식
에 맡겨야 하는 것의 구분에 관한 질문이다.

1. 법규칙과 경제규범

그러한 연구의 출발점은 법과 경제에 대한 아리스토텔레스
의 구별에서 찾을 수 있다. 주지하다시피 아리스토텔레스는 집
안 내부의 문제[96]와 자유롭고 평등한 도시 구성원들 사이의 문
제[97]를 구분한다. 시민들의 관계만이 도시를 규율하는 특별한 정
의 원칙에 따르는 진정한 법관계이다. 도시를 규율하는 특별한
정의는 법과 판사를 상정한다. 즉, '제삼자(Tiers)'의 원리를 전제
한다.[98] 아리스토텔레스에 의하면, "노예에 대한 주인의 정의 그

---

95) *Ibid.*
96) 즉 노예를 포함하는 어원학적 의미로서의 가족 내부의 문제를 말한다.
이 문제는 주로 『정치학』에서 다루어졌다. *La Politique*, éd. Tricot, Paris, vrin,
1982, livre I.
97) 이 문제는 주로 『니코마코스 윤리학』에서 다루어진다. *Ethique à Nicomaque*,
éd. Gauthier et Jollif, Louvain, Nauwelearts, 1970, t. 2, p.120 이하.
98) 법의 정초 원리로서의 이 제삼자 원리가 현대에 와서 다양한 형식으로
발현하고 있다는 점에 대해서는 특히 A. Kojève, *Esquisse d'une phénomén-
ologie du droit*, Paris, Gallimard, 1981, 특히 chapitre 1, p.19 이하 참조. 르
장드르는 정신분석학의 도움을 받아 이 개념을 더욱 풍부하게 만들었다. 특히 P.
Legendre, *Les enfants du texte*, Paris, Fayard, 1992, p.30의 정의를 볼 것.

리고 아이에 대한 아버지의 정의는 도시에서의 정의의 형식들과
닮기는 했지만 동일하지는 않다. 사실, 우리 자신에 속하는 것에
대해서는 엄격한 의미에서 부정의란 없다. 그런데 노예와 아이
는 우리 자신의 일부분이라고 할 수 있다."99) 그러므로 집안 내
부의 관계는 법이 아니라 경제에, 즉 어원학적 의미로서의 경제
인 집안(oikos)의 규범(nomos)에 속한다. 이 집안의 규범은 제
삼자 원리에 구애받지 않는다. 왜냐하면 가장의 권위에 속하기
때문이다.100) 이는 덕성으로서의 정의101)가 집안의 영역에서는
행사되지 않아도 된다는 것을 말하는 것이 아니라,102) 집안의 영
역은 가족의 위계 원리를 따르는 것이지 시민들 사이의 관계를
규율하는 평등 원리에 따르는 것이 아니라는 것을 말한다. 그런
까닭에 집안의 영역은 도시를 통치하는 특별한 정의 규칙이 적
용되지 않는다.

　　법규칙과 경제규범 사이의 이러한 근본적인 구별은 서양의
법사상사에서 끊임없이 재검토되고 재정의되었으며, 현대의 수
많은 저자들의 책 속에서 다양한 형태로 전개되고 있다. 예를 들
면, 유형학의 권위자인 막스 베버는 통치(행정)와 관할(객관적
법)을 대립시킨다.103) 통치는 명령에서 비롯되며, 반면에 관할은

---

99) *Ethique à Nicomaque*, *op. cit.*, pp.139-140.
100) "모든 가족은 가장 연장자인 남성에 의해 군주제적 방식으로 다스려진
다"(*La Politique*, *op. cit.*, I, 2, 20, p.26).
101) 즉 아리스토텔레스의 용어법으로는 "특수정의"에 대립하는 "일반정의"
를 의미한다. 이 구별에 대해서는 M. Villey, *Philosophie du droit*, Paris, Dalloz,
t. 1, 3e éd., 1982, n° 30 이하 참조.
102) 오히려 아리스토텔레스는『정치학』의 제1권 전체에 걸쳐서, 가장이 그
의 부인(자유로운 성년 주체)과 아이들(미성년 주체) 그리고 노예들과 형성하는
관계들의 본성을 섬세하게 구별한다.
103) M. Weber, *Sociologie du droit*, *op. cit.*, p.28 이하. 또한 *Economie*

주관적 청구를 보장한다. "청구를 보장하는 객관적 법의 성격을
갖는 규범이 존재하지 않을 때, 효력을 갖고 있는 모든 규범들이
법적으로 '명령'의 성격을 갖고 있을 때, 법 전체는 행정, 즉 통치
가 추구하는 목적 속으로 용해된다."[104] 여기서 스타기리트의 길
을 분명하게 걷고 있는 베버에게 있어서, "모든 '행정'의 기원은
집안 권력에 있으며", 반면에 객관적 법은 종족들 사이의 중재에
서 그 기원을 찾을 수 있다. "이 후자의 경우에서만, '청구'에 대
해서, 즉 주관적 권리에 대해서 다투고, 판결이 내려진다. 여기에
서만 우리는 구체적인 형식들, 기간들, 입증의 규칙들, 요컨대 법
적 절차의 시작을 발견한다. 그러나 가장이 행동하는 방식은 이
모든 것을 무시한다. (...) 원래 집안 권력은 한계를 알지 못하기
때문에, 그것에 종속되는 자들에게는 주관적 권리가 존재하지
않는다."[105] 명령 속에서는 "개인과 그의 이익은 법적인 의미에
서 보자면 근본적으로 법의 주체가 아니라 법의 대상이다."[106]
아리스토텔레스와 달리 이 유형론을 임금노동에 적용시킬 수 있
는 베버는 확실히 사업을 객관적 법의 규칙에서 벗어나는 '사적
행정'으로 본다.[107]

이러한 구분은 나중에 미셸 푸코가 도입한 법과 규율의 구
분,[108] 하이에크의 공정행위규칙과 조직규칙의 구분,[109] 또는 파

---

et société, 프랑스어판, Paris, Plon, t. 1, 1971, p.54 참조.
104) *Sociologie du droit, op. cit.*, p.28.
105) *Ibid.*, p.30.
106) *Ibid.*, p.29.
107) *Ibid.*
108) M. Foucault, *Surveiller et punir. Naissance de la prison*, Paris,
Gallimard, 1971.
109) 앞의 논의 참조.

슈카니스의 법규범과 기술규범의 구분[110]을 명확하게 이해할 수
있도록 해 준다. 이 점을 좀더 분명히 하기 위하여(하지만 더 모
호하게 만들 위험을 감수하고), 여기에서는 법적인 것(법규칙의
영역)과 규범적인 것(아리스토텔레스적인 의미에서 경제규범 또
는 베버적 의미에서 통치규범의 영역)으로 구별하고자 한다.[111]

그러므로 규범적인 것과 법적인 것은 하나의 사회질서 안에
서 서로 대립하면서 동시에 서로 결합하는 두 가지 준거로 제시
된다. 양자는 다른 사회규칙들과 맺는 관계의 성질에 의하여 서
로 대립한다. 법적인 것은 법규칙이 다른 사회규칙들과 단절하
는 것으로부터 비롯된다. 법적인 것의 기준에 관한 연구는 이러
한 단절이 정확하게 어디에 위치하는지를 말해 줄 수는 없지
만,[112] 그것이 존재하는 것 자체는 모든 사람이 동의할 수 있다.
요컨대 법사상은 사회적인 것을 사고하는 (정치적, 이데올로기
적, 사회학적 등등의) 다른 방법론들에 비해서 일정 정도의 자율
성을 필연적으로 갖는다. 이 자율성은 법개념의 추상화 정도에
따라 다를 수 있지만, 어느 경우라도 법적 합리성을 구성한다는
점에는 변함이 없다.

이처럼 사회적인 것에서 추상화된 개념들 중에서 법주체라

110) Pasukanis, *op. cit.*, p.69 이하 및 p.86 이하.
111) 이 개념을 최초로 제안할 당시에는 "규범화 규칙"(A. Supiot, *Droit social*, 1984, p.305)이라는 용어를 사용했는데, 이 용어는 기술적 규범화를 지나치게 연상시키는 단점이 있다. 기술적 규범화는 노동관계 규범의 다양한 형상들 중의 하나일 뿐이다(아래 제6장 참조). '법적인 규칙'과 '비법적인 규범'을 용어상으로 명확하게 구별하는 것을, 기능적이고 도구적인 법규칙 개념을 옹호하는 저자들은 물론 거부한다(A. Jeammaud, "La règle de droit comme modèle", *Dalloz*, 1990, Chroniques, p.199, 특히 p.200 참조).
112) J. Carbonnier, *Sociologie juridique*, Paris, PUF, 1978, p.174 이하 참조.

는 개념은 빠질 수 없다. 이는 철학적 의미가 아니라 기술적 의미로 이해되어야 한다. 즉 법주체란 "실정법질서가 어떤 법규칙으로부터 법적 효과를 향유할 수 있도록 자격을 부여하는 자"[113]이다. 법주체는 이 자격 부여 외에 다른 사회적 실체를 갖지 않는다. 그러한 점에서 법주체는 비트겐슈타인이 말하는 주체의 정의, 즉 주체는 "세계에 속하는 것이 아니라 세계에 한계를 구성한다"[114]라는 정의에 부합한다. 사회적인 것을 사고하는 다른 방법론들, 특히 정치학적 방법론에 비해서 법사상이 갖는 자율성이 그 효과들을 만들어 낼 수 있도록 하는 것은 바로 이 법주체이다. 그런 의미에서, 정치 사회에서 법규칙의 존재는 대립의 존재를 가능하게 할 수밖에 없다.[115] 그 법규칙이 좋은지 나쁜지는 상관없다. 특히 인간의 종 속에 주체를 세우는 것은 법현상에 완전히 달려 있다.[116] 각자에게 친족관계와 이름을 부여함으로써 주체의 자리를 특정할 수 있게 하고, 또 인간의 종 속에서 다른 주체들과 구별지을 수 있게 하는 것은 바로 법이다.

합법성과 규범성을 가르는 모든 것은 법과 사실의 단절에서

---

113) H. Motulsky, *Principes d'une réalisation méthodique du droit privé*, Paris, Sirey, 1948, p.32 참조. 이 중요한 저작은 최근에 재인쇄되었다: Paris, Dalloz, 1991.

114) L. Wittgenstein, *Tractatus logico-philosophique*, 1921, 프랑스어 판, Paris, Gallimard, 1961, §5.632.

115) 이에 대해서는 지노비예프가 유쾌하게 논증한 바 있다. A. Zinoviev, *Les hauteurs béantes*, Lausanne, L'Age d'Homme, 1977, p.233 참조. 오랫동안 자의적인 통치에 지배당했던 나라에서 가꾸어 낸 황폐한 유머는 법형식의 부재에 대한 예리한 인식을 보여주는 수많은 사례들을 제공한다. 가장 유명한 것들 중에서도 J. Hasek, *Le brave soldat Chveik*, Paris, Gallimard, 1932 참조.

116) P. Legendre, *op. cit.* 및 같은 저자의 *Le crime du caporal Lortie*, Paris, Fayard, 1989 참조.

나온다. 법적 범주는 그것을 표현하는 단어들과 마찬가지로 그것이 가리키는 사물과 일치할 수 없기 때문에, 비법적인 부분이 환원불가능한 방식으로 존속하는 영역을 둘러싸는 경계선을 만들어낼 뿐이다. 법규칙의 준수에 대한 통제는 법에 의하여 정해진 한계를 넘어서지 않도록 통제하는 것으로서, 본질적으로 법적 금지에 대한 준수 여부를 감독하기 위한 사후적인 통제이며, 어떠한 행동을 승인하기 위한 사전적인 통제가 아니다. 법규칙이 규율하는 사회적인 것에 대해서 법규칙이 갖는 자율성은 마찬가지로 이 법규칙이 언제나 두 가지 서로 다른 차원에서 재검토될 수 있음을 의미한다. 법규칙의 법적 의미 차원과 법규칙의 사회적 의미 차원이 그것이다. 법적 논의는 말의 다의성과 논리적 비모순의 요구로 이루어지는 모순적인 원천에서 자양분을 얻는 반면에, 사회적 논의는 법규칙 또는 법적 판단이 규율하는 사회적 상황에 비추어 법규칙이나 법적 판단이 적절한가 여부에 초점이 맞추어진다. 이것은 법규칙이나 판단의 법적 유효성과 무관하다. 이렇게 두 차원에서 이루어지는 분석은 법적 논의의 분명한 특징이며, 법적 논의의 독특한 원동력을 구성한다.

반대로 규범성은 객관적 규칙성과 절대적으로 동일시되며, 존재와 당위 사이의 구별은 일체 거부된다. 규범성이란 경계를 획정하는 것이 아니라, 행동의 모범을 만들고 그 행동이 언제나 객관적 규칙성에 부합하도록 만들고 개인의 두 번째 본성이 되어야 하는 것을 개인의 존재 방식으로 체화시키는 것이다. 이 규범들은 지켜질 것을 요구하는 것이 아니라, 삶으로 구현될 것을 요구한다. 법률기관이 구체적 개인을 파악하는 대신 추상적 주체만을 고려한다면, 규범 기관은 주체의 추상성을 파괴하고 개인을 규범의 대상으로 파악하고자 한다. 이러한 개인의 대상화는 주체의 부인, 즉 규범적 절차가 함축하는 탈주체화와 동시에 일어난다. 같은 직종에 종사하는 노동자들 사이의 강한 직업적 동일성에 근거하는 아틀리에 노동이 규범화된 동작의 실행에 특화된 노동자들로 구성되는 연쇄 노동으로 이행한 것은 개인의 대상화와 탈주체화 사이에 존재하는 관계를 가장 명확하게 보여주는 것임에 틀림없다. 그 결과 노동자는 법주체의 자격과 함께 자기 내면을 보호할 수 있는 한계 영역을 상실하게 된다.[117] 이러한 주체의 사라짐은 규범화가 금지보다는 승인에 근거하는 이유, 즉 동작과 행위에 대한 사후적 통제보다는 사전적 정의에 근거하는 이유를 설명해 준다.

추상화에 대한 거부는 또한 규범의 다양화로 귀결된다. 삶의 가장 후미진 곳까지 모두 다 포괄하기 위해서는 모든 것을 말해야 하고 모든 것을 규정해야 한다.[118] 사회적인 것의 복잡성을 규칙들 속에 가두어두려는 무한한 욕망은 규범적 다변증으로 귀결되어, 점차 그 규칙들을 불가해한 것으로 만들고, 규칙의 준수를 강제하는 권한을 자의적인 권한으로 만들어 버린다. 수용소

---

117) 현대사회의 상업적 관계의 변화에 대해서도 같은 분석을 적용할 수 있다. 대형할인매장의 '고객왕'인 개인은 '상업'이라는 말이 갖는 다양한 의미를 모른다(상업이라는 말의 개화된 의미, 즉 상호주체적인 상업은 이전까지는 상인의 의미와 짝을 이루었다). 이제 개인은 상인과의 관계가 완전히 사라진 유통체계 속에서 기계화된 장치로 전락한다. 개인은 더 이상 인간적 관계의 주체가 아니라, 상업의 규범화가 포착하는 대상이다. 여기에서 다시 개인화는 (판매 목적으로 생산된 상품들의 무한한 다양성 속에서) 탈주체화와 짝을 이룬다.

118) L. Sfez, *Critique de la communication*, Paris, Seuil, 1988, 특히 p.339 이하 참조.

에 대한 고프만의 묘사[119] 또는 감옥에 대한 푸코의 묘사[120]는 이처럼 수용자의 규범적인 행동에 대한 준수를 의도하는 규율 체계의 거의 완벽한 사례를 제공한다.

법규칙과 달리 경제규범은 두 개의 분석 차원을 갖지 않는다. 경제규범을 논의하는 것은 사회질서를 전체로서 논의하는 것이다. 경제규범들 상호간의 접합에 대한 분석을 위한 여지는 없다. 왜냐하면 법시스템의 일관성에 대한 추구는, 본성상 형식논리학에 무관한 사회질서에 규칙이 적응하는 문제로 완전히 대체되기 때문이다. 그러므로 규범들 상호간의 모순이나 구체적 개인별로 서로 다르게 적용되는 것은 그 적응의 필요성에 의하여 언제나 정당화될 수 있다. 한편, 규범을 위반하는 것은 적법한 것에서 위법한 것으로 넘어가는 것이 아니라, 정상적인 것에서 병리적인 것으로 넘어가는 것이다. 왜냐하면 규범성의 가장 현대적인 형식은 모두 사회적 관계에 대한 과학적 인식의 천명과 관련되어 있기 때문이다. 이러한 과학지상주의는 명백히 망상이다. 왜냐하면 캉길렘이 지적한 바와 같이, 어떤 계급이 사회규범을 가지고 만들어 내는 관행과 그 사회규범의 기능을 동일시시키는 권한을 최종적으로 담지하는 자는 바로 그 사회계급이기 때문이다.[121] 하지만 과학지상주의는 범죄자나 정치적 반대자

---

119) E. Goffman, *Asiles*, 프랑스어판, Paris, Ed. de Minuit, 1968. 고프만의 작업을 법질서 속으로 멋지게 이식한 것으로 D. Loschak, "Droit et non-droit dans les institutions totalitaires", in *L'institution*, Paris, PUF, 1981, p.125 이하 참조.
120) M. Foucault, *Surveiller et punir*, *op. cit.*
121) G. Canguilhem, *Le normal et le pathologique*, *op. cit.*, pp.182-183 참조.

를 판결보다는 치료가 필요한 환자로 취급한다.[122] 이처럼 정의
를 하얀 블라우스를 입은 정의로 바라보는 규범적 관점은 이미
파슈카니스에게서 발견된다. 파슈카니스는 (사회주의 사회에서
모든 형태의 법규칙을 대신할 사명을 부여받은) 기술규범을 정
의하기 위해서 의학규범의 사례를 들었다. "의학규범의 적용은
환자에 대한 강제의 행사와 관련될 수 있다. 그러나 이 강제가
의학적 목적의 관점에서 고려되는 한에서는, 그것을 당하는 자
는 물론 그것을 행하는 자에게 있어서도 그것은 기술적으로 합
리적인 행위이며, 그 이상도 이하도 아니다. 이 범위 안에서는
규칙의 내용은 의학에 의하여 결정되며, 의학이 발전함에 따라
규칙의 내용도 변한다. 여기서 법학자가 할 일은 아무 것도 없
다."[123]

　　기술적 규범화 또는 행정적 규범화의 일탈을 언급했다고 해
서, 합법성과 규범성이 상호간에 배타적인 사회 조직 형식인 것
으로 생각하면 안 된다. 사실은 정반대로, 비록 단어별로 서로
대립되는 것처럼 보이지만 실제로는 보충성의 관계 속에서 서로
결합된다. 왜냐하면 법적 합리성은 한계에 대한 기술로서, 스스
로도 한계를 가지고 있기 때문이다. 이제 이 문제에 관해서 몇
가지 언급을 해야 할 차례이다.

---

122) 소송의 형식주의 및 이것과 연결되어 있는 표현의 자유는 규범화 시스
템과 양립하기 매우 어렵다. 전체주의 체제들이 판사의 선고 내용을 지시할 수
있음에도 불구하고 그렇게 하지 않고, 대신 정신의학적 수용이나 납치 또는 실종
의 기법들을 선호한 이유를 이해할 수 있다.
123) E. Pasukanis, *op. cit.*, p.71. 이 불행한 파슈카니스가 스탈린의 숙청
대상이 되어 소송 없이 사라진 것은 역사의 아이러니이다.

2. 법적 합리성의 한계들

규범과 법에 각자의 자리를 부여하는 것이 아니라면, 법에 제기된 소송을 어떻게 해결할 것인가? 합법성에 대한 자유주의적 비판과 마르크스주의적 비판에 공통적인 과학지상주의적 기반은 노동제도에서 합법성에게 주어져야 마땅한 자리를 거부하는 것으로 귀결된다. 모든 영역에서 합법성을 규범성으로 대체하고 규율 속에 법을 정초하려는 기획을 비판하는 것은 노동관계를 전부 입법으로만 규제해야 한다고 주장하려는 것이 결코 아니다. 그러한 주장은 그 자체가 규범주의적인 것으로서 법에 대한 정확한 정의로서의 한계의 기법을 무시하는 태도이다. 합법성은 한계들을 정의하는 것으로서, 바로 그러한 작용 자체를 통해서 규범성이 펼쳐질 수 있는 공간들을 정의한다. 이러한 생각은 이미 아리스토텔레스에게서 발견되는데, 그에게 있어서 법질서(특별한 정의)와 집안의 질서(경제)는 결코 상호배타적이지 않다. 왜냐하면 양자는 가족과 도시라는, 서로 다르지만 상호 보완적인 영역에서 행사되기 때문이다.

그러므로 문제는 하나를 위하여 다른 하나를 박멸하는 것이 아니라 상호간의 한계를 설정하는 데 있다. 우리는 이미 그 한계를 만난 적이 있다. 그것은 바로, 비트겐슈타인의 매우 명확한 공식을 다시 인용하자면, "세계에 속하는 것이 아니라, 세계에 대한 한계로서의"[124] 주체이다. 주체는 세계에 속하지 않는다고 말하는 것은 곧 주체는 과학이나 기술에 의하여 규범화된 영역

---

124) L. Wittgenstein, op. cit.

에 속하지 않는다는 것을 말하는 것이며, 인간을 가축처럼 취급
해서는 안 된다는 것을 말하는 것이다. 이에 관해서는 모두가 동
의할 것이다. 하지만 인간은 또한 생물학적 동물로서 자연 세계
에 속한다는 사실을 아무도 부정하지 않을 것이라면, 인간에게
그러한 특별한 덕성을 부여하는 것은 무엇이란 말인가? 그것은
바로 법과 제도이다. 서양의 메시아주의의 한 변형인 '인권'을 말
하는 것이 아니라,[125] 각자에게 자리, 정체성, 요컨대 법주체의
자격을 부여하는 의미에서의 법을 말하는 것이다. 이처럼 주체
는 상징질서에 참여함으로써만 존재하며, 이 상징질서는 과학적
범주가 아니라 법적 구성물에 속한다. 피에르 르장드르가 특히
정신분석학의 기여를 통해서 새롭게 가다듬은 이 근본 사상[126]은
법이 과학으로, 특히 사회과학으로 환원될 수 없는 이유를 깨닫
게 해 준다.

　한 마디로 말해서, 수학이 자연과학에서 하는 역할을 법은
문화과학에서 한다. 수학은 자연과학에 경이로운 효율성의 준거
를 제공하였다. 즉 숫자이다. 과학적 인식이 진보한 것은 자연의
현상들을 언제나 좀더 계량화하는 것을 통해서였다. 숫자는 우
리를 구성하고 우리를 에워싸는 사물들의 무한한 다양성을 가장

---

　125) 이에 대해서는 빌레의 혁신적인 분석을 볼 것: M. Villey, *Le droit et les droits de l'Homme*, Paris, PUF, 1983. 이 책은 교황에게 헌정된 것인데, 이 책에 따르면 인권은 법의 정의에 속하지 않는다. 그것보다는 인권을 근대 서양법의 궁극적 준거, 보편성을 띠고 있다고 주장하는 준거로 보는 것이 확실히 더 정확할 것이다. 그러한 관점에서 보면 지난 세기의 백인 아버지들(공식 명칭은 아프리카선교단)과 오늘날의 '세계의 의사들' 사이에는 거의 차이점이 없다(차이점은 다른 데 있다. 즉 백인 아버지들은 자신들이 일하는 사회에서 오랫동안 머물며 그 사회를 깊이 이해한 반면, 그들의 후계자들은 그렇지 않다는 점이다).
　126) 르장드르(P. Legendre)가 1983년 이후 Fayard 출판사에서 펴내고 있는 『강의(Leçon)』 시리즈를 참조할 것.

단순한 기본 특성으로 환원할 수 있게 하고, 수학적 추상화의 강력한 힘을 과학에 부여한다. 오늘날에는 사회과학도 이 숫자의 매력에 지배당하고 있다.[127] 하지만 그럼으로써 사회과학은 문화의 질서 속에서 숫자의 자리를 차지하는 것, 즉 주체와 그 주체를 제도화하는 법적 구성물들을 시야에서 놓치게 된다. 법이 사회과학의 진정한 수학을 구성하는 것은 바로 이러한 의미에서이다. 법주체라는 범주에서 시작해서 다양한 법적 범주들은 수학적 범주들이 자연적 사실들에 대해서 수행하는 것과 동일한 형식의 추상화를 사회적 사실들에 대해서 수행한다. 레비-스트로스가 법을 특징지었던 두 가지 요소, 즉 의제성과 비모순성[128]을 수학이 훨씬 더 완벽하게 결합하는 것은 사실이다. 그러나 그 이유는 레비-스트로스가 주장하는 것과는 반대로, 법은 충분히 의제적이지 못하며 지나치게 모순적이기 때문이다. 다시 말하면, 형식은 결코 법에서 내용을 제거하는 데 성공하지 못하고, 법은 과학의 지위를 주장할 수 없으며, 18세기에 시작된 법의 수학화[129]는 실현될 수 없기 때문이다. 법과 수학을 융합하려는 시도

---

127) 그 대상은 반박의 여지 없이 경제학에게 돌아갈 것이며, 그 뒤를 사회학이 바짝 쫓는다. 한편 사회학은 경제학에서 많은 개념들을 차용하고 있다(자본, 투자 등).

128) C. Lévi-Strauss, "Les critères scientifiques dans les sciences sociales et humaines", *op. cit.*, *loc. cit.*

129) 특히 라이프니츠에 의해서. 이에 대해서는 G. Kalinowski et J.-L. Gardies, "Un logicien déontique avant la lettre: Leibniz", *Archives für Rechts- und Sozialphilosophie*, 1974, LX/1, p.79 참조. 라이프니츠의 시도는 현대에도 의무논리학의 저작들을 통해서 지속되고 있다. 이에 대해서는 J.-L. Gardies, *Essai sur les fondements a priori de la rationalité morale et juridique*, Paris, LGDJ, 1972 및 *Essai sur la logique des modalités*, Paris, PUF, 1979; P. Bailhache, *Essai de logique déontique*, Paris, Vrin, 1991 참조.

의 실패(법은 자연적 질서와 상징적 질서를 고수하기 때문에 그
러한 실패는 불가피하다)로부터 남은 것은 사회과학의 지평에서
법이 사라졌다는 점이다. 사회과학은 법의 형이상학적 구성인
주체에 근거한 것이 아니라, 자연과학처럼 숫자에 근거하여 자
신을 정초하려는 기획을 추진했다. 그런 점에서 볼 때, 자유주의
사상의 방법론적 개인주의와 마찬가지로 마르크스주의 및 법이
상주의에 대한 마르크스주의적 절멸 기획은 법제도적 현상을 똑
바로 보지 못하는 청맹과니에 불과하다. 양자는 모두 콩트와 실
증주의의 자식들로서, 계산하는 자와 계산되는 것만 바라본다.
양자는 모두 믿음 없는 신자들로서, 농담과 속임수를, 그리고 그
들의 아버지가 실증주의 교리 시스템을 걸어 놓아야 했던 종교
까지 마술의 진열장 속에 치워버렸다.

　　그러므로 숫자의 논리와 그것을 인간의 일 속에서 표현하
는 규범주의적 합리성에 한계를 설정하기 위해서는 법주체에서
시작해야 한다. 주체가 규범에 의하여 대상의 지위로 축소될 때
숫자의 논리와 규범주의적 합리성은 한계를 넘는다. 중심으로
축소된 주체의 지위와 대상의 지위는 완전히 같은 것이다. 우리
는 계량주의적 사고의 발명품인 추상적 노동이 어떻게 주체로
서의 노동자를 파괴했는지, 노무임대차계약이 계약의 이행 동안
어떻게 노동자를 그 계약의 대상으로 전락시켰는지 안다.[130] 그
리고 우리는 또한 노동자의 인격을 인정하고[131] 노동자에게 일
정한 자유를 부여하는[132] 하나의 신분을 노동계약 속에 체화시

---

130) 앞의 제1장 참조.
131) 앞의 제2장 참조.
132) 앞의 제2부 참조.

킴으로써133) 노동의 이행 동안 주체로서의 자격을 노동자에게 복원하는 것이 노동계약 개념과 노동법이 의미하는 바였다는 것도 안다.

하지만 반면에 법적 합리성의 한계는 어디에 설정할 것인가? 여기서도 또한 법주체 개념이 해답의 열쇠를 제공한다. 법주체 개념은 한편으로는 각각의 개인이 인간으로서의 자격에 동일하게 참여한다는 것과, 따라서 서양의 전통에서는 그러한 참여에 있어서의 평등의 사상을 함축한다.134) 하지만 법주체 개념은 또한 각각의 개인이 갖는 특수성에 대한 인정, 각자의 고유한 정체성에 대한 존중 및 따라서 주체들 사이의 차이라는 사상을 함축한다. 다시 말하면, 법주체 개념은 평등 원칙의 두 측면을 함께 고려할 것을 요구한다. 형식적 평등의 차원에서는 법의 일반성과 추상화 그리고 영속성이 사실적 상황들의 다양성에 우선한다. 구체적 평등의 차원에서는 반대로 법을 사회적 상황들의 다양성과 이동성에 적응시키는 것이 중요해진다. 하지만 법이 둘 중의 어느 하나로 지나치게 나아가면, 법은 법적 상태에서 사실적 상태로 미끌어진다. 사실상의 불평등을 고려하지 않는 것은 힘의 관계가 온전히 영향력을 행사하도록 방치하는 것이고, 따라서 주체를 제도화하는 법을 주체로부터 박탈하는 것이다. 반대로 조금의 불평등까지도 전부 다 고려하고자 하는 것은 개별

---

133) 앞의 서장 참조.
134) 아리스토텔레스에 따르면, 도시의 정의는 자유롭고 평등한 개인들을 필요로 한다(*Ethique à Nicomaque*, *op. cit.*, livre V, chapitre X). 그러한 법주체 개념은 카스트 시스템에서는 낯선 것이다. 카스트 시스템에서 개인은 전체와의 관계 속에서만 사고된다(L. Dumont, *Homo hierarchicus. Le système des castes et ses implications*, Paris, Gallimard, 1966, 1990(재판) 참조).

화 과정으로 들어가는 것으로서, 종국에는 개인들이 하나의 동일한 법적 지위에 참여하는 것이 완전히 사라지는 것, 그러므로 대중적 탈주체화로 귀결된다. 다시 말하면, 법의 부재(아노미)와 법의 과잉(하이퍼노미) 양자 모두 법주체를 위협한다. 왜냐하면 법이 지나치게 빽빽해서 읽을 수 없을 정도라면, 그것은 법이 없는 것이나 마찬가지가 될 것이기 때문이다. 그런 상황에서는 법주체가 살아갈 수 있는 여지가 없다. 그러므로 평등 원칙의 두 측면을 결합하는 것은 법적 합리성의 핵심 그 자체이다.[135] 그런데 현재의 상황은 이 두 측면의 분리를 가리키는, 법적 사고에서 필연적으로 양자를 결합하는 관계에 대한 무지를 가리키는 몇 가지 징후들을 보여주고 있다. 구체적 평등을 형식적 평등의 후견으로부터 완전히 해방시키겠다는 주장이나, 반대로 일체의 구체적 사정을 고려하지 않는 형식적 평등을 천명하는 것이나, 두 경우 모두 법의 궤도에서 이탈하는 것이다.

구체적 평등을 형식적 평등 원칙에 대한 준거로부터 완전히 해방시키려는 경향의 한 가지 예는 실업의 사회적 처리라고 불렸던 것을 구성하는 규정들 속에서 찾아볼 수 있다.[136] 헌법재판소가 이해하는 바의 평등 원칙은 공권력이 실업자들을 다양한 범주별로 구별하는 것을 금지하지 않는다. 다시 말하면, 입법과 명령 행위는 "가능한 한 많은 사람들에게 일자리를 얻을 수 있는 권리의 행사를 가능하도록 하기 위해서 각자의 고용접근권을 좀

---

135) 노동법에서 이러한 결합의 성립에 대해서는 앞의 제3장 참조.
136) 이하의 논의는 A. Supiot, "Les inégalités entre chômeurs", in *Les sans emploi et la loi*, Quimper, Calligrammes, 1988, p.185 이하의 일부를 수정, 보완한 것이다.

더 잘 보장하는 것"[137]을 목적으로 하는 한, 사회학이나 경제학
또는 통계학이 보여주는 바의 다양한 실업 상황이나 실업 위험
에 적응할 수 있다는 것이다. 그러므로 실업자들을 범주별로 구
별하는 것은 고용에 있어서의 구체적 평등을 보장하는 것을 목
적으로 하는 한에서는 그 자체로는 평등 원칙에 대한 침해가 아
니다. 이 헌법재판소의 판례는 다른 한편으로는 구체적 평등은
형식적 평등 속에 깃들어야 한다는 생각을 표현한 것에 불과하
다. 그러나 형식적 평등이 일반 임금노동자들의 고용접근권이나
소득에 관한 권리 또는 해고에 관한 권리와 관련해서는 강력하
게 재천명되는 반면에, 실업의 "사회적 처리"가 "겨냥하는 인구
들"에 속하는 사람들에게 유보되어 있는 법적 운명으로부터는
완전히 사라지는 경향이 있다.[138] 여기에서도 계량적 기법이 지
배하는데, 실업자는 법주체이기 이전에 어떤 "처리" 즉 실업의
처리에 대한 통계적 대상으로 이해된다. 이 인구들은 통계상 노
동시장에서 장애인으로 취급되는 사람들로 구성된다. 청년, 노
인, 과부, 전과자, 장기 실업자, 공해 피해 지역의 주민 등이 바로
그들이다. 이러한 범주들에 있어서는 구체적 평등 개념이 형식
적 평등 개념을 완전히 대체하였다. 예를 들면, 외국인 노동자나
노령 노동자의 경우 해고에 있어서의 차별 금지의 원칙은 본국
귀환이나 조기 은퇴를 촉진하는 조치들 속에서 정확히 반대말을
발견한다.

---

137) Conseil constitutionnel, 1983.5.28. (임금과 연금의 중복수급), *AJDA*,
1983, p.619, F. Le Bris; 1986.1.16, *JO*, 1986.1.18, *Droit social*, 1986, p.376,
Y. Gaudemet.
　　138) 앞의 제2장 참조.

이러한 정책은 특정한 법제도에 내재하는 사회적 효과들을 인식하지 못하는 것이며, 불가피하게 법적 합리성의 틀에서 벗어나는 결과를 초래한다. 법규칙은 입법자의 모습을 하고 있는 측량기사의 손에 들려 있는 무기력한 먹줄이 아니다. 통계학적 범주의 법제화는 종종 통제되지 않는 효과를 갖는 규범적 가치를 해당 범주에 부여한다.[139] 예를 들면, "25세 미만의 청년 실업자"라는 범주는 어떠한 종류의 사회학적 정합성도 갖지 않는다. 왜냐하면 모든 청년들이 동일한 학력이나 동일한 사회적 동화력을 갖고 있는 것은 아니기 때문이다. 이 범주의 법제화는 그것에 고유한 효과들을 생산한다. 첫 번째 효과는 청년들 사이에 사회적 불평등을 심화시킨 것이었다. 능력이 좋고 학력이 높은 청년들은 제도가 제공하는 혜택들을 누릴 수 있었던 반면, 소외된 청년들은 그러한 혜택을 거의 받지 못하거나 전혀 받지 못했다. 사회적 통합을 우선적으로 지원하고자 했던 사람들의 배제를 강화하는 결과가 초래된 것이다. 이러한 부작용에 대응하는 방식은 실업의 예방 또는 처리에 관한 대책들을 완전히 개별화하는 방향으로 전개된다. 그러한 정책의 소실점은 결국 법의 영토를 떠나 개별화된 사회적 원조의 영역으로 이동하는 것이다. 이처럼 통계학적 과녁이 사회심리학적 과녁으로 이동하는 현상은 예를 들어 "사회적 재통합을 특별히 어렵게 만드는 사회적 특성들을 갖고 있는 임금노동자들" 같이 프랑스법에서 부상하고 있는 범주들에서 찾아볼 수 있다.[140]

---

139) 법률의 '정서적 영향'에 대해서는 앞의 제2장 참조.
140) Code du travail, L.321-1-1.

정반대의 경향, 즉 형식적 평등에 근거하여 구체적 평등을 몰아내려는 경향의 예는 유럽사법재판소의 최근 스퇴켈 판결에서 볼 수 있다.[141] 이 사건은 여성의 야간노동을 금지하고 있는 프랑스 노동법이 로마조약 제119조와 유럽공동체 1976년 2월 9일 지침에서 규정하고 있는 남녀평등원칙과 부합하는지 여부에 관한 문제를 제기하는 것이었다. 문제의 핵심은 "지침은 여성의 보호에 관한 규정들, 특히 임신과 출산에 관한 규정들을 방해하지 않는다"고 규정하고 있는 지침 제2조 제3항을 어떻게 해석할 것인가에 있었다.[142] 여기에서 남녀 간의 형식적 평등의 구현에 있어서 구체적 평등으로 가는 문을 열어주는 것은 "특히"라는 부사이다. 이 구체적 평등의 문은 유럽사법재판소가 남녀평등의 예외는 지침의 규정이 명시적으로 언급하고 있는 두 가지 경우, 즉 임신과 출산의 경우에만 인정된다고 해석함으로써 다시 닫혀버렸다. 이 사건에 관한 의견서에서 이탈리아는 야간노동으로부터 여성을 특별히 보호하는 규정들을 정당화하는 두 가지 이유를 제시했다. 야간의 성적 위협이라는 특별한 위험[143]과 가정에

---

141) CJCE, 1991.7.25, Stoeckel, aff. 345/89, *Droit social*, 1992, p.183, M.-A. Moreau. 이하의 논의는 A. Supiot, *Droit social*, 1992, p.382 이하의 일부를 수정, 보완한 것이다.

142) 이 문제는 법적 문제이다. 왜냐하면 여기에서는 유럽사법재판소 판결(여성의 야간노동을 금지하는 규정의 위법성)의 적절성을 논하고자 하는 것이 아니기 때문이다. 이 판결에 대한 사견은 다음과 같다. 첫째, 밤과 낮의 연속은 자연의 법칙이며, 남성과 여성 모두를 위한 야간휴식권은 이 자연법칙으로부터 연역되어야 할 것이다. 둘째, 남성과 여성이 공유하는 휴식은 정상적인 가족생활의 일부분이다. 정상적인 가족생활은 '사회적 유대'의 핵심조건이다. '사회적 유대' 개념에 대해서는 Conseil d'Etat, 1978.12.8, *Droit social*, 1979, p.57, Dondoux 참조. 우리로서는 이 판례가 야간노동 금지 원칙의 일반화로 가는 실마리가 되기를 바라는 수밖에 없다(크게 기대하지는 않지만).

143) 성범죄에 관한 프랑스의 최근 한 연구에 따르면, 성적 위협(모든 형태

서 여성이 수행하는 특별한 책임이 그것이다. 하지만 남성과 여성은 성적 위협의 위험 또는 가정의 책임에 있어서 사실상 평등하지 않다는 생각, 그러므로 이 서로 다른 상황들을 법적으로 서로 다르게 취급하는 것이 구체적 평등이라는 생각은 유럽사법재판소에 의하여 기각되었다. 그러한 사정들은 "지침의 목적과 무관한 사정들"이며 따라서 지침 제2조 제3호에서 말하는 여성의 보호 개념에 포함되지 않는다는 것이 이유였다.

　이는 직업생활 내에서의 형식적 평등(지침의 목적)과 직업외적인 생활에서의 구체적 불평등을 과격하게 분리시키는 것이다. 이런 식의 논증은 노동법의 모든 역사를 역행하는 것이다. 노동법의 역사는 바로 노동이행의 인격적 차원을 인정하는 것이다. 다시 말하면, 임금노동자를 노동시장의 단순한 연산자로 취급하지 말고, 구체적 인간으로, 남성으로, 나아가 여성으로 바라보라는 것이다. 우리는 유럽사법재판소가, 여성의 야간노동금지는 낡은 보호책이라고 선언하기 위해서 보여 주었던 멋진 권위와 함께,[144] 그러한 보호를 유지하는 것은 가족 내부에 존재하고 있는 불평등을 강화할 위험이 있다고 말하는 것으로, 즉 유럽사법재판소는 자신의 논증을 여성의 구체적 존재 조건과 평등 원

───────────────

를 다 포함)은 퇴근시간에 훨씬 더 많이 발생하며, 가장 중대한 범죄(특히 성폭력)는 주로 밤 10시와 새벽 5시 사이에 발생한다(M. Bordeaux, B. Hazo, S. Lorvellec, *Qualifié Viol*, Genève, Méridiens-Klincksieck, 1990, 특히 p.99 이하 참조). 그러므로 여성의 야간노동을 금지하는 규정을 삭제하는 것은 더 많은 여성들을 그러한 성적 위협에 노출시킬 것이라는 주장은 비합리적인 것이 아니며, 그러한 위험의 현실성에 대해서 재판소가 표명한 의심("이 위험들이 낮보다 더 크다고 가정하더라도...")은 근거가 없다.

144) 유럽사법재판소는 다음과 같이 단호하게 설시하였다. "여성의 야간노동을 원칙적으로 금지함으로써 여성을 보호하겠다는 생각은 더 이상 근거가 없는 것으로 보인다."

칙의 조화 위에 위치시키고 있다고 말하는 것으로 이해할 수도 있을 것이다. 하지만 그것이 바로 유럽사법재판소가 지침 제2조 제3호의 "특히"와 함께 임금노동자의 직업 외적인 생활에 대한 구체적 고려 일체를 제거하면서 하지 않으려고 하는 일이다.

이런 식의 논리가 노동시간의 조직과 조정에 관한 모든 제도를 향하여 일반화된다면 어떤 결론이 나올 것인지 알기는 어렵지 않다. 임금노동자의 사생활은 노동법과 "무관한 사정들"로 간주되어, 아이를 보살피고 있는 임금노동자의 생활을 도와주기 위한 모든 규정들은 필연적으로 임금노동자들 사이의 형식적 평등 원칙에 반하는 것으로 판결날 것이다. 그리고 임금노동자는 단순히 노동시장의 추상적 개인 즉 호모에코노미쿠스가 아니라고 생각하도록 이끄는 모든 제도들, 임금노동자의 구체적 존재조건을 고려하는 모든 제도들, 임금노동자를 사회적 존재로 정의하는 모든 제도들은 형식적 평등의 이름으로 차츰 법에서 추방될 수밖에 없을 것이다. 이제 시나브로 종말을 고해야 하는 것은 노동법 그 전체일 것이다. 유럽사법재판소의 판결이 주장하는 바는 그런 것이 아님은 분명하다. 하지만 그 판결이 형식적 평등의 원칙에서 구체적 평등을 몰아내기 위하여 구사한 논리는 그러한 방향으로 기울어져 있다. 추상적 개인만을 고려함으로써 주체의 특수성을 부정하는 방향, 구체적 불평등을 고려하지 않음으로써 권력관계 앞에서 법률관계가 물러나도록 만드는 방향 말이다.

구체적 평등이 되었든 형식적 평등이 되었든, 평등 원칙의 이 두 가지 측면 가운데 어느 하나만을 취하는 것은 결국 동일한 결과를 가져온다. 법에 대한 사실의 우위성이 그것이다. 왜냐하면 둘 중 어느 하나만을 내세우는 것은 법적 합리성의 한계 밖으로 나가는 것이기 때문이다. 요컨대, 노동법을 끊임없이 추동하는 형식적 평등과 구체적 평등 사이의 긴장은 제거될 수 없으며, 어떠한 의미에서는 한계의 기법이라고 할 수 있는 법은 그곳에서 자신의 고유한 한계를 발견한다.

평등의 원칙만이 법적 합리성의 한계를 명확히 긋는 역할을 하는 것은 아니다. 유럽공동체법에서 경쟁의 자유가 체계화되는 방식 또한 법의 궤도에서 탈선하는 또 다른 사례를 보여준다. 최근의 두 연구, 장-자크 뒤페루 교수의 연구[145])와 앙투안느 리옹-캥 교수의 연구[146])는 시장에서의 개인이라는 관점 외에는 다른 어떤 관점도 인정하지 않으려고 하는 경쟁법이 어떻게 사회보장이나 직업적 연대를 확립하고자 하는 법적 구조물에 조종을 울리는지 확실하게 보여 주었다. 만약 경쟁법이 시장의 법칙을 단순히 법적으로 형식화하는 것으로 이해되어야 한다면, 법주체는 호모에코노미쿠스에 의해서 제거될 것이며, 법규칙은 경제규범에 의하여 제거될 것이다.

---

145) J.-J. Dupeyroux, "Les exigences de la solidarité", *Droit social*, 1990, p.741.

146) A. Lyon-Caen, "Droit social et droit de la concurrence. Observations sur une rencontre", in *Les orientations sociales du droit contemporain*, *Etudes J. Savatier*, Paris, PUF, 1992, p.331.

제6장

규범의 형상들

노동관계에서 법규칙은 필연적으로 다른 형태의 규범성과 만나며, 법적인 것은 규범적인 것과 결합한다. 이제 이러한 결합이 실제로 어떻게 일어나는지 검토할 차례이다. 이 검토는 사업 내에서 적용되는 비법적인 세 가지 유형의 규범들에 대해서 진행될 것이다. 기술규범, 행동규범 그리고 경영규범이 그것이다.

제1절 기술규범 : 노동법과 유럽식 규범화[1]

유럽식 규범화 문제는 두 가지 근본 원칙의 융합에 있다. 첫

---

1) 이하의 논의는 A. Supiot, "Santé, sécurité et libre circulation des marchandises", *Droit social*, 1993, p.18 이하의 일부를 수정, 보완한 것이다.

번째 원칙은 영토 상에서 공익을 수호해야 하는 국가의 책임에
관한 것이다. 공익은 특히 사람과 재산의 안전, 사람의 건강 그
리고 환경의 보호라는 명령을 포괄한다. 그리고 이 공익을 존중
한다는 것은 시장에 나오는 상품들의 구상과 품질을 규제한다는
것을 함축한다. 공익의 존중을 담보하기 위한 기술적 규제가 유
럽공동체의 모든 회원국에 존재하는 이유이다. 두 번째 원칙은
상품의 자유로운 유통에 관한 것이다. 이는 첫 번째 원칙과는 반
대로 수입 물량 규제를 모두 제거하는 것뿐만 아니라, "그것과
동등한 효과를 갖는 모든 조치들"[2]도 폐지하는 것을 함축한다.
회원국의 기술적 규제도 원칙적으로는 이러한 금지에서 면제되
지 않는다. 왜냐하면 자유로운 유통이란 "어떤 회원국에서 합
법적으로 생산되거나 유통되는 상품은 다른 회원국들의 시장
에서도 수입되고 유통될 수 있어야 한다"는 것을 의미하기 때문
이다.[3]

　이 두 가지 원칙을 조화시키는 일은 회원국들 간의 기술적
장벽을 제거함과 동시에 높은 수준의 보호를 유지하는 규칙들을
정의하는 것으로 귀결될 수밖에 없다. 이 문제에 접근하는 첫 번
째 방식은 (오늘날 유럽공동체의 은어로 "구접근전략"이라고 부

---

　2) 로마조약 제30조. "동등한 효과를 갖는 조치" 개념과 판례상 적용에 대해
서는 A. Mattera, *Le Marché unique européen*, Paris, Jupiter, 2e éd., 1990,
p.232 이하 참조.
　3) 이것이 유명한 "Cassis de Dijon" 판례이다: CJCE, 1979.2.20, Rewezentral,
aff. 120/78, *rec.*, p.649, *Revue trimestrielle de droit européen*, 1980,
p.611; J. Boulouis et R. M. Chevalier, *Grands arrêts de la Cour de Justice
des Communautés européennes*, Paris, Dalloz, 3e éd., t. 2, p.12 이하; C.
Gavalda et G. Parleani, *Traité de droit communautaire des affaires*, Paris,
Litec, 2e éd., 1992, p.65 이하; Mattera, op. cit., p.259 이하 참조.

르는 것인데) 유럽 차원에서 상품의 구상을 규율하는 "기술규
범"[4]을 전부 상세하게 정하는 것이었다. 예를 들면, 지게차에 관
한 1986년 12월 22일 제86/663호 지침 같은 것이다.[5] 이 사례는
구접근전략의 문제점들을 잘 보여준다. 그것은 너무 느리고(4년
의 준비 작업), 복잡하고(160쪽에 달하는 규칙들), 경직적이며
(기술적 발전으로 인해 심지어는 지침이 공포되기 전에 이미 낡
은 규범이 되어 버리고 말기도 한다), 과도하게 획일적이다(식품
과 관련해서는 특히 위험이 크다. 유럽 파스타에 유럽 치즈를 흩
뿌리고 유럽 맥주를 곁들이는 음식은 유럽의 입장에서 볼 때 식
욕을 떨어뜨릴 위험이 매우 크다). 그래서 "준거규범"이라고 부
르는 "신접근전략"이 1985년 5월 7일 유럽공동체 각료이사회 결
의로 채택되었다.[6]

1. 준거규범

"준거규범"이라고 하는 이 "신접근전략"은 두 가지 유형의
규정들을 구분한다. 하나는 시장에 출시되는 상품들이 준수해야
하는 공익에 관한 "핵심적 요구사항들"이며, 다른 하나는 이 핵
심적 요구사항들에 맞는 상품들을 만들고 시장에 출시하기 위하

---

4) "기술적 규범과 규제들의 영역에서 정보제공절차를 규정하는" 1983년 3
월 23일 제83/189호 유럽공동체지침 제1조 제5항의 용어법에 따르면, "기술규
범"이란 "회원국 또는 회원국의 중요한 일부에서, 회원국 정부가 정하는 경우를
제외하고, 상업화 또는 이용을 위해서 법령상 또는 사실상 의무적으로 준수해야
하는 기술적 특이사항들"을 말한다.
5) *JOCE*, 1986.12.31, p.12.
6) "기술적 조화와 규범화에 있어서 신접근전략에 관한조 유럽공동체 각료
이사회 결의 85/C 136/01, *JOCE*, 1985.6.4, n° C136, 특히 annexe II 참조.

여 사업들이 필요로 하는 "기술적 특이사항들"이다. 이러한 구분
은 규범을 제정하는 일을 공적 영역과 사적 영역으로 구분하게
만든다.

공적 영역(유럽공동체)에는 대분류 상품별로 안전에 관한
핵심적 요구사항들을 정의하는 임무가 할당된다. 로마조약 제
100A조에 기초하여 작성된 신접근전략에 관한 지침들의 목적이
바로 이것이다. 그 가운데 "기계지침"[7]은 전형적인 사례를 제공
한다. 여기에는 핵심적 요구사항들이 나열되어 있는데, 사용되는
재료에 관한 것, 조명에 관한 것, 취급에 관한 것, 주문에 관한
것, 유지에 관한 것, 안전 장치에 관한 것 따위이다. 이것들은 모
두 법규칙으로서, 법적인 처벌이 따르는 의무들이다. 그러므로
이 규칙들은 다른 지침을 제정해야만 수정할 수 있다.[8] 이 규칙
들은 회원국들의 위반을 허용하지 않는, 심지어 유리한 방향으
로의 위반도 허용하지 않는 통일적 조정수단으로서, 그 구속력
은 그 만큼 더 강하다. 그러므로 회원국들은 유럽공동체 차원의
권위적 보증이 없이는 좀더 강화된 안전 조치들을 부과할 수가
없다. 이는 로마조약 제118A조에 근거하여 채택된 지침들과 크
게 차이가 나는 점이다.

사적 영역(규범화 기구들[9])에는 위와 같이 해서 부과되는
핵심적 요구사항들에 상응하는 기술적 특이사항들[10]을 정의하는

---

7) 1989년 6월 14일 제89/392호 지침, *JOCE*, n° L.183 du 29 juin 1989.

8) 1985년 5월 7일 유럽공동체 각료이사회 결의, Annexe II, §3 in fine.

9) 무엇보다 두 개의 유럽 기구, 즉 유럽표준화위원회(CEN)와 유럽전기기술
표준화위원회(CENELEC)를 말한다.

10) 여기에서 기술적 특이사항들이란 "품질의 수준, 성능, 안전, 크기 및 용
어, 상징, 시용과 시용방법, 포장, 상표, 알림표 등 상품에 요구되는 특징들을 정

임무가 할당된다. 이는 곧 1983년 3월 28일의 지침에서 말하는 "규범들"을 제정하는 일이다.[11] 이 규범들은 전혀 의무가 아니며, 1985년 3월 7일의 결의는 이 규범들의 임의적 성격을 확인하고 있다. 그러므로 이 규범들은 기술의 발전에 따라서 쉽게 수정될 수 있으며, 규범에 맞지 않는 상품이라도 안전에 관한 핵심 요구 사항들에 따르고 있다는 것이 인정되는 이상 반드시 시장에서 배제되는 것은 아니다. 하지한 이 규범들은 두 가지 중요한 법적 효과를 갖고 있다. 첫 번째 효과는 핵심적 요구사항에 부합한다는 것을 추정하는 효과인데, 이는 유럽공동체 차원에서 조정된 규범들(또는 그러한 규범들이 없는 때에는 핵심적 요구사항들에 부합하는 회원국 자체의 규범들)에 따라서 생산된 상품들에 주어진다. 두 번째는 유럽공동체 차원의 규범을 만들기 위한 작업이 진행중인 영역에서는 회원국의 국내 규범화 기구들이 개입하지 않도록 금지시킬 의무가 회원국에 부여된다는 것이다.[12] 이 규범들은 상품이다. 규범의 존재만이 공적일 뿐, 그 배포 자체는 자유 경쟁의 원칙에 따라 교섭할 수 있는 상품이다.[13] 이처럼 해야 할 일들을 나누는 것은 규범의 준비, 제정 그리고 규범의 적용과 관련해서 공적 영역과 사적 영역 사이의 협력을 조직한다는 것을 전제한다.[14]

의하는 문서에 명시된 특이사항"(제83/189호 지침 제1조 §1)을 의미한다.
　11) 제83/189호 지침 제1조 §2에 의하면 "규범"이란 "규범화 인증기구가 반복적 또는 계속적 적용을 위해 승인한 기술적 특이사항으로서, 그 준수가 강제적이지 않은 것"을 말한다.
　12) 제83/189호 지침 제7조.
　13) 유럽 경제 차원에서 규범화에 관한 녹서에 따른 12월 16일 서신 COM (91) 521, §59 이하 참조.
　14) 이에 대해서는 A. Supiot, "Santé, sécurité et libre circulation des

노동법의 관점에서 볼 때, 준거규범 기법에 대한 이 짧은 묘사는 두 가지 주목할 만한 특징을 보여준다. 우선, 유럽공동체법은 여기에서 신체적 안전에 대한 권리의 역동성을 확인하고 있다는 점이다. 이는 19세기 중반 이후 회원국들의 노동법 역사에서 표명되었던 것이며, 20년 전부터는 유럽공동체의 사회법의 역사에서도 표출된 것이다. 하지만 국내 차원에서는 노동법이 민사책임의 원리를 전복시키면서 이 역동성을 수호하는 전위의 역할을 하였다면,[15] 반대로 유럽공동체 차원에서는 상법이 이러한 변화의 첨병 역할을 한다. 여기에서 로마조약 제118A조는 부차적인 역할을 할 뿐이다. 제118A조에 근거한 규범화는 제100A조에 근거한 규범이 전혀 제정되지 아니한 경우에만 개입하기 때문이다. 하지만 그 원동력이 노동법이든 상법이든, 신체적 안전에 대한 권리의 역동성은 임금노동자와 비임금노동자 또는 비노동자 사이의 구분을 무너뜨리는 주목할 만한 효과를 갖는다는 점에는 변함이 없다. 이러한 효과는, 예를 들면 프랑스에서는 취업규칙에 관한 법제에서 관찰되는데,[16] 유럽공동체법에서는 신접근전략의 다양한 측면에서 노동자와 소비자를 동일한 차원에 위치시키는 점에서 나타난다. 특히 노동자와 소비자의 이해관계를 대변하고 옹호하는 측면에서 두드러진다.[17]

준거규범 기법은 또한 사업의 자율규제를 촉진하는 좀더 광

---

marchandises", *op. cit.* 참조.
  15) F. Ewald, *L'Etat providence, op. cit.*, p.349 이하 참조.
  16) 앞의 제4장 참조.
  17) 예를 들어 1985년 5월 7일 유럽공동체 각료이사회 결의, Annexe II, §2, 2e 참조.

범위한 흐름 속에 자리잡는다. 알다시피 프랑스법에서 이 흐름
은 사업별 협약의 촉진과 판례가 법적 가치를 부여한 일방적 규
범의 발달에 의하여 표현된다.[18] 신접근전략도 이와 비슷한 특징
을 갖는다. 규칙을 제정하는 책임이 이 규칙을 준수해야 하는 자
들에게 (규범화 기구들이 정의하는 규범들을 준수해야 하는 산
업들이 규범화 기구들을 지배하는 한에서) 부분적으로 위임된
다. 이 자율규제는 타율적 법과 조절되는 혼성의 지위에 있는 것
이다. 이는 신접근전략의 주목할 만한 여러 특징들을 설명한다.
여러 측면에서 (예를 들면 상호 정보 제공과 관련하여) 회원국들
과 규범화 기구들이 동일한 반열에 선다는 사실이 그런 특징들
중의 하나이다. 또는 규칙 제정권의 일부를 위임받은 매개체와
공권력 사이의 협약적 관계를 설정하는 것도 그렇다.[19] 또 다른
예를 들자면, 규범들을 공식적으로 출판하는 것인데, 이는 네오
코포라티즘 방식의 타협안들에 입법자가 국새를 찍는 것에 불과
한 교섭입법을 환기시키지 않을 수 없다.[20]

---

18) 앞의 제4장 참조.
19) 이 현상은 스트릭(W. Streeck)과 슈미터(Ph. Schmitter)가 발전시킨 신
조합주의 개념에 비추어 분석될 필요가 있을 것이다(*Private interest govern-
ment*, Londres, Sage, 1985 참조). '신접근전략'과 앙시엥 레짐의 동업조합 직
종의 생산조직(상표부착, 품질규제, 왕령과 동업조합 규칙의 접목 등)을 비교하는
것도 또한 시사적일 것이다(F. Olivier-Martin의 고전적인 저작, *L'organisation cor-
porative de la France d'Ancien Régime*, Paris, Sirey, 1939, 특히 pp.81-260 참조).
20) 교섭입법 현상에 대해서는 J.-M. Verdier et Ph. Langlois의 선구자적인
논문, "Aux confins de la théorie des sources du droit: une relation nou-
velle entre la loi et l'accord collectif", *Dalloz*, 1972, Chroniques, p.258 참조.

2. 법규칙과 기술규범의 구분

이는 핵심적인 문제이다. 왜냐하면 신접근전략은 안전에 관한 핵심적 요구사항에 속하는 것과 기술적 특이사항에 속하는 것을 명확하게 구분할 수 있다는 전제 위에 서 있기 때문이다. 그러나 이것은 껄끄러운 문제로서, 이미 유럽공동체 기구들 내에서조차 대립이 야기되었다. 어떤 사람들은 기술규범의 개념을 넓게 잡으려고 하면서, 예를 들어 표준화된 도구들을 이용하는 노동시간 같은 문제를 여기에 포함시키는 데 그다지 곤란함을 느끼지 않으려고 한다. 이는 앵글로색슨 방식의 신접근전략이라고 말할 수 있을 것이다. 반대로 라틴식 신접근전략을 주장하는 사람들은 이용자들의 주체성에 영향을 미치는 모든 것을 준거규범에서 제외시키고자 한다. 앵글로색슨식 관점은 분명하게 탈입법화의 경향 쪽에, 따라서 노동관계의 규범화 경향 쪽에 선다.[21] 이러한 관점에서는, 예를 들어 기계에 대한 노동시간 같이 어떤 문제가 과학적 규범이나 기술적 규범에 속한다고 볼 수 있는 경우에는, 법은 이 문제를 판단할 정당한 자격을 더 이상 갖지 못하며, 법은 이 기술규범을 시행하는 데 그쳐야 할 것이다. 하지만 이처럼 법을 도구화하는 것은 법규칙과 기술규범의 구분을 더 흐리게 만들 뿐이며, 결국 양자를 구분할 수 있는 기준을 만들 필요성이 더욱 절실해진다.

어떤 기준인가? 약간 구체적인 방식으로 이 문제를 검토하려면, 일상 생활에서 흔히 소비되는 물건들의 사용규범(사용설

---

21) 앞의 제1절 참조.

명서) 같이, 모두가 알고 있는 기술규범에 대한 검토에서 시작하
는 것이 좋을 것이다. 사용에 관한 기술규범은 법규칙의 가치를
갖지 않으며, 그렇게 간주하는 것은 위험할 것이라고 말할 수 있
도록 하는 것은 무엇인가? 기술규범은 구체적인 목적과 관련해
서만 가치가 있다는 점, 다시 말해 기술규범은 순전히 도구적인
규범이라는 점은 상식에 속한다. 이로부터 특히 다음과 같은 결
론이 나온다. 기술규범은 법적 사고에 고유한 해석의 제양식에
맞지 않다는 것이다.[22] 이 점은 유럽의 규범화에 관한 신접근전
략에서 분명하게 표현되고 있는바, 안전에 관한 핵심적 요구사
항들에 부합한다는 추정은 상품이 "그 목적에 맞게 사용되는"[23]
한에서만 유효하다. 요컨대 기술규범은 특정한 실제 기능과 관
련해서만 가치를 가질 뿐이다. 이 기준은 근본적인 것으로서, 법
규칙과 기술규범을 한줄한줄 대조할 수 있게 한다.

    기술규범은 단 하나의 세계, 곧 사실의 세계에 속한다는 점
에서 일차원적이다.[24] 기술규범의 정당성은 사실에 대한 지식에
서 비롯된다. 이로부터 기술규범의 세 가지 특성이 나온다. 구체

---

22) 예를 들어 금지되지 않은 모든 것은 허용된다는 해석 원칙에 기술규범은
들어맞지 않는다. 최근에 르몽드가 기사화한 한 딱한 여자의 이야기는 이것을 증
명한다. 이 여자는 물에 젖은 고양이를 말리기 위해 전자렌지에 넣고 돌렸다. 기
상천외하고 치명적인 생각이다. 이후 슬픔에 빠진 여자는 전자렌지 제조사를 상
대로 소송을 제기했다. 사용설명서에 그렇게 사용하면 안 된다고 명시적으로 금
지한 바가 없다는 이유에서이다(J.-M. Normand, "La 'société contentieuse'", *Le
Monde*, 1992.8.18, p.11).
23) 1985년 5월 7일 유럽공동체 각료이사회 결의. 이 문구는 예를 들어 "기
계지침"(89/392) 제2조에서도 발견된다.
24) 이 개념에 대해서는 H. Marcuse, *One-dimensional man*, Boston, Beacon
Press, 1964, 프랑스어판, *L'homme unidimensionnel*, Paris, Ed. de Minuit,
1968 참조.

성(기술규범은 사실의 다양성에 밀접하게 상응해야 한다), 유동
성(기술규범은 지식의 진보와 함께 변화할 수 있어야 한다) 그리
고 임의성(기술규범은 반증 또는 기술적 대안을 허용해야 한다,
즉 인식론적 의미에서 반박될 수 있어야 한다)이 그것이다. 기술
규범의 유효성은 그 실효성에 전적으로 달려 있다. 실효성에 대
한 작은 의심이나 반증이라도 일어나면, 기술규범은 배척될 수
있어야 한다. 이것이 바로 신접근전략의 경우에 회원국들에게
인정되는 보존조항의 의미이다.

반대로 법규칙은 사실의 세계를 이상의 세계에 부합하도록
만든다는 의미에서, 즉 존재로서의 세계를 당위로서의 세계에
부합하도록 만든다는 의미에서 이차원적이다. 여성이 남성과 평
등하고,[25] 임금은 충분하며, 안전은 모든 곳에서 언제나 보장되
는 이상의 세계에 들어가려면, 예를 들어 사회적 기본권에 관한
유럽헌장과 같이 유럽사회법을 정초하려는 선언들을 읽어보기만
하면 된다.[26] 그러므로 법규칙의 정당성은 사실에 대한 지식에서
비롯되는 것이 아니라, 그 법규칙이 사실을 복종시키고자 하는
가치에서 비롯된다. 이로부터 법규칙의 특성이 나온다. 일반성과

---

25) 노동시장에서 남성과 여성의 사실상 불평등에 관한 최근의 논의로는 M.
Maruani et C. Nicole, *Au labeur des dames. Métiers masculins, emplois fémi-nins*, Paris, Syros, 1989 참조.

26) 이러한 관점에서 볼 때, 법은 사실에 대해서 구조적으로 "지체"된다는
개념은(예를 들면 P. Bourdieu, "La force du droit", *op. cit.*, p.15 이하) 전형
적인 기능주의적 사고이다. 그러한 개념은 법규칙의 이차원적 속성을 알지 못하
는 것이다. 법이 아직 존재하지 않는 사실을 개념화하지 못하는 것은 맞지만(하
지만 미네르바의 모든 부엉이도 마찬가지다), 그리고 그러한 점에서 법이 보수적
힘을 행사하는 것도 맞지만, 법이 있는 그대로의 사실에 대해서 나아가야 할 가
치의 지평을 보여주고, 그런 점에서 법은 언제나 사실보다 앞서 변화를 추동하는
힘이라는 것도 못지 않게 맞는 말이다.

추상성(사실의 다양성은 법규칙에 포섭될 수 있어야 한다), 영속
성과 강제성(법규칙은 진리의 기준을 따르지 않는다)이 그것이
다. 법규칙의 유효성은 그 실효성에 달려 있는 것이 아니라, 이상
적 규범 체계 속에, 즉 법체계 속에 통합된다는 점에 달려 있다.

  법규칙과 기술규범을 이런 식으로 개관하여 대조하는 것은
도식적이고 다소 과장되지만, 유럽공동체의 규범화에 대한 신접
근전략을 정확하게 설명해 준다. 공익의 핵심적 요구사항들(즉
상품의 교역에 부과되는 가치의 선택)은 강제적이고 일반적이
며, 영속적이고 추상적인 규칙들, 즉 지침의 영역에 속한다.[27] 반
대로 이 핵심적 요구사항들의 실현에 다가갈 수 있도록 해 주는
기술적 특이사항들은 쉽게 수정할 수 있고 임의적이며 (상품별
로 정의되는) 구체적 규범들의 영역에 속한다.

  신접근전략은 법의 도구화와 단절하는 것이 의미할 수 있는
바를 보여준다. 이 단절은 무엇보다 법에 고유한 정체성을 복원
하는 것이다. 여기에는 두 가지 방식이 있다. 첫째, 기술적 합리
성에 속하는 것을 법화(法化)하지 않는 것이다. 이는 구접근전략
에서 기술적 규제라고 불렸던 것을 포기하고, 기술적 진보나 대
안에 열려 있는 규범들을 채택하는 것이다. 둘째, 기술 지식이
복무하는 가치의 선택, 즉 핵심적 요구사항이 법으로서의 성격
을 갖는다고 천명하는 것이다. 이렇게 해서 법규칙은 기술적 합
리성이 요구하는 형식으로 등장하는 것이 아니라, 반대로 기술

---

27) 1985년 5월 7일 유럽공동체 각료이사회 결의에 따르면, "신접근전략의
주된 목적들 중 하나는, 대단히 많은 수의 상품들을 규제하는 문제에 있어서, 지
침을 조정해서 적용하거나 자주 변경해야 할 필요 없이, 단 하나의 지침을 채택
함으로써 한 번에 규율할 수 있도록 하는 것이다."

적 합리성이 따라야 하는 인간의 명령으로 등장한다. 법이 기술
의 가치에 맞추는 것이 아니라, 기술이 법의 가치에 맞추는 것이
다. 이처럼 법의 정체성을 복원하는 일이 인간 주체를 대상화하
는 것으로 빗나가지 않도록 미연에 방지해야 할 것이다. 그러한
일탈은 과학이나 기술의 개념들을 단순히 재생산하는 데 그치는
지침들에서 찾아볼 수 있는데, 예를 들면 "생식 중인 여성"[28) 같
은 개념이 그렇다. 그러한 개념들이 법에서 갖는 지위라든지, 인
간의 기본권을 침해하지 않고는 그러한 개념들을 적용할 수 없
다는 점에 대해서는 일초도 멈춰 생각해 보지 않고서 말이다. 한
편, 법의 도구화와 단절하는 것은 기술적 합리성의 취약함과 불
충분함을 폭로하는 것이다. 사실, 기술의 요구사항을 형식화하는
것으로 법을 축소하는 것이 불가능한 것으로 밝혀진다면, 그것
은 무엇보다도 기술의 요구사항을 정의하는 일 자체가 불확실성
과 이해관계 충돌에서 무관하지 않기 때문이다.

　　이 불확실성은 수많은 지침들이 구사하는 두 가지 정의법을
대조함으로써 잘 알 수 있다. 예를 들어 노동자의 소음 노출에 관한
제86/188호 지침은 한편으로는 아래의 공식과 같이 사용되는 기술
적 개념들을 고도로 공식화하는 정의법을 구사하고 있으면서[29]:

$$L_{Aeq,\,T_e} = 10 \log_{10}\left\{\frac{1}{T_e}\int_0^{T_e}\left[\frac{p_A(t)}{p_0}\right]^2 dt\right\}$$

---

　　28) 유라톰(Euratom) 지침, 1980.7.15, 제80/836호, 제8조.
　　29) 1986.5. 2. 제86/188호 지침, 제2조; 또한 유라톰 지침, 1980.7.15. 제
80/836호, 제1조도 참조.

또 한편으로는 "소음 노출의 위험은 합리적으로 실현할 수 있는 가장 낮은 수준으로 축소되어야 한다"[30]라는 식으로 매우 막연한 정의법을 구사하고 있음을 볼 수 있다. 다음과 같은 정의법도 마찬가지다. "전리방사선 노출은 합리적으로 가능한 한 약한 수준에서 유지되어야 한다."[31] 물론 합리적으로 실현할 수 있는 것의 범위는 사업의 비용/편익 계산과 두통을 앓는 노동자의 귀에 따라 서로 다르게 평가될 것이다. 기술적 합리성은 여기에서 경제적 합리성을 만난다. 그러나 이 둘은 모두 숫자의 제의 위에 자신의 권위를 앉히려는 경향이 있다는 점에서 공통점이 있으며, 이 숫자의 제의는 결국 사실의 복잡함에 대한 불가피한 무지를 은폐한다. 이러한 관점에서 우리는 오늘날 유럽공동체의 지침 제안서들 전부가 끼고 다니는 "경제적 영향 전표" 공식을 애도할 수밖에 없다. 유럽공동체의 지침 제안서들은 사회적, 생태적, 정치적, 미학적 영향 전표 등은 동반하지 않는데, 그럼으로써 가장 단순한 기술관료적 표현으로 축소된 입법 기술을 표현한다. 절제된 소비가 결여된 이러한 유형의 제한된(하나의 지식 영역으로 제한된) 계량화는 고통스러운 자각을 예고한다. 국제연합의 국가표준회계시스템은 경작지의 존재를 고려하지 않음으로써 결과적으로 경작지의 소멸에 협조하고 있다는 문제제기가 보여주는 것처럼 말이다.[32]

---

30) 제86/188호 지침, 제5조.
31) 제80/836호 지침, 제6조.
32) R. Repetto, "Accountings for environmental assets", *Scientific American*, June 1992, vol. 266, n° 6, pp.64-70, 프랑스어판, in *Pour la Science*, n° 178, 1992. 8. 참조.

이처럼 전문화된 지식 일반에 내재하는 불충분함에 더하여, 기술적 표준의 선택을 좌우하는 경제적 이해관계의 충돌이 또 있다. 이 규범을 선택하는가 아니면 저 규범을 선택하는가의 문제는 사실 매우 중요한 도박이며, 강력한 로비의 대상이 된다. 이는 사업만이 아니라 회원국도 마찬가진데, 회원국은 국내 차원에서 이미 시행하고 있는 기술적 선택에 가장 잘 부합하는 규범을 채택하고자 한다. 마찬가지로 아직 팔아야 할 재고가 남아 있는 기업들은 이 재고를 쓸모없게 만들어 버릴 지도 모르는 규범의 채택을 지연시키는 데 이해관계를 가질 수 있다. 마지막으로, 노동자와 소비자 그리고 생산자의 이해관계는 반드시 일치하는 것은 아니라는 점은 분명하다. 그런데 이 중에서 사실상 생산자만이 기술규범의 채택을 책임지는 규범화 기구 내에서 대표된다. 좀더 일반적으로 말해서, 우리가 방금 설명한 바와 같은 방식으로 법규칙과 기술규범을 구분하는 것은 기술규범의 개념을 제한하는 것으로 귀결된다. 인격(법적인 의미에서)이 관련되는 한, 이는 가치 판단의 영역을 건드리는 것이며, 법은 이 가치 판단의 영역을 직접적으로든(준거규범에 의하여), 간접적으로든('윤리'위원회 회부에 의하여), 과학자들이나 기술자들의 권력에 내맡겨서는 안 된다.[33]

---

33) 이 모든 것은 신접근전략을 그것에는 없는 법원칙들에 구속시키는 것으로 귀결되어야 할 것이다. 상품의 안전과 관련하여 법규칙의 고유한 영역을 재발견하는 것은 준거규범에 대해서 적어도 두 가지의 중요한 결론을 함축해야 한다. 첫째, 준거규범은 자율적 기술 합리성의 존재 자체가 합의의 대상이 될 수 있는 문제로 한정되어야 한다. 둘째, 준거규범은 대심 원칙이 해당 준거규범의 작성과 실행에 적용되는 한에서만 허용될 수 있다. 그렇지 않으면, 준거규범 자체를 더럽힐 수 있는 기술적 불충분함과 경제적 남용을 방지할 수 없을 것이다.

제2절 행위규범 : '인적 자원'의 규범화

사업에서 법원(法源)으로 인정되는 사용자는, 대법원이 인용했던[34] 노동법전 L.432-1조의 규정을 다시 인용하면, "사업의 조직과 경영과 운영 일반"을 책임지는 사업주이기도 하다. 그런데 이 경영권은 규범의 얼굴을 취할 수 있으며, 경우에 따라서는 반드시 그래야 한다. 이 경우 사업주는 더 이상 명령을 하는 데 그치는 것이 아니라, 그 명령을 텍스트 안에 새겨 넣는다. 이러한 유형의 규범들(안내책자, 사회헌장 등)이 현재 늘어나고 있는 현상에 대해서 최초로 법학자들의 주의를 환기시켰던 사람은 자비예 교수이다.[35] 이러한 규범들은 매우 다양하고 때로는 이질적인 내용을 가지고 있는 것으로서, 법령의 규정들에 대한 환기와 사업에 고유한 규정들, 취업규칙이나 단체협약에 명시적으로 표현되어 있는 규정들이든, 아니면 각 사업에 독특한 규정들이든, 그러한 사업 내 규정들에 대한 환기를 뒤섞는다.[36]

---

34) Cour de cassation, Chambre sociale, 1988.2.25. (Deschamps), *Bulletin civil*, V, n° 139, p.92, *Droit social*, 1989, p.86, *Dalloz*, 1988, Som. p.320, A. Lyon-Caen. 사용자는 "사업의 안전과 원활한 운영을 책임지는 자"라는 고려에서 사용자의 규제권을 인정하고 있는 프랑스 대법원 형사부의 판례와 비교할 것 (Cour de cassation, Chambre criminelle, 1989.1.10, *Bulletin criminel*, n° 10, p.22).

35) J.-C. Javillier, "Négociations et accords d'entreprise en matière de rémunération", *Droit social*, 1988, p.68 및 "Le patronat et les transformations du droit du travail", in *Les transformations du droit du travail*, *Etudes G. Lyon-Caen*, Paris, Dalloz, 1989, pp.193-219.

36) 우리가 참조할 수 있었던 것들 중에서 인용하자면, "인적자원헌장" (Bouyues), "평가헌장"(Crédit Agricole), "업무행동규칙"(IBM France), "노무관

예를 들면 프랑스 IBM의 업무행동규칙[37])에는 다음과 같은 지시사항들이 들어 있다. "IBM과 업무관계를 맺고 있는 사업에 재정적 이해관계를 갖는 것이 IBM과 이해충돌을 야기할 수 있는 경우에는 그러한 재정적 이해관계를 갖지 않도록 하세요."; "금지된 대화 주제에 관해서 어떤 사고라도 발생하면 즉시 법률 담당 임원에게 통지하세요."; "당신의 배우자, 기타 가족 구성원 또는 당신과 가까운 누군가가 IBM의 경쟁자나 납품업자이거나 또는 IBM의 경쟁자나 납품업자와 협력하는 자일 수 있습니다. (...) 그러한 상황은 당신이 보기에는 아무리 심각하지 않은 것이라도 당신 동료들에게 의심을 초래할 수 있으며, 당신의 노동관계도 그것으로부터 영향을 받을 수 있다는 점을 인식해야 합니다. (...) 일체의 의심을 해소하고 모든 의혹을 일소하기 위해서는 당신의 개인적 상황을 당신의 매니저와 검토하는 것이 바람직할 것입니다."

이와 같은 유형의 행위규칙 외에도, 사업내 규범은 또한, 종종 극도로 세밀한 방식으로, 직무불만족의 경우에 적용될 수 있는 내부 절차를 마련하기도 한다. 예를 들면 랭크 제록스 사의 노무관리매뉴얼(1987년 판)은 그와 같은 직무불만족의 경우에 "직무수행의 결과가 불충분한 동료가 사업이 정당하게 기대하는 수준으로 복귀하도록 돕기" 위한 지원플랜을 실행할 것을 규정하고 있다. 이 지원플랜은 "진단", "사전면담", 플랜의 "정식화", "결과평가" 그리고 "플랜의 결론" 이렇게 명확하게 정의된 다섯

리매뉴얼"(Rank Xerox) 등이 있다.
37) *Règles de conduite dans les affaires*, Paris, IBM France, 1989.

단계로 진행된다. 지원플랜이 실패하거나 노동자가 거부하는 경우에는 두 달 예정으로 "액션플랜"이 실시되는데, 이 액션플랜은 지원플랜과 동일한 절차에 따라 진행된다. 매뉴얼에 따르면 이 플랜들은 징계 절차와 관련된 것이 아니며, 단지 "성과의 불충분함이 개인적 행동의 문제나 행위 지침의 미준수 또는 지시 불이행과 관련된 것이 아닌" 경우를 대상으로 한다. 이러한 종류의 절차들은 대기업에 널리 퍼져 있는 것으로 보이는데, 예를 들면 부이그 그룹의 인적자원헌장에서도 재발견된다. 부이그 그룹 회장은 이 헌장을 행위를 지도하는 "진정한 윤리"이며 "그룹의 임금노동자 각각을 향한 그룹의 약속"[38)]이라고 소개했다. 이 헌장은 매년 실시되는 평가 면담을 "협력자들의 권리"로 정의한다. 이 면담은 "두 당사자[노동자와 그의 상사]를 각각의 책임 앞에 세우고 오해를 예방하는 대화이다. 나아가 면담은 각자가 개선 목표를 스스로 정하도록 한다."

　여기에 규범이 있다는 점은 의심의 여지가 없다. 명령법과 수행적 발화의 활용은 도처에서 발견된다. 하지만 이 사업규범들을 어떻게 정의할 것인가? 이 규범들은 실정법질서에 포함되는가? 어떤 조건으로? 이처럼 법성(法性)의 기준에 관한 문제가 노골적으로 제기되는데, 프랑스의 실정법은 흔히 이 문제를 생략한다. 이 문제에 대해서는 아주 간단한 답을 제시할 수 있을 것이다. 사업규범은 사업내 사용자의 권한 행사를 제한하는 경우에만 진정으로 법이라고 말할 수 있을 것이라고 말이다. 만약 사업규범이 "너 자신의 법에 따르라(Tu patere legem quam fe-

---

38) *Charte des ressources humaines du Groupe Bouygues*. (강조는 필자).

cisti)"[39]라는 격언을 따르지 않는다면, 그것은 법질서에 포함되지 않는다. 다시 말하면 사업규범은 사용자 자신을 구속하는 경우에만 법규칙을 구성한다. 이는 사업규범은 반드시 사용자에게 적극적인 의무를 부과한다는 것을 의미하는 것이 아니라, 사업규범은 소송에서 사용자에게 대항할 수 있을 만큼 충분히 일반적이고 영속적인 성격을 갖는다는 것을 의미하는 것이다. 어떤 규칙의 일반성과 영속성은[40] 언제나 그 규칙을 만든 자의 권한을 제한하는 효과를 창출한다. 규칙의 일반성은 모든 이해관계자들에게 규칙의 강행적 효과를 주장할 수 있도록 허용하며(법 앞의 평등 원칙), 규칙의 영속성은 규칙을 만든 자의 의사에 대한 집착으로부터 규칙의 적용을 해방시킨다. 특히 판사 앞에서 사용자에게 대항할 수 없는 사업규범은 이러한 의미에서 법적 속성의 일차 기준을 충족하지 못한다.[41]

이 기준은 판례에서 나타난다. 프랑스 대법원에 의하면, "업무의 필요성에 따라 전부 또는 일부 취소될 수 있음"을 계속 반복하면서 임금노동자들에게 혜택(이 사건에서는 징검다리휴일)을 부여하는 업무노트는 관행을 창설하지 않는다. 다시 말하면, 미래를 향하여 구속되지 않겠다는 "사용자의 명확한 의사표현"

---

39) 이 격언에 대해서는 H. Roland et L. Boyer, *Locutions latines et adages du droit français contemporain*, Lyon, 1979, L'Hermès, t. 2, n° 295, p.560 이하 참조. 이 격언을 노동법에 적용하는 문제에 대해서는 P. Rongere, "A la recherche de la discrimination introuvable: l'extension de l'exigence d'égalité entre salariés", *Droit social*, 특별호, 1990.1, 특히 p.103 이하 참조.

40) 이것은 법규칙의 특징이기도 하다. 이에 대해서는 A. Jeammaud, "La règle de droit comme modèle", *Dalloz*, 1990, Chr. XXXIV, p.199, n° 18 이하 참조.

41) 이 제삼자 원리에 대해서는 앞의 제5장 참조. 'eventus judicii'에 대해서는 J. Carbonnier, *Sociologie juridique*, PUF, 1978, p.192 이하 참조.

은 사용자에게 법적으로 대항할 수 있는 규범의 존재를 배척하는 결과를 낳는다.[42] 반대로, 파리고등법원의 이유 설시를 주목할 만한 판결에 의하면, "임금노동자들이 언급하는 내부 회칙들이 사업별 협약을 구성하는 것은 아니라고 할지라도, 사용자는 스스로 정한 규칙들이 권리를 창설하는 것이 아니어서 이를 변경하는 경우가 아닌 한 그 규칙들에 의하여 구속되지 않는 것은 아니며, 사용자의 일방 약정에 있어서 그 약정으로부터 혜택을 받는 임금노동자들은 그것에 기하여 권리를 주장할 수 있다."[43] 우리는 여기에서 "너 자신의 법에 따르라"라는 격언에 대한 의거를 명확하게 확인할 수 있는데, 이는 판례 법리를 구성할 수 있어야 할 것이다. 한편, 국사원은 취업규칙과 관련된 문제에서 노동법전 L.122-34조의 "일반적이고 영속적인 규칙" 개념을 사용하여 임금노동자들의 행동규범이나 업무운영규범의 법적 성격을 부인한다. 예를 들어 국사원에 따르면, "임금노동자는 자신의 행동을 통해서 타인의 안전을 유지해야 한다는 규정은 주의를 촉구하는 단순한 권고 규정일 뿐, 징계에 관한 일반적으로 영속적인 규칙의 성격을 나타내지 않는다."[44] 마찬가지로 "그 자체로는 징계에 관한 일반적이고 영속적인 규칙을 설정하는 것으로 간주될 수 없는 사업의 업무 일반의 운영에 관한 정보들만을 담고 있는 업무노트는 취업규칙의 부속 문서로 간주될 수 없다."[45]

---

42) Cour de cassation, Chambre sociale, 1990.3.7. Assedic Belfort Montbéliard, *Bulletin civil*, V, n° 111, p.65.

43) Cour d'appel de Paris, 1989.11.24, *Droit ouvrier*, 1991, p.21.

44) Conseil d'Etat, 1990.7.11. Paniccuci, *RJS*, 1990/10, n° 767.

45) Conseil d'Etat, 1990.11.12. Cie de signaux et d'entreprises électriques, *Liaisons sociales*, Jurisprudences sociales, 1991.4.22, p.5.

이 사건에서 다투어진 업무노트는 임금노동자들의 사적인 전화
사용을 규제하는 것이었는데, 외부에서 걸려온 긴급한 전화 외에
는 사적인 용도로 전화교환기를 사용하지 못하도록 금지하였다.
그러므로 이 업무노트는 확실히 임금노동자들과 특히 전화교환수
에게 하나의 규범을 부과하는 것이지만, 이 규범은 업무의 운영에
관한 사용자의 경영상 권력(경영권)을 표현하는 데 그칠 뿐이기
때문에 사용자를 구속하지는 않는다. 요컨대 법원은 업무노트의
형식으로 그러한 규범들을 부과하는 것은 사업의 조직에 관한 단
순한 정보에 불과한 것으로, 법적인 의미에서 규칙으로 인정되지
는 않는다고 본 것이다. 이것이 단순한 정보에 불과한 이유는 사용
자가 이 경영상 결정에 의하여 법적으로 구속되지 않기 때문이다.

　　여기에서 도출한 기준은 사업의 내부용으로 마련된 윤리코
드에 대해서도 쉽게 적용된다. 만약 (앞에서 언급한 평가면담권
같이) 어떤 권리를 창설하거나, (직무상 과실의 정의와 같이) 어
떤 법적 정의를 통해서 사용자 스스로 구속되는 경우에는, 이 윤
리코드는 임금노동자가 (이 권리를 향유하기 위해서 또는 이 법
적 정의를 내세워 항변하기 위해서) 주장할 수 있으며, 그 외부
적 적법성(취업규칙의 영역에 포함되는 경우에는 그 작성 절차
준수 여부) 및 내부적 적법성(규범 위계의 준수 여부)에 대한 심
사를 유보로 법원이 적용할 수 있는 진정한 법규칙이라고 할 수
있다. 만약 반대로 이 규범들이 전혀 사용자를 구속하지 않는다
면, 그것은 임금노동자들의 행동을 표준화하는 것을 목적으로
하는 단순한 경영규범일 뿐이다.[46] 그러므로 법의 영역을 떠나

---

46) 예를 들면 앞에서 언급했던 IBM의 업무행동지침이 그렇다. 이 지침은 종

사실의 영역으로 들어간다. 이 경영규범은 좀더 광범위한 경영권의 행사 일반에 포함된다.[47] 그러므로 경영규범의 적법성에 대한 심사를 넘어, 그 위반이(임금노동자에 의해서든 사용자 자신에 의해서든) 과실을 구성하는지 여부를 판단하는 권한을 보유하는 판사를 구속하지 못할 것이다. 만약 어떤 경영규범이 인권이나 기본적 자유에 반하는 경우, 또는 위법한 차별을 행하는 경우에는, 그 실시 여부와 상관없이 그 작성 행위만으로도 위법이될 수 있다.[48] 그 밖의 경우에 이 경영규범은 사용자가 경영권의 범위 안에서 취하는 결정들에 적용되는 법제를 따라야 할 것이다. 권력의 고유한 특징은 그 행사 영역에서 법규칙의 일반성과 영속성을 무시하는 것이다. 어제와 오늘 다르게 그리고 피에르

업원들에게 "충성심이 분산될 수 있는 상황을 피할 것"을 주문하면서 다음과 같이 명시하고 있다. "회사는 무엇이 허용되는 행동인지 끊임없이 재정의해야 합니다. 그 결과, 여러분이 수많은 질문들에 대한 대답을 이미 작성된 지침들 속에서 찾는 일은 거의 없을 것입니다. 그러므로 여러분은 회사와 이해관계 충돌을 야기할 수 있는 일체의 행동을 취하기 전에 여러분의 매니저나 법률담당임원과 상의해야 합니다"(p. 44).

47) 많은 사업들의 '윤리코드'를 검토하면, 규범화 규칙에서는 명령법을 많이 쓰고(~하지 마세요, 알리세요, 매니저에게 알리세요, ~하는 인상을 주지 마세요, ~해야 합니다), 진짜 법규칙에서는 법률의 규정처럼 수행발화용법을 많이 쓴다(~을 실행한다, 다음의 사항들이 검토될 것이다. ~을 적용한다, ~을 수반한다). 다만, 이것이 양자를 구별하는 충분한 기준이 되기에는 미흡하다. 그럼에도 불구하고 법률문장 연구에 적용할 만한 적극적인 요소는 있다(J.-L. Gardies, "Indicatif et imératif juridique", *Archives de philosophie du droit*, 1959, p.135; M. Villey, "De l'indicatif dans le droit", *Archives de philosophie du droit*, t. XIX, Paris, Sirey, 1974, p.33; P. Amselek *et al.*, *Théorie des Actes de Langages, Ethique et Droit*, Paris, PUF, 1986; G. Cornu, *L'inguistique juridique*, Paris, Montchrestien, 1990, 특히 p.270 이하 참조).

48) Cour de cassation, Chambre criminelle, 1987.12.1. (Sté. Nouvelles Galeries), *Droit ouvrier*, 1989, p.139: 종업원 몸수색을 규정한 취업규칙이 노동감독관에 의해 적발되었음에도 불구하고, 계속해서 게시판에 붙여 둔 것만으로도 위법행위가 성립.

와 폴 다르게 결정할 수 있는 힘이 바로 권력이다. 권력은 자신
이 편의상 스스로에게 부과한 규범을 상황과 사람에 따라 다르
게 적용할 수 있는 능력을 함축하기 때문에, 그 규범에 의하여
구속될 수 없다. 물론 권력은 가치(윤리 또는 효율성, 사업의 이
익 또는 권력을 행사하는 자의 즐거움)에 의하여 구속될 수 있
다. 하지만 어떤 결정을 취해야 할 지를 미리 정해주는 법규칙은
아니다. 노동법이 사업을 문명화하는 과정은 사용자가 갖는 권
한의 상당 부분을 규제함으로써 사용자의 권력이 행사되는 영역
을 현저하게 축소하였다.[49] 하지만 사용자의 권력은 그럼에도 불
구하고 사라지지 않는다. 사용자의 권력은 더욱 촘촘한 법적 망
상 조직 안에서 더욱 세분화된 방식으로 행사된다. 예를 들면,
사업내 징계에 관한 진정한 법제의 등장은 징계권을 사라지게
만들지 않았으며, 판례는 징계 조치를 개별적으로 달리 할 수 있
는 권한을 여전히 사용자에게 인정한다. 이 권한은 사용자가 사
업의 이익 안에서 행사하는 권력이며, 판사만이 권력의 남용 여
부를 심사한다.[50] 사용자의 경영권을 표현하는 데 그치는 경영
규범은 동일한 유형의 법제에 속한다.

　요컨대, 사업규범과 관련해서 판사가 보기에는 모든 문제는
의사의 해석 문제로 해소된다. 사실, 사용자에게 사업을 규제할
권리와 사업을 경영할 권리를 동시에 인정하는 순간, 사용자가

---

49) 앞의 제4장 참조.
50) Cour de cassation, Chambre sociale, 1991.5.15. (2개의 사건: Lerch, Schlienger), Ph. Waquet, P. Franck, *Droit social*, 1991, p.619; J.-E. Ray, "L'égalité et la décision patronale", *Droit social*, 1990, p.91 이하, "적법한 차등" 개념과 비교.

자유롭게 변조하고 수정하고 언제든지 철회할 수 있는 결정들을 단순히 출판하는 데 그친 것인지, 아니면 반대로 사업내 진정한 법규칙을 구성하는 일방약정을 통해 미래를 향하여 자신을 구속하고자 했는지 여부를 알기 위해서는 사용자의 의사를 분석하는 수밖에 없다.[51] 후자의 경우에는 법규칙의 일반성(평등 원칙의 적용)과 영속성으로부터 일체의 결론을 이끌어내야 할 것이다.

제3절 경영규범

  법률의 제정에서 암묵적이든 명시적이든 경영규범에 의거하는 것은 보편적인 현상이 되었다. 이와 관련해서는 프랑스에서 지난 십 년 동안 노동 분야에서 도입된 거의 대부분의 중요한 법률들의 입법 이유서를 인용할 수 있을 것이다. 예를 들면, 경영해고의 예방과 전직권에 관한 1989년 8월 2일 법[52]의 입법 이유를 노동부가 의회에서 어떻게 정당화했는지를 보자. "해고는 인원에 관한 경영 행위이다. (…) 사업이 새로운 테크놀로지에 적

---

51) M.-L. Izorche, *L'avènement de l'engagament unilatéral en droit privé contemporain*, thèse, Université d'Aix-Marseille, 1989, n° 195 이하, 일방약정의 정의 요소로서 "의사의 밀도" 기준과 비교. 그런데 사용자의 보완적 규제로서의 일방약정에 있어서는, 단순한 경영상의 결정과 달리, 사업내 진정한 법규칙을 확립하려는 사용자의 결정을 특징짓기 위해서는 '의사의 성질'이 더 적절할 것 같다.

52) 노동부 스스로 이 법률을 분석한 것으로는 J.-P. Soisson, in *Droit social*, 1989, p.621 참조.

응하고 변화할 필요성을 부정하는 것은 경제의 퇴보를 초래할
뿐이다. 하지만 사회적 응집력을 해치는 행위들까지 허용할 수
는 없을 것이다. (...) 그래서 법안은 사업이 고용과 직업훈련에
관한 예방적 경영을 준비할 수 있도록 하는 것을 목적으로 하는
경제적 측면 및 사회적 대화의 강화를 통해 임금노동자들의 재
배치를 꾀하는 사회적 측면을 포함하고 있다."53) 여기에서 입법
자의 일은 경영학적 사고를 법적으로 형식화하는 것으로 축소되
고 있다. 예를 들면, 입법자는 "인원에 관한 경영 행위"를 "해고"
로 번역하고, "사회적 대화"를 "노사협의회의 협의"로 번역할 것
이다. 이는 법적 범주를 경영상의 분류로 말아 넣는 것인데, 이
경영상의 분류는 최선의 경우라도 법이 모르는 것이며, 최악의
경우에는 (예를 들면 경제적인 것과 사회적인 것의 구분처럼) 법
이 인정하지 않는 것이다(노동계약에 의하여 창설되는 법적 관계
는 불가분하게 경제적이며 사회적이다). 여기에서 주목해야 할
점은 이 경영학적 범주들이 갖는 규범적 차원이다. 이 경영학적
범주들은 사회과학을 경유해서 자연과학으로부터 수입된 것으로
서(응집력, 적응, 변이, 테크놀로지 등), 사물의 본성이 강요하는
어떤 질서를 환기시킨다. 하지만 이 자연의 세계는 선(통합, 대
화, 적응, 예방)과 악(갈등, 불측, 경제적 퇴보)을 알고 있다.

　이처럼 선과 악을 자리매김하는 일을 경영담론에 맡기는 경
향은, 십여 년 전부터 노동법에 자리잡고 있는 뚜렷한 현상인,
사업내 전문가 감정 제도의 확대와 함께 표출된다.54) 이 새로운

53) *JO*, *Débats Assemblée Nationale*, 1989, p.1176.
54) 이하의 논의는 A. Supiot, *Le progrès des Lumières dans l'en-
treprise*, *Etudes offertes à Gérard Lyon-Caen*, Paris, Dalloz, 1989, p.463

유형의 감정의 특징을 검토하는 것은 그것이 사업 안에서 갖는
규범적 기능을 명확히 파악할 수 있도록 해 준다.

1. 새로운 전문가들의 완전지(完全知)

이 새로운 전문가들[55]의 개입은 두 가지 특징을 갖는다. 첫
째는 위기 상황에 대응한다는 것이다. 둘째는 기술적 측면을 넘
어 사회적 차원을 포함한다는 것이다.

1) 전문가의 감정에 의뢰하는 새로운 상황들은 그 커다란
다양성에도 불구하고 모두 사업내 위기 상황을 반영한다는 공통
점을 갖는다. "노동재해 또는 직업병에 의하여 드러났는지 여부
와 상관없이 중대한 위험이 사업 안에서 확인되는 경우"[56]에는
안전의 위기. "사업의 경제적 상황에 긴급하게 영향을 미치는 성
질의 사실들을 노사협의회가 알게 된 경우"[57]에는 경제적 위기.

─────────────

이하를 요약한 것이다.

55) 이것이 새로운 현상이라는 점은 가장 최신의 법률사전에서도 이러한 유
형의 사업내 전문가에 대해서 침묵하고 있다는 사실로 미루어 짐작할 수 있다.
이 법률사전들이 전문가에 대해서 내리고 있는 정의("판사가 임명한 기술자 및
공식 명부에 등록된 전문가". *Vocabulaire juridique*, Paris, PUF, 1987, dir. G.
Cornu)는 노동법전에서 사용하고 있는 용법(특히 L.434-6조 제4항 내지 제6항)
을 알지 못한다. 반대로 리트레(Littré) 사전의 정의("어떤 일에 대하여 확실한 지
식을 갖고서 그 일을 확인하거나 그 일에 대하여 결정하기 위하여 임명된 사람")
는 이 새로운 전문가들을 인정하는데, 이 정의는 선량한 실증주의자의 자세로, 지
식을 갖고 있는 자에게 확인의 역할 및 결정의 역할을 한꺼번에 부여하고 있다.

56) Code du travail, L.236-9조, 제1항. P. Chaumette, "Le comité d'hy-
giène, de sécurité et des conditions de travail et le droit de retrait des
salariés", *Droit social*, 1983, p.425, 특히 n° 19 및 20 참조.

57) Code du travail, L.432-5조, §1. M. Jeantin, "La loi du 1er mars
1984 relative à la prévention et au règlement amiable des difficultés des
entreprises", *Droit social*, 1984, p.599; J. Savatier, "Le comité d'entreprise

어떤 경영상 실행의 절차 부합성 또는 적절성 여부가 의심되는 경우에는 신뢰의 위기.[58] "경영해고를 위한 협의 절차가 개시되어야 하는 경우"[59]에는 고용의 위기. 중요한 기술적 변화가 "종업원의 고용, 숙련, 임금, 훈련 또는 노동조건에 영향을 미칠 수 있는"[60] 경우에는 노동조직의 위기. 전문가 의뢰가 사업의 법정 관리 절차의 일환인 경우에는, 요컨대 치명적 위기![61] 정기적인 회계감정(하지만 이것은 단지 확장된 것이지, 일련의 개혁 입법들에 의하여 창설된 것이 아니다) 및 노사협의회의 예산에 의하여 뒷받침되는 '자유로운' 전문가 의뢰만이 이 위기의 맥락에서

---

et la prévention des difficultés des entreprises", *JCP*, 1987, éd. E, II, 15066, pp.616-622 참조.

58) 1966.7.24. 수정법률, 제64-2조 및 제226조. D. Boquet, *L'expertise de minorité*, thèse, Paris-II, 1982; Contin et Hovasse, "L'expert de minorité dans les sociétés par actions", *Dalloz*, 1971, Chroniques, p.75; Chartier, "L'expertise de l'article 226", *JCP*, 1972, I, 2507 참조.

59) Code du travail, L.434-6조, 제1항. G. Couturier, "L'accès du comité d'entreprise à l'information économique et financière", *Droit social*, 1983, p.26; M. Cohen, "Les experts du comité d'entreprise", *Droit social*, 1984, p.281; R. Vatinet, *Les attributions économiques du comité d'entreprise*, thèse, Paris, Sirey, 1984, pp.128-158 참조.

60) Code du travail, L.432-2. P. Cam et P. Chaumette, *L'expertise technologique du comité d'entreprise*, Etude pour le Commissariat Général du Plan, 1988, in *Droit social*, 1989, p.220; B. Teyssié, "L'expert en technologie du comité d'entreprise", *JCP*, 1988, I, 3314; T. Grumbach et F. Cochet, in "Le droit du travail à l'épreuve des nouvelles technologies", *Droit social*, 특별호, 1992.6, p.544 이하 참조.

61) 사업의 회생 및 청산에 관한 1985년 1월 25일의 법률들: 제85-98호 법률, 제18조, 제140조, 제143조; 제85-99호 법률, 제140조. M. Olivier, "Un nouveau venu en matière d'expertise, 'l'expert en diagnostic d'entreprise'", *Gazette du Palais*, 1985, I, Doctrines, p.491; R. Gandur, "L'expertise judiciaire en diagnostic d'entreprise", *Gazette du Palais*, 1985, II, Doctrines, p.698; Y. Guillou, "L'expert en diagnostic", *Revue des procédures collectives*, 1986, pp.47-58 참조.

벗어난다.[62)]

그러므로 새로운 형태의 전문가 감정과 사업내 갈등의 위험 사이에는 밀접한 관련이 존재한다. 사업 외부의 기술자의 등불이 입법자에 의하여 밝혀지는 것은 그러한 갈등이 발생하거나 위협이 되는 경우가 대부분이다. 여기에서 그러므로 전문가의 개입과 위기는 짝을 이룬다. 이는 사법전문가의 개입을 환기시킨다(형식상으로 사법전문가의 개입은 위기와 종종 동일시된다). 왜냐하면 그 정의상 사법전문가의 개입은 어떤 분쟁 또는 분쟁의 위협이 존재한다는 것을 상정하기 때문이다.[63)] 하지만 사법전문가의 개입과 달리 사업 내부 전문가의 개입을 요청하는 주된 조건들은 위기의 존재 자체, 위기의 중요성 및 위기의 심각성이다. 반면에 사법전문가의 개입은 분쟁의 심각성에 달려 있는 것이 아니라, 단지 해결해야 할 문제의 기술적 특수성에 달려 있을 뿐이다.[64)] 이러한 점은 사업 내부 전문가의 개입이 갖는 기술적 내용을 검토할 때 한층 더 잘 보인다.

2) 사업내 전문가 의뢰가 갖는 또 다른 특징은 그것의 사회적 차원에 있다. 이는 엄격한 의미의 기술적 관할을 넘어서는 것이다. 전문가들이 맡는 임무의 몇몇 측면들은 확실히 기술적 특수성을 요구한다(예를 들면 회계감사). 이러한 기술적 특수성은

---

62) Code du travail, L.434-6조, 제7항. 그러나 이 가능성은 실제로는 노사협의회가 어려운 상황에 직면해서 사용자가 비용을 지불하는 전문가에게 의뢰할 수 없는 경우에 활용되는 것 같다(P. Cam et P. Chaumette, *op. cit.*, p.25 이하 참조).

63) 민사소송법전 제145조. M. Jeantin, "Les mesures d'instruction 'in futurum'", *Dalloz*, 1980, Chroniques, p.205 참조.

64) 민사소송법전 제147조 및 제232조.

검증할 수 있고 쉽게 확인할 수 있는 것이다. 하지만 전문가들의
임무는 흔히 이러한 명확한 기술적 차원을 벗어난다. 그것은 직
장점거를 해결하기 위하여 전문가에게 의뢰했던 판례에서도 이
미 찾아볼 수 있는 것이었다.[65] 또한 "사업의 경제적, 사회적" 상
황의 평가에 협력할 수 있는 "사업진단" 전문가인 사법전문가의
독특한 형상 속에서도 재발견된다.[66] 그리고 사업내 종업원 대표
기구에게 열려 있는 전문가 의뢰와 관련해서도, 정직한 사람의
의견을 듣는 것을 넘어서는 기술적 차원의 문제에 그러한 전문
가 의뢰 제도를 활용하는 것을 제한하는, 민사소송법 제232조 같
은 유형의 일반 규칙은 없다. 정반대로 몇몇 규정들은 전문가의
개입을 기술의 영역 밖으로 확대하는 것을 명시적으로 선언하기
도 한다. 회계전문가의 임무는 "회계의 이해"를 도와주는 것만이
아니라, "사업의 상황"을 평가하는 것도 있다.[67] 새로운 테크놀
로지 전문가의 임무는 그것이 "종업원의 고용, 숙련, 임금, 훈련
또는 노동조건에"[68] 미칠 것으로 예상되는 영향들에 대해서 발
언하는 것이다. 한편, '자유로운' 전문가의 임무는 그 조사 범위
를 결정하는 권한을 독점하는 노사협의회의 권한 외에 다른 제
한을 알지 못한다.[69]

　이처럼 전문가가 관여할 수 있는 분야가 제한 없이 확대되
는 현상은 가장 명민한 논자들 사이에 즉각적인 비판을 불러왔

---

65) "Rateau" 판례가 그것이다. H. Sinay et J.-C. Javillier, *La grève*, Paris,
Dalloz, 2e éd., 1984, p.236 이하 및 참고문헌들 참조.
66) 1985년 1월 25일 제85-98호 법률, 제18조 제1항 및 제140조 제2항.
67) Code du travail, L.434-6조 제2항. L.439-2조와 비교.
68) Code du travail, L.432-2조.
69) Code du travail, L.434-6조 제7항.

다. 이들은 다양한 분야를 아우르는 기술자들을 양성하는 학교
를 만들지 않는 다음에야 그러한 분야들을 종합할 수 있는 전문
가가 과연 존재하기나 하는지에 대해서 의문을 제기한다. 이러
한 의문은 특히 사업진단 전문가[70]와 신기술 전문가[71]에 대해서
표출되었지만, 회계를 판독할 수 있는 능력이 사업의 사회경제
적 상황을 평가할 수 있는 여하한 능력도 보장하지는 않는다는
점에서 회계전문가도 마찬가지일 수 있다.[72] 왜냐하면 그러한 경
우에 전문가에게 요구되는 지식은 기술, 경제, 금융, 회계, 심리,
사회학, 인간공학 따위의 분야를 모두 아우르는 완전지일 것이
기 때문에, 이 중에 어떤 전문 분야에 한정된 지식만으로도 사업
의 사회경제적 상황을 이해하는 데 다다를 수 있다고 주장할 수
는 없는 것이다.[73] 사실, 이 완전지는 사업 ‘경영’ 전문가들이 요
구하는 것으로서, 이들은 그러므로 일찌감치 이 새로운 전문가
시장에서 자신들의 자격을 가치화하였다.[74] 어떤 실무가들은 일
체의 빈정거림 없이, 오늘날 경영은 “예술의 하나로 간주되며”,

---

70) 이 새로운 유형의 전문가를 어떻게 정의할 것인가를 놓고 벌어진 논쟁에
대해서는 법관의 견해(M. Olivier, *op. cit.*, pp.195-196)와 사법전문가의 견해(Y.
Guillou, *op. cit.*, p.58; R. Gandur, *op. cit.*, p.700)를 비교.

71) P. Chaumette, “Le juge et les experts du comité d'entreprise:
comparaison des situations respectives d l'expert en technologie et du
médecin du travail”, *Droit et Société*, 1987, p.243 이하 참조.

72) 현재의 상황을 볼 때, 이러한 질문을 회피하는 것은 회계전문가들이 향
유하는 강력한 직업상 위치에서 기인한다고 할 것이다. C. Paradeise, “Rhétorique
professionnelle et expertise”, *Sociologie du travail*, 1985, pp.17-31 비교.

73) 이러한 관점에서 볼 때, 개혁의 추동자들이 전문가 보고서들을 보고 실
망감을 표시한 것은 예견할 수 있었던 일이다(*Rapport Frachon sur La mise
en œuvre des droits nouveaux des travailleurs*, Documentations, Assemblée
Nantionale, 1985, n° 2681, p.76 이하 참조).

74) R. Gandur, *op. cit.*

"이해관계의 대립을 해결하기 위한 핵심 단어는 경영이라는 단어이다"[75]라고 말한다. 하지만 이처럼 경영의 능력에 의거하는 현상은 전문가의 감정을 의뢰하는 것이 어떤 기술적 모호함을 제거하는 것을 핵심적인 목적으로 하는 것이 아니라, 사업 안에서 행해지는 경영상 선택의 정당성에 관한 논쟁을 개시하는 것을 핵심적인 목적으로 한다는 사실을 숨기지 않고 강조한다.

2. 전문가 의뢰의 규범적 기능

사업 안에서 행사되는 권력의 정당성에 대한 질문을 제기하는 것은 이 권력을 정초하는 준거가 무엇인가 묻는 것으로 돌아간다.[76] 현재까지 이 질문은 계약적 사업 개념과 제도적 사업 개념을 대립시키는 논쟁에 의하여 주도되었다. 계약론은 합의들의 자유로운 교환 위에 사업 질서를 정초한다. 즉, 임금노동자의 종속이 존재하는 것은 맞지만, 그것은 자발적인 종속이라는 것이다. 따라서 자유롭게 합의한 종속은 사용자에게 인정되는 권력의 초석, 사용자 권력의 정당화이자 그것에 대한 제한이다. 반대로 제도론은 사업의 이익 위에, 즉 개별적 이해관계들을 단순하게 계약을 통해서 조정하는 차원을 초월하며 사업의 구성원들에게 부여되는 권리들을 기능적으로 정의하는 것을 정당화하는 하나의 가치, 공동선에 대한 천명 위에 사업 질서를 정초한다. 하지만 이 두 가지 경우 모두에 있어서 사업 질서가 준거로 삼는

---

75) Y. Guillou, *op. cit.*, p.58.
76) 앞의 제4장 참조.

것은 언제나 법이다. 이제 새로운 형태의 전문가들과 함께 이 준거는 과학의 영역에서 추구된다. 단지 경제과학만이 아니라 사업에 관한 완전지로서의 과학 말이다. 이는 더 적절한 말이 없어서 그냥 경영과학이라고 부른다. 이 경영과학은 거의 모든 사회과학에서 빌려온 것들을 회계금융기법에 뒤섞는다.

　새로운 전문가들은 흔히 사업이 위기에 직면했을 때 사업의 경영에 관한 판정을 내려달라고 요청받는다. 그런 점에서 이들은 오래된 개념의 독특한 변형인 것처럼 보인다. '제삼자'의 개념이 그것이다. 제삼자란 사회 생활을 규율해야 하는 근본 규범들을 체화하고, 그러한 지위로서 갈등의 예방과 해결에 참여하는 역할을 떠맡은 자를 말한다.[77] 이렇게 법에 근거한 정당성에서 과학에 근거한 정당성으로 미끌어지는 현상은 좀더 일반적인 경향을 묘사한다. 그것은 통찰력 있는 법제사가들이 이미 환하게 밝혀 놓은 바 있다.[78] 사업의 경우에 전문가들의 과학에 준거하는 것은 노동법의 가장 거슬리는 어려움들 중의 하나를 우회하려는 노력을 의미한다. 그 어려움이란 이미 존재하는 법규칙의 적용에 관한 분쟁을 해결하는 것에 있지 않다. 그 법규칙의 변경에 관한 분쟁을 해결하는 것에 있다.[79] 그런데 오늘날 전문가의

---

77) 앞의 제5장 참조.
78) 피에르 르장드르는 다음과 같이 지적한다. "사회관계들에 대한 경영적 프로그래밍들은 '그렇게 씌여 있다'의 진리보다는 행복을 향한 전진을 환기하는 것을 더 선호한다. 왜냐하면 초근대적 통치 개념에 의하면, 과학의 승리(바로크적이지만 특별히 민중적이기도 한 주제)는 소송에 집착하는 법률가들의 과학하고는 확실히 더 이상 아무 상관이 없다고 우리가 생각하기 때문이다"(P. Legendre, *L'empire de la vérité. Introduction aux espaces dogmatiques industriels*, Paris, Fayard, 1983, p.171).
79) A. Supiot, *Les juridictions du travail*, op. cit., p.293 이하 참조.

개입이 요청되는 모든 위기 상황에서 맹아로 존재하는 것은 바로 이러한 유형의 분쟁이다. 노동쟁의 강제중재 제도의 실패로부터 교훈을 얻을 수 있다. 이 제도는 법규칙의 변경을 둘러싼 분쟁 해결의 어려움을 해소하기 위해 이차대전 이전에 도입된 것이지만, 모든 당사자들의 합의를 도출하기 위해 충분히 객관적인 방식으로 공동선을 정의하는 것은 불가능하다는 사실에 직면했다. 전문가의 등불에 의거하는 것은 바로 이 객관성에 대한 보증을 제공하고, 사업 안에서 취해지는 결정들의 정당성을 일종의 과학 위에 정초하려는 것을 목적으로 한다. 또한 전문가 의뢰는 가능한 한 이 새로운 정당성의 통제관들을 종업원 대표 기구의 부속으로 만들어, 가급적 소송을 피하고자 하는 노동자들의 전통적인 경향을 우회하고자 한다.[80] 한편, 전문가에게 의뢰하는 것은 임금노동자들의 비밀을 알아내고 그것을 사업에서 일어나는 제반 변화에 결합시킬 수 있는 기회를 증대시킨다.[81] 그 부작용이 있음에도 불구하고. 그 부작용이란 임원들의 경영상 선택을 놓고 전문가들이 그 정당성 심사를 하는 것에 대하여 임원들의 불신을 초래한다는 것이다. 사용자의 입장에서 볼 때 이 부작용은 전문가에 의한 정당성 심사가 경영의 정당성을 확실히 결정지어 줄 것이라는 전망에 의하여 충분히 상쇄된다. 이제 경영은 반박할 수 없는 정당성을 갖게 될 것이다.[82] 왜냐하면 과학의 권위를 입을 것이기 때문이다. 반대로 전문가에 의한 심사 결

---

80) *Ibid.*, p.59 이하.
81) 이러한 효과를 "호손효과"라고 하는데, 이에 대해서는 P. Cam, *op. cit.*, p.67 참조.
82) P. Cam et P. Chaumette, *op. cit.*, p.73 참조.

과 사업의 임원들에게 불리한 결과가 나오면, 이번에는 종업원 대표들이 이 과학적 정당성의 효과를 향유하면서 요구사항을 내세울 수 있을 것이다.

이처럼 사업에서 노동관계를 조직하는 영역에 과학적으로 정의된 규범성이라는 아이디어가 도입된다. 이 아이디어는 형식상 사용자의 결정이나 임금노동자들의 요구사항의 합법성을 문제삼지 않은 채, 양자 모두를 전문가들에 의하여 보증되는 정당성 원칙에 구속시키는 성질을 띤다. 이 전문가들은 사업에서 공동선에 대한 정의를 강제할 수 있는 권한은 갖지 않지만, 적어도 공동선의 탐색을 그러한 규범성의 궤도 위에 올려 놓는 임무는 수행한다. 이러한 운동의 성공 여부는 전문가들이 자신들의 지식의 미덕에 대해 갖는 믿음을 다른 사람들과 공유하려는 태도 여하에 따라 달라질 것이다. 사실, 그러한 믿음은 전문가들이 직업상 인정을 받기 위해서는 필수적이다.[83] 현재로서 단 한 가지 확실한 것은 사업에서 "신의의 수사학, 신뢰의 포장과 설명은 더 이상 옛날 스타일의 법학자들에게 맡겨져 있지 않다"[84]라는 사실이다. 하지만 옛날 스타일의 법학자들은 이러한 변화를 즐겨야 할 것이다. 사회관계로부터 한 발 떨어져 사색할 수 있는 좋은 기회가 될 테니까 말이다.

---

83) C. Paradeise, *op. cit.* 참조.
84) 피에르 르장드르가 행정에 대하여 적용하는 분석을 여기에 인용한 것이다(P. Legendre, *L'amour du censeur*, Paris, Seuil, 1974, p.235 이하 참조).

결론

1. 노동의 미래[1]

노동계약이 갖는 의의는 노동을 재화로 규정하는 법적 프레임에서 노동을 빼내어, 노동의 교환가치를 유지한 채, 그 인격적 차원에 정당한 자리를 부여하는 독특한 법적 지위를 노동에 부여하는 데 있다. 노동계약은 복잡한 제관계를 추상적 노동 개념과 결합한다. 추상적 노동 개념은 19세기에 천명되었고 현재에도 여전히 경제학 사상을 지배하고 있는 바로 그 개념이다. 한편으로 노동계약은 구체적 노동의 다양성을 하나의 단일한 법적 개념으로 용해시키고, 구체적 노동을 상품으로 평가하고 이용할 수 있도록 해 주며, 구체적 노동을 노동시장의 계산 단위로 바라보는 추상적 노동 개념과 조화를 이룬다. 그러나 다른 한편으로 노동계약은 노무임대차계약과 달리 노동자의 인격에 정당한 자

---

[1] 이하의 논의는 A. Supiot, "Le travail, liberté partagée", *Droit social*, 1993, pp.715-724의 일부를 요약한 것이다.

리를 부여하고, 비상품적 가치를 노동에 도입한다. 이 비상품적 가치는 추상적 노동 개념을 방해할 수밖에 없는 것이다. 왜냐하면 인격을 고려한다는 것, 노무 제공에 있어서 노동자의 정체성을 법적으로 인정한다는 것은 구체적이고 다양한 방식으로 노동에 접근하는 길로 나아가는 문을 여는 것이기 때문이다. 이 두 가지 흐름, 추상적 노동에 대한 냉혹한 진보와 직업적 정체성에 대한 언제나 강력한 재천명은 목하 여전히 진행중이다. 한편으로, 가장 추상적인 노동 형식인 임금노동자성은 자신을 빠져나가려는 구체적 노동의 여러 섬들(자유업에서 노동계약의 진보: 변호사, 의사, 예술가 등)과 나아가 대륙들(공공고용의 정의에서 노동계약 모델이 갖는 영향력의 증가2))을 여전히 흡수하고 있다. 다른 한편으로, 노동법 자체가 단일한 직업적 정체성을 정의하는 일사분란한 법적 블록이기를 그만두고, 날이 갈수록 점증하는 법적 지위의 다양성에 자리를 마련하고 있다. 이 다양화는 단순히 사업별 교섭 및 단체협약법의 중요성 증가와 함께 노동법의 법원이 탈중심화되는 흐름으로만 표출되는 것은 아니다. 그것은 또한 임금노동자들의 법적 조건의 개별화 흐름으로도 표출된다.

이러한 변화의 가장 우려되는 측면은 그것이 단일한 형태가 아니라 노동법 안에서 내부적 균열을 초래한다는 점이다. 즉 전형적인 노동계약에 의해서 보장되는 인격의 권리들을 온전히 향

---

2) 이러한 의미로 이탈리아의 1993년 2월 3일 법 참조. 이 법은 공공부문고용의 개념을 삭제하고, 대신 이것을 원칙적으로 사법의 적용을 받는 노동관계 개념으로 대체하고자 하는 법이다(U. Romagnoli, "La revisione della disciplina del pubblico impiego", *Lavoro e diritto*, n° 2/1993, p.23 이하 참조).

유하는 노동자들과 상품으로서의 노동으로 내던져진 비정규직 노동자들 사이의 균열이다. 임금노동자의 이중화는 노동의 두 측면, 즉 상품으로서의 노동(추상적 노동, 외부적이고 계량적인 부의 원천)이라는 측면과 인격의 표현으로서의 노동(구체적 노동, 내부적이고 비계량적인 부의 원천)이라는 측면을 조화시키는 장소로서 이해되는 노동법의 실패를 일정 정도 드러낸다.

유럽에서 피할 수 없는 것처럼 보이는 실업의 증가는 노동을 희귀한 재화로 취급하도록 만들었다. 그렇다면 노동을 나누는 것이 적절할 수 있다.[3] 그런데 노동은 재화로 정의될 수 없으며, 노동은 노동할 수 있는 남자와 여자보다 더 희귀한 것은 아니다. 노동의 분배는 노동을 추상적 노동으로만 바라볼 때, 임금으로 대상화되는 노동으로만 바라볼 때, 의미를 가질 수 있을 뿐이다. 반대로, 노동자의 인격을 표현하는 구체적 노동, 노동자의 작품 속에서 노동자의 인격을 표현하는 구체적 노동을 어떻게 나눌 수 있는지는 알 수 없다. 왜냐하면 이러한 관점에서 바라보는 노동은 시간 단위나 화폐 단위로 환원될 수 없는 것으로서, 인격의 근본적인 자유라고 하는 법적 성질을 갖기 때문이다.[4]

그러므로 노동의 자유라는 개념을 재검토하는 것이 필요할 것이다. 노동의 자유 개념 또한 산업사회가 빚어낸 추상적 노동 개념의 지배를 받아, 지금까지 형식적이고 환원적인 독법의 대

---

3) J.-M. Charpin et J. Mairesse, "Réduction de la durée du travail et chômage", *Revue économique*, 1978.1, pp.189-206 참조.

4) 노동의 분배와 노동의 자유 간의 충돌에 대해서는, Conseil constitutionnel 1982.1.5. 제81-134호 결정, *Recueil*, p.15; 1983.5.28. 제83-156호 결정, *Recueil*, p.41; 1986.1.16. 제85-200호 결정, *Recueil*, p.9 참조.

상이 되었다.[5] 노동의 자유는 법질서 안에서 주로 소극적 의미로
이해되었다는 점에서 형식적이다. 이 개념은 특히 집단적 노동
권의 발전을 제한하는 데 이용되었다. 파업이나 노동조합 또는
고용정책과 관련된 문제들에서 노동의 자유는 파업을 하지 않을
자유 또는 노동조합에 가입하지 않을 자유 따위와 같이 집단에
맞서는 권리를 개인에게 부여할 수 있도록 해 준다. 개별적 차원
에서 노동의 자유 개념은 사직의 권리 및 강제노동의 금지를 핵
심적인 내용으로 한다. 고용정책에서는 노동의 자유보다는 노동
접근권 또는 고용접근권 개념이 선호되었다.[6] 1958년 헌법 속으
로 채택된 1946년 프랑스 헌법의 전문은 다음과 같은 유명한 규
정을 담고 있다. "각자는 노동할 의무와 고용을 얻을 권리를 갖
는다." 하지만 알다시피 이 개념은 채무자를 확인할 수 없다는
돌부리에 걸린다(사실상 이 개념은 공공고용정책의 법적 근거로
활용된다). 요컨대 노동의 분배 개념은 실업자와의 관계에서 임
금노동자들을 노동접근권의 채무자로 만들고자 하는 시도에 불
과하다. 반면에 노동의 자유 개념은 오늘날 실업 문제에 대한 적
극적 역할을 담당하지 않는 것으로 보인다. 한편, 노동의 자유
개념은 노동계약에 의하여 교환가치로 환원되는 노동인 추상적
노동만을 겨냥하고 있다는 점에서 환원적이다. 반면에 종속을

---

5) 이 개념에 대한 비교법적 연구로는 *La liberté du travail*, Congrès et
colloque de l'Université de Liège, vol. 53, 1969 참조. 프랑스법에 대한 연구
로는 J. Pélissier, "La liberté du travail", *Droit social*, 1990, p.19; J.
Savatier, *Répertoire du travail*, *Dalloz*, v° Liberté du travail, 1991 참조.

6) A. Rouast, "Liberté du travail et droit du travail", *Travaux de
l'Institut de droit comparé*, XV, 1959, p.181; G. Lyon-Caen, "Le droit au
travail", in *Les sans-emploi et la loi*, Quimper, Calligrammes, 1988, p.203
이하 참조.

제한하거나(경업금지조항의 효과를 제한하는 경우를 제외하고[7]) 임금노동자에게 노동의 목적을 응시할 수 있는 권리를 부여할 수 있는 법원리로서 노동의 자유 개념이 동원된 경우는 거의 없다(아무도 프랑스에서 노동자들의 표현권 인정을 정당화하기 위하여 이 점을 언급할 생각은 안 한 것 같다). 나아가 교환관계 바깥에서 수행된 노동에 정당한 자리를 마련하기 위하여 노동의 자유를 언급하는 경우는 더욱 드물었다.

그런데 노동의 자유는 훨씬 더 역동적인 독법을 위해서 마련된 개념이다. 이 점을 설명하기 위해서는 1930년대 미국의 뉴딜을 이끌었던 자유 개념과 비교 검토하는 것이 좋다. 루즈벨트는 "결핍으로부터의 자유(Freedom from want)"를 정언명령으로 설정함으로써 자유의 이상에 구체적이고 역동적인 내용을 부여하였다. 이는 위기에 대한 루즈벨트의 대답이 갖는 경제적 차원과 사회적 차원을 불가분으로 결합하는 것이었다. 왜냐하면 불행으로부터 인간을 자유롭게 하고 동시에 시장에 대한 수요를 자유롭게 하는 것이었기 때문이다.[8] 그렇게 해서 위기에 대응하는 적극적 탈출로가 그려졌다. 이 탈출로는 그 때까지 산업사회가 직면하고 있었던 모순들을 극복하는 것이었으며, 위기가 고양시킨 국가주의적 또는 전체주의적 경향들에 대한 호소력 있는 대안의 길을 여는 것이었다. 복지국가의 현저한 쇠약, 그리고 실

---

7) G. Lyon-Caen, "Les clauses restrictives de la liberté du travail", *Droit social*, 1963, p.87; J. Amiel-Donal, *Les clauses de non-concurrence en droit du travail*, Paris, Litec, 1988 참조.

8) J.-J. Dupeyroux, *Droit de la sécurité sociale*, Paris, Dalloz, 12e éd., 1993, n° 43 참조.

업의 증가를 억제하지 못하는 복지국가의 무능력은 오늘날 우리가 이 결핍으로부터의 자유 개념이 맹아로 간직하고 있었던 수많은 과실들의 핵심을 취했음을 보여준다(전체주의적인 산업 시스템의 붕괴, 서양 국가들의 삶의 질 수준의 전례 없는 향상). 왜냐하면 유럽 시장에 대한 (그리고 좀더 넓게는 세계 시장에 대한) 수요의 해방은 사회 생활의 기초를 허무는 실업의 증가를 계속 동반하는 한 그 의미와 효과를 상실할 것이기 때문이다. 하지만 이 전례로부터 하나의 방법론을 취해야 한다. 그것은 지금까지 경제적 측면에서만 이해되었던 자유 개념의 사회적 얼굴을 드러내는 것이다. 이 방법론은 노동의 자유 개념에도 적용될 수 있을 것이다. 노동의 자유 개념이 갖고 있는 사회적 차원을 드러내고 현실화시켜야 한다.

좀더 정확히 말하면, 노동의 자유가 갖는 경제적 차원과 사회적 차원을 구분하거나 대립시키는 인위적 기법을 폭로해야 한다. 이는 노동 고유의 인류학적 차원을 노동에 복원하는 것을 의미한다. 노동은 19세기 이후 산업사회에서 취했던 특수한 역사적 형식으로, 즉 전일제 임금 고용으로 환원될 수도 없고 환원되어서도 안 된다. 임금노동은 노동의 오랜 역사에서 한 순간에 지나지 않는다. 처음으로 노동이 사회 하위 계급에게 한정된 강제가 아니라 모든 사람에게 내재하는 자유로 여겨질 수 있었던 순간이다. 하지만 이 최초의 한 걸음, 형식적 자유로 이해되는 노동의 자유라는 한 걸음은 추상적 노동 개념, 거래의 목적으로서의 노동 개념에 붙잡혀 있었다. 노동운동 또한 노동자의 형상을 찬양하면서 마찬가지로 환원적 노동 개념에 갇혀 있었다. 이는

라파르그가 유명한 소책자 『게으를 권리』[9]에서 잘 드러낸 바이
다. 그리고 노동계약은 비록 노무의 급부 속에 인격의 제권리를
재도입하는 데 기여하기는 했지만, 마찬가지로 순전히 추상적이
고 계량적인 노동 개념을 전파하였다. 이 노동 개념은 오늘날 낡
은 것이 되었다.

　이 낡음을 보여주는 가장 가시적인 신호들을 조사하려면 노
동법 그 자체의 변화들을 관찰하는 것으로 충분하다. 노동계약
의 틀 안에서 노동을 이행하는 시간이라는 의미의 노동시간은
관련 정책이 방임 정책이든 개입 정책이든 어떠한 정책인지와
상관없이 계속해서 줄어들었다. 서유럽에서 노동은 과거의 여러
세대들과는 달리 더 이상 삶을 짓누르는 부분을 차지하지 않는
다.[10] 주당 노동시간의 단축, 학업의 연장, 연금 수급권의 확대,
유급휴가의 확대는 인간의 삶을 지배했던 노동의 제국을 끊임없
이 축소시켰다.[11] 그리하여 인간의 활동은 다른 차원에서 발전할
수 있게 되었다. 이미 교육과 소비는 보통 사람들의 삶에서 역사

　9) P. Lafargue, *Le droit à la paresse*, 1880, Paris, Maspero, 1973.
　10) 유럽의 상황은 노동시간 단축 흐름이 이제 막 시작한 일본이나 특히 미
국의 상황과 다르다. 미국에서 연간노동시간은 20년 동안 거의 한 달 정도 증가
하였다(1969년에서 1989년까지 163시간 증가). 이 주목할 만한 반전은 노동조합
의 약화 및 특히 소비모델의 확산에 원인이 있다고 할 수 있다. 소비모델은 지출
을 자극하고, 따라서 노동시간의 증가를 자극한다. 이 모델은 미국 노동자들을
'노동과 소비'의 쳇바퀴 속에 가둔다. 이에 대해서는 J. B. Schor, *The over-
worked american. The inexpected decline of leisure*, New York, Basic
Books, Harper et Collins, 1992 참조. 여기에서 우리는 수요의 자유가 노동의
자유와 결합하지 않을 때 병리적인 것이 될 수 있음을 확실하게 이해할 수 있다.
좀더 일반적으로 볼 때, 노동시간의 증가는 유럽에서 노동시장의 이중화가 초래
하는 예견된 결과라고 할 수 있다.
　11) A. Doyelle, "Durée du travail, un essai de comparaison inter-
nationale", *Travail et Emploi*, n° 12, 1982. 4-6. 참조.

상 유례가 없을 정도의 위치를 차지한다. 또한 자유롭게 선택한 모든 다른 형태의 활동들의 경우도 장차 마찬가지가 될 것이다. 모든 곳에서 임금노동을 정의하였던 종속 개념은 계속해서 약화되고 있으며, 오늘날에는 다양한 노동 상황을 포괄하는 특유의 법적 기준을 더 이상 제공하지 못한다. 사실, 임금노동이 사회 전반에 확대됨에 따라, 노동의 수행에서 일정 정도의 자유를 요구하는 활동들도 임금노동으로 포괄되었다. 그리고 노동을 조직하는 양식 자체, 기술의 진보는 수많은 업무의 수행에 있어서 주도권과 책임을 점점 더 많이 허용하는 방향으로 이끈다. 노동계약의 이행도 더 이상 업무의 수행과 완전히 동일시되지 않는다. 오히려 그 업무의 수행에 필요한 지식의 변화에 임금노동자들을 적응시키기 위해서 불가피한 직업훈련을 점점 더 중요한 부분으로 포함하게 되었다. 노동자의 소득은 더 이상 자신의 노동에 대한 정확하고 직접적인 대가가 아니다. 노동과 임금 사이에 설정되었던 쌍무관계는 끊임없이 헐거워졌으며, 직업생활의 제반 위험들에 맞서 소득의 계속성을 보장하기 위한 제도들이 그 자리에 들어섰다. 임금노동자성의 단일성은 법원의 탈중심화(특히 노동시간의 조정에 있어서 협약법의 촉진, 사업별 교섭의 촉진) 및 개별적 노동계약의 부흥으로 인해 약해지고, 노동조건은 끊임없이 개별화되었다.

그러나 이러한 경향들은 그 어느 하나도 제대로 장악되지는 않고 있다. 왜냐하면 여전히 추상적 노동의 패러다임 속에서 발전하고 있기 때문이다. 그런데 추상적 노동은 그러한 경향들이 그 유효성을 갉아먹는 개념이다. 그 결과 이러한 변화들이 갖는 긍정적 측면들은 노동자들의 일부만 향유할 뿐이고, 나머지는 이른바 이차노동시장으로 송환된다. 즉 순전히 상품으로서의 노동 개념으로 되돌아간다. 이 도랑이 더 깊어지는 것을 막기 위하여, 비정규직 노동자들에 대한 평등 대우의 원칙이 제시된다. 하지만 정규직 노동과 비정규직 노동의 구분이 유지되는 한, 그러한 평등은 의미를 가질 수 없다. 그러므로 문제는 그러한 구분을 지지하는 노동 개념에 있다. 그러므로 노동을 재정의하는 것이 필요하고, 여기에서 법학자가 기여할 수 있는 것이 무엇일까 자문할 일이 남았다.

2. 법학자의 일

그렇다면 법학자의 역할은 무엇인가? 오랫동안 법학자들은 인간 사회의 법을 연구하는 독점권을 누려왔다.[12] 그런데 사회과학이 발전함에 따라 점점 이 독점권은 법학자들의 손을 벗어났다. 차례대로 역사학, 사회학, 경제학, 정치학, 그리고 심지어 경영학이 인간과 사회에 대한 학문으로 자리잡았고, 이들은 과거 자신들의 모태였던 법학과 단절하였다.[13] 오늘날 이 학문들은 각자 나름대로 노동에 대하여 과학연하는 인식에 기여한다. 그렇다면 무엇 때문에 노동의 수수께끼를 아직도 법학자에게 맡기겠는가? 법과대학은 무용한 대학이 되었는가? 과학의 물신화와 법

---

12) 중세의 대학에서 민법과 교회법 단과대학들이 차지하고 있었던 위치에 대해서는 J. Le Goff, *Les intellectuels au Moyen Age*, Paris, Seuil, 2e éd., 1985 참조.

13) 이 변화에 대해서는 Ch. Eisenmann, *Les sciences sociales dans l'enseignement supérieur: Droit*, Rapport à l'UNESCO, Paris, UNESCO, 1954 참조.

의 몰락에 기초한 정치 시스템이 축소시켜 버린 쓸모없는 대학
인가?[14) 비즈니스의 세계가 붙잡지 않는 법학자들은 다음과 같
은 질문을 가장 먼저 자문한다. 노동에 대한 사고의 추동력은 모
두 과학의 편에 위치할 것이기 때문에, 우리 법학자들은 이제 형
식을 위해서만, 노동에 관한 생각을 조문 형식으로 만드는 일을
위해서만 존재하는 것이 아닐까?[15) 아니면 우리는 인권이라고
하는 최후의 종교적 방진을 지키는 수비대인가?[16) 이 질문들에
대한 명쾌한 정답은 없다. 왜냐하면 현대의 법학자들은 이성과
믿음 사이, 가치의 세계와 사실의 세계 사이에 서 있는 초병이기
때문이다. 그러나 노동법에 대한 긴 여정이 끝나가는 이 자리에
서, 법학자의 고유한 노동은 무엇인지 적어도 일견해 볼 필요는
있다.

법의 실천은 기예이지 과학이 아니다. 『학설휘찬』의 문장
(Jus est ars boni et œqui) 이래 그 의미가 너무 평가절하되어
있는데, 여기서 다시 다음을 상기할 필요가 있다. "라틴어 ars는
신에 의하여 계시된 것이든 논리적 법칙에 의하여 강요되는 것

14) I. Dombrovski, *La faculté de l'inutile*, 프랑스어판, Paris, Albin Michel, 1979 참조.

15) G. Lyon-Cane, "Plaidoyer pour le droit et les juristges", in *Convergences, Etudes offertes à Marcel David*, Quimper, Calligrammes, 1991, p.297 이하 및 "Propos d'un nouveau docteur: réflexions à l'usage des jeunes juristes", *Lavoro e diritto*, 1990, n° 4, p.509 이하; A. Jeammaud, "La règle de droit comme modèle", *Dalloz*, 1990, p.199 참조.

16) J.-M. Verdier, "En guise de manifeste: le droit du travail, terre d'élection pour les droits de l'homme", in *Les orientations du droit social contemporain, Etudes offertes à J. Savatier*, p.427; J.-J. Dupeyroux, "Quelques questions", in *Liberté, égalité, fraternité et droit du travail, Droit social*, 특별호, 1990.1, p.9 이하 참조.

이든 상관없이 어떤 하나의 질서를 지향하는 인간의 행위와 관
련된 일체의 개념을 가리킨다."[17] 그러므로 기예의 개념은 법학
자가 일을 하는 곳, 사실의 세계와 가치의 세계가 만나는 경계를
정확하게 고려한다.[18] 법학자의 이 특수한 기예는 두 차원으로
전개된다. 그것은 소송의 기예이자 동시에 한계의 기예이다.

　우선, 소송의 기예이다. 법학자가 다루는 법률은 과학법칙이
아니다. 이 점이 단 하나의 진리 위에 근거해야 하는 다른 사회
과학들과 달리 법학자에게 특유한 인식론적 위치를 부여한다.
소송의 기예는 바로 다음과 같은 질문에 대답하는 수단이다. 알
지 못한다는 것을 알 때 무엇을 할 것인가? 무지를 어떻게 합리
적으로 처리할 것인가? 대답은 정의의 여신이 들고 있는 저울과
칼의 이미지가 완벽하게 상징하는 두 가지 제안으로 이루어진
다. 우선 의심해야 한다. 그런 다음 잘라야 한다.

　'의심하기', 그것은 문제삼기이며, 민사소송법이 대심(對審)
원칙이라고 부르는 것, 그리고 "타인의 말을 들어라(audi alter-
am partem)"는 격언으로 요약되는 것을 조직하는 것이다. 법적
사고가 카프카가 말하는 톱밥으로 전락하지 않기 위해서는[19] 열

---

17) A. Rey (dir.), *Dictionnaire historique de la Langue française*,
Paris, Ed. Robert, 1992, v° "art". 이 사전은 "art"라는 말이 갖고 있는 언어적
풍요로움을 잘 보여주고 있다. 이 말은 팔과 무기 (armus), 관절과 마디, 숫자
(ari-thmos), 의례(ritus), 기술(라틴어 ars는 technique의 어원인 그리스어 테크
네technê를 번역한 말이다), 직종(artifex), 의제 및 속임수 (artificium) 등의 개
념과 관련되어 있다.
18) 법규칙이 갖고 있는 이 '이차원적' 성질에 대해서는 앞의 제6장 참조.
19) 카프카는 자신의 법학 교육에 대해서 다음과 같이 말한다. "나는 수천
개의 입들이 나를 위해 이미 씹어둔 톱밥에 의해 정신적으로 성장했다"(아버지에게
보낸 편지, *Préparatifs de noce à la campagne*, 프랑스어판, Marthe Robert,
Paris, Gallimard, 1957, p.195).

려 있는 사고여야 한다. 지식과 실천에 열려 있는 사고여야 한
다. 법의 실천에서, 소송의 진행에서 또는 사건의 조사에서 대심
원칙이 의미하는 바를 이 자리에서 다시 언급할 필요는 없다. 그
러나 긍정과 부정의 무게를 다는 기예, 저울을 다루는 이 기예는
또한 법이 과학과 맺는 관계들 속에서 표현된다. 노동법학자는
예를 들어 역사학이나 사회학이나 또는 경제학이 노동에 대해서
말하고자 하는 것, 그 학문들이 '인적 자원'의 경영 관행에 근거
를 부여하는 방식에 대해서 눈을 감아서는 안 된다. 하지만 노동
법학자 고유의 소송의 기예를 덧붙이는 경우에만 노동법학자와
다른 학문 사이의 대화는 의미를 갖는다. 사실, 이 다른 사회과
학들은 시간이나 사회적 사실 또는 호모에코노미쿠스 같은 기본
패러다임 위에 닫혀 있음으로써만 하나의 학문으로 성립할 수
있다. 그것들은 모두 그러한 기본 패러다임 위에 인간 사회를 지
배하는 어떤 법칙(역사법칙, 경제법칙 등)을 정립하려는 야망을
품고 있다. 그러한 법칙이 없으면, 어떤 하나의 의미라도. 그리고
그러한 하나의 의미가 없으면, 규칙성에 대한 예리한 관찰로부
터 도출한 여러 의미들이라도. 서양의 사회과학에서 보편적으로
나타나는 이와 같은 태도는 서양의 사회과학이 고유의 규범적
차원을 가지고 있으며, 루이 뒤몽이 강조하는 것처럼 "인간성에
대한 특수한 한 형식으로서의 서양의 고유한 문화와 근대사회"
에 결합되어 있다는 사실을 망각하도록 만든다.[20]

　　그러므로 법학자가 다른 과학들, 특히 인문사회과학과 대화

---

20) L. Dumont, *Essais sur l'individualisme. Une perspective anthro-pologique sur l'idéologie moderne*, Paris, Seuil, 1983, p.221.

하는 데 기여하는 바는 두 가지 형태를 취해야 한다. 우선, 사회
과학이 담지하고 있는 사실의 규범성에 대해서 질문을 제기해야
한다.[21] 사회과학이 강요하는 진리에 맞서 법학자는 다음과 같은
시인의 경구를 상기시켜야 한다. "여러분, 다시 말하지만, 정신의
세계는 혼자 남겨지면 거짓말을 합니다, 기념비적으로."[22] 예를
들어 법학자는 모든 사회과학들이 계량화를 시도할 때 고려하는
통계 범주들에 내재하는 규범성을 문제삼아야 한다. "노동자",
"임금노동자", "외국인", "청년", "협약" 또는 "실업자"는 무엇인
가? 즉각 파악할 수 있는 본질이 아닌 것은 분명하다. 그런 것이
아니라, 분류작용과 포함작용 그리고 배제작용의 결과이다. 그러
한 작용들은 원칙과 효과에서 규범적이다. 소송의 기예는 바쉴
라르가 "객관적 인식의 정신분석"이라고 불렀던 것, 즉 모든 계
량적 지식에 고유한 장애물을 제거하기 위하여 필요한 정신분석
을 도울 수 있다.[23] 다음으로, 법학자는 이 다양한 형태의 과학적
규범성을 대심 원칙에 회부해야 한다. 법학자는, 과학의 권위에
기대고 있는 규범이든 아니든, 사회적 관계를 직조하는 모든 비
법률적 규범들의 실타래를 파악해야 한다. 이 규범들(경제규범,
사회규범, 생물규범, 생태규범, 윤리규범 또는 도덕규범 등등) 사
이에는, 사실 과학적 중재가 가능하지 않다. 오로지 법규칙을 통

21) 이 사실의 규범성에 대해서는 P. Legendre, *L'empire de la vérité. Introduction aux espaces dogmatiques industriels*, Paris, Fayard, 1983 참조.
22) J. Prévert, "Il ne faut pas", in *Paroles, Œuvres complètes*, Paris, Gallimard, La Pléiade, p.139.
23) G. Bachelard, *La formation de l'esprit scientifique. Contribution à une psychanalyse de la connaissance objective*, Paris, Vrin, 1e éd., 1938, 14e éd., 1989, p.211 이하.

해서 표현된다고 여겨지는 정의를 언제나 더듬거리며 탐색할 뿐
이다.[24] 그러므로 법학자는 지배적인 규범성에 맞서 다른 규범들
의 존재를 상기시켜야 한다. 그 지배적 규범성이 (오늘날 노동의
영역에서 경제학과 경영학이 그런 것처럼) 사회과학에 속하든
지, (오늘날 윤리위원회의 왕좌를 차지하고 있는 의학처럼) 자연
과학에 속하든지 막론하고.[25] 바로 이러한 조건에서 법학자는 모
든 전문 지식에 맹아로 존재하는 전체주의를 제거하는 데 기여
한다.

'자르기'는 소송의 기예가 갖고 있는 또 다른 얼굴이다. 법학
자에게 있어 의심의 방법론적 조직은, 즉 항변의 표현은 언제나
그 해결을 지향한다. 이 점에서 법학은 과학보다는 의학에 훨씬
더 가깝다. 과학은 의심이 남아 있는 한 자르는 것이 금지된다.
의사와 마찬가지로 법학자는 대답을 마냥 내일로 미룰 수는 없
다. 이 필연성은 모든 법담론에 부과된다. 그 법담론이 어디에서
행사되는지 가리지 않는다. 서로 다른 이해관계들을 중재하는
입법자에게, 그리고 "법률의 침묵이나 흠결을 이유로"[26] 재판을

---

24) 프랑스 민법전의 『서문』이 법사상사에서 위대한 기념비의 자리를 차지
하고 있다는 평판을 부당하게 차지하고 있는 것이 아닌 이유는 그 서문이 바로
이 복잡성의 요구에 화답하고 있기 때문이다(이 서문의 독해 또는 재독해는 F. Ewald,
Naissance du code civil, Paris, Flammarion, 1989, pp.35-90에 다행스럽게
재수록된 텍스트 참조).

25) 예를 들어, 개인의 이성은 노동시간을 규율하기에 충분한 하나의 법률이
라고 주장하는 계몽주의의 믿음에 대하여, 노동법은 마찬가지로 노동시간을 규율
하는 것에 관심이 있는 사회적 규범들과 생물학적 규범들을 반증으로 제시한다.
이렇게 일체의 방법론적인 개인주의에 내재하는 규범성을 문제삼는 것은 그 탄
생부터(앞의 제2장 참조) 지금까지(일요일 휴식 제도의 폐지에 관한 논쟁 참조)
줄곧 노동법에 항상적인 것이다.

26) 민법전 제4조.

거부하는 것이 허용되지 않는 판사에게는 물론이며, 변론의 결론에서 자신의 의견을 확정해야 하는 변호사에게도 그 필연성이 부과된다. 계약서를 작성하면서 당사자들을 구속하게 될 단어의 선택을 놓고 붓끝을 머뭇거리는 법실무자에게도, 나아가 학설을 제시할 것으로 기대되는 대학교수에게도(물론 법이론을 위한 담론을 포기함으로써 그러한 기대로부터 도피할 수는 있지만, 그 대신 다른 위험을 겪게 되는데, 왜냐하면 그 정도의 고도에서는 큰 날개가 필요하며, 산소는 희박하기 때문이다), 그 필연성은 부과된다. 요컨대 법학자의 직업은 자를 줄 알 것을 요구한다. 하지만 어떻게? 그리고 무엇으로?

어떻게 자를 것인가? 결코 강자의 법이라는 이름으로는 아니다. 강자는 법을 만드는 자 또는 법의 적용에 협력하는 자를 살 수 있는 수단이 있다. 이는 틀림없다. 정치의 부패[27]와 법조의 돈벌이화[28]는 그것을 증명한다. 하지만 강자에게 팔린 법학자라고 할지라도 강자의 이름으로 자를 수는 없다. 압력집단의 재정 지원을 받는 국회의원, 사용자단체 또는 노동조합에 고용된 변호사, 나아가 이익집단에 매수된 판사 또는 대학교수(만약 그런 자가 있다면, 하늘도 용서치 않으리라!)라고 할지라도 자신들에게 돈을 대는 자의 권위에 근거하여 결정을 하거나 견해를 수립할 수는 없다. 왜냐하면 그들은 자신에게 맡겨진 문제의 소여들

---

27) Y. Mény, *La corruption de la République*, Paris, 1992 참조.

28) 변론을 시장의 가치에 연동시키는 것에 대한 훌륭한 사례로는 Soulez-Lariviere, *La réforme des professions juridiques et judiciaires*, Rapport au bâtonnier de Paris, 1988.6. 참조. 이 보고서는 사법개혁에 관한 1990년 12월 31일 제90-1259호 법률의 모태가 되었다.

을 초월하는 가치에 언제나 의거해야 하기 때문이다. 프랑스의 법문화에서 그러한 준거 개념은 무엇보다도 우선 법률에 대한 준거를 환기시키며, 판결의 삼단논법 양식 및 법적 논증 방식을 떠올리게 만든다. 그러나 준거는 그보다 훨씬 더 넓은 의미를 갖는다. 이는 보통법 법학자에게는 선례(또는 선례의 부재)일 수도 있고, 행정법원 판사나 헌법재판소 판사에게는 법의 일반 원칙일 수도 있으며, 법안 제안자에게는 공익일 수도 있다. 이 모든 경우에 있어서 준거한다는 것은 사례를 초월하는 것의 이름으로 사례를 규율한다는 것을 의미하며, 결정에 정당성을 부여하는 상위의 규범 체계 안에서 결정을 한다는 것을 의미한다(법의 이름으로, 프랑스 민중의 이름으로, 공화국의 이름으로 등등).

무엇으로 자를 것인가? 여기에서 저울이나 칼은 우의적 가치를 가질 뿐이다. 법학자는 칼을 가지고 자르는 것이 아니라, 말을 가지고 자른다. 법학자에게는 텍스트의 작성과 함께 모든 것이 끝나고 모든 것이 다시 시작한다. 법에서 작성한다는 것은 재화와 지위를 정당하게 분배하는 수단이다. 따라서 법의 작성은 자르는 것이 될 수밖에 없다. 왜냐하면 권리를 주장하는 것이든, 부여하는 것이든 또는 거부하는 것이든, 그 작성에 권리가 결부되기 때문이다. 법적 개념들이 엄격할 수밖에 없는 까닭이다. 법적 개념은 대부분의 사회과학 개념들에 내재하는 불명확함을 받아들일 수가 없다. 이 불명확함에 대해서 법학자는 두 가지 태도를 취한다. 첫번째는 일반적인 용어로 표현되고 있는 범주들을 칼로 자르는 것이다. 예를 들어, 외국인 노동자에 대한 정의 없이 이민을 다루는 사회학 학위 논문을 볼 수 있는데, 사회학이나 심리학에서는 사회 소속감의 정도를 섬세하게 구분하기 때문에 이해될 수 있다. 하지만 법적인 관점에서는, 약간 프랑스인이 될 수가 없다. 이는 약간 임신이 될 수 없는 것과 같다. 법은 프랑스인과 외국인 사이를 칼로 예리하게 자른다.[29] 두번째는 특정하기 힘든 모호한 어떤 개념을 법적으로 작동가능한 복수의 의미들로 용해시키는 것이다. 예를 들어, 노동법에서 사업 개념이나 계획 개념의 운명이 증언하는 바와 같다. 이 개념들에 단일한 정의를 부여하는 것이 불가능하기 때문에, 법학은 이 개념들에 복수의 의미를 부여하고 이를 번갈아가며 사용하는 방식으로 문제를 해결한다.[30] "소는 뿔로 묶고 사람은 말로 묶는다"[31]라는 루아젤의 말이 적절하게 묘사하는 바와 같이, 이처럼 텍스트의 작성으로 사회적 관계를 형성하는 방법은 법학자를 사회학자나 경제학자보다는 언어학자와 철학자(특히 논리철학자)에 유사하도록 만든다.[32]

　법이 갖는 이 자르는 측면은 법이라는 기예의 또 다른 측면,

---

29) P. Lagarde, *La nationalité française*, Paris, Dalloz, 2e éd., 1989; D. Lochak, *Etrangers: de quel droit?*, Paris, PUF, 1985 참조. 이 메스는 법률 문장의 작성자가 기대하지 않았던 곳에 적용될 수 있다. 예를 들면, 1982년 6월 22일 키요(Quillot) 법 제1조는 "주거기본권"의 실현을 목적으로 한다고 밝히고 있는데, 판례는 부차적 주거는 이 법의 적용 범위에서 제외된다고 판결함으로써, 이 과장된 문구에 메스를 가했다(대법원 민사3부, 1983.11.29, *JCP*, 1964, II, 20196, Warembourg-Auque, *Revue trimestrielle de droit civil*, 1984, p.324, Ph. Rémy). 이 '주거권'(droit à l'habitat, 이후의 법령에서는 droit au logement 으로 바뀌었다)의 운명에 대해서는 F. Collart Dutilleul et Ph. Delebecque, *Contrats civils et commerciaux*, Paris, Dalloz, 1991, n° 545 참조.

30) 앞의 제4장 참조.

31) Loysel, *Institutes coutumières*, p.357.

32) G. Cornu, *Linguistique juridique*, Paris, Montchrestien, 1990; P. Amselek (dir.), *Théorie des actes de langage, éthique et droit*, Paris, PUF, 1986 참조.

즉 한계의 기예 속에 이미 들어와 있다. 도구와 방법에서 법학자의 일 자체로 시선을 옮긴다면, 칼과 저울의 상징적 이미지는 측량사의 형상에 자리를 내어줄 것이다. 고대 이집트의 줄잡이로부터 카프카의 『성』에 나오는 영웅에 이르기까지 달려온 그 측량사 말이다. 이집트의 줄잡이는 나일강이 범람할 때마다 "진흙으로 뒤덮인 땅을 다시 측량하여 원래의 몫대로 재분배하거나 할당하는 일"[33]을 하는 궁정 공무원이었다. 이 멋진 이미지를 우리에게 알려준 미셸 세르에 의하면, 바로 이 줄잡이의 행동으로부터 사법(소유권의 할당)과 공법(과세 기준의 확립) 그리고 수학(기하학)이 태어난다. 이와 관련해서 노동법학은 두 가지 점을 확인한다. 첫째, 그렇게 그어진 경계(=한계)는 재화의 분배만이 아니라 인격의 정체성에도 영향을 미친다. 둘째, 이 한계의 기예는 그 또한 스스로의 고유한 한계를 가지며, 마찬가지로 법도 자신의 한계를 갖는다.

재화를 분배함에 있어서도 그 전에 먼저 법은 인격의 정체성을 확인해야 한다. 자신이 다루는 범주들에 내재하는 정체성 확인 작업을 이행하지 않는 법학자는 필연적으로 임무에 실패한다. 이는 노동법 법학자에게 특히 중요한 점이다. 왜냐하면 노동은 인간 정체성의 일부분이기 때문이다. 노동법은 노동자의 정체성을 계약법의 범주 속에 체화하였다.[34] 하지만 주체를 계산 단위로 환원하려는 경향, 즉 주체와 개인을 혼동하는 과학지상주의적이고 계량적인 시도가 거세지면서, 이것은 위협받고 있다.

---

33) M. Serres, *Le contrat naturel*, Paris, F. Bourin, 1990, p.87.
34) 앞의 제1부 참조.

사실, 법은 일종의 사회수학이다. 법을 정수론이나 기하학과 대
비하는 것은 이미 아리스토텔레스의 평등 개념에도 등장한다.[35]
그리고 거기에 법과 대수학의 관계를 첨가할 수도 있을 것이다.
로마법학자들의 추상적 논증에서 말하는 대전제와 소전제는 방
정식의 x와 y를 미리 나타내어 보인 것이라고 말이다. 그러나 법
의 첫번째 요소는 숫자가 아니라, 주체 곧 법주체이다. 법주체의
상징적 차원을 무시하는 것은 법의 궤도에서 이탈하는 것이
다.[36] 어쩌면 추상적인 언급으로 보일 지도 모르겠다. 하지만 특
히 관리가 인적 자원에 적용될 때, 법적 사고에 대한 관리적 일
탈에 대한 경계로서는 의미가 크다. 노동법의 역사는 인간의 노
동을 과학적으로 규범화하려는 기획들은 인간으로 살 수 있는
지위를 인정받겠다는, 주체로 존재하겠다는 노동자들의 비타협
적인 결단에 부딪혀 언제나 실패로 귀결되었음을 보여준다. 그
리고 관리적 이성이 숫자의 미신에 빠져 길을 잃고 헤맬 때, 법
주체의 질서를 상기시키는 것은 대학교수든, 판사든, 변호사든,
모든 법학자의 임무 중의 하나이다.

　마지막으로, 법학자는 법의 경계선에 대한 인정을 받아들임
으로써 이 한계의 기예를 스스로에게 적용시켜야 한다. 법은 경
계선이 있다. 아이들이 땅 위에 그리는 땅따먹기 놀이 사각형처
럼.[37] 땅 위에 선이 없으면 놀이는 불가능하다. 그것은 아노미이
고 혼동이며, 강자의 지배이다. 그러나 아이들이 설 수 있는 공

---

35) *Ethique à Nicomaque, op. cit.*, livre V, t. 2, p.125.
36) 이에 대해서는 앞의 제5장 참조.
37) 법과 놀이의 이 오래된 유비의 체계화에 대해서는 M. Van De Kerchove
et F. Ost, *Le droit ou les paradoxes du jeu*, Paris, PUF, 1992 참조.

간이 남지 않을 정도로 선이 많으면, 또한 놀이가 불가능하다. 그것은 하이퍼노미(규범과잉)이고 혼동이며, 강자의 지배이다. 있어야 할 만큼의 선이 있을 때, 아이들은 그 선을 그은 사람이 누구인지 신경쓰지 않고 그 선이 그어 놓은 공간에서 마음껏 놀 수 있다. 속일 수도 있다. 저마다 위험과 위기를 감수하고. 이것을 자유라고 부른다.

저자 알랭 쉬피오

1979년 프랑스 보르도대학에서 『판사와 노동법』이라는 주제로 국가박사학위를
받은 뒤, 푸아티에대학과 낭트대학을 거쳐 2012년부터 콜레주 드 프랑스 교수로
재직하면서 "사회국가와 세계화: 연대에 관한 법적 분석"이라는 강좌를 맡고 있
다. 2008년에 낭트고등과학연구원을 설립하여 2013년까지 원장을 역임했다.
주요 저서로는 『노동법』(Dalloz, 제17판(1994)부터 제24판(2008)까지 공저자로
참여), 『고용을 넘어』(1999), 『법률적 인간의 출현』(2005), 『필라델피아 정신』(2010),
『숫자에 의한 협치』(2015) 등이 있다.

역자 박제성

2005년 프랑스 낭트대학에서 알랭 쉬피오의 지도 아래『근로자대표론』으로 법학
박사학위를 받은 뒤, 2006년부터 한국노동연구원에서 재직하고 있다.
『기업집단과 노동법』(2007), 『사내하도급과 노동법』(2009), 『프랜차이즈 노동관
계 연구』(2015) 등의 보고서를 펴냈으며, 『법률적 인간의 출현』과『필라델피아
정신』을 비롯하여 쉬피오의 주요 저작과 논문을 번역했다.

노동법비판

초판인쇄 2017. 2. 15
초판발행 2017. 2. 25

저　자　알랭 쉬피오(Alain Supiot)
역　자　박 제 성
발행인　황 인 욱
발행처　**도서출판 오 래**

서울특별시마포구 토정로 222 406호
전화: 02-797-8786,8787; 070-4109-9966
Fax: 02-797-9911
신고:제302-2010-000029호(2010.3.17)

ISBN 979-11-5829-027-6　93360

http://www.orebook.com
email orebook@naver.com

정가 18,000원

파본은 바꿔드립니다. 이 책의 무단복제행위를 금합니다.